알랭 바디우의

영화

알랭 바디우의
영화

Alain Badiou 지음

김길훈 · 김건 · 진영민 · 이상훈 옮김

한국문화사

‖ 서문 ‖

‘영화는 사유이고, 이 사유의 결과물은 실재이다.’

알랭 바디우에게 영화는 교육이자 삶의 예술이며 사유이다. 바디우는 1950년대 후반부터 최근까지 30여 편의 글에서 제7의 예술에 대해 글을 썼다. 이 글의 대부분은 개별 영화 혹은 여러 편의 영화를 한데 묶어 다루고 있음에도 불구하고, 그 자체로 영화 예술에 대한 견해와 해석으로 구성되어 있다. 이것은 바디우 사유의 특성 중의 하나인 사례를 통해 사유하기, 독립적 특성이 있는 예술 작품을 기반으로 체계를 만들기와 관련이 있다. 그렇게 이 글은 현대성을 표현한 감독인 무르나우(F. W. Murnau), 미켈란젤로 안토니오니(Michelangelo Antonioni), 마누엘 데 올리베이라(Manoel De Oliverira), 자크 타티(Jacques Tati), 장-뤽 고다르(Jean-Luc Godard)부터 시작하여 몇 가지 독특한 경험들인 기 드보르(Guy Debord), 68혁명 영화, 벼락 집단(groupe Foudre)은 물론, 몇몇 미국 작품인 <매트릭스>(Matrix, 1999), <매그놀리아>(Magnolia, 1999), <퍼펙트 월드>(A Perfect World, 1983)까지 지난 50년 동안의 수많은 다양한 영화들을 다루고 있다.

같은 세대의 유난히 많은 사상가들, 자크 랑시에르(Jacques Rancière), 제라르 주네트(Gerard Genette), 질 들뢰즈(Gilles Deleuze)처럼, 알랭 바디우는 젊은 시절에 사유의 전달 매체인 영화의 자양분을 받고 자랐다. 그의 충만한 영화 사랑은 학생 시절인 1957년에 파리고등사범학교의 좌파 가톨릭 청년지인 ≪새로운 포도주≫(Vin nouveau)에 글을 쓰는 것으로 시작된다. 야심에 찬 의미 있는 첫 번째 텍스트인 「영화문화」(La culture cinématographique)에서부터 전개된 바디우의 독특한 사고(思考)는 이후의 그의 성찰에서도 지속적으로 이어진다. 바디우의 사유에 따르면, 영화는 동시대에 새겨진 인간의 모습을 명확하게 보여주고, 다른 예술들과의 관계에서 '지배적'인 모습으로 여겨지며, 상상의 여행이며 타자(他者)의 사유이다. 적극적인 사회참여와 정치적 철학의 길로 나선 후에도, 바디우는 지속적으로 영화 비평을 했고, 1970년대와 1980년대 초반에는 ≪벼락 신문≫(La Feuille foudre)[1]과 ≪비고답파≫(L'Imparnassien)[2]에 글을 기고했다. 이 잡지들은 마치 정치적 재판과 같은 판결을 표명하는 사회참여 간행물이다. 어떤 영화는 수정주의라고, 또 다른 영화는 존중과 경의를 받아야 한다고 판결을 내린다. 비평의 대상이 되는 영화들은 좌파적 영화와 로베르 브레송(Robert Bresson)이나 고다르처럼 심판의 판결을 모면하고 칭송을 받는 작품들이다.

1981년에 바디우는 나타샤 미쉘(Natacha Michel)과 함께 반(反)미테랑파의 지성인들이 모여 활동하는 격주로 발행하는 잡지 ≪앵무새≫(Le Perroquet)를 창간하고, 10여 년 동안 그가 관심을 가졌던 영화들에 대한 여러 편의 글을 통해 주목할 만할 유랑하는 비평가의 행보를 보여준다. 프랑스 코미디 영화의 장점들, 고다르로 대표되는 '제2의 현대성'의 감독들, '영화적 중립성'의 상징과 같은 스위스 영화에 대한 지적 호기심을 자극하는 분석들 등은 주목할 만한 가치가 있다. 또한 '우화의 변증법'으로서의 영화, '철학의 기계적 체계'로서의 영화, '민주주의 상징'으로서의 영화 등, ≪영화 예술≫(L'Art du cinéma)이라는 잡지에 지난 15년

1 [역주] 마오이스트 행동 조직인 '벼락 집단'이 발간한 예술·문화 관련 마르크스 레닌주의 성향의 신문.

2 [역주] 벼락신문의 후신.

동안 발표된 글들은 더욱 폭넓고 이론적인 글들이다. 이 책은 알랭 바디우의 철학적 글쓰기의 특징 중 하나인 간단명료하고 분명하게 쓰인 글이다. 이러한 글쓰기를 통해, 바디우는 '동시대적 진실의 생산자'로서의 영화 예술과 '절대적 진실의 감각적 형상'으로서의 영화 작품이라는 개념을 발전시킨다. 먼저 영화들이 사유하고, 그리고 '과연 어떤 주제에서, 영화가 형상화되는가?'라는 사유를 해석하고 이해하는 것은 철학자의 몫이다. 바로 이 질문이 영화에 대한 바디우 사유의 근원이다. 이 책의 많은 글들에서 영화는 사람들을, 영화 자신의 시간을, 다른 예술들을 착취하는 순수하지 못한 예술이다. 또한, 예술과 비예술 간의 인지 불가능한 장소에 위치한 주요한 예술이다. 누구도 이의를 달 수 없는 명확한 방식으로, 바디우는 그리스 비극, 교양 소설, 오페레타(operetta)가 각각의 시대에 그랬던 것처럼, 하나의 문화를 나타내는 데 있어 최고의 지표이자 대표적인 사회 · 정치 예술인 영화를 만든 모든 것을 설명한다. 마지막으로, 2003년 부에노스아이레스에서 열린 세미나에서 발표한 「철학적 실험으로의 영화」가 있다. 이 글에서 바디우는 미조구치 겐지(Kenji Mizoguchi), 오즈 야스지로(Yasujiro Ozu), 로베르트 로셀리니(Roberto Rossellini), 루키노 비스콘티(Luchino Visconti), 알프레드 히치콕(Alfred Hitchcock), 프리츠 랑(Fritz Lang), 하워드 혹스(Howard Hawks), 안소니 만(Anthony Mann)의 영화들과 같은 다수의 새로운 예를 통해 영화를 설명하면서, 세밀하게 영화에 대한 사유를 발전시킨다. 독자들은 이 책에서 알랭 바디우가 생각하는 영화의 진정한 선언을 읽을 수 있을 것이다.

앙투안 드 베크(Antoine de Baecque)[3]

[3] [역주] 영화 및 연극 평론가, 파리 10대학 교수, 카이에 뒤 시네마 편집장 역임(1996~1998).

▌차례▌

01 ‘영화는 나에게 많은 영감을 주었다.’

알랭 바디우와의 인터뷰(질문자 : 앙투안 드 베크)

영화에 대해 기고한 당신의 글들을 모으면서, 내가 첫 번째로 받은 인상은 마치 영화가 당신의 지적인 삶 전체에 동행했던 것처럼 오랜 기간에 걸쳐서 글들이 폭넓게 펼쳐져 있다는 점이다. 당신이 20살 때인 1957년에 ≪새로운 포도주≫라는 잡지에 발표한 「영화 문화」와 클린트 이스트우드(Clint Eastwood)에 대한 2010년의 마지막 글까지, 영화는 당신에게 대단히 중요한 예술로 보인다.

영화는 삶과 사상을 구축하는 나의 배움과 존재에 있어서 매우 중요한 역할을 했다. 비록 20살 때가 돼서야 나의 첫 번째 글이 나왔지만, 그전에도 당시에 매우 높은 수준의 영화 동호인 단체였던 학교의 시네클럽에 정기적으로 참석하고 모임의 사회도 보면서, 나는 영화에 관심을 가졌기 때문에 영화가 중요하다는 점을 명확하게 확신하고 있었다. 고등학교 1학년과 2학년 때는 영화를 소개하고 설명하는 역할을 여러 차례 했다. 오래전부터 영화는 내 삶에 자리 잡고 있었고, 영화가 오락 이외의 다른 어떤 것이라는 생각을 이전부터 했다. 고등사범학교 준비반이었던 18살 때 툴루즈(Toulouse)에서, 나는 영화와 다른 예술들 간의 관계와 연관된 오손 웰즈(Orson Welles)의 <오델로>(Othello, 1952)에 대해 강연한 적이 있다. 그 자리에서 나는 웰즈의 영화가 셰익스피어의 수준에 도달했음을 단호하게 주장했다. 나는 웰즈의 목소리에 매혹되었고, 그의 목소리 자체가 영화적이라고 생각했다. 내가 고등사범학교에 들어갔을 때, 시네마테크 프랑세즈(Cinémathèque française)가 학교에서 몇십 미터 근처의 울름가(街)에(rue d'Ulm) 있어서, 나는 거의 매일 밤 그곳에 갔다. 나는 예술들 중에서 영화가 동시대에 참여하도록 인도하는 예술이고, 결국 현실참여에 다소 늦게 뛰어든 나에게 무언가를 느끼게 해주었다. 그곳에서 나는 앙리 랑글루와(Henri Langlois)가 헌신적으로 상영한 스트로하임(Eric Von Stroheim), 그리피스(D. W. Griffith), 채플린(Chalie Chaplin) 영화들을 보는 방법을 배웠다. 한편으로 박물관, 콘서트, 오페라를 드나들면서도 이런 영화들을 계속해서 보았다. 이런 예술 입문의 경험들은 결코 동일하지 않았다. 영화들 심지어 고전 무성영화조차 틴토레트(Tintoret)[1]의 그림이나 베토벤의 4중주가 제공할 수 없는 언제나 동시대적인 어떤 사상을 제시했다. 나는 여전히 이런 차이를 느끼고 있다. 즉 영화가 세상과 관계를 맺는 어떤 것은 독특한 방식으로 가르치고 일깨운다. 오늘날에도 나는 오로지 영화를 통해 미지의 나라들에 대한 지리적 정보와 내가 모르는 언어 그리고 완전히 고유하면서도 동시에 매우 보편적인 여러 사회적 상황을 배운다. 영화는 이 모든 것을 포착한다. 영화의 유일한 경쟁자는 소설일 수 있지만, 영화는 유연성, 유동성, 훨씬 생생하게 포착하는 능력을 갖추고 있다. 발간된 다음 해에 번역된 카자흐스탄 소설 한 권을 찾기는 어렵지만, 매해 여러 번에 걸쳐 카자흐스탄, 아르메니아, 쿠르드, 시리아, 세네갈, 방글라데시, 인도네시아 영화를 파리의 극장에서 볼 수 있는 기회가 있다. 그 결과 영화가 절충적이지만 깊이 있는 예술이기에, 우리는 카자흐스탄이나 방글라데시의 사람들과 동시

---

1 [역주] 틴토레트는 16세기 초반 르네상스 시대 이탈리아의 베니스에서 활동한 화가.

대인이라는 것을 빠르고 깊이 있게 인식할 수 있다. 이것은 르포르타주의 기능이 아니다. 반대로 이런 영화는 일반적으로 아주 복잡한 허구이고, 본질적으로 우리와 거리가 멀지만, 가장 창조적인 것이다.

그렇다면 당신은 결국 시네필이었다는 말인가?

1950~60년대에는 열렬한 시네필이었지만, 당시에 다른 많은 사람과 비슷한 정도이지 특별한 시네필까지는 아니었다.

사실상 지식인 세대가 시네필 집단에서 형성되었다는 인상을 받는다. 자크 랑시에르, 질 들뢰즈, 제라르 주네트 등은 이런 관점에 빚을 지고 있다고 언급한다. 이와 연관된 지점에서 자크 리베트(Jacques Rivette), 프랑소와 트뤼포(François Truffaut), 장 뤽 고다르, 장 두셰(Jean Douchet)와 같은 ≪카이에 뒤 시네마≫(Cahiers du cinéma)의 첫 번째 세대들을 찾아볼 수 있다. 시네필 집단과 교류가 있었나?

영화에 대해 알아가던 시기에, 나는 조직화된 시네필에 속하지 않았다. 나는 어떤 당파에도, 어떤 시네필 조직에도 속하지 않는 고립된 시네필이었다. 아주 오랜 시간이 흐른 뒤에야, 완전히 다른 관점인 정치를 통해 시네필 집단에 동화되었다. 당시에도 이미 어느 정도 영화를 접했지만 나는 파리에서, 시네마테크에서, 라틴구(quartier latin) 거리의 영화관에서, 그 자체로 풍성한 수많은 영화를 다소 투박한 시선으로 감탄하였다. 당시에, 동시대의 입장처럼 표명되는 극단적으로 자유롭고 열정적인 영화의 역사는 사람들의 마음을 사로잡았다. 여러 사람이 본 영화에 대해 술집에서 토론했지만, 결국은 홀로 고독하게 교양을 채워가는 일이었다. 영화는 언제나 일상적인 토론의 대상이었고, 바로 이것이 친밀하고 오래전부터 이어져 오는 교양 쌓기의 역할을 강화시켰다. 이런 점은 어쨌건 중요하다. 어떤 의미로 영화는 아주 광범위한 유형의 교육이며, 적어도 과거에는 그랬다. 많은 사람이 영화를 보고 토론을 했다. 그래서 대중 교육의 하나로서의 영화를 이야기하였다. 영화는 공유 예술이다. 우리는 어떤 영화를 볼 때 수많은 사람이 그 영화를 본다는 것을 인식한다. 그렇지만 이 사실은 긍정적이든지 부정적이든 영화가 가치가 있다는 것을 가리키는 것이 아니라, 오히려 모든 사람을 위한 일종의 학교라는 점을 지칭한다. 19세기에 소설, 나아가 시(詩)가 맡았던 문화 대중화의 역할을 20세기에 영화가 수행한다. 나는 영화에 대해 경탄을 보냈지만, 조직화된 시네필 활동을 하지 못했다.

어린 시절 툴루즈에서, 그 이후 파리의 고등사범학교에 입학했을 때 어떤 특정한 영화들이 다른 영화들보다 더 특별한 역할, 즉 의식화의 매체로서의 역할을 했는가?

우선, 문화적으로 부족한 부분을 채우는 행위와 닥치는 대로 영화를 보는 행위와는 구분해야 한다. 전자는 예를 들어 위대한 무성영화를 통해 영화를 구성하는 중요한 부분을 발견하는 것이고, 후자는 주변의 영화관들에서 상영된 당시 최신 영화들을 보는 것이다. 나는 아주 열성을 다해 수많은 무성영화를 관람했다. 물론 채플린 영화를 많이 봤지만, 특히 에이젠슈타인(Sergei M. Eisenstein), 무르나우, 스토로하임의 영화들에서 가장 확실하게 깊은 감동을 받았다. 나는 아주 자연스럽게 감독들이 가지고 있는 예술적 힘의 명백함에 강한 인상을 받았다. 이런 경험은 아주 흔한 일이지만 감독들에게 강한 인상을 받는 체험은 아주 소중했다. 내게 충격을 준 것은 예술적 힘의 다양성이었다. 좀 더 현대적인 영화에 관련해서, 나는 ≪카이에 뒤 시네마≫의 전통적인 시네필과는 반대로 미국 영화를 자주 보러 가지 않았다. 따라서 ≪카이에 뒤 시네마≫

의 시네필에 의해 '프랑스의 품질영화(qualité française)[2]'라고 낙인이 찍힌 프랑스 영화들이 아니라, 누벨바그의 전위대였던 타티, 브레송, 프랑주(Georges Franju)와 같이 아주 독특한 영화 작가들의 영화들에 깊은 인상을 받았다. 그 영화들은 기발한 것들의 묶음이었다.

당시 프랑소와 트뤼포는 「프랑스 영화의 어떤 경향」(Une certaine tendance du cinéma français, 1954)이라는 글에서 '프랑스의 품질영화'에 반대하며 맹렬히 비난했다. 그는 자신의 글에서 당신이 언급한 감독들에다 장 르누와르(Jean Renoir)와 자크 베케르(Jacques Becker)를 추가하며 그들을 작가(auteur)라고 명명했다.

당시에 트뤼포가 쓴 글을 읽지 않은 상태였지만, 나는 아주 무의식적으로 그가 반대하는 것에 공감했을 것이다. 말하자면 나는 트뤼포와 같은 의견이다. 나는 <사형수 탈출하다>(Un condamné à mort s'est échapé, 1956>, <소매치기>(Pickpocket, 1959), <당나귀 발타자르>(Au hasard Balthazar, 1966) 등과 같은 미학적으로 깊은 인상을 남긴 영화들을 통해 브레송 영화의 아름다움을 아주 강렬하게 느꼈다. 또한, 나는 언제나 타티의 열렬한 찬미자였다. 익살극의 전문가일 뿐만 아니라 탐구자로서의 모습을 보였던 그는 특히 <플레이타임>(Playtime, 1969)에서 공간과 소리에 대한 단호한 명제들로 나를 열광시켰다. 나의 첫 번째 영화적 취향은 바로 이런 영화들이며, 이 영화들은 다양한 무성 영화들과 개성이 넘치는 소수의 프랑스 영화들이었다.

---

2 [역주] 프랑스의 품질영화는 문학, 시나리오 작가, 스튜디오 시스템 등에 의존하는 프랑스 영화를 일컫는다. 이러한 영화들은 후에 누벨바그 세대에게 맹렬하게 비판을 받으며, 특히 트뤼포는 감독이 영화의 전체과정을 책임지는 창조적 작가가 되어야 한다는 작가주의 정책을 내세운다.

영화에 대한 사랑이 타 예술 분야와 다른 점을 발견하는 것으로 확장되었는가?

개인적인 경험상, 나는 무성 영화의 발견과 그리스 비극의 강독이 동시에 이뤄졌다고 정확히 기억하고 있다. 오히려 나는 역설적으로 영화와 다른 예술들이 뒤섞여있다는 주장하고 싶다. 그 이유는 아이스킬로스(Aeschylos)의 비극과 무르나우의 영화, 그리피스의 <인톨러런스> (Intolerance : Loves's Struggle Throughout The Ages, 1916) 또는 멜리에스(Georges Méliès)의 몇몇 영화는 결과적으로 나에게 동일한 영향을 주었기 때문이다. 비극 작품이든 영화 작품이든 간에, 새로운 예술에는 매우 높은 수준의 상태로 위치시키는 특별한 감정이 존재한다. 오래되어서 좋은 것이 아니라, 그것이 실제로 대단하기 때문에 좋은 것이다. 그리스 비극의 합창단, 가면, 미장센 그리고 무성 영화의 촬영, 단역, 무대와 같은 복잡한 요소들을 한데 묶어 작업하던 예술가들의 과감성은 거의 천재성의 절정과 같은 예술의 강렬함을 보여준다. 예술을 자신의 한계까지 밀어붙이는 놀랍도록 집요하고 구체적인 노력을 보여주는 위대한 무성 영화는 나에게 강한 영향을 끼쳤다. 예컨대, 모든 세계를 제어하려는 과대망상은 초창기 영화에서 떼어낼 수 없는 감정이다. 이런 영화에서, 우리는 모든 가시적 요소의 통제를 통해 절대적으로 경탄할만한 드라마적 폭력의 순수함을 만들어 내는 것을 상상할 수 있다. 그래서 내가 그리피스의 <부러진 꽃>(Broken Blossoms, 1919)과 같은 작품을 그토록 좋아하는 이유이다.

정식 시네필도, 조직된 시네필도 아닌데, 왜 이 시기부터 영화에 대해 글을 쓰기로 했나?

나는 돈만 밝히는 무신론자를 선교하기 위해 ≪새로운 포도주≫라는 가톨릭 잡지에 글을 쓰기 시작했다. 이 잡지는 고등사범학교 내의 가톨릭 청년들을 위한 것이었다. 우리는 모두 친구였고 이 친구들이 나에게 글을 쓰도록 요청했다. 글쓰기 덕분에, 내가 배웠던 점은 취향의 다양성을 통해 유연하고 폭넓은 지식의 전체 안에서 각자의 생각을 펼칠 수 있다는 것이었다. 철학자인 내가 감히 영화에 대해 말하는 이유는 영화 전문가이기 때문이 아니라 영화가 내게 의미가 있기 때문이다. ≪새로운 포도주≫의 지면에, 나는 처음에 셍고르(Léopold Sédar Senghor)[3] 작품에 대한 글을 통해 시에 대해서, 바이로이트(Bayreuth)[4] 여행 보고서를 통해 음악과 오페라에 대해서, 브라상스(Georges Brassens)[5]에 대한 글을 통해 노래에 대해서 그리고 당연히 정치에 대해서 글을 썼다. 이런 다양한 글을 쓴 이유는 특별히 영화에 대해서만 글을 쓰고자 하지 않았으며, 다방면으로 걸쳐 있는 것은 지양하되 관심을 끄는 모든 것들에 대해 글을 쓸 수 있는 가능성을 실질적으로 발견하고자 했다. 이 모든 것의 이면에는 당시 나의 우상인 사르트르(Jean-Paul Sartre), 그의 에세이 모음집인 『상황들』(Situations), 그의 발언들이 있었다는 점을 반드시 언급해야 할 필요가 있다. 다방면에 걸친 철학적 관심이 때때로 극단적인 비난의 대상이 되었지만 나는 전혀 개의치 않았다. 그 반대로 이런 관심은 이전의 관심과 취향의 행위에서 벗어난 철학적 발상에 도움이 되었다. 철학의 여정은 서로 다른 관점의 결합으로 만들어진다. 내 경우에는 영화에서부터 시작해 음악과 극단적인 정치 활동을 거쳐 현대수학에 이른다. 바로 이런 다양한 측면을 가진 요소가 철학의 가능성을 창조한다. 영화

---

3 [역주] 세네갈 초대 대통령으로 시인이자 교사. 아카데미 프랑세즈의 첫 번째 흑인 회원.

4 [역주] 바이로이트 후작 오페라 하우스는 독일 바이에른 주의 바이로이트시에 있는 오페라 극장으로 18세기 바로크 극장 건축의 걸작.

5 [역주] 프랑스 가수로 풍자와 유머가 있는 노래들을 발표.

에 대한 글쓰기는 ≪새로운 포도주≫에서 20살부터 시작해 그 후에 몇 번 중단되었지만, 자연스럽게 나의 철학적 경향의 한 요소처럼 현재까지 계속 이어지고 있다. 강렬하고 독특한 방식으로 동시대와 함께하는 영화의 특별한 측면은 나에게 매우 중요했고 지금도 아주 중요하다.

당신이 ≪새로운 포도주≫에 쓴 첫 번째 기사를 평해 본다면 우선 거기서 하나의 선언적인 시각이 파악되는데…

젊은이가 쓰는 글이 항상 그러하듯이, 내가 쓴 글도 예외는 아니다.

당신에게, 영화는 '인간의 현존'이라는 선언인가?

그것은 당시 내적 인본주의자, 다시 말해 실존주의자였던 내가 영화를 '문화'라고 부름으로써 내 나름대로 영화의 가치를 부여하는 방식이었다. 영화는 스스로의 직관성을 통해 증인이 되고 인간 경험의 매개가 된다. 영화는 인간 실존과 자유의지라는 보편적 가치에 도움이 되는 공식적 힘을 제공한다. 그 힘은 (다소 결핍되고, 독특하며, 혼란스럽게 존재하는 방식도 포함하여) 존재하고 선택하는 누군가의 존재 방식에 도움이 된다. 영화는 갑자기 "여기에 누군가 있어"라고 말하는 것이 가능하다. 가장 동시대적 영화, 심지어 고다르조차도 이 법칙의 적용을 받는다. 예를 들어 <열정>(Passion, 1982)에서, 인간의 현존을 정확하게 포착하는 사람의 얼굴을 촬영하는 방법이 있다. 물론 대부분의 영화들은 그 어떤 것도 제대로 다루지 못한다. 소설에 대한 조셉 콘래드(Joseph Conrad)[6]의 견해에 따르면, 소설의 임무는 가시적 세계를 정확하게 다루는 것이다. 이런 의무는 영화에서 더욱 강조된다. 이러한 사고는 다음과 같이 정의

---

6 [역주] 폴란드 출신의 영국 소설가로 바다에 관한 글을 주로 썼다.

될 수 있다. 나쁜 영화에서 인간의 현존은 낭비되고 아무 이유 없이 동원된다. 그에 반해 좋은 영화에서는 아주 짧은 순간에서조차 인간의 현존을 볼 수 있다. 예를 들어, 고다르의 최근작인 <필름 소셜리즘>(Film Socialisme, 2010>과 관련되어 나에게 다음과 같은 일이 있었다. 사람들이 가끔 "어! 당신이 영화에 등장했다는데 많이 보이지 않던데요!"라고 내게 말하곤 하는데, 나는 그들의 생각에 동의할 수 없다. 왜냐하면, 내가 사무실에서 일하고 있을 때 단 몇 초 동안 나 자신이었던 나의 이미지를 한 번도 본 적이 없기 때문이다. 그러므로 나는 그 이미지에서 내게 부여된 현존 방식에 만족한다. 그것이 단 몇 초 동안 지속된 것은 중요한 일이 아니다. 왜냐하면, 고다르의 이미지는 나를 정확하게 다루었기 때문이다. ≪새로운 포도주≫에 기고한 이 주제는 다음과 같은 아주 유사한 어떤 것을 찾으려 했다. 말하자면 '영화 문화'이다. 다시 말해 수년 동안 봤던 영화들을 통해, 나는 영화 문화가 인간의 현존을 가시화하고 인간의 자유로운 실존을 확실하게 증명한다고 말하려고 했다.

첫 번째 글의 또 다른 중요한 개념인 '영화와 다른 예술들 간의 상호침투'는 당신에게 매우 중요하다고 썼는데…

상호침투는 영화의 본질적인 순수하지 못함과 관련이 있다. 영화를 다른 예술들과 밀접한 관계로 규정하는 '제7의 예술'이라는 명칭을 진지하게 생각해 봐야 한다. 다른 예술들의 종결이라고 헤겔(G. W. Friedrich Hegel)이 말했을 것처럼, 영화는 다른 예술들의 축소판이 될 수 있다. 어찌 되었든 영화는 예외 없이 다른 예술들과 관련이 있다. 영화와 미술과의 충돌은 격정적이고, 연극과의 관련성은 너무나 분명하고, 영화에서 음악의 존재는 필수적인 것 이상이고, 미장센의 고유한 요소로서 무용을 이용하는 것은 대단히 중요하다. 모든 예술은 영화를 관통한다. 영화는 다른 예술들을 단순히 이용하거나 섞는 것이 아니라, 완수하기 대단히 어려운 시련들을 도전하게끔 한다. 즉 영화가 다른 예술들을 이용해서 했던 것을 그들 스스로에 의해 달성하게끔 한다. 영화는 예술들을 특별한 감정의 힘 안에 배치하면서, 이들을 이용하고 확대한다. 영화 속에는 영화를 실제로 제7의 예술로 만드는 다른 예술들을 재발견하고 정복하는 힘이 있다. 비스콘티가 말러(Gustav Mahler)의 교향곡을 사용한 이후, 솔직히 모든 사람은 비스콘티의 영화를 통해서만 말러의 교향곡을 기억한다는 사실을 인정하지 않을 수 없다. 영화를 통한 이러한 포착의 힘은 그 인상이 사라지지 않는 일종의 도약이 있다. 영화는 순수하지 못한 동시에 강력한 형식적 힘으로 음악을 끌어올리고, 바로 이 힘이 음악에 새로운 영원성을 부여한다.

당신의 첫 번째 글에서 가장 눈에 띄는 것은 인간 현존에 대한 긍정, 다른 예술들의 변형과 확대라는 영화에 대한 당신의 생각들이 놀라울 정도로 일관성을 보인다는 점이다. 50년 동안 철학을 하면서도 당신은 전혀 변하지 않았다.

나는 이 글을 다시 읽으며 '아! 애석하게도 베르크손(Henri Bergson)이 옳았다! 우리의 생각은 절대 변하지 않는구나!'라고 생각했다. 주사위는 너무 일찍 던져진다. 그 후에야 우리는 생각을 발전시키고 확장하고 재배치한다. 영화의 두 가지 쟁점은 인간의 형상을 정확하게 다루고, 다른 예술들에 대해 지배적 관계를 갖는 것인데, 이것은 영화 작품과 나의 철학적 관계 속에서 변하지 않는 토대이다. 다른 쟁점들은 이후에 추가되었다. 나는 처음부터 영화가 상상의 여행이나 타자(他者)에 대한 사유의 도구라는 생각을 갖고 있었고, 지금도 여전히 마찬가지이다. 예전에, 포드(John Ford)의 영화가 미국 농부들을, 미조구치의 영화가 일본 매춘부들을 정확하게 다루었다면, 오늘날의 영화는 중국의 공장들, 인도네시아의 어린 불량배들, 루마니아의 역사 속에서 길을 잃어버린 사람들, 아르헨티나에서의 어려운 대인관계 등을 정확하게 다루고 있다. 영화는 각 나라의 아주 본질적이고 명확한 핵심을 제시한다. 이제는 노동자가 없다는 환상 속에 살고 있는 프랑스 사람들은 영화 덕분에 중국에 아직도 노동자가 있다는 사실을 깨닫게 된다. 뛰어난 중국 영화는 우리의 공장과 노동자들이 현재 어떤 상황에 처해 있는지 되돌아볼 수 있는 질문을 던진다. 세상에 대한 이런 증언은 영화 고유의 것이고, 어떠한 저널리즘적 르포르타주도 영화를 대신할 수 없다.

1950년대 후반을 지나 대략 15년 후의 당신과 영화 간의 관계는 사회 참여적 실천과 이념으로서의 정치로 나타난다. 1970년대 중반 ≪벼락 신문≫에 기고한 모든 글이 바로 이 책에 소개된다.

정치적 개입의 글들이기에, 전체적 논리는 다소 다르다. 스펙터클에 대한 전체적 논리의 관점에서, 우리는 '벼락'(Foudre) 이라는 문화 집단을 만들었다. 이 집단은 정치적 범주에서 출발하여 혹은 그 연장 선상에서, 스펙터클을 이해하고 홍보하기 위해 또는 반대로 그것을 고발하고 방해하기 위해 특정 스펙터클에 개입하여 의견을 개진했다.

바로 이것이 ≪벼락 신문≫의 부제인 '영화와 문화 속으로 마르크스-레닌주의자의 개입을 위한 잡지'란 의미인가…

당시는 중요 잡지들과 유명 인물들이 참여하는 시대적 현상이었다. ≪카이에 뒤 시네마≫, 심지어 고다르처럼 상징적인 감독도 마오이즘과 문화대혁명으로 전향했다. 이것은 전반적인 흐름이었고, 이 운동의 내부에서 영화는 중요한 위치를 차지한다. 왜냐하면, 영화는 대중 예술이었으며 사회 참여적 맥락에서 이용 가능한 예술이기 때문이다. 그러나 영화에 수반되는 이런 사회 참여적 활동은 오늘날 우리가 생각하는 것보다 혹은 심지어 영화의 일부분만을 다루는 잡지들에서 우리가 읽을 수 있는 것보다 훨씬 복잡하다. 한편으로, 우리는 꾸준히 비평 작업을 했는데, 이 비평은 기존의 사고를 바꾸거나 극도로 분열을 초래하기도 했다. 다른 한편, 우리는 사회 참여적 실천 그 자체를 위해 영화 상영을 했다. 그리고 사회 참여적 실천에 걸맞은 영화들을 지지하는 논리를 밀어붙였다. 이런 이유로 소련 영화의 사례들이 당시에 새로운 색채를 띠게 되었다. 이를 통해, 우리는 정치와 다양하게 보완적 관계에 놓인 영화가 인류의 역사에서, 요컨대 1920년대에 놀랍도록 중요한 방식으로 이미 사용되었다는 사실을 깨닫게 된다. 68'혁명 시기에는 역사의 재인식이라는 영역이 있었고, 소련 영화는 거기에 놀랄 만큼 적합했다. 이런 혁명의 시기들은 프랑스 혁명가들이 어김없이 항상 로마인들을 참조하는 것처럼, 역설적이게도 언제나 위대한 고대를 모방하는 시기였다. 우리는 이전의 일련의 서사시, 소련, 중국, 심지어 프랑스 혁명과 레지스탕스를 참조했다. 영화는 이런 전설의 재인식을 통해 자연스럽게 나타났다. 왜냐하면, 거기에는 이미 선조들, 지식, 기준들이 있었고 또한 영화 작품들의 실질적인 활용이 가능했기 때문이다. 우리가 대중 계층을 대상으로 하는 영화의 교육적 상영을 실행하고 있었음에도 ≪벼락 신문≫은 사회 참여 경향의 감독 집단들과 실제로 관련되지 않았다. 따라서 우리는 이런 활동들 중 앞에서 언급한 첫 번째 활동인 비평 개념의 생산, 영화 작품에 대한 사회 참여적 판단을 위한 결정의 역할에 집중했다. 그것은 대체로 엄청나게 긴 토론을 동반하는 평가 작업이었다. ≪벼락 신문≫은 이런 토론을 모두 기술하지 않고, 종합된 결론만 발표했다. 순간에 대한 혼란스러운 콘텍스트 속에서, 어떤 영화 작품이 진보적인가 혹은 반동적인가 하는 문제는 결코 쉬운 문제가 아니라는 점을 반드시 알아야 한다. 이것은 복잡한 문제다. 사람들이 영화에 완전히 몰입되어, 동일한 기준, 해석으로 영화를 보기 때문에, 이런 상황은 복잡하다. 특히 쟁점이 된 작품이 정치적 소재와 밀접한 경우에는 문제가 더욱 복잡했다. 정치가 동시대에 밀접할수록 뉘앙스는 중요하다. 큰 틀에서 봤을 때 외관상 유사하게 보이는 두 집단이 가까이에서 보면 철천지원수일 수 있다. 사소한 것들이 그들 사이를 격렬하게 반목시킬 수 있고, 영화와 비평의 경우에서의 실질적 실행은 언제나 세부 사항에서 문제가 된다. 사람들은 언제나 소집단들이 터무니없는 세부 사항 때문에 분열한다고 이야기한다. 전혀 그렇지 않다. 올바른 역사적 관점을 세우는 것이 필요하다. 즉 당시의 소집단들에게 있어, 세부사항들은 전혀 터무니없는 것이 아니라 토론과 논쟁의 본질 그 자체였다. 오늘날에는 이런 집단들을 비웃을 수 있다. 심지어 나도 그렇다. 그러나 우리가 그 사안의 내부에 있을 때는 세부 사항이 매우 중요하다는 것을 인지해야 한다. 마찬가지로 다른 분야에서도, 우리는 이런 사실을 좀 더 적극적으로 받아들인다. 부부 생활에서는 미세한 세부 사항으로 인해 극단적인 폭력이 초래될 수 있다. 당시 우리는 어떤 면에서 보면 연인들이 사랑싸움하는 것처럼 정치 활동을 했다.

영화에 관한 이러한 정치적 논쟁들은 당시에 매우 격렬했다. 이것이 실제로는 비평을 하는 또 다른 방식이었는가?

물론 진정한 토론 없는, 중요한 실천들이 있었다. 하지만 내가 기억하기로는 실제로 아주 논증적이고 끝까지 밀어붙인 토의들이 있었다. 우리는 영화를 계속해서 봤고, 영화와 정치가 뒤섞이는 이런 논거의 성질은 비평적 토론에 해당한다.

당신의 주요 공격 목표 중 하나는 당시 '좌파 성향의 영화'라고 불리던 영화였다.

코스타 가브라스(Costa-Gavras) 감독의 <제트>(Z, 1969), 이브 브아세(Yves Boisset) 감독의 영화들, 베르트랑 타베르니에(Bertrand Tavernier) 감독의 <판사와 살인자>(Le Juge et l'assassin, 1976), 클로드 소테(Cladue Sautet) 감독의 <뱅상, 프랑수와, 폴 그리고 다른 사람들>(Vincent, François, Paut et les autres, 1974) 등과 같은 영화들이다. 우리의 논쟁은 다음과 같은 추론을 택했다. 우리가 봤을 때 이 영화들을 비평하는 것이 필요했는데, 이런 영화들의 반동적 측면이 분명하지 않았기 때문이었다. 이 영화들은 무시할 만한 영화, 중요하지 않은 영화, 언급할 가치도 없는 영화가 아니라 단지 프랑스의 품질영화의 좌파 영화다.

그래서 이런 좌파 영화를 정확하게 비평하는 것이 꼭 필요했다. 왜냐하면, 이런 비평은 결코 간단한 일이 아니기 때문이다. 그래서 우리는 이런 영화들을 '수정주의'라고 지칭했다. 왜냐하면, 이 영화들은 상당히 아카데미적인 연출을 통해 더욱 강화된 선거 형식의(좌파 대 우파) 합의 속에서 이념적 가면과 기술적 인공물의 방식으로 영화를 배치한다. 그래서 우리가 했던 모든 토의는 그 가면을 정의하고 이런 작품들을 규정짓는 것이었다.

어떤 영화들이 수정주의 영화였으며, 어떤 영화들이 수정주의 영화가 아니었는가?

사람들이 흔히 생각하는 것처럼, 우리가 상황을 명백하게 파악하고 있었던 것은 아니었다. 그래서 상당히 중요한 이 주제에 관해 극단적 과격주의자들과 이성적 과격주의자들 사이에 논쟁이 있었다. 이 주제는 얼마 있다가 우리들 중 몇몇이 ≪영화 예술≫ 잡지에 던졌던 질문이며,

(인터뷰 후반부에) 다루게 될 '영화의 주제란 무엇인가?'라는 질문의 출발점이 되는 독특하고 깊이 있는 분석이었다. 보편적인 혹은 특정한 영화에 대한 나의 분석 속에서, 이 질문은 68'혁명 이후의 사회 참여적 행동주의에 대한 비평적 논쟁에서 비롯되며, 나에게 여전히 현재진행형이다. '영화는 최종적으로 무엇을 통해 형상화되는가?'라는 물음은 조금 후에 ≪벼락 신문≫ 속에서, 모든 영화가 예술적으로 제안하는 진정한 속성을 규정하는 질문이다.

우리는 종종 다양한 쇼트, 몽타주의 원칙, 내레이션의 사용 등을 논하면서 밤을 지새우곤 했다. 나는 정치적 판단과는 전혀 관련이 없는 완전히 영화적 논의들에 대한 추억이 있다. 영화의 주제가 이야기나 줄거리가 아니라, 영화가 근거하는 입장이나 영화적 형태에 입각하여 생각했다. 명확하게 구성되는 예술적 장소에서 영화는 주제를 드러내기 때문이다.

따라서 이러한 영화의 예술적 제안은 때때로 관객들이 인지하지 못하는 가운데 그들의 정신 속에 남아 있게 된다. 그래서 '벼락 집단'은 관객이 영화관을 나설 때 그들의 정신에 남아있는 것에 대해 논의하고자 하였다.

종종 교조주의라고 비난받았던 시기이며, 정치에 비해 영화를 부차적으로 다뤘던 시기에 대한 당신의 추억은 오히려 긍정적이다. 이것은 혹시 일종의 재평가인가?

우리가 재판관을 자처했던 것과 ≪벼락 신문≫을 통해 대체로 성급한 판결을 내렸던 사실을 부정할 수는 없다. 당시 우리는 판관들이었다. 그러나 한편으로 이런 식으로 영화를 평가하려고 했던 것은 영화에 대한 일종의 오마주였고, 소련과 브레히트(Bertolt Brecht)의 위대한 전통 안에서 우리에게 영화가 중요하고 본질적인 어떤 것이었음을 인정하는 것이었다. 다른 한편으로 우리가 나눴던 논의들은 최종적으로 기고된 글에 비해 훨씬 신중하고 심오했다. 이런 점에서, 심지어 악평을 받은 영화들에게도 오마주를 표명했다. 왜냐하면, 이런 논의들은 영화 주제의 확언처럼 영화의 예술적 구성 속에서 모든 영화가 진지하게 받아들여져야 한다고 강조하기 때문이다. 다음의 무시무시한 이야기를 누구나 알고 있을 것이다. 스탈린은 한밤중에 시의 몇몇 행에 대해 토론하려고 파스테르나크(Boris Pasternak)[7]를 불렀다. 등골을 오싹하게 만드는 독재자인 그는 시에 대해 논하는 것을 통해 그만의 방식으로 시에 대한 존경을 표했다. 오늘날 사르코지(Nicolas Sarkozy)가 미셸 드기(Michel Deguy)[8]가 위대한 시인인지를 묻기 위해 필립 벡(Philippe Beck)[9]을 한밤중에 깨운다는 것은 상상할 수 없다. 어떤 면에서 영화는 우리에게 충분히 중요했고 그래서 정치적 사회 참여자로서 영화에 대해 정확하고 열정적으로 말하려는 틀 속에 우리는 있었다. 만일 ≪벼락 신문≫이나 ≪비고답파≫에 기고된 글들을 세심하게 읽는다면, 선고를 내리는 성급하고 갑작스러운 판결문과 훨씬 섬세하고 세심한 분석 요소들이 공존하고 있음을 볼 수 있다. 영화에 대한 우리의 진정한 열정은 우리가 신뢰한 정치적 요소 속에, 우리 삶에 결정적 역할을 하는 지적인 혹은 정치적 면에서 새로움에 대한 생생한 기쁨 속에, 마오주의자의 사회 참여라는 당시의 콘텍스트 속에 놓여 있었다. 어떻게 보면 우리는 영화에 대한 우리의 세심한 열정을 당시의 혁명 지상주의의 틀에 위치시켰다. 우리뿐만이 아니었다. 요컨대 오늘날 모든 사람이 갖는 지배적 의견처럼 '좌파의 10

---

7 [역주] 1958년 노벨문학상을 받은 러시아 시인으로, 소설 작품으로는 『닥터 지바고』가 있다.

8 [역주] 1930년생으로 프랑스 시인, 에세이 작가로 자크 데리다의 친구.

9 [역주] 1963년생으로 프랑스 시인, 작가로 자크 데리다의 제자.

년'이라고 불리는 1966년에서 1976년까지 이 멋진 시대 동안 우리가 몇 가지의 실수를 저질렀다면, 이런 실수들은 정치적 판단과 관련이 있는 것이지 영화의 미래와는 관계가 없다. 왜냐하면, 어떤 면에서 우리는 프랑스 시네필의 삶을 유지했기 때문이다.

이 시기에 당신은 사회 참여적 경향의 영화들 또는 영화 형식을 통해 '수정주의'를 초월한 몇 편의 영화를 중시했다. 당신은 호감을 전혀 숨기지 않았고, 심지어 영화 형식이 다소 회의적이고 거의 무정부주의적인 주제라고 판단했던 브레송(Robert Bresson)의 <아마도 악마가>(Le diable probablement, 1977)와 자크 드미(Jacques Demy)의 <도시의 방>(Une chambre en ville, 1982)에 대해서도 글을 썼다. 그리고 고다르가 있다. ≪비고답파≫에 1983년에 기고한 '영화의 제2의 근대성에 관한 기준들'이라는 중요한 글은 '먼저 고다르를 언급하자.'라고 시작한다.

이 글들은 내가 오늘날에도 여전히 특정 의견을 가지고 있는 영화작품들과 영화, 심지어 정치 영화들이다. 당시에 내가 높게 평가했던 영화가 있다. 그 영화는 베르트랑 밴 에펀테르(Bertrand Van Effenterre)[10]의 <에리카 마이너>(Erica Minor, 1973)로, 특히 공장에서 일하는 여성에 대한 첫 번째 시퀀스는 상당히 경탄할만하다.

이 글들에서 또 다른 흥미로운 점은 당신이 가명을 사용한 것이다. 보통 이 글들은 바디우라는 이름이 아니라, 제임스 스트레더(James Strether)라는 이름으로 발표했다. 2차 세계 대전 중 레지스탕스의 가명을 생각나게 한다.

당시에, 경찰에 의해 우리가 종종 체포되었다는 것을 잊어서는 안 된다.

---

10 [역주] 프랑스 감독이자 제작자로, 자크 리베트와 장 으스타슈의 조연출 출신이다. <에리카 마이너>가 데뷔작이다.

무슨 순교자 행세를 하고 싶지는 않지만, 나는 총 16번 체포되었고, 그만큼 구류를 살았고 16개월의 집행유예 선고도 받았다. 경찰서에서, 결코 모든 것이 레지스탕스의 신화 같은 것은 아니었다. 우리는 실제로 체포되고 몸수색을 당하고 고문을 당했다. 그래서 우리는 몇 가지 대비책을 취했어야만 했고, 가명은 우리의 흔적을 덮어 주었다. 경찰서에서 우리 앞에 앉아 있는 형사가 "당신이 쓴 글이 이것 또 이것…"라고 했지만, 우리가 쓴 글들을 찾아내지 못했다. 각자 업무 형태와 글쓰기 규정에 따라 사용하는 여러 개의 가명을 가졌다. 나는 조르주 페이롤(George Peyrol)이라는 가명으로 주로 정치적 혹은 문학적 글을 썼다. 페이롤은 조셉 콘래드의 마지막 소설인 『방랑자』(The Rover, 1923)의 주인공 이름이다. 영화, 연극, 음악에 대한 글을 쓸 때는 제임스 스트레더라는 가명을 사용했고, 그 가명은 헨리 제임스(Henry James)에 대한 나의 흠모이다. 스트레더는 소설 『사자(使者)들』(The Ambassadors, 1903)의 주인공 이름이다. 분명 당시의 상황은 2차 대전 당시 독일의 프랑스 점령 시기와 비교하면 그 당시가 훨씬 더 평화로운 상황이었지만, 그렇다고 결코 당시의 상황이 사소한 것은 아니었다.

당신이 기고한 글들의 모음집인 이 책에서 보면, 당신이 익살극과 코미디에 부여하는 중요성이라는 마지막 유산이 바로 이 시기에서부터 시작된 것으로 보인다. 익살극과 코미디는 당신에게 주요한 장르이고 또한 효과적인 정치적, 사회적, 미학적 무기이다.

동시대의 지배적 세계에 대한 익살극적인 연출을 시도해야 한다는 생각은 나에게 매우 중요했다. 그 사고는 영화의 풍자극이 대중의 생활방식, 강자에 대한 저항, 실현 가능한 승리의 재현 형태라는 점이다. 내가 보기에, 이러한 점들은 1970~1980년대의 영화, 특히 프랑스 영화에 결여되어 있었다. 반대로, 이러한 점들은 무성영화나 타티와 같은 작가영화, 그리고 (반항적 웃음, 풍자의 웃음, 또 다른 세계로 열리는 비전과 같은 웃음이라는 진정한 프랑스적 전통에 기반을 둔) 연극에서 비롯됐다. 이런 사고는 나에게 오래전부터 존재했다. 예를 들어 ≪새로운 포도주≫에 나는 알제리 전쟁에 대한 권력의 담론을 익살극의 방식으로 글을 쓴 적이 있다. 익살극의 주체처럼 권력자를 조롱하는 이런 방식은 당시 프랑스 영화에 없었다. 예컨대, 내가 '삐딱한(diagonal) 영웅'이라고 부르는 이런 방식은 웃음의 긍정성과 급격한 감정 표출의 억제를 토대로 한다. 채플린처럼 대중적이고 잘 웃기는 인물은 더 이상 없다. 아주 위대한 예술은 코미디를 통해 사회 비판을 한다.

특히 1983년에 ≪비고답파≫에 쓴 '프랑스 코미디 영화에서 계승되지 못한 것들'이라는 글이 있다.

나는 그 글을 통해 일반적인 프랑스 영화의 이성과 진지함이라는 근본적인 전통으로부터 프랑스 코미디 영화를 이끌어내려고 했다. 하지만 이 일은 쉽지 않았다. 왜냐하면, 프랑스 코미디 영화가 완전히 프랑스적인 또 다른 장르인 '내적인 가족 코미디'와 너무나 자주 겹치기 때문이다. 루이 드 퓌네(Louis De Funès)는 이런 부류의 코미디의 전형적 예이다. 프랑스에서 이런 코미디는 가족 영화라는 외피로부터 절대 벗어나지 못했다. 퓌네가 거둔 모든 성공은 아버지 역할로 출연한 <헌병들>(Gendarmes)이라는 영화 시리즈에서 또는 그가 출연한 거리의 코미디(comédie de boulevard)[11]를 원작으로 하는 수많은 영화에서 기인한다.

---

11 [역주] 정확하게는 '불르바르 연극'(Théâtre de boulevard)이라고 불리는 것으로, 불르바르의 의미는 글자 그대로는 '대로'를 뜻하지만, 여기서는 과거 파리의 특정한 대로에서 나온 대중적 풍속희극을 가리킨다.

퓌네에게는 미개척된 익살극적 잠재성이 있었지만, 그의 폭발적인 '심술궂은' 재능을 활용할 수 있는 감독을 아쉽게도 찾지 못했다. 「루이 드 퓌네를 위해」(Pour Louis de Funès)라는 글을 통해, 발레르 노바리나(Valère Novarina)[12]만이 퓌네에게서 희극(comique)의 진정한 가능성을 발견하지만, 이미 퓌네가 죽은 후였다. 그렇지만 바로 이 순간 1980년대 초에, 프랑스 코미디 영화는 카바레(Cabaret)나 카페-극장(café- théâtre)처럼 내가 더욱 관심을 갖는 장르로 재활성화되었다. <산타클로스는 쓰레기다>(Le Père Noël est une ordure, 1982)[13]의 풍자의 격렬함과 신랄함 때문에, 나는 이 영화에 관심을 가졌다. 하지만 이것은 제한적이었는데, 감독이나 배우들 누구도 뚜렷한 매개체 역할을 하지 못했기 때문이다. 당시의 프랑스 희극 영화에는 타티나 제리 루이스(Jerry Lewis)와 같은 익살극의 잠재성을 확장할 수 있는 감독이 없었다.

당신은 1980년대 내내 모험적 시도를 하는 ≪앵무새≫(Perrouquet) 잡지를 통해 영화에 대한 당신의 글쓰기 전반에 있어서 또 다른 단계로 접어든다. 이 잡지에 관련하여 당신은 더 이상 단순한 기고자가 아니었다. 왜냐하면, 당신은 나타샤 미쉘과 함께 격주로 발행되는 이 잡지를 만들고, 두 사람 모두 편집국장으로 일했기 때문이다.

우리는 미테랑이 사회당 후보로 참여한 대선 정국에서 정권을 잡은 사회주의자들을 고발하려는 목표를 가지고 1981년 가을에 잡지를 만들었다. 이 잡지는 반(反) 미테랑 잡지이다. 만약 '좌파'라는 용어가 정치를 통해 사고를 변화시키는 실제 의지를 의미한다면, 우리는 미테랑과 그의

---

12 [역주] 프랑스와 스위스 국적의 작가, 극작가, 연출가 겸 화가.

13 [역주] 장 마리 푸아레가 카페 극장 '르 스플랜디드'에서 공연하던 동명의 연극을 각색해 연출한 작품.

내각이 그들이 스스로를 주장하는 것과 같지 않으며, 자신들을 좌파라고 내세울 권리가 없다고 생각했다.

망명의 권리, 이주 정책, 금융 투자 관리, 아프리카에서 프랑스의 위치, 미국적 모델의 추종과 같은 일련의 문제들 전체에 대해, 미테랑이 좌파의 수사학을 과시하면서 아주 보수적인 정책을 펼친 것을 우리는 확인했다. 그래서 바로 이런 위선을 아주 격렬하게 고발했다. 1981년 5월부터 자유주의 구조로 전환한 것은 근본적으로 미테랑식 정치의 특징이다. ≪앵무새≫는 지속적으로 이런 기만을 고발했고, 정치 분석 글들과 함께 우리에게 중요한 연극, 영화, 문학, 철학과 관련된 문화 행사나 문화 일반 시사 잡지로써 작업했다. 미테랑에 대한 우리들의 불신에 동조하는 참여자들의 스펙트럼은 매우 다양했다. 앙투안 비테즈(Antoine Vitez)[14]의 특별한 우정 덕분에 파리의 샤이요(Chaillot) 국립 극장에서, 우리는 정기적으로 '앵무새 컨퍼런스'를 주최했으며, 프랑스 지성 사회의 많은 사람이 참여하였다. ≪벼락 신문≫과 ≪비고답파≫가 사회 참여적 잡지였던 것과 마찬가지로, ≪앵무새≫도 미테랑에 반대하는 다양한 사람의 글을 발표하는 개방적이고 호의적인 잡지였다.

당신은 영화에 대한 어떤 형식의 글들을 ≪앵무새≫에 썼는가?

그 잡지에서, 나는 평론지의 전통 속에서 일종의 징후적 분석 예술비평을 했다. 일반적으로 나는 폴커 슐렌도르프(Volker Schlöndorff)의 <속임수의 순환>(Die Fälschung, 1981)이나 피에르 뵈쇼(Pierre Beuchot)의 <파괴된 시간>(Le Temps détruit, 1985)과 같은 영화에 근거하여 예술

---

14 [역주] 프랑스 배우, 연극 연출가, 시인으로 20세기 프랑스 연극의 중심인물이다. 1981년에서 1988년까지 샤이요 국립 극장의 대표를 역임한 바 있다.

비평을 했고, 영화가 주체로서 현재의 세상에 대해 우리에게 말할 수 있는 것을 설명했다. 내가 관심을 기울였던 것은 이 영화들이 시대의 토론에서 무엇을 증언하는가였다. 그래서 종종 역사적 논점들, 정치적 문제들, 당대의 여론과 관련된 문제들을 연관 지어 이해하려 한 나는 비평적 글쓰기의 징후적 기능에 관심을 기울였다. 비평적 글쓰기는 사회 참여적 수사법에서 벗어난 글쓰기를 실행하면서 영화들의 증인으로서의 역할을 다시 활성화시키는 방법이다. 또한, 이것은 자유 연상적 글쓰기이다. 그래서 나는 내게 큰 자극을 준 일종의 영화적 방랑에 대해 이야기했었다.

이어지는 '시기'는 ≪영화 예술≫(L'Art du cinéma) 잡지에 해당한다. 당신은 이 잡지에서 영화에 대한 최근 글들의 대부분을 비롯하여 15년 전부터 (1993년부터 최근 2010년까지) 정기적으로 많은 글을 기고하고 있다.

≪영화 예술≫은 '벽락 집단'의 회원 중 한 명인 드니 레비(Denis Lévy)의 활동을 통해 탄생했다. 그는 ≪벽락 신문≫에서 시작하여 ≪비고답파≫에 글을 썼고, 나처럼 벵센느(Vincennes) 대학에서 교편을 잡기 시작해서 이후 생 드니(Saint-Denis)에 있는 파리 8대학으로 자리를 옮겼다. 잘 알려지지 않았지만 드니 레비는 매우 중요한 영화 이론가이다. 그는 영화의 '주제'에 대한 개념, 장르, 고전적 할리우드 영화에 대한 중요한 문제들을 다루었다.

≪앵무새≫에서의 활동 이후, 1990년대 초반에는 우리가 글을 쓸 수 있는 잡지가 없었다. 그래서 우리 중 특히 드니 레비, 디미트라 파노풀로스(Dimitra Panopoulos)[15], 엘리자베스 보이에(Elisabeth Boyer)[16]와 나는

---

15 [역주] 파리 8대학 현대 철학 박사, 연극 연출가, 배우.

영화에 대한 성찰이라는 특정한 목적을 위한 하나의 집단을 구성하려고 결심했다. 드니 레비는 실제로 8대학의 영화과와 철학과에 훌륭한 학생들을 데리고 있었고, 그 당시에 이런 역량들을 재구성하는 것이 중요한 것처럼 보였다. 초기에는 관객과의 대화가 있는 영화를 상영하였다가 이후 잡지로 옮겨갔다. ≪영화 예술≫은 사회 참여적 판단이나 방랑적 비평이 아니라, 영화나 감독에 대한 좀 더 명료한 분석을 토대로 하는 영화적 맥락 속에서 만들어졌다.

바로 이 시기부터 시작해서 당신은 꾸준하게 영화에 대한 생각을 발전시켰다.

그렇다. 내가 어느 날 갑자기 영화 이론가가 된 것은 아니다. 오히려 나는 좀 더 지속 가능한 생각을 제안하고자 하는 의식과 더불어 좀 더 참여적이고, 지속적이며, 집중적인 방식으로 영화와 나의 관계를 유지하고자 하는 생각을 더 많이 했다.

가끔 당신은 논증, 생각, 개념을 열거하기도 한다. 논쟁 속에서 매우 구체적이고 피할 수 없는 어떤 것처럼 이런 방식의 열거가 당신의 글쓰기에서 종종 사용된다.

나는 그것을 나의 '중국식 스타일'이라고 부른다. 다섯 개의 현대화, 산업화의 일곱 단계 등의 방식으로 열거된다. 이것은 사물을 분류하는 사유방식이다. 나는 레비 스트로스(Claude Levi-Strauss)의 분석에서 이런 사유가 얼마나 중요하고 유용한지를 발견했다. 그의 사유방식은 '자연발생적 사유'라고 불리는 주요한 특징으로 만들어져있다.

---

16 [역주] 철학 교수, 시나리오 작가, 감독, 급진좌파당 PRG(Parti Radical de Gauche) 사무총장을 역임했다.

당신의 글을 읽으면서, 나는 '사유의 움직임과 같은 안무'라고 표현하는 니체(Friedrich Nietsche)처럼, 영화가 당신에게 사유의 은유가 아닐까라고 자문한 적이 있다.

오히려 영화는 동시대적 사유의 은유라고 좀 더 명확히 말하고 싶다. 나는 언제나 비극은 그리스적 사유의 은유라고 확신했다. 그리고 영화는 바로 동시대적 사유의 은유라는 동일한 역할을 할 수도 있다. 즉 고찰의 유동성 속에 내재한 사유이며, 동시적으로 사유를 벗어나고, 둘러싸고, 불쑥 튀어나오게 하는 무언가 속에서 인간 존재를 골몰하게 만드는 사유이다. 세계에 대한 재현에서 인간 존재는 엄청나게 강력한 외재성(extériorité)으로 뚜렷이 나타난다. 영화는 외재성의 재현에 가깝다. 외재성의 위력이 너무나 엄청나서 인간은 언제나 외재성 때문에 위협을 받는 경계에 서 있다. 외재성에 대항하고 정복하기 위해 영웅은 등장하고, 어떤 영화이서든지 이런 무시무시한 외재성이 너무나도 생생해서 우리는 영화가 우리에게 말하는 것이 외재성이고, 바로 외재성이 주제 그 자체라는 생각을 하게 한다. 이런 힘에 대항하고, 이런 힘과 함께하는 인간의 정신적 혼란을 보여주는 쇼트들을 더 잘 느끼게 하기 위해, 고다르는 <열정>에서 하늘, <필름 소셜리즘>(Film socialisme, 2010)에서 바다처럼 외부 세계의 아름다운 평온함을 갑자기 보여준다. 영화는 외재성과 관련된 작용을 모범적 방식으로 증언한다. 왜냐하면, 고다르가 말한 것처럼 영화는 자연의 무심함, 인류 역사의 일탈, 인간적 삶의 동요, 사유의 창조적 힘을 하나의 동일한 이미지로 보여줄 수 있기 때문이다.

그리스 문명에서 비극이 혹은 부르주와 문화에서 오페레타가 그랬던 것처럼, 영화가 하나의 문명 혹은 '민주주의 시대'의 지표가 될 수 있는가?

물론이다. 이것은 2005년부터 발간된 ≪비평≫(Critique) 잡지에, 내가 '민주주의 상징으로서의 영화'라는 제목의 글을 통해 보여주려고 한 것이다. 19세기의 근원적 지표는 소설, 더욱 구체적으로 말하면 성장소설이었다. 그리고 영화는 적어도 2차 대전 이후 이런 중요한 역할을 했다. 교육으로서의 영화라는 우리가 초반에 논의했던 생각을 여기에서 다시 발견할 수 있다. 즉 영화는 1950~60년대에 수많은 무명의 혹은 유명한 젊은이들의 삶에서 시네필이 했던 역할을 교육적으로 수행한다. 동시대에 대한 교육으로서의 영화는 (시네필이라는 것이 소년들의 놀이처럼 보였기 때문에) 많은 젊은이들 주로 남자들에게 당시의 그들의 진로, 세상의 행복, 에너지, 어려움, 복잡함과 관련된 어떤 것들을 일깨워 주었다.

영화는 진실의 생산자인가? 영화를 분석하고 기술할 때 당신이 찾고자 하는 것은 무엇인가?

내가 철학에서 '비미학 (inesthétique)'이라고 부르는 것은 철학이 예술 작품의 사유를 생산하는 게 아니라, 예술 작품이 스스로 사유하고 진실을 생산한다는 점이다. 하나의 영화는 사유로서의 제안, 사유의 움직임, 영화의 예술적 배치로 연결된 사유이다. 어떻게 해서 이런 사유가 존재하고 또한 이런 사유가 스쳐 지나가는가? 이런 사유는 영화에서 말해진 것이나 중요한 플롯의 구성이 아니라 영화적 사유를 전달하는 움직임 속에서 영화를 보는 경험을 통해 전달된다. 이런 사유는 각각의 중요한 영화를 통해 전달되는 개별적 요소이지만 반대로 보편적 형식과 관계가 있다. 이러한 증명은 물론 복잡하다. 왜냐하면, 모든 영화는 수많은 요인을 통제할 수 없을 만큼 놀라운 복잡함에 따라 세계를 만들고 또다시 조합하기 때문이다. 감독은 우연을 매우 중요하게 생각한다. 예를 들어 감독은 촬영 현장에서 우연을 유도하고자 한다. 영화가 만드는 진실은 바로 이런 우연에 영향을 받고, 영화의 움직임과 복원을 통해 진실은 한꺼번에 전달된다. 바로 이런 것이 '어떤 영화에 대해 말하는 것이 가능한가?'라는 질문을 스스로에게 던질 때 아주 자극적인 동시에 대단히 복잡한 점이다. 모든 예술 중에서 완전하게 가장 명백한 진실을 생각하고 만들어내는 능력을 가진 예술은 틀림없이 영화이다. 영화는 현실의 무한함 속에 잠겨있다. 이것은 영화가 어디로 가는가라는 또 다른 질문을 우리에게 던진다. 즉 영화는 세계의 재현에서 스튜디오에서나 편집과정 동안에 엄격한 통제에 뿌리를 두고 자신의 무한성에 의해 순식간에 태워진 일종의 이미지의 마그마 속에 잠기는 예술이다. 고다르 자신도 이것과 아주 유사한 작업을 했다. 그의 작업은 흑백 이미지를 구축하는 오래된 영화에서처럼 단순화에 의해서가 아니라 의미의 서로 다른 층을 가득 쌓는 계층화를 통해 하나의 진실을 생산하는 것이다.

당신이 쓴 글 전체를 놓고 봤을 때, 가장 자주 또한 계속해서 언급되는 감독이 바로 장-뤽 고다르이다.

아주 유명한 고다르의 심술궂은 성미를 제쳐놓고, 내가 보기에 그는 자신이 살았던 모든 시기를 실제로 있었던 그대로 경험하고 촬영하면서, 이 시기들의 다양성 심지어 모순들 속에서 이 시기들을 부정하거나 가공하지 않고 반대로 너무나 알기 쉬운 영화적 형태들로 변화시킨 부정할 수 없는 가장 위대한 동시대의 감독이다. 이것은 사랑, 찬미 혹은 짜증, 우리가 그의 영화에 대해 '그 사람의 영화는 항상 그래.'라며 생각하는 증오와는 거의 별개의 일이다.

고다르가 당신의 글을 읽은 사실 그리고 최근작 <필름 소셜리즘>에 당신을 출연시키기 위해 연락을 한 것에 놀랐는가?

나는 감동했다. 왜냐하면, 세상의 웅성거림을 다루는 그 영화 속에서, 내가 현재의 한 부분이라는 것을 의미하기 때문이다.

어떤 면에서 고다르가 당신을 세상의 진실로 변형시켰다는 것인가?

내가 깊은 인상을 받은 것은 고다르가 나를 <필름 소셜리즘>의 나머지 다른 요소들과 '섞으려고 하지' 않았다는 점이다. 나는 나 자체로 혹은 나 자신에 의해서 존재했다. 그 영화에서 나는 잠깐 존재한다. 총 3주간의 촬영 가운데 고다르는 내가 출연한 장면 중에서 아주 짧은 두 컷만 사용했다. 그렇지만 바로 그곳이 내 장소이고, 바로 그 장소에 내가 있었고, 나의 진실이 있는 곳이다. 관광객으로 넘쳐나는 유람선 안에서 나는 아무것도 아니다. 나는 도망치듯이 작은 선실의 책상에서 글을 쓰고, 아무도 없는 텅 빈 강당에서 후설(Edmund Husserl)과 기하학에 대한 강의를 한다. 하지만 단지 몇 초의 짧은 순간일지라도, 반박할 수 없을 정도로 그것은 전적으로 바로 나 자신이다.

이 책에는 할리우드의 몇몇 영화들 또는 우리가 조금 전에 언급했던 프랑스 코미디 영화들처럼 당신이 관심을 가질 것이라고 딱히 기대하지 않았던 영화들과 영화 장르에 관한 글들이 있다. 당신이 보기에, 영화에서 양질의 혹은 저질의 대상이 있는가?

내가 영화에 대해 글을 쓰는 이유는 그 영화가 나에게 영향을 끼치기 때문이다. 이 영향의 질이 좋은가 혹은 나쁜가라고 자문하고 싶지 않다. 이런 질문은 취향의 판단에 속하기 때문이다. 나는 영화 평론가가 아니다. 나는 영화에 정당성을 부여하지 않는다. 그러나 나는 내가 왜 어떤 특정한 영화에 감동을 받는지를 철학적으로 자문하며, 위대한 작가의 전당에 속하지 않는 영화에 감동을 받는 상황도 받아들인다. 나는 비엔나 왈츠와 탱고를 아주 좋아한다. 물론 이런 음악 장르가 음악적 고상함의 소양이 없다는 것을 알지만 비엔나 왈츠와 탱고에 대한 세상의 의견에 대해서는 반박하지 않을 것이다. 만약에 내가 어떤 예술 장르에 대해 언급하고 감동을 받았다면 나는 그 이유를 알고자 노력할 것이다. 나는 예술 장르들이 시간을 증언하는 방식에 감동했고 그래서 예술 장르들에서 느꼈던 감정을 다시 돌려주려고 하였다.

영화가 당신에게 많은 영감을 주었는가?

내가 영화에 대한 글을 쓰면서 되돌려주었던 모든 것 이상으로 나는 영화에서 많은 것을 배웠다. 당신의 제안으로 시작된 (영화에 대한 나의 답례를 요약한) 이 책에 대해 정말로 큰 감사를 드린다. 너무나도 분열된 현재 우리가 살고 있는 시대를 소재로 하는 말할 수 없이 넉넉한 예술인 영화에서, 내가 얼마나 많은 것을 배웠는지 모든 사람이 판단할 수 있을 것이다.

앙투완 드 베크가 정리한 대담
2010년 7월 2일 파리.

02 영화 문화

알랭은(Alain)[1]은 '영화는 인간의 부재에 의해 태어나자마자 죽는다'라고 말한다. 만약 영화 문화가 존재한다면, 영화 문화는 인간의 고상한 영역이라고 명명하고 유지하게 하는 랑가주 중 하나라고 제안하면서, 이런 진술 자체에 반론을 제기해야 한다. 이 지점에서 우리는 미학적 선택의 결정적 순간에 직면한다. 다시 말해 영화가 자신만의 방식으로 인간의 현존인지 아니면 부재인지, 혹은 말로(André Malraux)의 영화 <희망>(L'Espoir)[2]이 한 권의 뛰어난 소설을 찬양하기 위하여 구성된 이미지의 모음집인지 아니면 (동일한 가치의 공간을 차지하는 움직임 속에서 완전히 일치하지만) 문학작품과 완전히 다른 것인지 선택해야 한다.[3]

영화 문화에 대한 질문은 존재에 대한 질문으로 시작한다. 문화를 감싸고 있는지 아니면 그렇지 않은지 여전히 이론의 여지가 있는 예술인 영화는 존재하느냐 존재하지 않느냐의 문제이다. 우리가 해결할 수 있는

---

1 [역주] 본명은 에밀-오귀스트 샤르티에(Émile-Auguste Chartier)로 프랑스의 철학자. 주요 저서로는 『노르망디인의 어록(語錄)』(Propos d'un Normand)이 있다.

2 [역주] 스페인 내전 당시 무기에 관련된 몇 가지 사실에 대해 1937년에 말로 자신이 쓴 동명의 소설을 영화화한 작품.

3 그런 이유로 '영화도 소설만큼 좋다'라는 순진한 표현이 금지되어야 한다. 이 표현의 어설픔은 우리의 문제와 선택을 감추어 버린다.

것은 바로 이 문제가 아닌데, 그 연유는 예술이 존재와 마찬가지로 증명할 수 없기 때문이다.

장 르누와르의 훌륭한 영화 <강>(The River, 1951)[4]의 상영이 끝난 후에, '영화의 색채는 아름다웠다'고 성의 없이 의견을 표명하는 사람은 그 자신만이 없앨 수 있는 부정(否定)을 자신 속에 갖고 있다. 그 이유는 (영화의 색채가 실제로 아름답다고) 그가 말한 진실 자체에는 경험의 오류가 감춰져 있기 때문이다. 따라서 우리의 목적은 '우리 자신을' 설득하는 것이 아니라 '인간의 현존'이 영화 속에서 어떻게 형상화되는지 묘사하고 보여주는 것이다.

우리는 외부에서 내부로, 획득된 지식에서 직관으로 나아가야 한다. 광의적 의미에서, '문화'는 실제로 소유이면서 존재이다. 문화는 이해를 위한 도구의 소유인 동시에 이해 그 자체이기도 하다. 이 두 가지 측면이 분리될 수 없기에, 소유와 존재의 내부적 통일성은 '문화' 안에서 이루어진다. 막스 오퓔스의 <롤라 몽테스>(Lola Montes, 1955)에서 앙감(Low-angle shot)의 횟수만큼이나 푸크탈(Henri Pouctal)[5]과 모르롱(Camille de Morlhon)[6]의 모든 영화에 정통하지만, 그리피스의 <인톨러런스>(Intolerance, 1916)를 '대단히 낡은' 것으로 여기는 사람은 반드시 교양이 있는 것은 아니다. 또한, 트랙킹 숏(Tracking Shot)이 무엇인지도 모르고, 스트로하임의 명성의 근간이 연출가였던 사실을 알지 못하는 사람도 그리피스의 <부러진 꽃>에 크게 감동받을 수 있다. 우리는 적어도 출발 선상에서

---

4 이 영화에서 영화적 랑가주는 인간의 몸짓을 뛰어넘으려고 시도하고, 이 몸짓이 무의식적으로 두드러져 보이는 지속을 향해 전념을 다한 듯이 보인다.

5 프랑스 감독. 1914년에서 1920년 사이에 활동. 주로 불르바르 코미디를 영화화했다.

6 프랑스 감독으로 1923년 사망. 몬테크리스토라는 긴 연작 영화의 첫 번째 버전을 시작하는 영광을 누렸다.

소유와 존재를 분리해야 할 것이고, (일단 비밀을 찾게 되면 역사와 기술이 필요 없겠지만) 영화의 역사와 기술이 쥐고 있는 비밀을 찾아야 할 것이다.

다른 예술문화와 마찬가지로 영화 문화도 지식에서 시작하고, 그리고 모든 지식처럼 우리는 기술과 역사를 끊임없이 활용한다. 영화에는 몇몇 규칙들, 기술의 지속적인 발전, 위대한 감독들의 창작의 시대들에 의해 다뤄야 하는 대상이 있다. 예컨대, '거의 직각의 축에 따라 아래에서 위로 향하는 카메라의 동작을 앙감이라고 부른다.'[7] '그리피스의 작품에서 최초의 클로즈업을 찾아볼 수 있다.', '르네 클레르의(René Clair) 첫 번째 작품은 <잠든 파리>(Paris qui dort, 1924)이다.' 등, 이런 모든 문장은 예술에 대한 우리 세계의 기준을 영화에 강요하면서 예술과 동떨어진 곳에 있게 한다. 어떤 직감도 없는 이런 량가주가 문화의 시작이다. 하지만 이 량가주가 실제로 문화의 한 부분인가? 바로 여기에 문제가 있다.

문학의 역사와 마찬가지로, 영화의 역사도 작품이 명성을 얻는 미학적 직관과 연대기의 영향 간의 비교에서 힘들어한다. 위대한 작가들은 행복한 사람들과 같다. 그들은 이전의 전력이 없다. 왜냐하면, 작가들이 예고 없이 나타난다는 사실이 바로 그들의 독특함이기 때문이다. 최근의 프랑스 영화사는 의심할 여지 없이 클로드 오땅-라라(Claude Autant-Lara), 앙리-조르주 클루조(Henri-Georges Clouzot), 르네 클레망(Rene Clément)과[8] 같은 '자질 있는' 감독들을 분류하고 비교해야 할 것이다. 프랑스

7 예를 들면, 알렉상드르 아스트뤽(Alexandre Astruc)의 <잘못된 만남들>(Les Mauvaises Rencontres, 1955)에서 쟝-클로드 파스칼(Jean-Claude Pascal)이 아눅 에메(Anouck Aimée)를 두 팔로 들어 올려 자신의 침실로 데리고 가는 장면이다.

8 이 작가들의 최근작 세 편은 각각 다음과 같다. 오땅-라라의 세 작품은 <적과 흑>(Le Rouge et le Noir, 1954), <밤의 마르그리트>(Marguerite de la nuit, 1955), <파리 횡단>(La Traversée de Paris, 1956). 클루조의 세 작품은 <공포의 보수>(Le Salaire de la peur, 1953), <디아볼릭>(Les Diaboliques, 1955), <피카소의 비

영화의 발전에서 그들에게 하나의 공통적 의미를 부여할 수 있는 외부적인 어떤 형식주의에 의해, 이 세 명의 감독은 영화의 역사에 자리를 잡고 있다. 그에 반해 장 르누아르의 최근 작품들이 위치할 자리는 거의 없다. 예컨대, 르누아르의 <강>, <황금마차>(Le carrosse d'or, 1952), <프렌치 캉캉>(French Cancan, 1954), <엘레나와 남자들>(Elena et les hommes, 1956)은 단지 '차이'라고 치부될 뿐이다. 이러한 간극은 창작의 비(非)역사적인 독특함과 동일시된다.

영화의 역사에서 '문화적' 관심은 결과적으로 아주 제한적이다. 우리가 방금 검토했던 것처럼, 위대한 작가는 분류체계의 수립을 부정하는 사람이다. 특히 마르셀 레르비에(Marcel L'Herbier)[9]처럼, 델뤽(Louis Delluc)의[10] 원칙에 갇힌 스타일을 가진 작가들은 이전의 시도만을 보여줄 뿐이다. 이러한 감독들은 역사적 표식에 불과하다. 반대로 델뤽의 원칙에서 '시작한' 장 앱스탱(Jean Epstein)은 <어셔가의 몰락>(La Chute de la maison Usher, 1928)의 간결한 표현주의에서 <태풍>(Tempestaire, 1947)의 엄격한 다큐멘터리에 이르기까지의 움직임 속에서 자신의 천재성을 보여줄 것이다. 제7 예술의 컬렉션이 체계적으로 시도한 장르 정의의 혼돈은 훨씬 심각하다. 당대의 섹스 심벌인 제인 러셀(Jane Russell)[11]의 벗은 몸을 보여주기 위해 만들어진 <프렌치 라인>(French Line, 195

밀>(Le Mystère Picasso, 1956). 클레망의 세 작품은 <금지된 장난>(Jeux interdits, 1952), <러버즈, 해피 러버즈>(Monsieur Ripois, 1954), <목로주점>(Gervaise, 1956)이다.

9 복잡하고 시대에 뒤떨어진 지적 영화의 전도자이다. 그의 '걸작' <엘도라도>(El Dorado, 1921)는 사람들의 시야에서 사라졌다.

10 영화 이론가 겸 감독. '심리적 정확성에 도달하기'가 그의 원칙이며, 그 원칙을 실현하는 수단으로 기술 혁신과 '독백'을 이용했다.

11 [역주] 마를린 먼로 등장 이전에, 1940~50년대 할리우드의 섹스 심벌 중 하나였던 여배우.

4)[12]이 코미디 뮤지컬이라는 것과 세실 B. 드밀(C. B. De Mille)의 <삼손과 데릴라>(Samaon and Delilah, 1949)가 역사 '블록버스터'라는 점은 확실하다. 그러나 <프렌치 라인>과 또 다른 코미디 뮤지컬 영화인 <산적들의 교향곡>(Räubersymphonie, 1937)[13] 사이에는 또는 <삼손과 데릴라>와 바빌로니아(Babylone)에서 벌어지는 <인톨러런스> 사이에는 싸구려 벽지의 꽃 그림과 반 고흐의 아이리스꽃 간의 관계와 동일하다. 페르(Feher)와 그리피스의 영화에서 문화적 관심은 일종의 유사성의 조롱처럼 불시에 나타나는 차이에 근거한다. 오직 이야기의 외재적 필요성만이 분류체계의 구성을 이끈다. 예컨대, 몰리에르(Molière)와 마조 드 라 로슈(Mazo de la Roche)[14]보다는 몰리에르와 에드몽 로스탕(Edmond Rostand)[15]으로 그리고 <황금광 시대>(The Gold Rush, 1925)와 <환속한 수도사>(Le Défroqué, 1954)[16]보다는 <황금광 시대>와 <소구역의 책임자들>(Laurel and Hardy's Air Raid Wardens, 1943)[17]으로 서로 묶는다. 여기서 유일한 존재적 관계는 영화로부터 무(無)로 진행되는 배제의 관계일 뿐이다.

---

[12] [역주] 로이드 베이컨(Lloyd Bacon)의 1953년 영화로 텍사스의 부유한 집의 상속녀가 프렌치 라인이라는 유람선에서 운명적인 사랑을 만나는 내용이다.

[13] 오스트리아 감독 프리드리히 페르(Friedrich Feher)의 아주 독특한 영화. (프랑스 작가 겸 기자인) 클로드 모리악(Claude Mauriac)이 쓴 책에 거의 알려지지 않은 이 작품에 대한 뛰어난 분석이 있다.

[14] [역주] 1920년대 국제적 명성을 날리던 캐나다의 소설가, 대표 작품으로는 『잘나』(Jalna)가 있다.

[15] [역주] 19세기 프랑스의 극작가 겸 시인, 대표작으로는 『시라노 드 베르주라크』(Cyrono de Bergerac)가 있다.

[16] 프랑스 감독 레오 조안농(Leo Joannon)의 끔찍한 작품으로 게다가 피에르 프레네(Pierre Fresnay)가 출연한다.

[17] [역주] 미국감독 에드워드 세드윅(Edward Sedgwick)의 영화로 2차 세계대전 중 일어나는 사건을 다룬 코미디 영화이다.

'장르'라는 것은 영화에 거의 존재하지 않는다. 유연한 영화적 글쓰기와 신속한 장면전환은 영화적 톤을 혼합시키는 '기술적' 문제들을 무시할 수 있게 해준다. 위대한 작가에게 있어서 영화는 규칙적인 리듬의 방식에 의해 구성되며, 랑가주의 다양성은 정확하게 상황의 모호함에 근거한다. 뮤지컬 영화인 <위대한 전략>(Les Grandes Manoeuvres, 1956)[18]은 이것에 대한 뛰어난 예를 보여준다. 르네 클레르의 스타일은 이야기가 관객에게 전해주는 쓰라린 감정이나 화려함에 근거하여, (우스꽝스럽게 대조되는 이미지인 두 명의 숙녀가 똑같이 노란색 모자를 쓰고 있는 것과 같은) '경쾌한' 움직임에서 (영화의 마지막 부분에서 닫힌 창문이 길게 연속되는 앵글과 같은) 더욱 느린 움직임으로의 변화과정에 놓여있다.

말하자면 스타일이란 현실의 모호함을 상징하는 상반된 리듬들이 자신의 통일성을 찾는 랑가주일 뿐이다. 영화에서, 위대한 작품이란 아마도 다른 어떤 것보다 역설적인 창작품이다. <라임라이트>(Limelight, 1952)는 의심할 바 없이 이런 역설 중 가장 뛰어난 작품이다. 이런 이유로 이 영화가 문화 자체를 부정하는 장르인 '코미디'에 대한 향수의 좋은 예인데도 불구하고 일반적으로 그 가치를 제대로 인정받지 못했다. 그리고 가장 외적인 역설을 잊어서는 안 된다. 예컨대, 혹스 감독은 <스카페이스>(Scarface, 1932)와 같은 필름 느와르를, <붉은 강>(Red River, 1948)과 같은 서부극을, <몽키 비즈니스>(Monkey Business, 1952)와 같은 코미디를, <파라오>(Land Of The Pharaohs, 1955>와 같은 블록버스터 시대극을 만들었다. 장르 개념의 유일한 기여는 스타일의 문제보다

---

18 르네 클레르의 마지막 작품(1956) [역주] 이 글을 쓴 당시의 시점에서 클레망의 마지막 영화이다.

기술적 문제와 관계가 있다. 영화가 수없이 사용한 지평선의 이미지는 서부극에 빚을 지고 있다는 것을 아는 것은 흥미롭지만, 그 이상의 의미를 갖는 것은 아니다.

만약 문화가 지식의 다양성 속에서 인간 현존의 총체성을 구현하는 움직임이라면 문화는 차이일 뿐만 아니라 영향력까지도 포함해야 한다는 반론을 제기할 수 있다. 히치콕의 <오명>(Notorious, 1946) 후반부의 '서스펜스'와 클루조의 <디아볼릭>(Les Diaboliques, 1955)에서 관객이 느끼는 작위적인 불안이 무엇 때문에 다른지 반드시 알아야 할 것이다. 존 포드의 <역마차>(Stagecoach, 1939)가 평범한 영화인 <평원의 사나이>(Adventures of Buffalo, 1936)[19]와 어떻게 다른가 하는 것도 알아야 한다. 게다가 좀 더 심도 있게, 히치콕과 포드가 장르 영화의 단순한 감독들과 과연 무엇에 의해 결정적으로 구분하게 하는 독특하고 창조적인 영역에 도달하는지도 알아야 한다. (한 작품에서 다른 작품으로 이어지는 발견의 더딘 진보, 수사(修辭)적 예절[20]이기보다는 이전 감독의 작업에 대한 오마주 차원에서 취하는 새로운 작업, 즉) 영향력의 역사적 구조를 통해 50년 전부터 위대한 연출가들이 추구하던 공동 창작의 실제적 흔적처럼 이 모든 것이 구성된다고 생각할 수 없는 것일까? 물질적 저항은 다른 어떤 예술 분야보다 영화에서 더욱 크다.

---

19 [역주] 세실 B. 드밀(Cecil B. DeMille)의 영화로 미국 서부개척시대에 수색자로 활동했던 와일드 빌, 버팔로 빌, 컬래머티 제인 등 세 사람의 인생을 각색한 영화이다.

20 <나나>(Nana, 1926)를 찍기 전에 르누와르가 <어리석은 아낙네들>(Foolish Wives, 1922)을 열 번이나 봤다고 말하며 에릭 폰 스트로하임(Erich von Stroheim)에게 존경을 표했던 것보다 <모던 타임즈>(Moderan Times, 1936)를 만들기 위해 <우리에게 자유를>(A nous la liberté, 1931)의 몇몇 주제를 차용하면서 채플린은 르네 클레르에 대한 존경심을 훨씬 확실하게 드러냈다.

아마도 바로 그 지점이 영화의 역사에서 가장 생산적인 작업일 것이다. 하지만 여전히 해야 할 일이 남아있다. 스트로하임이 그리피스의 조연출이었던 것처럼 이를테면 '촬영 현장에서'의 문자 그대로의 기술적 실습을 제외하고, 영향력의 개념을 규정하기 몹시 어렵다. 예술의 초창기에는 전통적인 랑가주에 의지하기보다는 오히려 인간의 천재성에 더욱 의존하게 된다. 영화의 역사를 보면, 세계에 대해 독특하고 새로운 방식으로 발언하는 것이 바로 영화라고 생각하고 독학한 감독들이 많다. 아마 그들은 마치 호메로스(Homeros)처럼 가장 위대한 감독들이었을 것이다. 특별히 그리피스, 스트로하임[21], 강스(Abel Gance)[22] 등이다.

영향에서 다른 영향으로 근원을 찾아 올라가면 언제나 의심의 여지가 없는 영향들을 발견하게 된다. 마치 낮의 전파로 퍼진 시간들을 거슬러 올라가면 그 이전에는 밤이었던 태양이 뜨는 기적적인 순간에 도달하게 되는 것처럼 말이다. 문화의 본질적 의미 중 하나는 영화의 존재와 이제는 뒤섞인 이런 존재들을 언제나 기억해야 한다는 점이다. 예를 들어 장 비고(Jean Vigo)의 <니스에 관하여>(À propos de Nice, 1930)의 에로티즘은 <멍청한 아낙네들>의 에로티즘에 또한 <인톨러런스>의 근대 부분인 파업 노동자들의 총격 장면은 <전함 포템킨>(The Battleship Potemkine, 1925)의 대형 계단 장면에 빚을 지고 있음을 분명하게 느끼는 동시에 잊어야만 한다. 이러한 사례는 영향력이 언제나 불확정적인 것에서 확정적인 것으로, 결국 가장 큰 것에서 가장 작은 것으로 이행한

---

21 1919년과 1928년 사이에, 에릭 본 스트로하임은 <어리석은 아낙네들>, <탐욕>(Greed, 1924), <결혼행진곡>(The Wedding March, 1928) 그리고 미완성의 <여왕 켈리>(Queen Kelly, 1928)와 같은 걸작들을 영화사에 남겼다. 작가로서의 그의 경력은 할리우드 제작 시스템에 의해 중단된다.

22 아벨 강스는 할리우드 제작 시스템에 의해 경력에 종지부를 찍은 또 다른 감독으로 <바퀴>(La Roue, 1921)와 위대한 작품 <나폴레옹>(Napoléon, 1927)을 남겼다.

다는 점을 우리에게 보여준다. 만약 새로운 작품이 진정한 작품이라면, 문화적 관심은 작품의 확고부동한 독창성과 작업의 일부를 이루는 영향력의 연속 사이에서 유지된 간격에 놓여 있다.

예를 들면 드레이어(Carl Dreyer)가 <잔다르크의 수난>(La Passion de Jeanne d'Arc, 1928)에서 줄곧 이용한 클로즈업은 그리피스가 발명했다. 그러나 정확히 말해 중요한 것은 드레이어가 그리피스의 발견에서 '시작하여' 인물의 얼굴에 부여한 극화된 정신적 의미로 발전한 것이며, 바로 이것이 브레송에게는 완전하게 내면적인 표현에 도달하려는 탐구의 출발점이 되었다는 점이다. 이런 경우에 영향력은 창작물을 전혀 설명하지 못한다. 창작은 반(反)문화적이다. 반대로 만약 작품이 보잘것없으면 오히려 영향력은 강력해지고, 바로 이 영향력에 의해 작품의 의미가 설명되고, 작품이 나타내고 있는 여러 영향력 사이의 불일치가 나타날 수도 있을 것이다. 바르뎀(Juan Antonio Bardem)[23]의 최근작인 <사랑의 거리>(Calle Mayor, 1956)로 이런 순서를 따져볼 수 있다. 이 영화에는 인물들이 서 있는 언덕에서 바라본 시야를 나타내는 깊은 심도로 인해 한 커플이 말 그대로 하늘의 전면에 자리 잡은 시퀀스가 있다. 이 기법은 오손 웰즈를 모방한 것이지만 웰즈에게서 이 기법은 더욱 명확한 의미를 갖는다. 웰즈의 영화에서 주인공은 자신과 대립하고 있는 세상의 힘에 제압당한다. 예컨대 웰즈의 <미스터 아카딘>(Mr Arkadin, 1955)에서 주인공인 반 스트라텐(Van Stratten)의 적이 살고 있는 기괴한 성 아래에서 벌어지는 시퀀스는 이런 의미를 명확히 드러낸다. 바르뎀은 이미지의 이런 극적 긴장에 아무것도 더하지 않는다. 긴장을 벗어나는 대립을 두

---

23 후안 안토니오 바르뎀은 <자전거 주자의 죽음>(Muerte de un ciclista, 1955), <코미코스>(Cómicos, 1954), <사랑의 거리> 세 작품을 연출한 젊은 감독으로 어쨌든 현재 전혀 존재감을 보이지 않는 스페인 영화계와 구분된다.

드러지게 하려는 의도로 인해 이미지의 의미적 중요성이 훼손된다. 결과적으로 바르뎀의 작품은 문화의 대상이 아니라, 교양인의 예술 작품일 뿐이다.

여기까지 따라온 부정(否定)의 긴 여정 덕분에 우리는 영화 문화의 기준을 설정할 수 있다. 기술적 문제의 검토는 아마도 차이가 본질적인 개념임을 보여줄 것이다. 여전히 이 분야에 대한 우리의 설명은 상당히 제한적이다. 르누와르는 <엘레나와 남자들>(Elena et les hommes, 1956) 상영 전에 보여준 짧은 필름에서 자신이 더 이상 기술에 관심이 없다고 말한다. 그렇다면 창작이 이러한 영화 기술 '다음의' 것일 때, 영화 기술에 대한 최소한의 기본적 지식은 반드시 영화 문화의 일부분이어야 하는 것인가?

따라서 시퀀스의 가치에 부여된 즉각적인 직관과 이러한 직관의 증명, 이 두 가지 것을 구별해야 한다. 감정과 판단 사이의 경계에서 기술적 지식의 중요성이 위치한다. 히치콕의 가장 빛나는 작품들 중 하나인 <열차 안의 낯선 자들>(Strangers on a Train, 1951)의 유명한 살해 장면을 예로 들어 보자. 어떤 사내가 젊은 여성의 목을 조르고 그녀의 안경이 풀밭에 떨어진다. 살해 장면은 안경의 유리에 나타난 반사에 의해서만 보인다. 이 기법의 정서적 가치는 전체적으로 안경알이라는 즉흥적으로 생긴 거울의 볼록한 표면 위의 이미지가 기묘하게 늘어나는 데 있다. 그래서 살인 행위는 안경의 유리에서 일종의 유려함이나 고요하고 끔찍한 차분함을 가진다. 여기서 우리는 행위의 폭력성과 그것이 반영된 시적인 유연성 사이의 대비에 의해 충격을 받는다. 결국, 죽음은 쉽게 이뤄진다. 하지만 우리는 이런 대비가 처음부터 계산되었다고 생각하지 않는다. 나중에서야 우리는 사용된 기법의 분석에서 우리가 느낀 감정을 표현하는 랑가주를 발견한다. 물론 우리에게 각 영화의 고유한 기법들에 대해 일종의 해설을 강요하는 영화들이 있다. 또한, 감정표현이 다소 빈곤하지만, 영화 스타일 자체를 중요하게 다루는 '설득력 있는' 영화들이 있다. 예컨대, 클루조의 <공포의 보수>(Le Salaire de la peur, 1953)에서 트럭의 바퀴 그리고 <디아볼릭>에서 술병, 수도꼭지, 타자기와 같은 물건의 클로즈업이다. 만일 이 클로즈업들이 비극적 기호의 의미를 대상에 부여한다면, 이 클로즈업들은 그 자체로 설명될 수 있다. 그러나 만약 이 클로즈업의 유일한 목적이 관객에게 짧은 공포를 유도하는 것이라면, (기술적 기법으로 대상에 가치가 뛰어나게 부여됐다고 할지라도) 대상에 대한 가치 부여는 클로즈업이 보여주는 감정과 견줄 수 없다.

달리 말해 기술은 다뤄지는 취향의 문제이기에, 기술적 장점은 최우선 고려대상이 아니다. 비평의 제한된 영역에서 기술의 중요성을 무시하지 않아야 되겠지만, 그 지점에서 가능한 한 올바른 직관의 랑가주를 정확하게 찾아야 한다. 랑가주가 문화의 한 부분에 속한다고 할지라도 여전히 하나의 랑가주에 불과하다. <푸가의 기법>(The Art of Fugue)[24]이 음악 전문가들만 감상했다는 것이 사실이라면, (흑백의 엄밀한 섬세함을 모두 소진한 것처럼 보이는) 알렉상드르 아스트뤽의 <밀회>(Les Mauvaises Rencontres, 1955)도 영화 기술 스텝들만이 높이 평가할 가능성이 높다. 하지만 필자가 보기에 꼭 그런 것은 아니다. 물론 대위법의 규칙에 대한 지식 또는 장면화의 가치가 우리의 직관을 풍부하게 할 수는 있지만, 그것들이 직관을 불러일으킬 수 없다.

영화가 표현한 기술적 엄밀함에 충분히 주의를 기울이지 않아서, 이해하지 못한 작품들의 경우도 더러 있다. 예를 들면, 이해하기 쉽지 않은

---

24 [역주] 원제가 Die Kunst der Fuge인 바흐의 유작으로 독립성이 강한 둘 이상의 멜로디를 동시에 결합하는 작곡기법인 대위법 기술의 총결산인 작품이다.

표현 가치인 프레임의 경우이다. 프레임은 행동의 구체적인 순간에 가장 풍부한 의미를 담고 있는 일정한 공간을 세계로부터 떼어내는 방법이기 때문이다. 따라서 혹자는 혹스의 <파라오>(Land of The Pharaohs, 1955)와 세실 드 밀(C. B. De Mille)의 영화 간의 차이가 프레임의 질에 있고, <파라오>가 대단히 뛰어나다고 주장한다. 하지만 필자는 <파라오>를 보고 별다른 느낌을 받지 못했고, 또한 지금도 이 영화가 뛰어나다고 생각하지 않는다. 문화적인 것은 강요가 아니라, 취향에 근거한 일목요연한 판단력이어야 한다. 영화기술은 무엇보다도 어떤 의미이다. 예컨대, <황금광 시대>(The Gold Rush, 1925)에서 채플린이 댄스홀의 창문을 통해 내부를 바라보는 시퀀스는 프레임의 표현적 필요에 있어 훌륭한 사례이다. 채플린은 클로즈업으로, 화면의 한쪽 모서리에, 댄스홀 밖에, 우울하고 슬픈 모습으로 촬영되었고 창문은 그가 배제된 즐거움을 상징하는 빛의 틈새처럼 촬영되었다. 이처럼 프레임화에 대한 기술적 지식은 감탄을 강요하는 게 아니라, 스스로 느끼는 감정이어야 한다. 그 차이는 실제 크지 않다. 다시 말해 차이는 직관으로부터 랑가주로 향하는 움직임 속에 있으며, 역사적 지식의 중요성처럼 기술적 지식의 진정한 중요성에 위치한다.

(문화 그 자체로부터 파생된 모든 것에서 벗어나는) 문화의 개념은 모든 랑가주 이전의 직관, 즉 취향으로 요약할 수 있다. 이제 우리는 영화적 감수성이 될 수 있는 것이 무엇인지 정의를 내려야 할 것이다. 바로 이것이 핵심이지만, 동시에 우리가 이 영화적 감수성에 대해 전혀 언급하지 않는 이유는 사람들 각각의 선택의 비밀과 관련되어 있기 때문이다. 분명한 사실은 차이의 개념 덕분에 문화의 영역에서 (역사적으로 지워야 할 연출가들인) 르네 클레망에서 윌리암 와일러(William Wyler)까지 일정한 수의 기술자적인 감독들을 배제할 수 있다는 점이다. 하지만

채플린과 브레송, 말로와 타티, 비고와 알드리치(Robert Aldrich) 등이 상호 교차하는 이해하기 힘든 장소를 취향이 가로지를 때, 이때 취향은 정의하기 어려운 긍정적 기능을 실행한다. 그 이유는 취향이 각기 다른 감독의 고유한 독창성에 따라 변화하기 때문이다. 아마도 영화가 가장 변화무쌍한 예술인만큼, 더더욱 취향은 세분화된 직관이다. 보서스토우(Stephen Bosustow) 학파의 만화 영화[25]와 프랑주의 다큐멘터리는 동일한 미학적 영역에 속하는가? 그렇지만 보서스토우가 제작한 단편 애니메이션인 <유니콘>(The Unicorn in the Garden, 1953)에서 평온한 부르주와 풍의 정원에서 꽃을 먹는 유니콘의 우스꽝스러운 등장과 프랑주의 <강에 대하여>(A props d'une rivière, 1955)에서 연어 낚시를 색다르면서 시처럼 아름다운 광경으로 변화시키는 방식은 동일한 이미지의 미덕을, 즉 재현하고자 하는 세계를 상상하게 만들지 않는가?

어쨌든 취향은 세분화되어도 문화적으로 고양된 관객의 자세라는 태도와 연관되며, 영화적 특질인 이런 자세가 없으면 관객은 근본적 실수의 결과들을 감당해야 한다. 예컨대, 스펙터클의 안일함에 주의해야 한다. 다시 말해 스펙터클은 기껏해야 관객의 참여만을 필요로 하고 만족하는 것처럼 하루의 빈 시간들을 채우기 위해서만 존재할 뿐이다. 만약 영화를 하나의 예술로 여긴다면, 영화 보기는 책 읽기와 동일한 일종의 시도라고 확신해야 한다. 거기에는 진정한 영화 문화를 지배하는 '결정적 관심'이 있다. 실제로 <롤라 몽테스>(Lola Montès, 1955)의 복잡하고 정확한 구성을 따라가고, 그리고 매일 저녁 여배우가 자신의 과거로부터 벗어나는 화려한 단편들의 원인을 이해하기 위해서는 공감의 노력이 필

---

[25] 미국 만화 영화의 새로운 경향으로 월트 디즈니의 진부한 판화 대신 풍자화로부터 차용한 '2차원' 형태를 사용한다.

요하다. 이러한 노력은 모든 문화의 영역에서 그 자체로 최우선적 선택과 연관된다. 영화는 예술이다. 다시 말해 인간의 현존과 인간이 세상에 부여하는 의미들이다. <롤라 몽테스>의 사례에서 보면, 실행되는 행위에서 자기 자신에게 중요한 것과 동일한 행위에서 다른 사람들이 흥미로워하는 것 간의 지속적 교류는 삶과 스펙터클의 관계이다. 카메라는 시선의 변증법을 특별하게 구현한다. 그렇다면 이런 안일함을 어디에서 멈추고, 이런 노력이 어디에서 시작되는가? 모든 문화는 자신의 탄생에 관련된 문제점을 포함하고 있고, 다른 무엇보다도 영화 문화는 이런 점이 더욱 두드러진다. '모든 사람들'이 영화관에 가기 때문이다. 관심의 대상이 바뀌는 순간이 있는데, 예술에서는 이런 전환의 징후를 발견하는 것이 중요하다.

이러한 징후는 언제나 본질적으로 부정적이다. 가장 중요한 징후는 줄거리에 대한 관심이 확실히 줄어드는 것이다. 무엇보다도 영화는 이야기가 아니다. 이와 관련된 최고의 증거는 오손 웰즈의 걸작인 <상하이에서 온 여인>(The Lady From Shanghai, 1947)이며, 감독 스스로 '자신도 아직 줄거리를 이해하지 못했다'고 말한다. 일단 한계를 초월하면, 좋은 시나리오를 기반으로 구축된 영화들의 단점을 더 잘 느낄 수 있다. 예컨대, '영국식 유머'를 기반으로 하는 영화인 <핌리코행 여권>(Passport To Pimlico, 1949), <위스키 거로어>(Whisky Galore, 1949), <친절한 마음과 화관>(Kind Hearts And Coronets, 1949) 등이 이런 사례에 해당한다.

반면에, 예를 들어 우리는 로셀리니의 천재성에 대해 인정하는데, 로셀리니는 이미지 그 자체가 아주 세세하게 '내레이션'될 정도로 이야기를 없앤다. 예컨대, 로셀리니의 <이탈리아 여행>(Viaggio in Italia, 1953)에서 잉그리드 버그만(Ingrid Bergman)과 조지 샌더슨(George Sanders)

이 폼페이 유적에서, 포옹하고 있는 두 구의 시체를 보는 장면은 이 폼페이 커플이 체험한 비극적 사건과 공포의 이야기 그 자체이다. 이야기의 단순한 선형적 현존을 없애버리는 이런 능력은 성공적으로 '문학적' 혹은 '논쟁적인' 영화로 만들며, 모든 과장된 명성을 다시 생각하게끔 한다. 예컨대, 자크 프레베르(Jacques Prevert)의 대사는 마르셀 카르네(Marcel Carné)의 <안개 낀 부두>(Le Quai des brumes, 1938)[26]를 살리지 못했다. 말하자면 대사의 압도적인 중요성으로 인해 이미지의 허점만 드러난다. 왜냐하면, 관객은 두 개의 평행한 창작물을 목격하는 듯한 느낌을 갖기 때문이다. 안개, 반짝이는 도로, 가련하고 신들린 미쉘 시몽(Michel Simon)의 얼굴, 이 모든 이미지는 텍스트가 아니다. 이미지는 단지 텍스트가 가지고 있는 최초의 의미를 혹은 오히려 수상쩍은 낭만주의를 배가시킨다. 이와 반대로 <밀회>의 초라한 대사들은 아스트뤽의 세련된 스타일을 훼손하지 않는다. 왜냐하면, 이 대사들은 대사의 기본적 기능인 인물들 사이에서 수립되는 관계의 또는 시각적 통사론의 이해 안에서만 은밀한 진실이 발견되는 관계의 표면적 징후로 축소되어 있기 때문이다. 병원의 환자 대기실 시퀀스에서, 다섯 사람 사이의 모든 관계는 대기실에서 그들이 차지하고 있는 위치에 의해 명백해진다.

마찬가지로 '문제작'이라고 불리는 영화들은 영화의 실제적인 중요성과는 거리가 먼 논쟁을 불러일으킨다. 카야트(André Cayatte)[27]는 스타일의 과장과 인위적인 안티-테제(antithese)에 대한 취향으로 인해 다소 가

---

[26] [역주] 1927년에 발간된 피에르 막 오를랑(Pierre Mac Orlan)의 동명 소설을 영화화한 작품으로 탈영병 쟝의 이야기를 다룬다.

[27] [역주] 앙드레 카야트는 프랑스 영화감독 겸 시나리오 작가로 사형제도에 반대하는 작품들로 유명하다.

증스러운 감독이다. 죄의식의 문제에 대해 영화만의 고유한 모호한 의미를 부여하는 영화는 카야트의 <재판은 끝났다.>(Justice est faite, 1950)가 아니라, 구로사와 아키라(Akira Kurosawa)의 <라쇼몽>(Rashomon, 1950)이다. <라쇼몽>은 네 명의 증인, 네 가지의 서로 다른 증언을 통해 말하는 서로 다른 사실, 두 곳의 배경과 다섯 명의 인물이라는 극도로 간결한 스타일로 구성되어 있다. 살인과 겁탈의 장면이 네 번 나오는데, 여기에서 문제가 되는 것은 시선의 진실이기 때문이다. 마지막으로 알랭이 말했던 것처럼, 인간의 부재를 정확하게 구현하는 외적인 아름다움에 속아서는 안 된다. 색채의 '완벽함' 때문에 기누가사 데이노스케(Teinosuke Kinugasa)의 <지옥문>(Gate of Hell, 1953)이 걸작이 된 것이 아니다. 그와는 반대로 히치콕의 <이창>(Rear Window, 1954)에서처럼, '건너편'의 창문들을 밝히는 메마르고 멀리 떨어져 있는 빛에 있어서 색채의 분명한 단조로움이 있어야 한다.

만약 랑가주, 색채, 논쟁의 손쉬운 유혹을 뿌리친다면, 우리의 관심사는 어디에 초점을 두어야 하는가? 이제 우리는 영화적 특성이라는 주요한 문제의 중심에 있으며, 그 속에서 부재에 직면하게 된다. 왜냐하면, 예술의 특성은 자신의 존재와 혼동되기 때문이고, '영화에서 독특한 것'은 영화가 나타내고 있는 것들의 전체이기 때문이다. 우리는 아마 영화가 아닌 모든 것을 봤다. 우리는 영화가 일반적이라고 말하지 않을 것이다. 이 문제를 검토했던 사람들은 결국에는 언제나 '이것은 영화적이었다.'라고 말하는 것으로 만족한다. 예를 들어 클로드 모리악에게는 창문을 통해 보이는 장면과 반영을 활용한 유희가 있다. (실제로, 가스통 바슐라르(Gaston Bachelard) 분석의 연장 선상에서 영화와 물에 관해 쓸 수 있는 한 권의 책[28]이 있을 수 있다. 장 르누아르의 <강>, 장 엡스탱의 <태풍>, 장 비고의 <라틀랑트>, 오손 웰즈의 <상하이에서 온 여인>, 플래허티(Robert J. Flaherty)의 <루이지아나 스토리> (Louisiana Story, 1948) 등의 영화를 생각해 보라.) 필자는 또한 단순한 정의를 넘어서는 '존재'를 추구하면서 특별한 사례를 취할 것이다.

영화와 심리적 시간 간의 관계에 대한 문제보다 논란의 소지가 더 큰 문제는 없다. 알랭은 "스크린의 고유한 대상은 실제 시간보다 오히려 영원한 현재로 보인다."라고 말한다. 비토리오 데시카의 <움베르트 D>(Umberto D, 1952)에서 커피 원두 분쇄기가 반복되는 긴 장면은 기억이 없고 진부한 제스처의 순수한 현재 속으로 영화적 시간을 녹이는 것이다. 낮과 밤의 연속이 페이지를 넘기는 듯 진행되는 타티의 <윌로 씨의 휴가>(Les Vacances de monsieur Hulot, 1953)의 시간보다 더 솔직한 시간이 있을까? 주인공인 윌로씨는 영화 초반부에 자신이 잘못 이해하고 있는 고독에 파묻혀 삶을 살아가며 조급해하지만, 영화가 끝나갈 무렵에는 여유를 가진다. 여기서 휴가는 환상에서 깨어나는 느릿한 여정을 평가하는 것이다. 영화의 진실은 어디에 있는가? 멈춰진 시간의 구체화에, 일상적 시간의 직감에, 시간이 변화시키는 인간과 동등하게 있는 것인가?

필자가 보기에, 이 문제는 이 정도 수준을 넘어선다. 영화의 가장 독창적 공헌이며 고유한 기능은 심리적 상태를 시간적으로 묘사하는 데 있다. 아무리 빠르고 연속적인 영화의 움직임일지라도 추월하기 쉽지 않은 현재에 근거한 영화는 다른 어떤 예술보다 더 이런 상태의 순간적 근원을 찾을 수 있고, 이를 통해 현재의 반짝거림은 마치 반영처럼 자신의 고유한 과거를 가둘 수 있다. 다시 말해 영화는 기억의 예술이고, '플래

---

28 [역주] 바슐라르가 1942년에 쓴 책인 『물과 꿈』(L'Eau et les rêves)을 참조하고 있다.

시백(flashback)' 중요성의 증가는 이런 사실을 충분히 입증한다. 이중 인화와는 달리 플래시백은 유성 영화의 탄생 이후에도 표현력이 풍부한 자신의 가치를 유지했다. 물론 영화의 역사에는 감탄할만한 이중 인화의 장면이 있다. 예를 들면 스트로하임의 <결혼행진곡>(The Wedding March, 1928)에서는 꽃이 만발한 사과나무가 보이는 밤의 무대에 철갑옷을 입은 거인 '철인(鐵人)'이 출현한다. 그러나 이 기법은 로렌스 올리비에(Laurence Olivier)의 <리차드 3세>(Ricard Ⅲ, 1956)에서 왕의 악몽 장면과 같은 뛰어난 영화 작품들 이외에는 더 이상 사용되지 않는다는 사실을 분명히 인정해야만 한다.

반대로 최근의 뛰어난 영화들 가운데 여러 편은 전적으로 플래시백으로 구성되었다. 예를 들어 알베르토 카발칸티(Alberto Cavalcanti)의 <악몽의 밤>(Dead of Night, 1945), 막스 오퓔스의 <롤라 몽테스>, 구로사와 아키라의 <라쇼몽>, 조셉 L. 맨키위즈(Joseph L. Mankiewicz)의 <맨발의 콘테사>(The Barefoot Contessa, 1954), 아스트뤽의 <밀회> 등이 있다. 또한, 알프 시외베리(Alf Sjöberg)의 <미스 줄리>(Fröken Julie, 1951)에서, 정신적 위기 상태를 겪고 있는 주인공이 몇 년 전에 그랬던 것처럼 자기 자신의 앞으로 지나가고 있는 자신의 모습을 보는 놀라운 장면을 상기해봐라. 한편 현재와 과거의 유기적인 종합을 실현한 이미지를 마르셀 프루스트(Marcel Proust)적이라고 부를 수 있다. 게다가 심리적 상태의 역할은 다음과 같이 철학적 생각에 의해 작동될 수 있다. 예컨대 '사랑의 힘과 불관용의 힘 간의 갈등'이라는 <인톨러런스>의 주제는 이야기 전체에 걸쳐 바빌로니아의 멸망, 그리스도의 수난, 생-바르톨레메오 학살, 현대의 사법적 착오, 이 네 가지의 동시다발적 행동으로 세분화된다. 복잡한 네 가지 행위의 일시적 분산은 행위들의 기초가 되는 (사랑의 힘과 불관용의 힘이라는) 생각이 끊임없이 현재의 가치를 강조하기 위한 경우에만 해당한다. 따라서 소설보다 영화가 현재를 과거의 모든 풍부함으로부터 떼어낼 수 있게 한다. 심지어 영화는 이런 현재를 영화의 의미를 부여하는 미래를 향해 나아가게 할 수 있고 또한 문자 그대로 예측의 예술이 될 수 있다. 예를 들어 이반 모주힌(Ivan Mosjoukine)의 <불타는 열정>(The Blazing Inferno, 1923)에서 여자가 이상한 꿈을 꾼다. 그 꿈은 이후 하루 동안의 사건으로 완전히 설명된다. 루이스 부뉴엘(Luis Buñuel)의 <멕시코에서 버스 타기>(Subida al cielo, 1952)에서처럼, 꿈의 시각적 현재는 인물의 욕망이 아니라 인물의 실질적 미래에 대한 상징적 등가물이다. 따라서 효과는 비극에서의 꿈의 개입보다 더욱 강렬하다.

소설과 비극을 비교하는 이런 작업 덕분에 마지막 비평을 논의해보자. 필자는 영화 문화가 존재한다는 가장 확실한 '증거'를 다양한 문화적 양식과 영화 자체의 상호 침투에서 찾는다. 다시 말해 문학, 미술, 음악과 같은 다른 예술과의 일종의 친밀감 없이 이해가 되지 않는 영화들이 있다. 영화가 다른 예술들의 진부한 반영이라서가 아니라, 영화는 다른 예술에게 적합하지 않은 표현 양식에서 스타일이나 배열의 독특함이 가장 풍부하기 때문이다. 예를 들면 로제 레나르트(Roger Leenhardt)는 <마지막 휴가>(Les Dernières Vacances, 1948)에서 청소년들이 겪는 위기를 지속시키거나 극적으로 확대하지 않고 연속되는 짧은 움직임들을 통해 마치 소설처럼 '구두점'을 찍고자 했다. 앙드레 말로가 "영화의 시퀀스는 소설의 챕터와 동등하다"라고 말하지 않았던가?

조셉 L. 맨키위즈의 <맨발의 콘테사>는 등장인물 중 두 명이 본 동일한 하나의 사건을 현대 소설의 기법을 빌어서 관객에게 제시한다. <라쇼몽>에서처럼 시선의 불분명함으로 인한 행위적 객관성의 부재는 더 이상 문제가 되지 않으며, 동일한 객관적 정보가 어떻게 해서 바라보는 사람의 심리에 따라 서로 다르게 드러나는가를 보여준다. 또한, 프레임의 변경은 소설에서 인물에 따라 언어를 수정하는 어려움보다 더욱 의미심장하다. 주지하다시피 자크 페이더(Jacques Feyder)의 <플랑드르의 사육제>(La Kernesse héroique, 1935)와 르누아르의 <프렌치 캉캉>(French Cancan, 1954)은 플랑드르파 혹은 인상파 화가들이 보여주는 세계관을 그들 각자의 방법으로 발견하려고 시도한다.

<플랑드르의 사육제>의 너무나 단조로운 이미지는 설득력이 없는데 반해, <프렌치 캉캉>은 화가들에게 영감을 얻은 영화 작품의 재료로 활용 가능한 움직임을 보여준다. 특히 늙은 여자 무용수가 등장하는 시퀀스는 드가(Edgar Degas)의 '연장 선상'에 있다. 이 시퀀스는 이 화가에 매우 충실한 동시에 독창적인 창작의 이미지를 보여준다. 마지막으로 이론의 여지가 없는 에이젠슈타인의 '시청각의 대위법'은 <알렉산더 네브스키>(Alexander Nevsky, 1938)라는 한 편의 걸작의 기원이 된다. 에이젠슈타인과 작곡가 프로코피에프(Sergei Prokofiev)와의 세심한 공동 작업은 스크린 위에서 아래로 내려가는 글의 줄이 필연적으로 음악의 내려가는 악절에 대응하는 것처럼 때때로 유아기적 모습을 취하기도 한다. 그러나 두 사람의 공동 작업은 (흥분한 군중처럼 혼란스럽지만 통일된) 마지막의 성대한 합창곡에서 놀라운 결과들을 얻기도 한다. 또한, 움직임과 리듬의 예술인 영화는 일반적으로 음악적 구성에 많은 빚을 지고 있다. 이미 필자는 르네 클레르의 <위대한 전략>(Grandes Manoeuvres, 1955)의 멜로디에 대해 언급했다. 물론 아벨 강스의 '교향곡 주의(symphonism)'의 지나친 오류를 언급하지 않고도, 특별히 그의 영화 <나폴레옹>(Napoleon, 1927)에 대해 말할 수 있을 것이다.

어쨌든 영화는 단순히 자신의 독특함뿐만이 아니라 매 순간 우리에게 문화의 다른 스타일들을 참조하게 함으로써, 스타일들이 결합되면서 동일한 가치를 차지하고, 인간 본연의 힘과 인간 고독의 가면을 직접 보여

주면서 예술들 사이에서 자신의 위치를 정당화한다.

마이클 포웰(Michael Powell)의 <천국으로 가는 계단>(A Matter Of Life And Death, 1946)이라는 거의 알려지지 않은 영화가 있다. 폭격기 조종사인 주인공은 천국에서 온 저승사자에게서 도망친다. 즉 자신이 죽어야 하는 사고에서 살아나게 된다. 결국, 그는 우연히 살게 되고, 이 기회를 통해 사랑에 빠지게 된다. 모든 장면은 컬러화면인데, 오로지 한 곳만 흑백화면이다. 그 장소는 너무나 합리적이며 따분한 천국의 관료 집단이 있는 곳으로, 이 집단은 주인공을 재판에 회부한다. 소송의 내용은 그가 더 이상 살아있을 권리가 없으며, 천국의 기계적 무미건조함으로 되돌아와야만 한다는 것이다. 그렇지만 자시의 연인에게 사랑을 받고 있기에 그가 '진짜로' 살아 있다는 것을 증명함으로써, 조종사는 소송에서도 이기고 이승을 상징하는 세상의 색채도 쟁취한다.

이런 비유가 바로 영화에 대한 비유가 아니겠는가? 자신이 창조한 산업의 미래를 믿지 않았던 뤼미에르(Louis Lumière)[29]가 만든 기계 장치로부터 우연히 탄생한 영화는 제작자들의 흑백의 세계, 말로가 말했던 '그럼에도 불구하고' 영화는 산업이라는 생각, 창조적이고 자유롭고자 하는 영화의 권리를 부정하는 사유 등과 맞서 투쟁했다. 영화는 '실제로' 살아 있다는 것을 증명하면서 산업과의 싸움에서 승리한다. 왜냐하면, 영화는 많은 걸작을 만들어냈고 또한 다른 예술들의 랑가주를 알고 있기 때문이다. 이런 증명을 계속 새롭게 하는 것은 영화에게 바로 '사느냐 죽느냐 하는 문제'이다. 영화는 반드시 문화의 세계라고 명명해야 하는 세계의 풍부하고 귀중한 부분이다. 왜냐하면, 우리에게는 다른 단어가 없기 때문이다. 겨우 바로 얼마 전에 우연히 탄생한 영화는 자신이 살아 있다는

29 [역주] 뤼미에르 형제는 "영화는 미래가 없는 발명품이다"라고 언급했다.

것에 가끔 놀랄 것이다. 영화는 자신이 존재한다는 것을 결정적으로 증명할 우정이나 사랑을 우리에게 보여준다. (아마도 영화적 힘인) 영화 문화는 여전히 이겨내야 하는 재판이다.

≪새로운 포도주≫ 5-6월호, 1957년.

03 수정주의 영화

이 글은 베르나르도 베르톨루치(Bernardo Bertolucci)의 <1900>(1976), 프랑크 카센티(Frank Cassenti)의 <붉은 포스터>(L'Affiche rouge, 1976), 클로드 소테의 <마도>(Mado, 1976), 테오 앙겔로플로스 (Theo Angelopoulos)의 <유랑극단>(The Traveling Players, 1975), 베르트랑 타베르니에의 <판사와 살인자>(Le Juge et l'assassin 1976)와 같은 영화들의 평가를 위한 종합 그리고 이미 만들어지고 앞으로 만들어질 영화에 대한 논의이다.

수정주의 영화는 다음과 같은 것으로 식별된다. 영화의 뚜렷한 주체는 대중이고, 교리는 두 개의 진영을 드러내 보여주며, 목적은 역사와 정치의 비전을 한데 묶는 것이다.

그렇다면 도대체 수정주의 영화는 어떤 점에서 부르주아적인가?

신흥부르주아는 대중적 일체성이라는 주제에 기반을 둔 담론이다. 그들이 배려하지 않는 것은 오직 '거대 독점 기업들'과 마오이스트 혁명가들이라고 주장한다. 무엇이 '일체성'의 '대중'인가? 수정주의 영화는 이러한 대중적 일체성의 이미지들을 보여준다.

전통적인 부르주아는 무엇을 보여주는가?

다음과 같은 경쟁 관계가 완전하게 작용한다. '대중'이 존재한다는 이유로 수정주의적 신흥부르주아는 전통적인 부르주아와 다른, 그들만의 미학적 차이를 내세운다. 쇠퇴의 기미를 보이는 현 단계에서, 전자는 후자가 대중에 대해 전혀 주의를 기울이지 않는다고 진단한다. 우리는 더 이상 발작(Honoré de Balzac)이나 졸라(Émile Zola)의 시대에 살고 있지 않다. 모든 것은 마음에 달려 있다. 마음과 연관 지어보면, 모든 것은 성(性)에 달려 있다.

이러한 우울한 설명은 결말의 반영이며, 고뇌하는 얼굴, 죽음의 놀이, 욕망의 감춰진 힘, 비밀스러운 광기일 뿐이다. 예컨대, 잉그마르 베리만(Ingmar Bergman)이 대표적인 감독이다. 비록 베리만이 공격을 피하기 위한 목적으로 역사의 작은 틈새를 향한다 할지라도, 전통적인 부르주아 영화는 이 틈새로 자신의 무기고를 옮겨온다. 사형집행인들과 희생자들은 욕망과 죽음의 거울 안에서 동일시되고, 우연은 배신과 저항 같은 것을 만들며, '조사(調査)'는 나약함, 불안, 굴복, 불명확함이 이런 세계의 법칙을 구성한다는 점을 보여준다.[1]

모든 것은 허무하다. 다른 어느 곳보다 프랑스가 치켜세운 큐브릭(Stanley Kubrick)[2]의 윤리 역시 마찬가지다. <배리 린든>에서, 벼락출세한 사람의 에너지는 그 자체로 과도하다. 계급을 바꾸는 것은 미친 짓이

---

1 특별한 순서 없이, 릴리아나 카바니(Liliana Cavani)의 <비엔나 호텔의 야간 배달부>(Il Portiere di notte, 1974), 루이 말(Louis Malle)의 <라콩브 루시앙>(Lacombe Lucien, 1974), 마르셀 오필스(Marcel Ophuls)의 <슬픔과 동정>(Le Chagrin et la pitié, 1971), 앙드레 아리스(André Harris)의 <프랑스인들이여, 만약 당신들이 알았더라면>(Français, si vous saviez, 1973) 등이 있다.

2 정신적으로 해로우면서 또한 비열한 <배리 린든>(Barry Lyndon, 1975).

다. 바로 이런 것으로부터 화려하고 지나치게 정성 들여 다듬은 이미지가 만들어진다. 이런 이미지 속에서 시시하고 하찮은 사람들은 뒤로 빠지는 트레블링을 통해 끊임없이 언덕, 정원, 성채의 우아한 영속성으로 되돌아간다. 영화에서는 아무런 일도 일어나지 않는다.[3]

움직임의 측면에서 전통적인 부르주아는 해체의 원칙 외에는 아무것도 보여줄 것이 없다는 사실을 위의 영화를 통해 볼 수 있다.

전형적인 대중이 신경증의 말기처럼 묘사될 때, 프랑스 코미디 영화는 제한적 기능을 실행한다. 그리고 코미디는 낡은 프랑스 제3공화정 시대[4]의 지방에 대한 향수로 넘쳐난다. 카페 주인, 수위, 청소부, 술꾼, 낮은 직급의 비서, 우스꽝스러운 피서객, 하부 관리자, 교활한 농부, 소란을 피우는 교사, 행복한 소묘화가, 포도주 배달부, 주유원 등은 인형극에서처럼 희화화된 살인과 불르바르(Boulevard) 코미디에서처럼 '핵심을 찌르는' 대사로, 간통으로 생긴 오해나 보물찾기를 위한 단조로운 오페레타의 무대를 꾸민다. 전형적 '대중' 예술의 퇴행적이고 빈약한 정신 건강은 허무한 판결로 정확하게 판명되지만, 속물들에게 이 판결은 타락의 깊이를 빛나게 만든다.

현장의 신흥부르주아

신분 상승된다고 생각하는 신흥부르주아는 올바른 대중적 기반을 가

---

3 [역주] 비판의 대상이 된 영화 <배리 린든>은 19세기 영국 소설가 윌리엄 마이크피스 새커리(William Makepeace Thackeray)의 소설을 원작으로 당시로써는 획기적인 촬영 기법과 헨델의 '사라방드'를 편곡한 테마 음악으로 유명한 작품으로 가난한 아일랜드 청년 레이몬드 배리가 사회적으로 성공하는 이야기를 다룬다.

4 [역주] 프랑스 제3공화정은 나폴레옹 3세가 보불전쟁 중에 스당에서 포로가 되고 프랑스가 전쟁에서 패한 해인 1870년부터 세계 제2차 대전 중 독일에 의해 프랑스가 점령되던 때인 1940년까지 기간이다.

진 후계자와 입법자를 자처한다. 자신들의 관심사는 농부, 노동자, 레지스탕스 활동가라고 대담하게 말한다. 결국, 문제는 계급투쟁이라는 것이다. 신흥부르주아는 쇠퇴하고 있는 소수의 독점 자본적 미치광이들에 맞서 결정적으로 저항하는 엄청난 수의 평범한 노동자 대중이다.

수정주의 영화들의 공격 방향은 신흥부르주아의 정치 계획인 국가 관료 자본주의를 감추기에 적합한 '대중'의 청원에 있다. 이는 대중의 순수하고 소박한 정신적 상태를 드러내기 위해, 또한 지스카르(Valéry Giscard d'Estaing)[5]파에 반대하는 정치적 경쟁자들의 타락한 역행에 대한 대안으로써 대중의 힘을 과시하기 위함이다.

'벼락 집단'은 이런 논점을 정확하게 이해하지 못했다. 벼락 집단은 나치가 프랑스를 점령하던 시기에 제작된 영화들의 부끄럽고 은폐된 파시스트 성향의 심리적 일체주의에 반대하여 만들어진 집단이다. 이 집단은 영화에 대한 진보주의의 세 가지 규칙을 다음과 같이 규정한다.

1) 주체의 리비도가 아니라 역사의 실질적 창조자처럼 대중을 보여준다.
2) 당파성을 취하는 것을 회피하지 않고 운동의 동력으로써 두 진영의 대립을 보여준다.
3) 압제가 아닌 저항의 관점에서 시작한다. 대중이 승리한다는 원칙을 유지한다.

세 가지 규칙은 반(反)파시즘에 직접적으로 적용된다. 이 규칙들은 당시의 민주적 규칙들이다. 이 규칙들이 정치가 아니라 역사에 대하여 자신의 입장을 드러냈다는 점을 유념해야 한다.

---

5 [역주] 발레리 지스카르 데스탱은 해당 글이 쓰인 1977년 당시의 프랑스 대통령으로 1974년에 1981년까지 제23대 프랑스의 대통령을 역임한 우파 정치인이다.

신흥부르주아가 예술적 상층 구조의 무대에 오를 때, 규칙들은 오로지 부수적인 힘만을 갖는다. 실질적으로 프랑스 공산당의 '예술가'들은

1) 농민과 노동자를 포함하는 대중을 보여주는 것에 대해 자랑스러워한다.
2) 두 진영이 있음을 선언한다.
(공통 프로그램[6]과 그 외의 다른 진영들.)
3) 자신들이 승리를 위한 지원자들이며, 이 승리를 앞당기기 위한 선전을 한다고 생각한다.

직접 민주주의는 스크린에 비춰진 대중에게 현혹된 (이 예술가들에 맞서는) 소(小) 부르주아의 의견을 바꾸는 것으로는 충분치 않다. 반드시 정치인이, 즉 마오이스트가 되어야 한다.

수정주의자들의 '대중'

이 글에서 필자는 수많은 수정주의 영화들의 비평이 나아가야 할 길을 위한 세 가지의 의견을 제안한다.[7]

1) 영화에서 수정주의의 '대중'은 비정치적 단위이자 관습과 건전한 정신 상태의 집합이며, 본질적으로 국가의 문제에 대해서 수동적이다. 더불어 국가는 현재의 타락한 자들이 아니라 새로운 다른 주인을 필요로 한다는 점을 밝힌다.
2) 수정주의자의 두 진영은 언제나 정치적 계급의 대립을 부각시키

---

6 [역주] 공통 프로그램(le programme commun)은 1972년에 프랑스 공산당과 사회당 사이에 체결된 정치적 연합체이다.

7 미래에는 정의된 주제를 검토하는 가운데 정치적으로 개입하고 투쟁하면서 수정주의 작품을 수행하고 수정할 것이다. 여기서 필자는 첫 번째 평가에서 비롯된 몇 가지 원칙을 제시한다.

는 것이 아니라 존경받을 만하고 정신이 건전한 압도적인 다수의 노동자와 때로는 거의 눈에 띄지 않을 정도의 모든 도덕성이 결여된 아주 소수의 비열한 자들 간의 갈등이 내재된 공존을 부각시킨다.

3) 수정주의자들이 선전하는 역사와 정치에 대한 비전은 다음과 같이 신중히 구별된다.
   - 구체적인 대중의 일체성과 관련된 일반적인 제도는 가족끼리의 식사, 기분 좋은 술잔치, 남자들 사이의 우정 쌓기, '정상적'이면서 즐거운 섹슈얼리티, 위마니테 축제이다.[8] 강력한 제도방식은 거대한 스크린의 가짜 서사시의 과장 속에서 펼쳐지는 붉은 깃발이 등장하는 가식적 시위 또는 단결한 대중이 묵묵하게 감탄을 자아낼 수 있게 죽음을 보여주는 학살로 이끄는 것이다.
   - 당(黨), 대역사(大歷史), 이데올로기, 진정한 적과 결정적 행동이 무대의 뒤로 밀려나면서 구체적인 대중의 일체성에 적합하다고 추정되는 (엄밀한 의미에서의) 정치는 무슨 일이 일어나든지 간에 다른 곳에서 벌어진다.

수정주의 영화의 본질은 당의 정책이 순수하게 혹은 단순하게 구체적인 대중의 일체성에 있어서 수정주의자들이 외부의 보호자라는 주장에 따르는 것처럼 보인다. 수정주의자들은 자신들 덕분에 옛 주인들의 병적인 악취에 의해 오늘날 위태로워진 '대중'의 유구한 미덕들이 유지된다고 주장한다. 수정자의자들은 항상 다음과 같이 말한다.

이런 식으로, 수정주의 영화는 이상한 반복적 기능을 강요받는다.

근본적으로 대중과 아무런 관련이 없는 수정주의 정책은 자신이 자랑

---

8 [역주] 매년 9월의 두 번째 주말에 공산당 신문 위마니테(L'Humanité)가 주최하는 행사로 프랑스 공산당과 좌파의 여러 세력들의 정치 축제이다.

하는 '대중의 일체성'을 연출할 뿐이다.[9]

수정주의 시위가 비록 한때 과격했었지만, 프랑스 공산당원들에게 있어 수정주의 시위는 프랑스 공산당을 위해서가 아니라 신흥부르주아들을 전통적인 부르주아들에게 대항하게 하는 경쟁 관계를 대신하기 위해 필요한 일련의 책략이었다. 여기에서 '대중'은 자신이 쓴 적 없는 연극 작품에 등장하며, 자신에게 전혀 어울리지 않은 역할을 맡은 엑스트라이다. 대중은 노동조합에 관여하지만, 계급 대립에 정치적으로 관여하지 않는다. 수정주의자들은 신흥부르주아 정치 계급이 군사 쿠데타를 통해 권력에 오를 수 있도록 구시대에 대항하여 자신의 미덕을 과시하는 그들만의 '대중'을 기다린다.

대중을 보여주는 방식에서 수정주의 영화는 위와 같은 장면을 연출한다. 수정주의 영화는 당위적 대중의 이미지를 가공하며, 대중의 유일한 역할은 과거에 봉기한 포르투갈 농민들의 '새로운 지배자'라고 불렸던 사람들이 대중을 위해 마련한 보호와 과시에 복종하는 것이다.

이런 이유 때문에 수정주의 영화에서의 대중은 단순히 엄청나게 확대된 엑스트라일 뿐이다. 필자가 생각하기에, 대중의 행동을 연기하고 있는 배우들을 보여주는 영화처럼, 심각하지 않는 허구를 통해 수정주의 감독들이 입증하고 있는 것은 바로 이상한 취향의 뿌리이다. 바로 여기에서 드러난 핵심적 비밀은 신흥부르주아들에게 있어 대중이 그들의 계획을 위한 소재이지 근원이 아니며, 단순한 역할이나 예속된 힘이지 창조적 사고가 아니라는 사실이다.

혹시 마오이즘과 대중의 혁명적 정치라는 생각이 드러나면, 이 생각을

---

9 실제로는 모든 부르주아와 마찬가지로 수정주의자들은 대중의 정치적 분리에 대해 확고한 입장을 갖고 있다. 이런 조치의 핵심에는 반숙련공, 젊은이, 이민자, 여성과 같은 생산직 군중에 대한 노동조합 내부에서의 노동 귀족의 독재가 있다.

가차 없이 억눌러야 한다. 왜냐하면, 이전의 부르주아들과 새로운 부르주아들 사이에서 그리고 파시스트들과 사회주의 파시스트들 사이의 경쟁 관계에서, 수정주의자들에게 '대중의 일체성'은 현재에도 또한 향후에도 정치적 중립의 요소로 머물러 있어야 하기 때문이다.

이런 중립성은 수정주의 영화가 너무나도 존경하는 척하는 대중에 대한 순전히 민족학적 시선과 대중을 최고로 경멸하고 있다는 사실을 밝혀준다. 이것들은 그저 관습, 평가할 수 있는 노력, 과거의 말, 노래, 간결한 지혜, 강한 완고함일 뿐이다. 용기 그 자체는 일종의 부조리한 거대한 암석이다. 사유는 어디에도 없다. 음식, 성, 죽음은 영원한 삶을 상징한다.

축제는 수정주의자의 정치적 시선과 대중의 건전한 통일성이라는 대상 사이의 뛰어넘을 수 없는 거리의 생생한 비유이다. 당에 소속된 인류학자는 당에 소속된 삶이 무엇인지를 다음과 같이 보여준다. 대중의 혁명에 관한 우리의 취향만큼이나 이런 불길한 축제는 예수회 신부와 동행했던 스페인 용병이 묘사한 아마존의 의식(儀式)만큼이나 의미와 진보로 가득 차 있다.

정치적 적들이 가장 중요한 자리를 차지하고 있던지 혹은 그저 단순히 부조리한 부재들이든 간에, 우리는 그들로부터 한 가지 사실만 알게 될 것이다. 그것은 그들이 무산 계급이라는 사실 때문이 아니라 그들 자신의 행위에 의해서 광기와 타락에 빠지며, 대중적 일체성의 활기찬 축제들과 다르게 가학적이고 불행하며 우울한 잔치일 뿐이라는 것이다.

공격의 방향은 어디인가?

이런 지나친 반(反)-반동주의 영화들에 대항하여 공적 의견과 대중 비평을 구체화하기 위해서는 이전에 한때 그랬던 것처럼 영화들에서 거짓된 마르크스주의를 보는 것만으로 만족할 수 없다. 영화에서 계급이 투쟁이 아니라 존재 자체로 묘사된다는 점이 바로 거짓된 마르크스주의의 예이다.

단순히 역사에 대한 거짓된 마르크스주의의 시선이 아니라 정치에 대한 신흥부르주아의 시선에 대항하여 입장을 취해야 한다. 왜냐하면, 이런 반동주의 영화들이 전파하려고 하는 관점은 과거에 투쟁했던 대중은 아마도 역사적 실체가 될 수는 있지만(누가 이것을 부정하겠는가?) 절대로 직접적인 정치적 당사자는 될 수 없다는 점이기 때문이다. 대중은 투쟁할 수 있겠지만(누가 그것을 모르겠는가?), 결코 국가와 사회의 현실을 바꾸지 못한다는 것이며, 대중은 역사의 무대에 등장하지만, 정치적으로 외부의 힘을 위한 존재일 뿐이라는 것이다.

바로 이 점에서 반동주의 영화의 형식적 스타일이 나타난다. 이런 영화들은 르포르타주(민족학, 민속, 노래) 또는 사회 재구성으로부터 시작해서 서사시의 몸짓을 하고 상징적인 외형을 갖지만, 근본적으로 오늘날 혁명적 정치의 본질 그 자체를 배제하고, 오직 정치적으로 능동적인 대중 속에서 정치 프로그램, 정치 조직 그리고 계급적 시선의 측면에서의 계획된 구상만이 아주 가까이에서 촬영될 뿐이다.

우리 시대의 혁명적 예술은 자신의 주제에서 자유롭지 못한다. 혁명적 예술은 자신의 중심에서 자신에 대한 작업, 실천적 인식의 진보, 프롤레타리아와 대중의 형상을 두 개의 전선에 걸친 정치 투쟁인 신흥부르주아와 전통적인 부르주아에 대항하는 투쟁을 갖고 있어야 한다.

수정주의 영화를 즉각적으로 규정짓는 것은 반혁명주의적인 대중주의이다.

≪벼락 신문≫, 1977 겨울호

04 예술과 예술비평 : 진보주의의 기준

다소 거친 프롤레타리아

예술은 절대로 자신이 표현하는 힘의 관계를 뛰어넘을 수 없다. 바로 여기에 확고부동한 역사성이 있다. 확실히 우리는 '프롤레타리아의 예술'을 바라고 기대한다. 프롤레타리아 자체가 존재한다는 전제하에, 프롤레타리아의 예술은 객관적 군중이나 착취당한 노동 계급으로서가 아니라 역사·정치적 요소나 그 힘을 집중하고 순화시키는 직접적인 주체로써 존재하거나 존재할 것이다. 또한, 그 예술은 제국주의 사회에 대항하는 공개적이고 공식적인 공격을 위해 모든 대중을 지휘한다.

예술은 계급의 주관적 실존의 극단에 위치하고, 세상의 개념에 대해 실현 가능한 견고함을 필요로 하며, 창조적 활성화를 위한 투쟁에 대해 포상을 하고 에너지를 자극한다. 오늘날 프랑스 프롤레타리아는 정치적 독립체로 겨우 구성되어 있다. 프롤레타리아는 제국주의 사회와 함께한 고통스러웠던 결탁의 10여 년에서 힘겹게 빠져나왔다. 프랑스 공산당과 노동조합들 내부의 신흥부르주아 계급의 반혁명주의 계획은 프롤레타리아의 객관적 힘의 일부를 가로챘다. 이런 조건들 속에서 '프롤레타리아의 예술' 개념을 논하는 것 자체가 과도한 이상주의다. 왜냐하면, 정치나 투쟁적 조직인 토양에서 이제 막 시작된 계급의 존재에서 생겨난 약자들의 네트워크이기 때문이다.

심지어 그 후에도 가야 할 길은 쉽지 않다. 왜냐하면, 혁명의 역사에서 프롤레타리아는 전통적인 부르주아나 신흥부르주아와 맞서는 파괴적 계급으로 전적으로 규정되어 있기 때문이다. 또한, 프롤레타리아의 전체 구성은 안정된 지배적 질서가 아니라 그와는 반대로 진실되고 유일한 정치 이론의 구성(계급도 정부도 없는 사회인 공산주의의 구성) 속에서 질서를 파괴만 한다고 여겨지기 때문이다. 그래서 프롤레타리아가 실행하는 계획의 초기에 악습을 일소하고 몰락시키는 전례가 없는 임무를 수행하기 위해, 프롤레타리아는 다소 거칠다고 인정할 수밖에 없는 측면이 있다. 따라서 프롤레타리아는 수많은 활동적 대중을 통합하고, 난관을 극복하고자 하는 고민이 예술이 추구하는 선별적 세련함보다 항상 우선한다. 예컨대, 예술은 오래전부터 소외된 사람들로 가득 찬 바다로부터 예술의 우월함을 내세우고, 압도적 다수를 억압하면서 소수의 모리배들에게만 집중적으로 제공되는 원동력을 감추면서 성장했다. 따라서 예술은 항상 의심받아야 하고, 프롤레타리아의 혁명가들의 엄격한 명령에 따라야만 하는 확고한 이유가 있다는 점을 인정해야 한다.

보편적인 프롤레타리아

힘과 새로움을 가진 모든 것처럼, 착취 계급의 예술은 적어도 혁명적 진보의 시대에서 증대되고 있는 대중의 역사적 에너지나 보편적 운동을 진전시키는 어떤 것을 포착해야 한다. 마르크스는 "어떤 계급과 맞서 싸운다는 단순한 사실 때문에 혁명 계급은 하나의 사회 계급이 아니라 사회 전체를 대변하는 것으로 보인다. 혁명 계급은 유일한 지배 계급의 맞은편에 있는 사회의 전체 군중처럼 보인다. 이것이 가능한 이유는 혁명 계급의 이익이 여전히 실제적으로 지배 계급이 아닌 다른 모든 계급의 공통된 이익과 밀접하게 연결되어 있기 때문이다."[1]고 언급한다.

세계의 역사 과정에서 최종적으로 실제적이며 유일무이한 당사자인 대중이 비록 오랫동안 박탈당했다고 할지라도, 정당하게 자신의 것이라고 내세울 수 있는 것은 바로 지배 계급의 예술적 유산이 만든 준거(기준)이다. 왜냐하면, 적어도 지배 계급의 '위대한 예술'은 전체 인류의 이익을 고취하고 또한 데카당스의 시기를 여는 보수적 태도를 아직 취하지 않았던 시대의 유산이기 때문이다.

계급 예술, 대중 예술. 복종에 단단히 뿌리를 내린 예술, 변화에 대해 열린 예술. 반영은 맞지만, 도대체 무엇에 대한 반영인가? 한 시대의 모순과 이런 모순에 대한 하나의 관점이라는 이중의 반영. 활기찬 모든 예술, 즉 '전통적' 예술이 체제 질서의 의도에 종속된다고 할지라도, 그 예술은 현실과 대중을 증언하면서 분열되고 중첩된 역사적 모순들을 어렴풋이 느끼게 한다.

현재의 시간들

물론 '부르주아 예술과 프롤레타리아 예술'이라는 쌍은 미덕이 있다. 그 쌍은 본질적으로 '계급들 간의 투쟁을 잊지 않는다'라는 점을 중요하게 상기시킨다. 만약 우리가 그 쌍을 현재의 모순 속에서 직시해본다면, 정체되고 침묵하는 그 쌍은 언제나 다음의 두 가지 양상을 보여준다.

1) 부르주아와 프롤레타리아의 반목은 오늘날 제국주의 사회에 대항하는 혁명적 대중처럼 다양하고 강력한 관계 속에서 전개된다.
2) 프롤레타리아가 도달하고자 한 확고함의 정도가 어찌 되었든 간

---

[1] *Idéologie allemande*(*Die Deutsche Ideologie*), Editions sociales, p.77.

에, 모든 것은 이런 구별을 제기하고 다루는 주체에, 즉 실질적 당사자로서의 프롤레타리아와 연관된다.

현재 봉기 중이며 왕성한 프롤레타리아와 대중에 관해 이야기하는 필자에게 있어서, 예술 작품의 핵심적인 평가 기준은 '즈다노프(Jdanov)의 칼'[2]이 될 수 없다. 자신들로부터 벗어나려는 러시아 대중의 엄청난 노력으로 뒷받침된 이 독트린은 비평 측면에서 위대한 전통적 부르주아 예술에 대한 '정당화된' 찬미로만 귀결됐고, 예술 제작 측면에서 새롭고 특별하고 좋은 의미에서 야성적이지만 자기 것으로 삼을 수 없는 (1930년대 위대한 소련 소설과 같은 전통적 부르주아 예술의 강력하고 세련되며 우수한 서사시들을 위한) 길만을 열었을 뿐이다.

비록 우리가 일한다는 사실이 순식간에 변한다고 할지라도, 우리는 모든 분야에서 세심하게 일하고 있다. 따라서 우리는 제국주의 사회에 저항하는 모든 것을 정확하게 검토하고 확인할 수 있는 비평적 안목을 가져야 한다. 또한, 전통적인 부르주아 계급의 염세주의에도 혹은 신흥 부르주아 계급의 대중주의적 교만에 대해서도 타협하지 않는 희망을 가져야만 한다.

우리는 진보주의 작품들 혹은 진보적 경향이라고 부르는 의미를 명확히 해야 한다. 당연히 이런 작품들에서 문제가 되는 것은 대개의 경우 무기력하거나 나아가 완전히 반동적 모습 때문에 내부에서 거부당하는

---

2 [역주] 1947년 9월 30일 소비에트연방 공산당 제3 서기인 안드레이 즈다노프(Andrei Jdanov)의 이름을 딴 즈다노프 독트린은 세계의 배치 상태를 두 개의 집단으로 구별하였는데 한쪽은 미국이 지휘하는 '제국주의 세력'이고 다른 한쪽은 소련이 이끄는 '평화주의자들'이다. 실제로는 1947년 3월 12일에 나온 미국의 트루먼 독트린의 반향으로 서구에 대항하여 소련의 새로운 정치적 방향을 정의하는 것이 이 독트린의 배경이다.

지배적 경향이다. 실제로 순수한 진보주의는 있는 그대로의 프롤레타리아라는 존재하지 않는 유령을 가리킨다. 제국주의 사회가 보편적 질서도, 닫힌 형이상학적 모습도 아니라는 점을 또한 제국주의 사회에 이의를 제기하고 극복하기 위한 힘이 있다는 것을 보여주면서, 진보주의 작품은 부르주아 계급의 선전과는 구별된다.

핵심 질문은 제국주의의 모든 음모(陰謀)로부터 어느 정도 거리를 두고, 대중적이고 공개적인 정치 공간에 대한 질문이다. 진보주의 작품은 실질적 내용이 아니더라도 적어도 그 실존 가능성을 내포해야 한다.

진보주의의 여섯 가지 기준

한 편의 진보주의 작품은 단지 마오이스트 정책과 양립할 수 있는 작품뿐만 아니라 마오이즘의 이해와 실제를 준비하는 것이다.

이런 점에서, 세계와 대중의 상태를 고려하여 바로 지금 적용할 수 있는 진보주의의 여섯 가지 기준을 검토해보자.

1) 근본 원리 : 대중을 단순히 실증적 현실뿐만 아니라 주체로 보여주는 계획을 갖는다. 오래된 것을 보존하는 불변의 대중이 아니라 새로운 것의 동인으로써 대중을 보여준다. 대중을 구성하는 다양한 사회 계급과 사회 세력처럼 대중 전체의 측면에서, 또한 역사적이나 지리적으로 닫힌 예외적 측면이 아니라 보편적 경향의 측면에서 대중을 보여준다.
2) 과정의 원리 : 현실이 객관적 상황이든 아니면 인식의 형태이든 간에, 반복의 법칙이 아니라 발전이나 단절을 모두 포함하는 실질적 변화를 추구하는 현실을 보여 준다.
3) 전략적 낙관론의 원리 : 현실의 변화가 주체적 대중을 위한 긍정적 전략이라는 확신을 전달한다.

4) 분할의 원리 : 어떤 문제든지 항상 대립되는 두 진영이 있는데, 주체적 대중의 진영은 부차적 모순들을 해결하는 일체성을 보여준다. 결국, 두 진영이 있고, 두 가지 경로가 있다는 점을 제시한다.
5) 새로운 부르주아 계급에 대한 비타협의 원리.
6) 존중의 원리 : 기존의 혁명적 계획들에 대해 어떠한 적대적 공격도 하지 않는다.

이 여섯 가지 원리의 핵심적 특징은 내용에 관한 것이다. 독자는 원리들을 비평적으로 분석할 수 있고, 최종적으로 첫 번째 원리가 다른 원리들을 작동시키는 것을 볼 수 있을 것이다. 물론 여기서는 집합적 의미로서가 아닌 예술적 기술의 측면에서 '대중'을 취해야 한다. 주어진 역사적 맥락에서 보면 대중은 억압과 착취를 행사하기보다는 그것들을 감내하였기에, 그것들을 유지하는 데 관심이 없는 모든 것을 의미한다. 나아가 '대중'은 결코 제국주의 사회와 타협하지 않는다. 대중이라는 개념은 확실히 상대적인데, 예술에서 이 개념은 인물 개념, 즉 중심인물의 개념이 실행될 때에 일반적으로 활용되는 매개물에서 발견할 수 있다.

주어진 상황 속에서, 중심인물은 (또는 중심인물들 중 한 명은) 대중을 구성하는 요소 중 하나임을 상징하기에 대단히 중요하다. 이런 원리는 바로 중국인들에 의해 강조된 것이다.

그렇기에 우리가 알고 친숙한 예술에서, 구성 원리는 엄밀한 의미에서 주체적 인물이 아닐 수 있다. 예컨대, 나타샤 미셸의 소설인 『유럽적 중국』(La Chine européenne, 1975)에서 다수의 중심인물이 등장하지만, 구성 원리는 은유적으로 표현된 혁명의 과정이다. 베르크(Alban Berg)[3]의

3 [역주] 아르놀트 쇤베르크(Arnold Schönberg)의 제자로 오스트리아의 현대 작곡가이다.

오페라 '보이체크'(Wozzeck)[4]의 유명한 장면에서는 모든 것이 응집된 하나의 음이, 스트로브(Jean-Marie Straub)의 <포르티티 카니>(Fortini Cani, 1976)[5]에서는 하나의 텍스트가, 로메르의 <O 후작 부인>(La Marquise d'O, 1976)[6]에서는 프랑스 1제국 시대[7]의 회화가, 벤더스(Wim Wenders)의 영화에서는 '독일'이 바로 구성 원리이다. 또한, 반향적 측면에서 살펴보면, 포르노 영화에서는 파편화된 육체가, 수많은 전쟁 영화에서는 깃발이, 공포영화에서는 악마가 구성 원리이다.

따라서 첫 번째 원리를 다음과 같이 두 개로 나누어 명확하게 다시 표현할 수 있다.

1) 어떤 방법으로든 대중 혹은 소수의 대중을 지칭하는 구성 원리를 가져야만 한다. (반드시 표상적이거나 전형적인 방법일 필요는 없다. 은유나 은연중에 혹은 인용 등의 상징적 방식으로 표현될 수 있다.)
2) 지칭된 대중은 목적이 아닌 주체여야 할 것이다.[8] 대중은 반복되

---

4 [역주] '보이체크'는 3막으로 구성된 오페라로, 극작가 게오르크 뷔흐너(Georg Büchner)의 미완성 희곡을 기반으로 만들어졌다.

5 [역주] <포르티니 카니>는 유대계 이탈리아 작가이자 시인인 프랑코 라테(Franco Lattes)가 유대교로부터의 소외와 자신의 사회적 관계, 이탈리아에서의 파시즘의 상승, 유럽문화에서의 반아랍성향을 다룬『시나이의 개들』(I Canidel Sinai : The dogs of Sinai, 1967) 책을 소개하는 영화이다.

6 [역주] <O 후작 부인>은 독일의 극작가 하인리히 폰 클라이스트(Heinrich von Kleist)의 동명의 중편 소설을 에릭 로메르(Eric Rohmer)가 영화로 만든 작품이다.

7 [역주] 프랑스 제1제국(1er Empire)은 1804에서 1814까지 지속된 나폴레옹 1세의 통치를 기반으로 한 절대 군주 정권을 가리킨다.

8 음악에 관련되어서, 이것은 작용하지 않을 것이라는 말을 들을 것이다. 하지만 참아야 한다! 음악에서의 진보주의에 관련해서 우리의 생각은 여전히 너무 막연하다. 필자는 위험을 무릅쓰고 형식적 질문들의 명백한 우월함을 매개로 음악에서의 진보주의 원칙들은 동일하다고 진술한다. 음악 작품의 주제가 심지어 미술에서도 유사점이 없는 형식과[표현 양식과] 근접성의 관계를 유지한다는 사실에

는 압제가 아니라 역사적 새로움을 전달해야 한다.

진보주의 예술은 언제나 '창조적 무질서'의 원칙을 증언한다. 또한, 그 예술은 비록 마오이스트적 정치 결과가 명백하지 않을지라도, (작품 내부에서 발전되며, 중대한 모순 없이 일반화될 수 있는, 예컨대 오늘날 진보주의 예술에서 요구되는) 이러한 정치적 결과에 대해 긍정적인 저항을 보여줘야 한다.

무모순성(non-contradiction)[9]이 작동하기 위해서는 다섯 번째 원리와 여섯 번째 원리가 이용된다. 사회주의 중국, 캄보디아, 서부 사하라 대중에 대한 명백한 공격은 작품 속에서 주요한 정치적 양상을 필연적으로 드러내 보이며, 잠재적인 진보주의를 요동치게 한다. 마찬가지로, 만일 우리가 두 전선에 걸쳐 계급에 대해 공격적인 진보주의와 혁명적 예술을 동일시한다면, 우리는 신흥부르주아의 계획이 어떤 방식으로도 보증되지 않았음을 강력히 요구해야 한다.

주제의 제약

마지막으로 주목해야 할 점이 두 가지가 있다.

우선적으로, 엄격한 네 가지 원리는 작품의 주제가 명시적인 정치적 내용으로 제시될 때 역설적으로 증가한다. 다시 말해 진보주의를 '좀 더 쉽게' 만드는 것과는 거리가 먼 노동자 폭동, 파리 코뮌, 국가 해방 투쟁

어려움이 있다. 이것은 마치 음렬주의(serial music)가 히스테릭하다고 선언한 즈다노프처럼 윤리적 기준들에 따라 음악적 형태들을 직접적으로 분류한 플라톤이 이미 목격한 어떤 것이다. 우리는 이런 장애물들을 뛰어넘을 수 있다.

9 [역주] 무모순성은 철학에서의 무모순성 또는 비모순율을 가리키며 A는 동시에 A 이외의 것이 될 수 없다는 배타의 원리를 뜻한다.

과 같은 역사-정치적 주제가 진보주의를 오히려 어렵게 만든다. 이 경우, 주제가 갖는 원리의 충실성이 '마오이스트적 정치 인식'의 주변부에만 머물기 때문이다. 만약 당신이 대중의 저항을 묘사하려 한다면, 계급의 관점에서 대중 안에서 드러나는 것을 발견함으로써 대중을 하나의 주체로 만들 수 있다. 그렇지 않으면 저항은 과도한 객관성과 대중의 속성으로 다시 되돌아간다. 마찬가지로 전략적 낙관론(제3의 원리)은 조직과 당의 문제(제5의 원리)에서 대중 속에 내재한 모순의 해결과 공산주의 문제를 직접적으로 다뤄야만 한다.

대중의 역사에 대한 '거창한 주제'에 관심을 갖는 것도 좋지만, 마르크스주의적 확실성이 주제를 감싸고 있지 않다면, 이런 관심은 보증은커녕 더 부르주아적인 과오를 저지를 수 있다. 이런 점에서, 제국주의 대도시에서 대부분의 진보주의 작품은 제국의 법률에 대해 저항하는 대중의 완고함보다는 소규모로 구현하는 인물들의 맥락 속에서 혁명적 봉기를 간접적으로 취한다. 이런 영화는 계급적 의식보다는 계급적 본능에, 조직보다는 단절에 관한 것들이다.

두 번째로 주목할 점은 조금 후에 설명할 것이다. 여섯 가지 원리는 형태에 중대한 영향을 끼치고, 결국 이 원리들은 형태에 관련된 자유를 제한한다. 마오쩌둥이 진보주의자가 되기 위해서는 귀족보다 노동자와 농민을 이야기하는 것이 더 좋다고 말한 의미는 관리자의 마음보다는 대중을 이야기하는 것이 더 좋다는 의미이다. 작품의 주제에 관한 원리들이 형태와 관련된 자유를 제한한다는 것은 분명하다. 낙관주의 또는 분열의 형식적 구성이 허무주의나 불분명한 일체감의 구성과 관련해서 동일한 원동력을 가지고 있지 않다는 점 역시 명확히 해야 한다. 이것들은 비록 어렵지만, 접근 가능해야 하며, 부정(否定)에서 출발해야 한다. 예컨대, 브레송 영화의 이미지에서 계산된 공간은 '은총'의 종교적 표상들을 의미한다. 성스러움에 관한 이런 시각적 변증법은 우리에게 별로 쓸모가 없다.

일곱 번째 원리 : 형태의 원리

위와 같은 문제들로부터 촉발된 진보주의의 일곱 번째 원리는 다음과 같이 마오쩌둥이 말한 것과 관련된다. 마오쩌둥은 그럴듯한 내용의 작품이 있는 데 만약 이 작품이 '추하다면', 작품이 추하기 때문에 내용마저도 별로라고 인식한다. 우스꽝스러움을 무릅쓰며, 진보주의 작품은 반드시 아름다워야 한다고 주장할 수 있다. 이런 요구에 저촉되는 (대개는 서글픈 감정 표출인) 1960년대 사회참여 영화는 미미하게 아주 단기적으로만 혁명에 쓸모가 있었다.

이 문제를 더 자세히 살펴보면, 적어도 예술에서 진보주의는 실제적으로 예술의 고양을, 즉 진보주의의 예술적 신뢰성을 가져야만 한다.

이런 신뢰성의 개념은 그 자체로 역사적이다. 형태는 내용으로부터 열정을 유발하기 위해 사용된 수단의 총합이다. 열정은 주어진 순간에 오로지 '형태의 역사에 위치한' 규정된 수단에 의해 확실하게 표현된다. 예컨대, 거대한 시스템인 재현의 역사에는 부르주아 시대에 구상 미술, 조성 음악[10], 소설 풍의 설화가 있고, 제도의 붕괴와 복구의 시기에 비구상 미술, 음렬주의, 해체된 산문이 있고, 예술사조의 역사로 시에서 낭만주의, 상징주의, 초현실주의, 본체론주의가 있고, 경향과 학파의 역사 등이 있다.

이런 역사는 계급의 상승, 전성기, 쇠퇴의 진행을 일방적으로 반영한

10 [역주] 조성음악은 조성의 법칙을 부정한 '무조음악'과 반대의 개념으로 17세기 초에서 20세기 초까지 유행했던 음악이다.

다. 역사는 자신이 가지고 있는 혁신적 불안정성을 통해 모순의 '전체적' 움직임을 표현하고, 바로 이 표현에서 예술의 대중 기반을 읽을 수 있다. 초현실주의 철학에 명백하게 기반을 둔 소(小) 부르주아계급은 자신의 시적인 힘을 통해 10월 혁명의 전 세계적 이데올로기의 결과들을 아카데믹한 반향으로 표현한다. 형태의 역사는 이데올로기의 산물이자 결과이다. 이런 점에서, 형태의 역사는 '유일'하다. '부르주아 형태'나 '반동적 형태'와 대립되는 '대중적 형태'로서가 아니다.

따라서 문제는 다음과 같다. 신뢰할만한 진보주의 예술과 혁명주의 예술은 형태의 역사 측면에서 (혁명이 시대를 변화시킬지라도) '자신의 시대'를 갖는 예술이 되어야 한다는 것이다. 진보주의 예술과 혁명주의 예술은 예술 내부의 유일한 운동처럼 이해되는 방식으로 진보주의적 내용을 전개하면서 실제적인 당대 관심사의 시선을 견지해야 한다.

따라서 우리는 다음과 같이 일곱 번째 원리를 표명할 것이다.

> 7) 예술적 신뢰성의 원리 : 진보주의 작품은 형태의 역사라는 당대의 관심사에 스스로를 위치시켜야 하고, 그 위치를 동시대, 개인, 공동의 감수성의 효과적 결집과 내용의 사용이라는 이중의 관점에서 정당화할 수 있어야 한다.

이처럼, 일곱 가지 원리는 역사적 유효성에 예술을 붙들어 매고, 이 유효성 속에서 대중의 정치적 노력을 위한 징후와 지지인 이데올로기를 만들어낸다.

≪벼락 신문≫, 1978년 봄-여름호.

05 은총의 자살

로베르 브레송의 <아마도 악마가>(Le Diable, probablement, 1977)

<아마도 악마가>는 가톨릭계 작가인 피에르 장 주브(Pierre Jean Jouve)[1]가 '황량한 세계'라고 명명한, 제국주의 도시들의 세계를 스크린에 펼쳐 보인다. 이 세계는 승강기, 계단, 출입구, 부르주아 가옥의 자물쇠, 하녀 방의 문, 버스의 입구, 밤의 네온사인, 호텔, 출입구 등으로 보여진다. 거무칙칙한 베이지색, 회색, 흑청색을 띠고 사각(死角)지대에 위치한 아주 축축한 도시는 의미가 상실된 채 사라진다. 목표도 기준도 없이 배회(徘徊)하는 남자는 지면에 딱 붙은 (일정한 속도의 무심한 발걸음 이외에는 정체를 알 수 없는) 인물의 다리를 촬영한 기이한 쇼트들과 잘 어울린다.

숲 속의 녹색 섬광이 놀라운 오아시스를 선사하는 것처럼 보이지만, 이 장면은 벌목된 나무들이 땅 위에서 서로 부딪치는 것을 통해 사막화의 확산을 예고하는 벌목과 개간의 시퀀스이다. 이 장면을 통해, 브레송은 단조롭고 진중한 어조로, 바다표범의 운명과 같은 세계의 불행처럼

---

1 [역주] 피에르 장 주브는 작가, 시인, 소설가, 평론가로 그의 경력은 최초 평화주의 운동에서 시작해 정신분석 운동으로 그리고 마지막으로 반나치 레지스탕스 운동으로 이어진다.

세속적인 생태학의 어리석음을 꾸짖는다.

생기 없는 밤에, 마치 야생의 수도원에 있는 것처럼 센느 강변 모닥불 주위에 앉아있는 청춘은 매끈하면서도 낯설다. 그들은 플루트를 불거나, 마약을 하거나, 아무 말도 없거나, 창백한 얼굴을 하고 있거나 어리석은 말을 내뱉는다.

음흉한 조종자인 극좌파 성향의 서점 주인이 지하실에서 확실한 파괴를 예언하는 순간에, 노동조합 소속의 성직자는 라틴어로 미사를 진행하며, 희망에 굶주린 신도들로부터 격렬한 공격을 받는다.

이 모든 것의 끝에는 (불분명한 확신만이 가득 찬 시선의 빛인) 천사의 형상인 청소년이 의식을 치르듯 자살하고, 불 꺼진 도시의 한가운데의 페르-라쉐즈(Père-Lachaise) 묘지의 넓고 막다른 길에서 죽음의 정수(精髓)가 드러난다.

브레송은 다른 허무주의자들과는 다르게 신의 흔적에 기대어 모든 것을 비운다. 예컨대, 황량한 방에는 네덜란드 정물화의 광채처럼 오렌지를 담는 과일 바구니가 반짝인다. 여자 목덜미의 짙은 곡선이 자살하려는 남자에게 비스듬히 기울어져 있다. 반 거지의 모습을 하고 마치 원시 부족처럼 원형으로 앉아있는 사람들은 이교파들이 모인 둑길 위에서 성령의 탄생 시기의 상황을 상징하는 가련한 사람들인 로마 시대 초기 기독교도를 연상시킨다. 침낭에서 잠을 자며 유랑하는 두 명의 젊은이가 자리 잡은 높은 담장의 성당에서는 음악적 망망대해처럼 주 예수를 맞이하기 위한 탐미적인 재능인 감정을 불러일으킨다.

이것이 브레송의 힘이며, 그는 안락함으로 채워진 이 세상이 실제로 우울한 황혼녘과 같다고 말한다. 또한, 그는 젊은이들이 일종의 근본적 부재에 의해 유혹당한다고 말한다. 이런 상황 속에서 신학적 반동주의를 치밀하게 조직하는 브레송은 신의 세심한 신중함을 아주 멀리에서부터 빛내기 위해 엄숙한 무가치성으로 모든 것을 균등하게 하면서 기호의 영화, 호소의 영화, 푯말의 영화를 만든다.

내용적으로 말하자면, 1972년 이후 브레송은 제국주의 대도시에 사는 젊은이들의 현실에 관해서는 극우의 길을 걷는다. 이 길은 예언된 죽음의 길이다. <아마도 악마가>는 형식적으로 뛰어나고 순수한 구조주의적 버전의 변증법이다. 부정(否定)의 밤 위에 아주 오래된 창백한 별이 떠오른다. 브레송이 공허와 어두움으로 스크린에 가득 채운 이 별빛은 솔직히 더 이상 우리에게 도달하지 않을 것이다.

≪벼락 신문≫, 1978년 봄, 여름호.

06 포기하지 않는 사람

구약성서 전도서 1장 1절의 "강물은 어느 곳으로 흐르든지 그리로 연하여 흐르느니라."[1]라는 구절에 매달려, 옛날에 대한 향수로 혁명을 준비하거나 저항을 독려하는 것은 있을 수 없는 일이다.

"의미 없고 거짓으로 점철된"[2] 이미지를 사용한다는 원칙으로 영화작가라는 지위를 얻는 것은 있을 수 없는 일이다.

이런 비개연성이 기 드보르의 <우리는 밤중에 배회하고 소멸한다.>(In girum imus nocte et consumimur igni, 1977)[3]를 구성한다.

명백하게 모든 비평이 무용지물인 영화에 대해 말한다는 것은 더더욱 있을 수 없는 일이다. 기 드보르는 다음과 같이 우리에게 경고한다. "이 영화를 좋아한다고 말하는 사람들은 이 영화를 좋아하기보다는 다른 것들을 너무나도 많이 좋아한다."[4]

이 영화를 좋아하기에는 필자가 너무나 다른 것들을 좋아했었나? 이

---

1 기 드보르의 영화 <우리는 밤중에 배회하고 소멸한다>의 텍스트에서 인용.

2 위의 텍스트와 같음.

3 [역주] 라틴어의 회문(回文)으로 된 경구가 곧 제목인 이 영화는 현대인들이 노예라는 증거를 보여주며 소비 사회와 자본주의의 상태를 묘사한다.

4 기 드보르의 다른 영화인 '영화 <스펙터클의 사회>에 붙여진 찬사로 가득한 만큼이나 적대적인 모든 평가에 대한 논박'에서 인용.

영화가 실재를 아주 밀접하게 다루기에, 그 미덕을 전하기 위해서는 (필자가 좋아하는) 다른 몇몇 영화를 잊어야 한다.

영화에서 이미지는 황폐한 세계, 즉 우리가 살고 있는 세계에 대한 우화처럼 기능한다. 이미지는 가장 순수한 통사론으로 구성된 의미를 담고 있는 텍스트와 반대로 작용하는 동시에 배회하고 서 있는 드보르가 우리에게 제공한 유산에 집중하게 한다. 고독한 작업을 하는 상황주의자인 드보르는 이미지보다 텍스트의 우월성을 강조한다. 이는 출세지상주의보다 혁명의 우월함을, 자기 자신의 소외보다 프롤레타리아의 우월함을 말한다. 모든 것은 서로 밀접하게 연관되어 있다.

영화의 첫 번째 부분은 비참한 상태에 빠진 영화 관객의 모습을 통해 대도시에 사는 평범한 주민들의 총체적인 비참함과 노예, 농노, 프롤레타리아를 세심하게 비교하며 묘사한다. 이 프롤로그는 기 드보르가 "영화가 이야기하는 무의미한 모험들을 중요한 주제인 '나 자신'의 분석으로 대체하기" 바란다고 표명할 때, 진정한 내용으로 이끈다.

'나 자신'은 '애초부터 사회 전복에 힘을 쏟는 것을 옳다고 보고 바로 이에 상응하여 행동한' 50세의 남자를 뜻한다. 이런 진술이 너무나도 자기만족적으로 보임에도 불구하고, 기 드보르의 인생사는 프롤레타리아의 혁명과 공산주의 혁명의 지속적 기치에 동조하고, 그가 30여 년에 걸쳐 행한 주관적 정치 행위에 대한 평가와 동일하다.

필자는 드보르가 말한 모든 것이 실제로 의미가 있다고 인정한다. 하지만 동시에 그 외의 거의 나머지는 알맹이 없는 파편이라는 것도 사실이다. 예컨대, 드보르가 더 이상 존재하지 않는다고 공표했던 파리, 단테(Dante Alighieri)[5]가 추방당한 피렌체[6], 모든 것이 끝나고 다시 시작하는

[5] [역주] 단테 알리기에리는 1265년에서 1321년까지 생존한 플로렌스 출생의 작가

베니스와 같은 도시들을 제외하고, 이 시기의 중요한 사건이나 중요한 장소가 이 영화에서는 언급되지 않는다. 이런 식으로, 우리는 대상의 외부적 요소의 결핍을 통해 대상의 일시적 본질에 도달한다. 이런 점에서 드보르는 전형적인 반(反)-저널리스트라고 할 수 있다.

드보르는 아주 거만하고 확신에 찬 모습으로 세련된 말을 완곡한 어법으로 말하는 공산주의자다. 그의 영화는 "관객의 악행은 관객이 생각하는 것처럼 신비롭지 않으며, 언젠가 계급과 정부가 폐지될지라도 관객은 아마 구제받지 못한다는 점을 관객에게 폭로하는 것과 같은 쓰라린 아픔을 준다."

드보르는 세상의 노동조합적 견해가 어떤 가치를 가졌는지 그리고 누가 노동조합의 하수인인지 알고 있다. '호황을 누리는 노조원들과 정치인들은 프롤레타리아의 수호자라는 자리를 보존하려는 유일한 목적을 위해 프롤레타리아의 신음소리로 가득 찬 또 다른 천 년을 연장할 준비를 언제나 하고 있다.'

드보르는 최근 몇 년간 광범위하게 벌어진 급격한 변화와 단념을 어떻게 냉정하게 다뤄야 하는지를 알고 있다. 드보르는 "나는 다른 사람들처럼 시간이 변함에 따라 의견을 바꾸지 않았다. 오히려 내 의견이 변함에 따라 시간이 변화했다."고 말한다.

단단하고 경쾌하면서도 지적인 드보르의 작품과 같은 영화가 나오는 것은 아주 드문 일이다. 왜냐하면, 그는 자신의 내면적 투명함을 너무도 훌륭하게 천천히 설명하는 것을 포기하지 않는 사람이기 때문이다.

드보르는 다년간의 사회 참여가 진실의 재판정이며, 구성이 얼마나

로 『신곡』(Divine Comedy)을 1308년에서 1321년에 걸쳐 저술하였다.

6 [역주] 피렌체의 자치를 주장하는 자신이 지지하는 백당이, 교황을 지지하는 흑당에 의해 패배함과 동시에 그는 플로렌스에서 추방된다.

정확하든지 창의적이든지 간에 이론이 '전투가 벌어지고 있는 적절한 순간에 반드시 투입해야 하는 강력한 단위부대'임을 알고 있다. 드보르 고유의 이론도 이 점에서 예외는 아니다. 소외에 대한 헤겔 철학의 주제를 일반화한 드보르의 이론인 '스펙터클의 사회(société de spectacle)'[7]는 기본적이고 서술적인 힘이 있다. '소비 사회'에 반대하는 논쟁임에도, 평가 절하된 그의 이론에 타협을 회피하며 누구도 도움을 주지 않았다.

만일 드보르가 이론적으로 중무장했다면, 그것은 다른 사람보다 앞서서 다른 모든 것들이 명확해지는 질문을 던졌고, '프롤레타리아가 실제로 존재하는지 만약 그렇다면 이들이 어떤 모습인지'에 대해 자문했기 때문이다.

드보르의 여정은 그가 자신의 삶을 바쳤던 이 진실에 대한 이야기인 동시에 이 진실에 반대하는 모든 것에 대한 이야기다. 예컨대, 반(反)정부 성향을 가진 젊은이들이 찬양하기 시작한 파리, 퐁피두(Georges Pompidou)가 파괴한 파리, 68혁명과 그 뒤를 잇는 배신자들, 공산주의와 그 뒤를 잇는 반(反) 마르크스주의, 상황주의자들, 모택동주의자들, 미테랑(François Mitterand) 등으로 이어진다.

우리는 냉정함을 잃지 않았고 진실의 실마리도 놓지 않았다. 드보르는 지난 몇십 년 동안 결연한 혁명주의자들이었던 우리가 결코 방황하지 않았다는 것을 표명할 수 있도록 돕는다. 우리가 비록 실수를 저질렀다 할지라도 중요한 것은 포기하지 않았으며, 따라서 우리는 진실의 주관적 수단, 즉 진보의 주관적 수단을 항구적으로 갖는다.

이제야말로 전혀 흠을 찾을 수 없는 상대와 경쟁할 때인가? 필자는

---

7 [역주] 『스펙터클의 사회』는 총 221편의 테제와 9편의 챕터로 세분되어 있는 정치 에세이로 마르크스의 '소외의 원리'를 발전시킨 것이며, 자본주의의 영향력을 서술한 책이다.

그 자신도 모르게 향수에 빠져 모든 태도의 근원인 당대의 관심사와 멀어진 그와 논쟁할 것이다. 베니스 근방 석호(潟湖)의 만조 무렵의 이미지로 30년의 이야기를 끝마친다는 것은 실로 벌 받을 일이다. 영화의 마지막 문장인 “지혜는 결코 오지 않을 것이다.”는 우리가 고독으로 인해 위협받고 있다는 것을 너무 과도하게 보여준다. 옹호적인 시가(詩歌)로 끝맺기 위해서는 (드보르가 잊혀진 아방가르드의 생존자로 여기지 못하게 하는) 새로운 정치연합에 따라 대중도 지금 여기에서 자신에 대한 노력이 반드시 필요하다는 점을 알아야 한다.

또한, 우리는 시(詩)적인 이러한 보존 기능을 이해해야 한다. 1917년 10월 이후의 초현실주의자들과 1960년대 초반의 상황주의자들처럼 두 번씩이나, 완고한 정치 마르크스주의의 관점에서 예술적 자산으로써의 국면의 새로움이 프랑스에서 (진정한 균열로, 전례가 없는 강도로, 놀라운 반향으로) 왜 야기하는 것일까? 마르크스주의는 이런 독특한 책략을 배우는 학교가 되어야 할 것이다! 이번에는 기회를 놓치지 않을 것이다.

필자는 이것을 살아있는 마르크스주의라 부를 수 있다. 이런 마르크스주의에서, 드보르는 주체적 윤리로서의 대화 상대방이 또한 동등한 사람이 될 수 있다.

이 점에서 드보르는 마르크스주의의 단순한 동행인이 아닌 친구일 것이다. 왜냐하면, 드보르는 우정이 친구들 간의 평등으로 해결된다고 아주 정확하게 말하기 때문이고, 바로 이것이 감성적 기품으로 가득 찬 그의 영화의 주제이기 때문이다.

≪앵무새≫, 1981년 11월 11일.

07 동양은 서양적 사고의 대상인가?

폴커 슐렌도르프의 <속임수의 순환>(Die Fälschung, 1980)

필자는 폴커 슐렌도르프의 <속임수의 순환>[1]이 유해하다는 점을 밝히고 싶다. 진실의 길에서 실제로 뒤엉켜있는 모든 실타래를 왜곡되게 사용하는 행위에 반대하는 캠페인을 벌여야 한다. 영화 속의 인물을 가리키는 영화제목인 '속임수'는 본질적으로 진실이라고 주장하는 감독을 일컫는다. 그는 속임수를 이용하거나 배가시키고, 우리를 억지로 속임수에 빠지게 하며 진실을 왜곡한다.

물론 예술가가 환상과 거짓으로 장인이라는 명성을 얻는 일은 처음이 아니다. 이 일에 대해 큰일이 난 것처럼 굴어야 할까? 그렇다. 영화가 죽음, 전쟁, 기아라는 대가를 치르고 있는 시기와 장소에 관한 민감한 진실을 다루는 이상, 그렇다.

대단히 교활한 이 영화에서 볼 수 있는 다섯 개의 주제는 경멸적 시선의 태도만 존재하다. 이런 입장은 슐렌도르프의 <카타리나 블룸의 잃어버린 명예>(Die verlorene Ehre der Katharina Blum, 1975)와 <은총>(Der

---

1 [역주] 독일의 시인이며 좌파 문인인 니콜라스 보른(Nicolas Born)의 동명 소설을 영화화한 작품으로 독일 기자가 전쟁 중인 레바논의 베이루트에서 자신의 옛 연인과 전쟁의 참상을 발견하는 이야기이다.

Fangschuß, 1976)을 너무 좋아하는 필자에게 대단히 괴로운 재앙과 같다. 두 영화는 마가레테 폰 트로타(Margarethe von Trotta)[2]에게 감사해야 하는가? 어쨌든 오늘날은 종종 훼손과 부인(否認)의 시대이다.

— I —

주지하다시피, 오늘날 전쟁의 위험은 확실하고 참여적인 정치적 안목이 필요하다. 모든 사람이 헌신적 평화주의자가 될 수 없다. <속임수의 순환>은 친소(親蘇)의 시리아와 친미(親美)의 이스라엘이라는 강대국들의 피비린내 나는 간교로 끊임없이 민중들이 고통을 겪는 레바논의 반(反)혁명 내전의 상황으로 관객을 밀어 넣는다. 그런데 우리는 영화에서 단 한 명의 레바논 사람도 볼 수 없다. 기괴하고 잔인한 의도를 가진 호전적인 꼭두각시들과 카메라 앵글 안에서 학살을 당하기 위해 그 안으로 들어가는 인형 같은 사람을 제외하고는 어떤 레바논 사람도 가까이에서 볼 수 없다. 영화는 상황에 대한 자료를 제시하거나 애초부터 최소한의 설명도 하지 않으면서, 모든 것이 보편적 부조리이고 역사적 악몽이라고 손쉽게 형상화한다. 이런 형상화는 도처에 공포가 널려 있다고 생각하는 사람들이 지성의 훼손을 끌어온다는 사실을 입증한다. 바로 이 점에서 영화는 반(反)계몽주의적이고, 레바논 민중에 대해 적대적이며, 전쟁의 위험 앞에 놓인 지성의 무력함에 대해 호의적이다.

---

2 [역주] 마가레테 폰 트로타는 뉴저먼 시네마를 대표하는 여성 감독으로 파스빈더(Rainer Werner Fassbinder)와 슐렌도르프의 영화에 출연하면서 영화계에 데뷔했다. 1975년 슐렌도르프와 공동으로 연출한 <카타리나 블룸의 잃어버린 영예>로 감독 데뷔를 했고 <은총>에 출연했다.

– II –

'주변' 상황과 서구 지식인 간의 관계를 살펴보며, 사실을 있는 그대로 말해 보자. 영화에서 시선 자체는 제국주의, 정신적 교만, 인종차별주의이다. 레바논의 처참함은 단지 소재나 매개물일 뿐이며, 유일하게 작용하는 것은 서구적인 시선의 양심적 고뇌이다. 독일인 주인공은 사유의 과정을 독점하고, 레바논이나 팔레스타인 꼭두각시들은 단지 핑계일 뿐이다. 고통스러워하는 주연 배우 브루노 간츠(Bruno Ganz)의 정신적 위기는 아랍인에게도 영혼이 있다는 것을 단 한 번도 심각하게 생각하지 않았던 사람들에게 의심쩍은 관심을 끌 뿐이다. 영화가 보여주는 것은 바로 '레바논 사람들도 사유하고 변화한다.'에 대한 근본적인 부정이다. 번뇌하는 주인공에게 긍정적이고 사려 깊은 유일한 상대는 레바논 한복판에서 또한 그와 동일한 국적의 독일인 여자다. 여자는 레바논의 정치 상황에 대해 조금도 개의치 않으며, 오직 모성애의 욕망 때문에 이곳 레바논에 왔다. 내전으로 인해 입양 시장에 던져진 어린이들로 인해 그녀의 욕망은 곧 충족된다. 캄보디아 어린이나 아랍의 어린이는 언제나 제국의 범죄자에게 커다란 기쁨이다.

레바논에 대한 정치적 의견을 개진하는 유일한 인물은 과거의 '동양'에 대한 향수에 사로잡힌 주정뱅이 대령뿐이다. 그는 팔다리가 절단된 사람들의 사진이나 무기를 파는 인물이다.

영화에서 '동양'은 서구적 시선의 성찰적 대상이며, 끔찍한 대상은 독일 기자의 불확실한 구원을 가능하게끔 한다.

– III –

저널리즘에 대해 이야기해보자. <속임수의 순환>은 저널리즘의 공모자인 노동조합주의자와 같은 자격으로, 쇠락하는 제국들의 '중립적' 모습과 금기시된 주제인 '서양'의 자유를 비평하는 일반적인 비판이 천천히 혹은 확실하게 증가하고 있음을 보여주는 징후이다. 영화는 "그렇다, 저널리즘적 시선은 저널리즘이 증언하고 있는 처참함의 일부이다."처럼, 자아비판이라는 거짓된 태도의 변화로 선수를 친다. 진실성의 싸움에 사로잡힌 기자의 각성은 그가 아무런 동기도 없이 비열하게 칼로 팔레스타인인을 찌를 때 완성된다. 이렇게 해서 그는 자신이 일하는 신문사를 떠날 수 있고, 떠나야 한다는 것을 알게 된다.

이런 점은 우리와 별 상관이 없다. 왜냐하면, 영화에는 취재 허가증을 소지하고 술에 취해 기사 송고용 텔렉스를 사용하는 대형호텔을 자주 드나드는 사람들의 어리석은 관음증을 넘어서는 그 어떤 것도 없기 때문이다. 영화의 관객인 필자 역시 마치 못에 박힌 것처럼, 살해된 사람의 숫자를 세고 시체들을 신문의 일면에 진열하는 얼빠진 기자의 태도에 억지로 끌려간다.

민감한 냉소주의 속에서 그들 스스로 수치를 만들어내는 부류의 기자들만이 존재한다. 과거의 예수회 신부들처럼, 대도시의 언론은 (존 리드(John Reed)[3]와 같은 모험을 좋아하는 몇몇 예외를 제외하고는) 제국주의의 보호를 받는 화물 운송차를 타고 세상에 급속히 확산된다. 쇠퇴하

---

3 [역주] 존 리드는 미국의 평론가, 칼럼니스트로 제1차 세계대전 중 특파원으로 유럽에 있던 중 러시아혁명을 목격하여 쓴 르포르타주 문학 작품 『세계를 뒤흔든 10일간』(Ten Days That Shook The World, 1919)을 발표했다. 레닌의 친구로 미국 최초의 공산당을 창립하였다.

는 우울함으로 인해, 영화는 변화할 수 있다는 명석한 정신을 보여주지 못한다. 이미지들은 오로지 저열한 상업일 뿐이라고 주장하면서 관객을 힘들게 하는데, 특히 이러한 이미지 안에 우울함이 더해지면 변화는 더욱 힘들다.

– IV –

브루노 간츠는 마치 문명과 야만 사이에서 여행하듯 두 여자 사이를 오간다. 아마도 혹자는 여성해방운동의 혼란 이후에 그가 현대 남성성의 어떤 확고함을 찾거나 혹은 확인할 것이라고 생각할 수도 있을 것이다. 자신이 애정을 쏟던 소규모 게릴라 부대로의 비 내리는 날의 귀환을 위해 순교 중인 민중에게 거리를 두는 그의 범죄적 여정과 망명 중인 동포 여성에 대한 애매한 질투가 반드시 필요했는지, 필자는 의문이 든다. 한나 쉬굴라(Hanna Schygulla)[4]의 재능마저도 아무런 흥미로운 점도 없는 추상적 관념일 뿐이다. 두 남녀의 뒤얽힌 이야기는 과장인 동시에 저속하다.

– V –

독일의 국가적 문제는 벤더스, 파스빈더, 지버베르그(Hans-Jürgen Syberberg)의 초기 영화들에서 활력을 찾아볼 수 있다. 불분명한 독일의 국가적 문제의 특질 덕분에, 시(詩)나 삶이 만들어지고, 형식적인 혁신이 이뤄진다. 동일한 이 질문이 오늘날에도 분명하게 혹은 적극적으로 검토

4 [역주] 한나 쉬굴라는 독일의 유명한 여배우이며 파스빈더의 작품으로 데뷔했다. 대표작은 <마리아 브라운의 결혼>(Die Ehe der Maria Braun, 1979) 등이 있다.

되어야 한다. 독일의 평화주의 운동이 보여주는 것처럼 광범위한 대중 인식의 틀 속에서 이 질문을 제기할 때, 이 질문은 정치적 참여를 필요로 한다. 예술가들이 미래를 전망하는 역할을 맡는 시대는 저물었다. 모든 독일 영화는 미래에 대한 설득 없이, 베를린 장벽, 히틀러, 동독, 비스마르크, 프로이센 예술에 대해 계속 되풀이한다.

부연 설명

슐렌도르프의 <속임수의 순환>은 (이미 <양철북>(Die Blechtrommel, 1979)에서 섬세하게 다룬 것처럼) '독일의 국가적 문제'의 우경화를 개괄적으로 그리고 있다. 영화는 또 다른 독일인 동독과 맞닿은 피할 수 없는 국경을 보여준다. 그러나 영화는 레바논 혹은 팔레스타인의 국가적 문제들에 대해 어떠한 명확성도 유대감도 보여주지 못한다. 또한, 영화에서 야만적인 '동양'은 독일적 향수라는 가장 최악의 의미에서 탁월하게 실행되는 국가적 문제를 향한 회귀적인 매개물일 뿐이다.

지구상에서 압제에 시달리는 민중들은 '유럽의' 양심적 시선으로 바라보는 내적 불안을 위한 대상이 아니다. 그들은 지성과 정치 활동을 실행하는 주체이기에, 우리는 그들에게서 배워야만 한다.

확실히 식민주의적 교만함은 없어지지 않는다.

≪앵무새≫, 1981년 12월 17일.

08 영화의 제2의 근대성에 관한 기준들[1]

먼저 고다르를 언급해보자. 고다르는 우리의 역사적 틀인 누벨바그의 일부이다. 고다르는 누벨바그와 우리가 영화의 제2의 근대성이라고 명명하려고 하는 것 사이의 구별과 차이를 관통한다.

고다르 영화는 경향도, 장르도, 학파도 아니며, 측정할 수도 없는 영화라는 점을 주목해야 한다. 또한, 영화의 한 분야가 아니라 맨 극단의 끝부분이다.

고다르 영화는 주관적인 영화인가? 그보다는 오히려 고다르 영화는 주관적 과정의 포착을 파악하기 힘든 용어처럼 실재의 문제와 부딪히는 영화이다. 또한, 오직 영화적 재현의 틈 속에서 있는 그대로의 실재에 대해 질문을 던지는 영화이다.

그러므로 고다르 영화는 진실에 대한 영화의 내적 정체성처럼 근대성의 영화이며, 진실의 문제를 다룬다. 그의 영화는 네오리얼리즘을 자기 것으로 체화한 시네마 베리테와는 다르며, 정확하게는 시네마 베리테의 부정이다.

역사적으로 오손 웰즈 이전의 뛰어난 고전 영화는 이데올로기적 합의

---

1 필립 노이엘(Philippe Noyel)과 함께 쓴 글.

의 조화 속에서 (사실상 명백한 프로파간다에 따라) 영화의 기술적 가능성들을 완벽히 숙달할 때까지 세밀하게 실험했다. 이후 오손 웰즈는 이러한 시도의 전복을 가져왔고, 이에 따라 영화적 절차들은 특별한 이데올로기적 형태와 같은 이미지들의 제작으로 고려되었다. 영화는 자신의 고유한 프리즘으로 세상의 비전을 굴절시킨다. 예를 들어 <상하이에서 온 여인>의 마지막 장면에서, 거울의 방은 고유한 프리즘에 관한 가장 눈길을 끄는 은유이다.

이미지의 구성을 지각할 수 있게 된 이래로, 오손 웰즈는 구성을 이해할 수 있는 영화를 표현하며, 이야기의 토대에 대해 관객에게 질문을 던졌다.

근대성의 중심에는 고전 영화의 죽음이 자신의 실패한 모습인 메시지로 회귀하는 것이 아닐까라는 두려움이 자리 잡고 있다.

영화는 더 이상 제공할 것이 없다. 반복되는 이미지와 음향의 불일치 속에서, 발화행위의 재앙처럼 확신이 없다. 이런 점에서, 많은 영화 작가들에게 텍스트의 도입은 이런 상황을 벗어날 수 있는 불가피한 우회로이며, 감독들 각자의 규칙에 따라 온전히 의지하려는 경향이 있다.

뒤라스에서 볼 수 있듯이 재현 코드의 해체 이후, 재현 불가능성의 최고 규정처럼 금기시된 이미지의 시대가 온다.

불가능성의 문제에는 실재적 현실의 '분할'의 쟁점, 다시 말해 실재적 현실로부터의 무엇이 영화의 가능성을 만드는가라는 질문이 있다. 뒤라스나 기 드보르처럼 상상에만 존재하는 절대적 명령법도, 장-마리 스트로브(Jean-Marie Straub)처럼 영속성을 보장하는 태도도 아니라, 실제 현재 진행되고 있는 쟁점에서 영화의 가능성이 만들어진다.

다시 스트로브를 살펴보면, 그에게 있어 보장이라는 것은 영구적이다. 스트로브의 영화는 레닌주의 영화이다. 반대로 고다르에게서, 선택의 중요성은 이미 구축되어 있다. 진실은 유포되는 것이 아니라 어느 정도의 거리두기(distanciation)를 강조하는 것이다.

고다르는 오늘날의 진실에 대해서 실제로 질문을 던지는 유일한 사람이다. 그는 위기의 원인들을 문제 삼는 것이 아니라 상황과의 만남을 통해 진실을 유통시키는 대리인이 되려는 의지가 있다.

쟁점이 분명하게 드러난다 할지라도, 고다르의 최근 두 작품[2] 속에서 실재적 현실과의 대립은 주관적 망설임의 미학을 보여준다. 이런 망설임은 실재적 현실의 작은 부분을 취하는 태도이다. 이런 식으로, 고다르 영화는 제한된 실재적 현실에서 겉으로만 주관적으로 드러나는 망설임을 보여주는 (<경멸>(Mépris, 1963)에서의 깜박이는 불빛처럼) 왕복운동이 있다.

사실상 <인생>(Sauve qui peut (la vie), 1980)에서 반복적인 질문들은 영화의 현재적 쟁점인 진실을 활용한다. 그것은 명백한 정신적 마비의 법칙으로서의, 즉 불안함에 맞서 용기를 전달하려는 정치적 소명으로의 용기이다.

근대성의 영화는 이러한 변증법으로 만들어지는 영화이다.

결국, 재현될 수 없는 것이 있다. 그것은 현실의 포착이라는 모호함을 통해 사라지는 실재적 현실이다. 이런 입장에서의 첫 번째 접근법은 (실재적 현실과의 만남은 보여줄 수 없다는) 외화면영역(hors-champs)의 영화이다.

이런 문제가 제기하는 질문은 '어떤 점이 불투명하게 할 정도로 걸림돌이 되는가?'이다.

그러나 모든 것은 완전히 이질적이다. '근대성'이라는 이름으로 어떤

---

2 [역주] <인생>(Sauve qui peut (la vie), 1980), <열정>(Passion, 1982).

총론을 만드는 것은 어렵다. 근대성은 위기 그 자체이고, 위기를 겪고 있다. 근대성은 영화의 두 번째 토대를 보장하지 않는다. 근대성은 텍스트의 영광을 위해 기 드보르가 했던 것처럼 영화를 부정하면서, 예술로서의 영화적 존재에 대해 불안감을 조성한다. 마그리트 뒤라스의 시도에서도 그렇다.[3]

여담으로 말하자면, 필자가 쓴 작품인 (오페라-소설 형식의 희곡인) 『붉은 스카프』(L'Echarpe rouge, 1979)와 나타샤 미쉘의 소설 『펜테실레리아의 휴식』(Le Repos de Penthésilée)같은 화려한 서사시를 제외하고 예술을 위한 또 다른 가능성을 제시하는가? 왜냐하면, 자신이 아닌 것으로부터 작품을 만들면서, 예술은 실재적 현실에 대해 자신이 실패했던 요소를 통해 펼쳐 보일 수 있기 때문이다.

근대성의 장애물은 공간이지만 결국 공간은 재현의 매개체이다. 근대성은 공간을 불신한다고 말할 수 있다. 과거에는 스튜디오에서 치밀하고 건설적인 연극적 구성과 함께 영화를 위한 모험적인 커다란 열린 공간을 위한 구성도 있었다. 오손 웰즈의 프레임 파괴 이후 1960년대 고다르는 이미지를 해체하고, 콜라주를 이용하고, 의미들을 왜곡하며, 공간에 집착하는 근대성인 2차원의 프레임 안에서 뒤로 물러서지 않고 인물을 배경인 벽에 밀착시킨다. 마치 현실로부터 무언가를 더 얻고 진실을 움직이는 것처럼 프레임은 제한되어야만 한다. 결국, 더 많은 것을 얻기 위해

3 [역주] 마그리트 뒤라스의 소설 가운데 영화로 각색된 첫 번째 작품은 르네 클레망이 연출한 <해벽>(Barrage contre le Pacifique, 1958)이고, 이후 알랭 르네가 연출한 <히로시마 내 사랑>(Hiroshima mon amour, 1959), 앙리 콜피(Henri Colpi)가 연출한 <오랜 부재>(Une aussi longue absence, 1961)로 이어지면서 연극, 영화, 문학 세 분야에서의 성공을 거둔다. 이후에는 원작자나 각색자의 한계를 느끼고 영화를 연출하여 총 13편을 연출한다. 특히 실험적 형식을 연극과 영화에서 시도한 그녀는 이미지와 글로 쓴 텍스트 사이에서의 간격을 통해 영화가 꼭 내러티브만은 아님을 보여주고자 했다.

수단을 줄여야 한다.

고다르의 <인생>에서 움직임을 슬로우 모션으로 보여주는 것은 공간을 이동하는 속도가 재정의 되어야 함을 시사한다. 고다르의 <열정>에서 보이는 푸른 하늘은 종교 음악으로 가득 찬 '열림'에 대한 인용이자 지난날의 빛에 대한 인용이다. 나머지 것들은 산더미 같은 높이에 아주 좁아서 꼼짝도 할 수 없다. 계단, 발코니, 문, 부엌 그리고 믿기 힘들 정도로 그림들이 무질서하게 뒤엉켜 있다.

공간 2. 뒤라스에게 있어서 공간은 어디에도 없는 장소이고 거울에 굴절되는 존재하지 않는 상태에서의 유배이다. 이미지로부터 실재적 현실이 소멸하는 것을 직접적으로 직면한 관객은 현기증을 느끼게 된다.

공간 3. 벤더스의 여정은 새롭고 커다란 호흡적 방식으로, <사물의 상태>(Der Stand der Dinge, 1982)에서 급작스러운 제한에 이르게 한다. 영화는 관객에게 거의 숨을 쉴 수 없게 한다. <시간이 흐르면>(Im Lauf der Zeit, 1976)에서는 풍성한 동시에 문제를 야기하는 근대적 호흡방식을 선보인다.

공간 4. 스트로브의 영화에서 공간은 강렬한 의미를 띤다. 그러나 공간에서의 형상화는 콘크리트처럼 단단하다. 스트로브의 영화에는 엄청난 무게를 지닌 강력한 체계가 있다. 예를 들어, <포르티티 카니>(Fortini Cani, 1976)에서 시골 장면을 촬영할 때 전체적으로 순환하면서 한 바퀴를 도는 아주 큰 패닝을 하는 카메라의 움직임이다. 이 장면에는 오직 죽은 사람들과 고요함만이 프레임 안에 존재하는데도 불구하고, 공간의 영화적 덩어리는 강력하게 의미를 강제한다.

공간 5. 리하르트 딘도(Richard Dindo)[4]에게는 그의 자신감에서 비롯된

---

4 [역주] 스위스 다큐멘터리 감독.

기이함이 있다. 그의 방식은 다른 감독들에 비해 아마도 여전히 이전의 상태에 머물고 있다. 왜냐하면, 그가 몽타주 과정을 즐기기에, 어떤 망설임도 그에게서 찾아볼 수 없다. 흔히 말하는 '글쓰기의 즐거움'처럼 딘도에게는 '몽타주의 즐거움'이 있다. <막스 프리쉬>(Max Frisch, 1980)에서는 등대만이 실제 공간을 의미하는데, 거기에는 일종의 우유부단함이 있기 때문이다. 장소들에 관한 나머지 모든 시스템은 텍스트에 의해 만들어진다. 등대는 우연을 상징하는 현실의 회귀로써 되돌아온다.

공간 6. 알리오(René Allio)[5]는 심도, 생기 있는 실체 등 아주 뛰어난 명확성이 있다. <마르세이유로의 귀향>(Retour à Marseille, 1980)은 스토르브와 심도는 다르지만 동일한 프레임의 폭을 보여준다.

공간 7. 실재적 현실을 지칭하는 장소로서의 공간은 감각적인 모든 재현을 거부한다. 수수께끼, 파편화, 부재된 형상 속에서 포착된 실재적 현실은 담보의 보증처럼 회계적 작동에 편향적으로 따른다. 그렇지만 주지하다시피, 실재적 현실은 결코 수치화할 수도 확신할 수도 없으며 단지 이런 현실의 일부분만 선택된다. 따라서 (회계적으로) '현실이라는 인상'이라는 궁극적 함정에 의해 무의식적으로 구성되는 것은 바로 진실의 회피이다.

공간 8. 공간의 재현이 있다. 드니 레비의 <5월의 학교>(L'Ecole de mai, 1979)와 <흰색 기억>(Mémoire en blanc, 1981)의 접근법을 보자. 영화에서는 조형적 영향을 차단하기 위해 도시 풍경을 묘사하는 프레임을 해체한다. 여기서 하나의 틈이 생기고, 그 틈을 통해 감각적인 실재적 현실의 시학처럼 공간을 재구성한다.

---

5 [역주] 르네 알리오는 13편의 영화를 연출한 마르세이유 태생의 프랑스 감독, 시나리오 작가, 무대 예술가이다.

근대성: 감독들의 다양한 공간구성에 따라, 이러한 영화들은 위엄적 요소들을 지닌다. 그리고 현실적 효과의 확고하고 궁극적인 보증을 유지하면서, 이미지에 대한 오해와 다른 예술들의 영향력에 종말을 고한다. 그리고 다양한 형태의 공간구성의 통일성에는 반박이 있는데, 이러한 반박은 미래 예술의 기반이 된다.

근대성: 이미지는 상품으로서 영화 시장에 제공되는 미디어적 실체일 뿐이기에, 영화적 존재에 관한 문제는 현재나 미래의 문제가 아니다. 물신숭배라는 사회적 지위와 연결된 이미지는 모든 시장의 규칙인 인플레이션처럼 약물 과다 복용으로 죽어가고 있다.

근대성: 이와 반대로 오늘날의 영화는 희귀성이라는 체제 속에 존재한다. 일반화된 규칙에서 유일한 예외가 될 수 있는 희귀성은 인플레이션이다. 말하자면 오늘날 영화가 아주 희귀하다고 말하는 것은 진실이다. 프랑스의 영화 비평의 기준이라고 할 수 있는 영화 잡지 '≪카이에 뒤 시네마≫(Cahier du cinéma)'가 거짓을 말하고 있다는 점이 바로 희귀성을 증명한다. 만약 영화의 존재성을 최대한 수치화한다면 예컨대 구독자의 수에 연연하는 잡지의 강박적 경영과 일치할 수도 있겠지만, 이것은 예술이 언제나 예외적이라는 예술의 본질적인 진실을 포기하는 것이다.

텍스트를 다시 언급하자면, 현대 영화는 영화 안에 주관성을 주입시키면서 텍스트와 친숙해진다. 프랑스 영화에서는 텍스트가 개인적인 애수를 털어놓는 자서전이라는 장애물에 부딪히게 되는데, 이 자서전이 남긴 잡동사니가 그 유명한 '프랑스 내면주의(intimisme français)'[6]이다. 심지

[6] [역주] 오늘날 프랑스 내면주의 영화에 대해서는 다음의 책 참조. 르네 프레달, 『오늘날의 프랑스 영화』, 김길훈·김건·진영민 옮김, 동문선, 2012. 제3장 내면주의 영화, pp.135~188.

어 마르그리트 뒤라스(Marguerite Duras)에게서도 그렇다. 그녀의 익히 알려진 목소리는 애수로 시작된다.

배우 1 : 재현에 대한 근대성의 논쟁적 문제의 중심에, 이전까지 논의된 적이 없는 배우를 임의적으로 위치시켜보자.

배우 2 : 배우는 처음부터 혹은 여전히 영화에 도입된 연극적 성격의 매개체이다. 언제나, 연극에는 연극배우가, 미술에는 모델이, 문학에는 인물이 있다. 영화는 이 셋을 하나로 통합했고, 그 결과가 스타이다. 결국, 스타를 창조함으로써 영화는 삶과 같은 영화의 영광을 보여주기 위해 연극배우(연기), 모델(현실), 인물(동일화)의 최고의 정수를 제공한다.

배우 3 : 자신의 고유한 미학을 도모하기 위해 근대성은 어느 정도 관객과 등장인물의 동일시 과정을 깨뜨림으로써 배우 기능을 부정하는 누벨바그 형식을 계승한다. 그뿐만 아니라 모든 관계에서 배우를 스크린에서 사라지게 한다. 이런 배우의 공백은 배우가 스스로 감정을 억제하는 방법을 탐구함으로써 만들어지는데 감정을 억제한다는 것은 사실상 완전히 불가능한 일이다.

배우 4 : 일시적이고 당혹감에 빠진 불안정한 상태의 배우는 모호한 진실의 장소처럼 근대성 속에서 순환한다.

배우 5 : 배우는 이런 당혹감이 생산되는 과정에 대해 주의를 기울여야 한다. 이것은 어둠의 첫 번째 단계를 제거하는 것처럼 육체에 연결된 조형적 효과들을 제거하려는 시도이다. <막스 프리쉬>에서 리하르트 딘도는 배우 없이 인물들로 영화를 만드는 데 성공했다. 이와 반대로 고다르의 영화에는 인물의 비(非)형상화로서 배우들이 등장한다.[7] 스트로브

---

7 [역주] 특히 고다르의 <그녀에 대해 알고 있는 두세 가지 것들>(1966) 초반부에서, 실제 연기자인 마리나 블라디의 상황과 극 중 등장인물인 줄리엣의 상황을 동시에 설명한다.

또는 뒤라스의 영화에서의 배우들 역시 근본적으로 재현이 불가능한 것처럼 등장한다.

≪비고답파≫, 1983년 5월.

09 자크 드미 사건

대중을 조직하는 참여적 비평을 찾아보기는 쉽지 않다. 두 그룹의 비평가들은 자크 드미[1]의 영화 <도시의 방>(Une chambre en ville, 1982)[2]을 집단적으로 관람하러 가라고 적극적으로 호소하기 위한 청원으로 신문 한 면을 꽉 채웠다. 이것은 당연히 정치적 징후다. 하나는 직접적으로 좌파 쪽에서 온 청원서로 프랑스 공산당과 프랑스 사회당 기관지들의 비평가이고, 다른 하나는 ≪카이에 뒤 시네마≫를 중심으로 조직된 또 다른 청원서이다. 이것이 바로 사회 참여적 비평이다.

무엇을 위한 사회 참여인가? <도시의 방>은 전투경찰(CRS) 앞에서 자신들의 요구를 노래로 부르는 활기차고 순진한 노동자 계급인 '좌파 민중'이 죽는 바로 그 순간을 찬양한다. 이 찬양의 생생한 효과는 실질적이다. <도시의 방>은 비평가들이 5월 10일[3]에 미테랑에 대한 충성을 강

---

1 [역주] 프랑스 감독, 시나리오 작가, 제작자 및 배우. 대표작은 뮤지컬영화인 <쉘부르의 우산>(Les Parapluies de Cherbourg, 1964), <로슈포르의 여인들>(Les Demoiselles de Rochefort, 1967) 등이 있다.

2 [역주] 프랑스 서부의 낭트는 사회 갈등과 파업으로 한창 시끄럽다. 젊은 노동자 프랑수와 기보 역시 파업에 참여하고 있다. 그가 불행한 결혼 생활을 하고 있는 에디트를 만나게 된다.

3 [역주] 1981년 5월 10일에는 프랑수아 미테랑이 51.76%의 득표율로 경쟁자인 지스카르 데스탱을 이기고 7년 임기의 대통령에 선출되었다.

조했던 것보다, 생-나자르(Saint-Nazaire)[4]와 낭트(Nantes)[5]에서 파업이 있던 1950년대의 향수와 그 절정기에 근거를 두고 있다. <도시의 방>은 드골주의(gaullisme)[6]를 하나의 여담으로 축소시켜 버린다. 또한, 영화는 1936년[7]과 1947년[8]의 노동자 운동과 현재 좌파 세력의 정당성 사이에서 연속성의 신화를 작동시키거나 정지시킨다.

비평가들의 호소는 아무런 관심을 끌지 못했고, 관객의 심판은 의심할 여지 없이 무의식적이며, 비평가의 발언은 공허한 메아리였다. 영화에서 벽에 붙은 국제 노동자 동맹 프랑스 지부(SFIO)[9]의 포스터처럼, 좌파 정당들이 강조하는 상투적인 텍스트로 강조된 노동조합 운동은 시대에 뒤떨어진 몇몇 가상의 이야기에 기껏해야 자신의 상징들을 부여한 송장(送葬)일 뿐이다. 이러한 영화가 '뛰어난 대중적 좌파 영화'라고 상상하는 것은 오로지 비평가들뿐이다. 장-폴 벨몽도(Jean-Paul Belmondo)가 주연

---

4 [역주] 1955년 생-나자르 파업은 현지 용접공들과 더 높은 임금을 받는 파리의 야금 기술자들의 급여 차이로 발생했고 파업이 진행 중이던 1955년 8월 1일 파업 노동자들과 경찰 사이에 충돌이 일어났고 결국 경영진의 양보로 급여의 22% 인상이 이루어졌다.

5 [역주] 1955년 낭트 파업은 생-나자르 파업 직후에 발생했다. 야금 및 건축 노동자의 급여 인상을 요구하는 파업으로 8월 19일에 24세의 석공 노동자 장 리골레(Jean Rigollet)가 전투경찰의 총탄에 사망한다.

6 [역주] 드골주의는 프랑스의 군인이자 정치가인 샤를 드골에게서 영감을 받은 정치주의로 나치 점령에 대항하는 레지스탕스 정신을 기반으로 하여 대외 정책의 핵심은 프랑스의 국가적 독립, 대내 정책은 사회보수주의와 경제통제정책을 핵심으로 하며 주로 우파의 이념으로 여겨지지만, 좌파 드골주의자들도 존재한다.

7 [역주] 1936년 5~6월 사이에 일어난 2백만 명이 참여한 총파업으로 그 결과로 2주의 휴가, 주 40시간 근무 등이 법제화되었다.

8 [역주] 1947년 6월 마샬 플랜을 반대하는 대규모 노동자 파업으로 급여 인상과 가난에 대한 대책을 정부에 요구했다.

9 [역주] SFIO(Section française de l'International ouvrière)는 1871년의 파리 코뮌을 계승하여 만들어진 좌파 단체로 국제 노동자 동맹 프랑스 지부 혹은 인터내셔널 프랑스 지부로 불린다.

한 <에이스 중의 에이스>(L'As des as, 1982)로 인해, 우리의 영화 비평가들은 시작도 하기 전에 압도당한다. 아주 쉬운 일에서는 우파가 좌파에 앞서는 것 같다.

시대에 뒤떨어진 노동자 계급 중심주의에 해당되는 <도시의 방>의 사랑 이야기는 계급 간의 연합이라는 초현실주의적 신화의 형식으로 나타난다. 알몸에 모피 코트만 걸친 귀족 부르주아 여성과 젊은 프롤레타리아 청년은 서로 얼싸안는다. 영화에서 유일한 악인은 중소기업-중소산업(PME-PMI) 소상공인으로 나오는 섬뜩하고도 유쾌한 모습의 피콜리(Michel Piccoli)[10]이다. 그는 자신의 가게에서 목을 베 자살을 한다. 우파 시락(Jacques Chirac)에게 투표한 사람들에게는 잘 된 일이다.

고다르의 <열정>에서 여성 노동자의 시선에 비추어 보면, 좌파에게 용기를 주는 자크 드미의 도덕이 말하는 바는 '프롤레타리아는 말을 더듬지 않는다'는 것이다.[11] 프롤레타리아는 노래를 부른다. 선술집의 탁자 위에서 "우리는 아무것도 얻지 못했네. 우리는 해고를 당했다네. 동지들이여 함께 가세." 라고 노래를 부르는 노조 대표자[12]를 볼 때, 비춰지는 상투 어구는 그리 유쾌하지 않다. 드미는 의도하지 않았지만, 우리에게 논리, 정치, 지도자들을 반드시 바꿔야 한다고 가르친다. 결국, 모든 것을 다시 해야 한다는 것이다.

≪카이에 뒤 시네마≫는 상품과도 같은 이 영화를 지지하기 위해 과

---

10 [역주] 프랑스 영화배우, 연극배우, 제작자, 감독, 시나리오 작가로 특히 클로드 소테와 많은 작품 활동을 하였다. 정치적으로 좌파로 공산주의 세력인 '평화 운동 Mouvement de la Paix'의 일원이었다.

11 [역주] <열정>에서 여주인공은 자주 말을 더듬는다. 이는 주요한 영화적 장치처럼 활용된다.

12 신중한 자크 드미는 프랑스 노동총연맹(CGT)이나 프랑스 공산당을 보여주지 않는데, 이 사람은 어디에서 갑자기 나타났는가?

거에 자신들이 가졌던 엄격함을 버려야 했다. 바로 여기에서, 정치인은 국회의원이 되자마자 위급한 상황이 되면 근대적 이성과 전위적 관점을 저버린다는 결론을 끌어낼 수 있다.

함축적으로 보면, 모든 현상은 시대적 현실이다. 드미는 시대적 현실을 '사회적'으로 재현하겠다는 의지를 보이며, 연극 방식이나 오페라 방식을 영화에서 하나로 통합한다. 영화에서, 정치와 형식적 과도함의 교차는 시기의 문제이다. 보니체르(Pascal Bonitzer)[13]는 리얼리즘과 뮤지컬 코미디 영화라는 형식주의의 결합에 대해 만족해하면서도 이 점을 지적했다.

불행하게도, 영화에서는 (실재가 재현될 수 없는데도) 정치가 재현되고, '바로 여기에 좌파가 있다'라는 좋은 소식을 주장하기에도 형식주의가 너무나 세련되었다.

<도시의 방>의 임무는 가설이나 노동자 역량의 노정을 유지하는 제한된 이야기를 부재 속에서 설정하는 데 있다. 이 임무에 유일하게 어울리는 것은 결합의 의미와 탁월한 몽타주 사이에 배치된 예술적 기교이다. 드미는 우리에게 위기도, 민중도, 영화도 없다고 믿게 하려고 한다. 바로 이점이 비평가들이 옹호한 이유이다. 민중의 위기를 형식적 변형으로 나타냄으로써, 아마도 영화의 위기에 대해 검토할 수 있을 것이다. 이런 점에서, 마르크스주의 위기의 시기에 마르크스주의 예술이 필요하다. 불가능할 때 모든 것을 해야 하는 막다른 상황에서, 드미는 기독교적인 해결책 외에는 아무런 대책이 없다. 예컨대, 영화의 배경으로 쓰이는 대성당, 그가 묘사하는 시위가 마치 종교 행렬처럼 보이는 것 등이다.

---

[13] [역주] 보니체르는 영화 비평가로 1969년부터 ≪카이에 뒤 시네마≫에서 비평을 시작했다.

윤리를 추구하는 드미는 미덕에 대해 찬사를 한다. 이러한 믿음은 해롭다. 왜냐하면, 신뢰로 이룩한 강인함을 쇠약하게 만들기 때문이다.

≪비고답파≫, 1983년 5월.

10 스위스 : 해석으로서의 영화

스위스 예술이란 무엇인가? 스위스는 그 자체로 과도하게 가득 차 있다. 스위스에는 전통과 보존을 통해 역사에 한 번도 연루되지 않은 낡고 텅 빈 국가의 과잉이 있다.

스위스의 '중립'은 과도한 국가성의 투명한 형태라고 볼 수 있다. 그리고 이 모든 것과 함께 얄팍한 스위스 사람들은 자신만의 독자적 언어 없이 유럽의 위대한 문화로 그들을 인도하는 독일어, 이탈리아어, 프랑스어 세 가지 언어를 사용한다. 이제는 더 이상 오스트리아인들[1]에게 대항하여 독립을 쟁취하는 알프스산 사람들이 아니라 경제적으로 윤택한 농부들 아니면 은행업이 주를 이루는 도시의 시민들로 구성되어 있다. 또한, 대규모 이탈리아 이민처럼 스위스 밖에서 들어온 노동자들로 스위스를 구성하고 있다. 스위스는 자신의 강력한 상징인 '스위스 프랑'이라는 화폐를 발판으로 굳건히 서 있으며, 풍요롭고 새롭게 채색되어 있다.

프리츠 조른(Fritz Zorn)[2]은 암에 관한 자신의 자서전 『화성』(Mars)에

---

1 [역주] 프리드리히 실러(Friedrich von Schiller)의 희곡 『빌헬름 텔』의 사과 이야기에서 볼 수 있었던 압제자들.

2 [역주] 본명은 프리츠 안스트(Fritz Angst)인 스위스의 독일어권 작가로 그의 필명 조른(Zorn)은 독일어로 '분노'를 뜻한다. 젊은 시절에 받은 암 선고 이후 심리 요

서 이런 조건들에 놓인 스위스 부르주아 계급을 혐오하는 예술의 저항이 어느 지점까지 와 있는지를 잘 보여준다. 조른은 악이 발생하는 원인을 주저하지 않고 부르주아에게 전가한다. 스위스 가정에서 태어나고 자란 조른은 '죽을 만큼의 교육을' 받았다. 냉철하고 강렬한 이 책의 주제는 '스위스는 암이다.'라는 문장으로 쉽게 요약된다. 『모든 의혹을 능가하는 스위스』(Une Suisse au-dessus de tout soupçon)라는 글로 의회에서 물의를 일으켰던 장 지글러(Jean Ziegler)[3]의 사회·정치 에세이는 스위스가 암적 존재라는 사실을 부인하지 않는다.

스위스 예술, 특히 지난 20여 년간 화려하게 빛난 스위스 영화는 결국 의혹의 예술이며, 그 이면을 들여다봐야 한다. 지금까지 스위스 예술은 헬베티아(Helvétie)[4]의 명백한 합의라는 반들반들한 표면에서만 역사의 흔적을 추구하기 때문이다.

장-뤽 고다르가 스위스 인이라는 사실을 상기해보자. 그의 관점은 지역성의 흔적을 내포하고 있다. 이 지역성은 스위스의 도시들이 가지고 있는 일종의 평온함을 통해 프랑스로부터 스위스를 구분한다. 스위스 도시의 평온함은 (전쟁의 피해를 입은 폐허로부터 재건축할 수밖에 없다는 핑곗거리가 있는 독일 도시들과 약간 비슷하게) 무거운 느낌의 현대적 모습이면서도 따분한 느낌의 스위스 시골 정취를 나타내는 청록빛을 띠고 있다. 스위스는 고다르가 세상을 바라보는 중간 지점이며, "이미지는 실재에서 비롯되는가?"라는 그의 질문이 조금도 방해받지 않는 장소

법을 시작하여 1976년 암, 신경증, 사랑과 소통에 대한 이야기인 『화성, 나는 젊고 부자고 지적이다. 그리고 나는 불행하고 신경질적이고 혼자다』(Mars, Je suis jeune et riche et cultivé ; et je suis malheureux, névrosé et seul…)를 썼다.

3 [역주] 장 지글러는 스위스의 사회학자로 유엔 식량 특별 조사관과 유엔 자문위원을 역임하였다.

4 [역주] 스위스의 옛 이름.

이다. 또한, 고다르의 인물들은 예외 없이 직설화법으로 그 시기를 발언한다. 스위스 자체가 유럽 내에서 너무도 예외적이기에 그 결과 어떠한 스위스 사람도 예외가 되지 못한다.

전달 매체에 대해 질문을 하는 예술에는 스위스의 독특한 예리함이 있다. 고다르는 확실히 이것과 관련되어 있다. 왜냐하면, 고다르는 '나는 영화로 무엇을 전달하는가?'라고 자문하기 때문이다. 스위스는 전쟁도, 혁명도, 식민지를 가져본 적도 없으며 오로지 시계와 자본의 수출과 수입만을 한다. 그렇다면, 확실한 국가성 속에서 대를 잇는 스위스 세대들은 전달할만한 것이 있는가? 과연 빌헬름 텔(Wilhelm Tell) 이후로 평가할 만한 스위스적 경험이 있는가?

파트리샤 모라(Patricia Moraz)의 <잃어버린 길>(Le Chemin perdu, 1980)[5]은 노동 운동 자체를 은유적으로 표현한다. 여주인공인 어린 소녀의 할아버지인 늙은 레닌주의자는 붉은 깃발이 무엇을 의미했는지를 적어도 그녀에게 가르쳐 줄 수 있었다. 그렇지만 노인은 초라하게 치러지는 '5월 1일 노동절' 행사에 참석하면서도 회의주의에 빠질 위험이 있는 과거의 투사일 뿐이다. 하지만 이런 결함은 다소 중요하다. 결과적으로 이 스위스 영화는 아마도 처음으로 과거의 노동 운동 소멸에 관한 문제를 다루며, 그 논점에 대해 숙고하는 것을 가능하게 하였기 때문이다. 또한, 전달된 논점에서 젊은 세대가 구성될 수 있기 때문이다. 자신들이 겪고 있는 불행한 사랑과 자신들이 운영하는 가게에 대한 근심에만 푹 파묻혀 있는 부모들은 특기할 만한 것이 없다.

<잃어버린 길>은 일종의 역사적 소멸을 통해 현재 진행 중인 경험에

---

5 [역주] <잃어버린 길>에서는 늙은 공산주의자인 할아버지의 죽음이 한 소녀와 한 소년에게 소년기의 종말을 나타낸다. 부모님과의 마찰에도 불구하고 그들은 젊은 이탈리아 이민자를 돕기 위해 나선다.

관련된 모든 기준으로부터 벗어난 스위스 영화가 정치적인 진실을 포함해 눈에 띄지 않는 진실을 유포시키는 데 성공했다는 증거이다. 고다르 역시 <열정>에서, (빛이란 무엇인가, 기독교 예술의 빛 이외에 예술에서 또 다른 빛이 존재하는가와 같은) 영화의 가능성과 말을 더듬는 여성 노동자 인물로 구현된 프롤레타리아의 정치적 침묵과 관련된 가장 급진적 질문들을 분명히 표현한다. 스위스 사람인 고다르는 예술적 가능성의 조건 혹은 주제로써 노동자의 정치적 역량에 대한 마르크스 예술을 논하면서, (<열정>에 편재하는 예술적 빛과 음악을 통해 나타나는) 기독교적 예술을 계승해서는 안 되는지 자문한다.

스위스 영화의 이런 점은 지난 10여 년간의 가장 큰 이념 운동으로 기억하고 평가하는 순간을 상기하게 한다. 다시 말해 1966년에서 1973년 동안 수천 명의 젊은 인텔리들이 공장으로 진출하는데, 반 에펜테르(Van Effenterre)는 <에리카 마이너>(Erica Minor, 1973)[6]의 브리지트 포시(Brigitte Fossey)[7]가 연기한 인물을 통해 그 순간을 가장 섬세하고 강력한 형상화로 보여준다. 시골 마을과 여자들이 일하는 소규모 공장과 같이 지역적이고 협소한 배경 안에서, 마치 이 영화는 강력한 객관성들을 제거하면서 증언하려고 하는 주관적 진실에 대한 집중을 정당화하는 것처럼 보인다.

알랭 타네(Alain Tanner)[8]는 그 당시의 움직임의 중심에 놓여 있는 심

---

6 [역주] <에리카 마이너>는 베르트랑 반 에펜테르의 데뷔작으로 68혁명 이후 자신들의 부르주아적 배경과 단절되어 살아가는 세 여성의 이야기이다.

7 [역주] 브리지트 포시는 프랑스 영화배우이자 연극배우로 다섯 살의 나이에 르네 클레망의 <금지된 장난>으로 데뷔했다.

8 [역주] 알랭 타네는 스위스 감독으로 영국에서 감독 데뷔를 한다. 23세에는 해군에 입대해서 서아프리카에서 근무했다. 1955년부터 1958년까지 영국에 머무는 동안 영화에 흠뻑 빠져 시네마테크를 드나들면서 린제이 앤더슨이나 카렐 라이츠

리 상태, 방황적 특질, 내적 변화와 같은 보들레르적 변형을 1960년대의 소(小) 부르주아적 측면에서 애정 어린 연대기로 담아낸다. 타네의 비전만큼이나 평범한 영화이지만, 사물들의 색깔만큼은 정확히 배치되어 있다. '스위스 선원'이라는 추상적 기호를 통해 절대적인 공허함을 드러내는 <백색 도시>(Dans la ville blanche, 1983)[9]는 유럽 남쪽의 리스본에 관한 이야기이다. 주인공은 그곳에서 방황하고, 젊고 강렬한 포르투갈 여인은 리스본을 정말 이해할 수 없는 장소처럼 보여준다. 리스본에는 존재하지 않는 무언가의 매력이 있으며, 스위스가 꿈꾸는 남쪽은 모든 알레고리가 제거된다. 여기서 우리는 마가레테 폰 트로타의 <크리스타 클라게스의 두 번째 각성>에서(Das zweite Erwachen der Christa Klages, 1978)[10] 포르투갈의 시퀀스가 가진 강력한 힘과 리스본을 비교해 볼 수 있다. 폰 트로타의 영화에서 리스본은 절대 분할된 방식으로 제시되지 않고, 도시의 기념비적 공간들도 보이지 않는다. 리스본은 축소되고 시각적 환유의 스위스라는 필터를 통과한다. 그리고 사막의 수도처럼 쇠퇴한 제국인 리스본이라는 놀라운 도시는 빛의 순수한 지점으로 되돌려 보내진다.

완전히 우연으로 가득 찬 한 국가의 풀기 힘든 문제를 한데 끌어모은

같은 영국 프리시네마 운동의 주역들과 친구가 된다. 이후 1960년에 영구 귀국한 타네는 스위스 텔레비전과 공동으로 시네마 베리테 스타일의 수많은 다큐멘터리를 연출한다. 1965년부터 68년까지 태너는 다양한 소재의 영화를 제작한다.

9 [역주] <백색 도시>는 스위스인 선원인 폴이 리스본의 작은 호텔에 머물면서 고국의 연인에게 연락을 취하면서도 호텔의 여종업원인 포르투갈 여성과 내밀한 관계에 접어드는 이야기이다. 탈출과 고독에 대한 갈망은 여전히 그의 주요 테마들이지만 이전에 그것들은 대화와 유쾌한 판타지, 만담과 익살맞은 언사 등을 통해 전개되었다. 하지만 이 영화는 이러한 부류의 알레고리들을 없애고 대신에 고요함과 음울한 멜랑콜리가 존재할 뿐이다.

10 [역주] 이 작품은 두 명의 남자와 한 명의 여자가 빚에 허덕이는 유치원을 돕기 위해 은행을 터는 이야기이다.

스위스 영화는 가장 뛰어난 영화가 될 수 있다. 예를 들어 진정한 학자인 리하르트 딘도는 전달, 문체, 국적이라는 공동의 주제들을 추구하기 위해 극도로 복잡한 예술을 대단히 공들여 만든다. 자신의 자서전적인 글을 각색한 <막스 프리쉬>(Max Frisch)를 보자. 여담이지만 이 영화는 스위스가 제작한 또 하나의 놀라운 영화이다. 영화는 브레히트 방식의 우화인 『비더만과 방화범들』(Biedermann und die Brandstifter)[11]로 시작되고 스스로의 부재를 통해 도려내어 진 색다른 일기로 끝난다. 영화의 일기에서, 미국은 스위스의 실험용 시제품이고, 막스 프리쉬는 예복을 입고 치르는 의식(儀式)처럼 인본주의를 옹호하는 저명한 스위스 명사(名士)이다. 딘도의 영화에서는 미묘한 주제가 (영화 속에서 구현된) 모든 결합을 능가할 정도로 몽타주 예술에 새로운 가치를 부여한다. 딘도의 영화는 다큐멘터리와 픽션 사이에서 결정 불가능성을 끌어들이는 모순을 유지한다. 그리고 배우들이 아무것도 연기하지 않음에도 불구하고 인물이 구축되는 모순도 유지한다. 영화의 핵심은 조국이 무엇인가에 관한 막스 프리쉬의 경구 '조국은 기껏해야 날짜로 셀 수 있는 추억의 총합이다.'라는 문장으로 요약된다.

마르쿠스 임후프(Markus Imhoof)의 <우리 배는 다 찼다>(Das Boot ist voll, 1981)는 스위스라는 조국이 역사 속에서 보인 결함에 주목한다. '우리 배는 다 찼다.'는 2차 세계 대전 동안 스위스 정부가 나치즘을 피해 도망친 사람들을 조직적으로 쫓아내려는 순간에 어떤 스위스 지도자가 한 말이다. 당시의 특별 행정 명령은 인종적 요인으로 인해 박해를 받는 사람들을 정치 난민으로 인정하지 않는다는 것이다. 이 특별 행정 명령

---

11 [역주] 『비더만과 방화범들』은 막스 프리쉬가 쓴 희곡으로 비더만이라는 인물을 통해 물질만능주의에 빠져 있으며 자신의 안녕과 복지만을 추구하는 소시민이 어떻게 정치적 방화범들과 타협해 나가며 파멸하는지를 보여주는 작품이다.

은 (레닌을 선두로 차르의 비밀경찰에게 쫓기던 볼셰비키들이 취리히와 제네바를 경유할 수 있도록 해주었던) 스위스식 접대, 즉 '정치 난민'이라는 전통의 기표를 유지하는 방식이지만, 수만 명의 유대인 죽음의 대가를 치렀다.

이 영화에는 어떠한 형식적 혁신도 없지만, 스위스와 독일의 합작품인 영화는 어찌 되었든 하나의 징후라고 할 수 있다. <우리 배는 다 찼다>는 국경 마을의 주민들이 유대인 난민 집단을 받아들인 것을 통해 스위스의 페탱주의[12]라고 명명될 수 있는 의식의 형태를 정밀하게 분석한다. 목사나 헌병을 비롯한 사회적으로 정부 조직 계층에 위치하고 있는 사람 몇 명을 제외하고, 국경 마을의 주민들은 결코 악한 사람들이 아니다. 심지어 어떤 사람들은 난민을 구하기 위해 감옥에 끌려가기도 한다. 영화는 비록 며칠에 불구할지라도 함께 살고자 하는 여성이나 아이의 열망과 같은 사람들의 특별한 동기를 재치 있게 매번 보여준다. 그럼에도 불구하고 정부의 행정 절차는 느리지만 신뢰할 수 있다는 것이 결국 모든 사람에게 확실히 내면화된다. <우리 배는 다 찼다>는 비굴함과 정치적 굴욕에 의한 혹은 평범한 공포로 인한 암묵적 동의를 통해 마치 유대인에 대한 박해가 다른 곳의 일처럼 행해지도록 해서 어떻게 (도망자들을 수용소로 추방시키고 결국 죽음에 이르게 하는) 범죄로 연결되는지를 보여준다. 계속되는 최악의 상황과 마주한 자신의 신변 염려 때문에 (영화에서 다양한 뉘앙스로 표현되는) 광적인 반(反)유대주의자나 경찰이 될 필요는 없다. <우리 배는 다 찼다>는 이런 확실성을 확산시키고 명확히 하는 아주 강력한 지점이 있다. 영화는 '짐승은 우리 각자 안에 잠들

---

12 [역주] 프랑스 군인이자 1940년에서 1944년까지 나치의 괴뢰 정권인 비쉬 정부의 수반이었던 필립 페탱(Philippe Pétan)의 이름에서 비롯된 나치에 대한 협력을 위한 보수정치이념을 일컫는다.

어 있다.'라는 황당한 주장에 대항하며, 페탱주의가 얼마나 주관적인 논리임을 설명한다. '수많은 난민들' 또는 오늘날 (유럽에서의) '수많은 이민들'의 문제는 국가의 이성이 보편적으로 양심을 조직화하는 것에 대해 예외, 위급, 새로움의 표명이라는 윤리적 선택에 따라 각자가 거부하는 것만으로도 충분하다. 평범한 시민이 되는 것을 받아들이는 것이 범죄자가 되는 역사적 상황들이 있었다. 이 상황들은 국가의 양심에 대한 극단적인 비판을 전면에 내세운다. <우리 배는 다 찼다>는 복잡한 형태의 대중적 양심으로부터 정확하게 이러한 국가의 양심을 구별한다. 그리고 대중의 양심이 국가의 양심에 순응하게 되는 방식을 기록하고 있다.

모든 것은 유대인에 대한 연민으로 가슴이 뭉클해진 마을의 주민들이 유대인들을 나치에게 데리고 갈 트럭으로 가는 길을 배웅하며 유대인들에게 스위스 초콜릿을 주는 장면에 모두 담겨있다. 참을 수 없는 폭력은 부조리하다.

스위스 프랑과 초콜릿은 스위스의 총체적 등가물이다. 스위스 영화의 명예는 스위스 프랑과 초콜릿을 해석하는 것이다. 따라서 자본의 지배에 놓인 스위스 영화는 유럽에서 가장 안정적이며 가장 눈에 띄지 않는 지방인 스위스에서 스위스 프랑과 초콜릿 없이는 어떤 진실도 이해할 수 없는 스위스적 사건을 구성한다.

≪앵무새≫, 1983년 5월 7일.

11 프랑스 코미디 영화에서 계승되지 못한 것들

– I –

지속적 상품이자 국내용인 프랑스 코미디는 첫 번째 시기에 도시의 사회학을 결정적으로 제시했다. 예컨대, 관리인, 카페 주인, 거지, 포악한 중년 부인, 한심한 남편, 교구 사제, 제대 군인, 창녀, 행상, 이발사 보조원, 소란스러운 초등학교 교사, 파리 16구의 마리 샹탈(Marie-Chantal)[1] 등이다. 이런 전형적 인물의 안정적인 조연급 배우들로는 노엘 로크베르(Noël Roquevert), 폴린느 카르통(Pauline Carton), 레이몽 부시에르(Raymond Bussières) 등이 있다. 적당히 음란하고, 적포도주를 굉장히 좋아하며 모든 일반 개념에서 멀리 떨어져 있고, 배우자를 속이고, 식민주의자이며 비생산적인 이웃들과 함께하는 산업화 시기 이전의 유쾌한 프랑스의 모습이다. 이런 부류의 영화들은 불르바르 코미디 형식의 시나리오로 '맙소사, 남편이야'[2]보다 슬랩스틱 코미디의 요소가 적다. 슬랩스

---

1 [역주] 마리 샹탈은 무용수인 자크 샤조(Jacques Chazot)가 1956년에 발간한 작품 『마리 샹탈의 수첩』(Les Carnets de Marie-Chantal)의 인물에서 비롯된 속물 근성의 부르주아 여성을 뜻한다.

2 [역주] '맙소사, 남편이야'는 프랑스 소극에서 갑자기 남편이 집으로 오는 순간

틱 코미디는 프랑스적 소재가 아니다. 라비슈(Eugène-Marin Labiche)[3]는 주택의 뒤뜰에 사는 개인주의자들인 '하층민'에게 파고들며 과소평가된다. 이것은 일종의 진부한 불변성이고, 착하고 견실한 사람들을 우스꽝스럽게 만드는 음모이다.

－ II －

그럼에도 관심을 끄는 하위 장르들이 있다. 쿠르틀린(Georges Courteline)[4]이 쓴 희곡 『중대의 즐거운 농담』(Les Gaîtés de l'escadron, 1886)의 등장과 더불어 연극 혹은 소설에서 19세기에 시작된 모든 것처럼 '군대 코미디 영화'는 오늘날까지 변하지 않고 자신의 길을 가고 있다. 실제로 라비슈 이후에는 모든 것이 쿠르틀린에서 유래한다. 미묘한 차이로 인해, '군대 코미디 영화'와 '헌병 코미디 영화'는 서로 뒤섞이지 않는다. 퓌네가 출연한, 쿠르틀린의 희곡인 『무자비한 헌병』(Le gendarme est sans pitié, 1899)[5]이라는 동일한 기원의 헌병 영화 연작을 보면 '헌병 코미디 영화' 역시 견고하다는 것을 알 수 있다. 마르셀 파뇰(Marcel Pagnol)이 영화화했지만 사실 알퐁스 도데(Alphonse Daudet)의 『쾌활한 타르타랭』(Tartarin de Tarascon, 1872)[6]에서 시작된 '남프랑스-

애인과 바람을 피우는 아내의 전형적인 반응을 뜻한다.

3 [역주] 외젠-마랭 라비슈는 19세기 프랑스의 대표적 희극 및 보드빌(오락 연예) 작가로 부르주아 풍속에 관련된 인간성을 탐구했다.

4 [역주] 조르주 쿠르틀린은 소설가 겸 극작가로 몰리에르의 후계자라는 평가를 받으며 주로 하급 공무원을 소재로 소시민들의 생활을 그린다.

5 [역주] 희곡 『무자비한 헌병』은 헌병, 검사 그리고 귀족 사이에 벌어지는 소동을 그린다.

6 [역주] 『쾌활한 타르타랭』은 알퐁스 도데가 창조한 낭만적 인물인 타르타랭의 모험담을 다룬 연작 소설이며 동명의 영화가 1934년에 레이몽 베르나르(Raymond

마르세이유 코미디 영화'도 있다. 그리고 모파상(Guy de Maupassant)의 단편 소설인 『메종 텔리에』(La Maison Tellier, 1881)[7]가 원형인 '기둥서방-창녀 코미디 영화'도 있다. 또한, 기원은 『단추 전쟁』(La Guerre des boutions roman de ma douzième année, 1912)[8]이고 이상화된 표현 양식은 트뤼포의 <400번의 구타>(Les Quatre Cents Coups, 1959)인 '교사-학생 코미디인' 사제(師弟) 코미디 영화도 있다. 그리고 또 다른 하부 장르들이 있다.

– III –

프랑스 코미디 영화에는 '삐딱한'[9] 인물도 없고, 대중적 속성을 가진 요소와 상황의 체계를 결합하는 기능도 없다. 채플린도, 키튼(Buster Keaton)도, 심지어 로렐(Stan Laurel)과 하디(Oliver Hardy)도 프랑스 코미디 영화에는 없다. 프랑스 코미디에서 유일하게 타티 영화의 윌로(Monsieur Hulot)[10]만 예외적이다. 다른 많은 부분에서도 마찬가지이다. 어떤 것도 실패하지 않는 사회 구조 속에서, 사회적 모델은 결합되고

Bernard)에 의해 만들어졌다. 여기서 나온 타라스콩(Tarascon)은 프랑스 남동부에 위치한 도시로 프로방스 문화와 카마그(Camague) 문화가 혼합된 곳이다.

7 [역주] 『메종 텔리에』는 모파상의 단편 소설로 『비곗덩어리』(Boule de suif, 1880) 이후 모파상의 가장 유명한 사실주의 소설로 매춘에 관한 이야기이다.

8 [역주] 『단추 전쟁』은 초등학교 교사이자 소설가인 루이 페르고(Louis Pergaud)가 쓴 소설로 앙숙인 두 마을 아이들의 다툼을 묘사한다.

9 [역주] 앞서 언급되었듯이, 바디우가 '삐딱한 영웅'(héros diagonal)이라는 개념을 채플린을 예를 들어 설명했다. 이 인물은 웃음의 긍정성과 권력에 대한 조롱을 연기한다.

10 [역주] 자크 타티의 1953년 작 <윌로씨의 휴가>에 등장하는 감독 자신이 연기한 인물인 윌로는 특이한 발걸음, 우산, 파이프 담배, 모자, 사회 부적응이 그를 대표한다.

상관관계를 맺고 있다. 삐딱한 인물 대신에, 프랑스 코미디 영화의 스타들은 영화에서 유기적 기능이나 형태의 원칙이 아니라 항상 변하지 않는 연기, 얼굴, 제스처를 보여준다. '당나귀의 턱을 이미 하얗게 만든'(déjà blanchit la mâchoire d'âne)[11] 페르낭델(Fernandel)[12], 지칠 줄 모르는 특무상사 혹은 우둔한 농부 역할을 하는 렐리(Rellys)[13], 부르빌(Bourvil)[14]과 루이 드 퓌네가 있다. 영화는 그들의 것이고, 우리는 그들의 전형적인 역할의 연기를 기대한다. 그리고 나머지는 영화적 쓰레기일 뿐이다.

– IV –

오늘날에는 이와 같은 인물이 아무도 없다는 사실에 주목해보자. 혹자는 장-폴 벨몽도를 반증으로 내세울 수도 있을 것이다. 그러나 그것은 별개이다. 아르센 뤼팽(Arsène Lupin)[15]의 계보를 잇는 벨몽도는 조숙하고 건방진 파리의 젊은이이고, 쾌활하면서 영리한 더불어 근육질 몸매의 프랑스를 대표하는 어린 수탉이자 여성들을 후리는 호색한이며, 밧줄을

---

11 [역주] 말의 이빨과 비슷한 페르낭델의 이를 암시하는 문장으로 프랑스 시인 생존 페르스(Saint-John Perse)의 시집 『추방』(Exil, 1942) 제2편에 있는 '당나귀의 턱을 이미 하얗게 만든 전쟁의 위대한 투쟁은 어디에 있었는가 (Où furent les grande actions de guerre déjà blanchit la mâchoired'âne)'라는 문장의 한 부분이다. 전쟁에 참여한 당나귀가 빠르게 뛰면 당나귀의 침으로 인해 주둥이 주변이 하얗게 변하는 것을 의미한다.

12 [역주] 페르낭델은 가수, 배우, 감독으로 프랑스 영화의 스타로 2차 대전 이후의 프랑스 코미디 영화를 상징하는 인물이다.

13 [역주] 랠리는 프랑스 배우로 주로 마르세이유를 배경으로 하는 코미디 영화에 출연했다.

14 [역주] 부르빌은 프랑스 배우, 가수, 익살꾼으로 주로 순진한 바보 역할이 전문이다.

15 [역주] 아르센 뤼팡은 프랑스 작가 모리스 르블랑(Maurice Leblanc)이 창작한 허구의 인물로 ≪괴도 신사 아르센 뤼팡≫(Arsène Lupin, gentleman-cambrioleur)의 작품을 통해 1907년 처음 등장했다.

타는 곡예사로 단 한 번의 재주넘기로 치명적인 위험에서 프랑스를 구하는 인물이다. 아르센 뤼팡은 『아르센 뤼팡 대 셜록 홈스』(Arsène Lupin contre Herlock Sholmès, 1908)에서 대대로 내려오는 숙적인 영국인을 속이는 행위처럼, 적당히 독일에 반대하는 태도를 보인다. 벨몽도는 전성기를 지나 조금 더 차분하게 보이지만, 결국 <에이스 중의 에이스>[16] 에서는 나치 악당으로부터 과부와 고아를 지킨다. 벨몽도표 영화는 코미디 영화라기보다는 오락 영화를 목표로 하고 있다. 이러한 역사 판타지에 기반한 그의 영화는 아파트 관리인들이 등장하는 (예전의) 코미디 영화의 뒤를 잇는 영화이다. 그 사이에, 관리인들이 모두 포르투갈 여성들로 대체되었다는 점을 반드시 언급해야 한다. 왜냐하면, 이런 변화는 코미디 내용의 충실함과 파리의 리얼리즘 사이에서 과거의 편협하고 배타적인 관련성을 유지하는데 커다란 문제를 야기하기 때문이다.

– V –

앙트완 피네(Antoine Pinay)[17]의 생 샤몽(Saint-Chamond)[18], 지스카르 데스탱[19]의 샤말리에르(Chamalières)[20], 프랑수아 미테랑[21]의 샤토 쉬농

---

16 [역주] <에이스 중의 에이스>는 제라드 우리(Gérard Oury)가 1982년에 만든 프랑스 영화로 세계 1차 대전 중 프랑스와 독일 조종사가 1936년 베를린 올림픽에서 다시 만나는 이야기이다.

17 [역주] 앙트완 피네는 프랑스 정치가로 프랑스 제4공화국에서 여러 차례 장관을 역임했다. 프랑스 제5공화국 드골의 집권 초기에는 재무부 장관을 역임했고 1929년부터 1977년까지 생 샤몽의 시장이었다.

18 [역주] 생 샤몽은 프랑스 론 알프스 지방에 있는 인구 4만의 도시.

19 [역주] 지스카르 데스탱은 1974년부터 1981년까지 프랑스 대통령이었다. 1967년부터 1974년까지 샤말리에르 시장이었다.

20 [역주] 샤말리에르는 프랑스 남부 오베르뉴 지방에 있는 인구 7만7천의 도시.

(Château-Chinon)[22]과 라쉐(Latché)[23], 자크 시라크(Jacques Chirac)[24]의 코레즈(Corrèze)[25]와 같이 국회에서 활동하는 모든 정치인이 자신의 지역적 깊이를 입증하는 시골 마을을 각자 가졌던 것처럼, 오랫동안 프랑스 코미디 영화의 스타들은 페르낭델의 마르세유와 부르빌의 노르망디처럼 지역적 뿌리를 지속적으로 제시한다.

– VI –

프랑스식 코미디 영화의 우스꽝스러운 상황은 이상하게도 수적으로 많지 않다. 이것이 중요한 문제이다. 프랑스 코미디 예술은(예술이라고 말할 수 있다면!) 어떤 경우에도 개그의 예술은 아니다. 개그에서 가장 중요한 것은 새로움과 절박함인데, 프랑스 코미디 영화는 더 진부하고 흔해 빠질수록 그리고 더 굼뜨고 미리 짐작 가능하면 할수록 영화가 더 좋다고 말하기 때문이다. 말하자면 프랑스 코미디는 항상 관객의 기대에 부응하며, 충족시키는 것을 목표로 한다. 그런 점에서 보면, 아마도 프랑스 코미디는 부지불식간에 불안을 유도한다고 할 수 있다. 예컨대, 부정한 아내의 남편이 문으로 들어올 때 아내의 정부는 창문으로 빠져나간다. 악녀가 경찰을 우산으로 때린다. 포도주를 마신 거지가 공중 벤치에

---

21 [역주] 프랑스와 미테랑은 1981년부터 1995년까지 프랑스 대통령이었다. 1959년부터 1981년까지 샤토 쉬농 시장이었다.

22 [역주] 샤토 쉬농은 프랑스 중부 부르고뉴 지방에 있는 인구 2천 명의 도시.

23 [역주] 라쉐는 프랑스 남서부에 있는 장소로 미테랑이 휴가를 보내는 별장이 있는 곳이다.

24 [역주] 자크 시라크는 1995년부터 2007년까지 프랑스 대통령이었다. 코레즈의 제3투표구에서 국회의원으로 여러 번 선출되었다.

25 [역주] 코레즈는 프랑스 중남부 리무쟁 지방에 있는 행정구역.

서 큰 소리로 떠든다. 제대 하사관이 자신의 무용담을 이야기한다. 병사가 아가씨들과 관계를 맺기 위해 병영의 담을 넘는다. 여자 관리인이 수다를 떤다. 우체부가 벨을 여러 번 누른다. 기병 하사와 상관 사이에 갈등이 생긴다. 수도공이 욕조 안에 있는 부르주아 여인을 발견한다.

이런 방식은 스타들에게서도 볼 수 있다. 페르낭델이 말의 이빨을 닮은 자신의 이를 드러내 보이고, 부르빌이 은연중에 자신의 속마음을 드러내는 실수를 입 밖에 내고, 퓌네가 갑자기 화를 내고, 벨몽도가 비행기에서 3륜 오토바이로 '대역 없이' 뛰는 것을 관객은 기대한다. 그 당시 프랑스의 국가적 정서는 '아무것도 새롭지 않다.'라는 잠언으로 집약된다. 프랑스 코미디는 변함없이 진부하다.

– VII –

제1차 세계 대전은 프랑스 코미디에서 금기시되는 주제이다. 그 이유는 제1차 세계 대전에서 너무도 많은 사상자와 과도한 국가주의적 합의가 있었기 때문이다. 반대로 제2차 세계 대전은 프랑스 코미디가 가장 좋아하는 주제 중의 하나이다. 프랑스 코미디는 이 전쟁이 아주 재미있는 일이라고 말한다. 생각해 봐라! 패전, 참패, 비겁함, 암시장! 모든 소재가 전부 훌륭하다. 무엇보다도 암시장은 특별하다. 이곳에서 수완 좋은 개인은 날마다 곡예사와 같은 삶을 산다. 전투에 면제된 독일 점령군은 익살극 소재로 적합하다. 다음의 3편의 영화는 역사에 대한 무책임이 개인적인 기이함을 만드는 시대의 향수처럼 결산한다. 이런 영화에서 프랑스는 어리둥절한 상태에 빠진 교활한 사람과 같다. <파리 횡단>(La Traversée de Paris, 1956)[26], <파리 대탈출>(La Grande Vadrouille, 1966)[27], <할아버지는 레지스탕스>(Papy fait de la résistance1983)[28]가 그런 영화들이다.

– VIII –

<할아버지는 레지스탕스>는 하나의 종합적 징후이다.

영화는 모든 사람이 당시에 어느 정도 페탱주의자나 독일부역자였다는 프랑스 사회의 지배적 견해를 내보이며, 악인의 역할을 맡은 쥐뇨(Gérard Jugnot)[29]를 제외하고 모든 사람이 레지스탕스라고 이야기한다. 이것이 바로 지금 유행하는 프랑스 사회당의 노선이다. 게다가 비현실적이고 현실을 직시하지 못하고 두려워한다는 측면에서 이 영화와 사회당은 동일하다.

자클린 마이양(Jacqueline Maillan)[30]이 상냥한 노파로 등장하는 이 영화는 불르바르 코미디 세대, 포스트 68세대, 카페 드 라 가르 카페 극장(Café de la Gare)[31] 배우들, 스플랑디드 카페 극장(Splendid)[32] 배우들을 하나로 묶는다. 이렇게 영화는 68혁명이 죽어 폐기되었고, 현재, 과거, 미래에도 프랑스 코미디는 단 하나뿐이라는 것을 대략적으로 그려낸다. 영화에

---

26 [역주] <파리 횡단>은 장 가방, 부르빌, 루이 드 퓌네가 주연이며 클로드-오탕 라라가 감독한 영화로 1942년 파리를 배경으로 택시 운전사 마르셀이 겪는 사건을 다룬다.

27 [역주] <파리 대탈출>은 부르빌, 루이 드 퓌네가 주연을 하고 제라드 우리가 감독한 영화로 2차 대전 중 파리를 배경으로 추락한 영국 조종사를 구하는 이야기이다.

28 [역주] <할아버지는 레지스탕스>는 장-마리 푸아레(Jean-Maire Poiré) 감독의 영화로 2차 대전 중 독일군에 대항하는 레지스탕스 이야기이다.

29 [역주] 제라드 쥐뇨는 프랑스 배우, 감독, 시나리오 작가, 제작자로 이 작품에서는 아돌포 라미네즈(Adolfo Ramirez)를 연기하는데 이 인물은 전쟁 전에는 관리인이었다가 전쟁이 발발하자 게슈타포 요원이 된다.

30 [역주] 자클린 마이양은 프랑스 여배우로 열성적 화법과, 세련된 언어, 절제된 연기의 불바르 코미디를 대표하는 배우이다.

31 [역주] 카페 드 라 가르는 파리의 연극 카페로 1969년에 완성되었다.

32 [역주] 스플랑디드는 파리의 연극 카레로 작가 및 배우 집단에 의한 1974년에 만들어졌다.

등장하는 배우들 모두가 프랑스 사람이라는 일시적 존재를 통해, 효과는 강화된다. 결국 <할아버지는 레지스탕스>는 프랑스를 화해시킨다.

영화는 아르센 뤼팡/벨몽도 스타일도 끌어들인다. 절반은 시적이고 나머지 절반은 불쌍한 캐릭터인 '슈퍼 레지스탕스'가 혼자 실크해트 모자를 쓰고 검은 망토를 두른 채 독일군 장군의 코에 (프랑스 국기를 닮은) 삼색의 작은 화살을 꽂는다.

<할아버지는 레지스탕스>는 야만적인 부조화 속에서 역사상 실재한 폭력(레지스탕스인 장 카르메(Jean Carmet)[33]의 자동차가 폭발하는 장면, 검거된 사람들을 총살하려는 장면)과 카바레에서의 상스런 장난(40년대 나치의 유력 인사를 연기하는 자크 빌르레(Jacques Villeret)[34]가 80년대 스페인의 인기가수 훌리오 이글레시아스의 노래를 하는 장면)을 나란히 병치시키면서, 배경으로 국가적 변화를 완성한다. 영화는 의도하지 않았지만, 프랑스 국민이라는 과거의 기준이 시효를 다해 권리를 상실하면서 그것들을 코미디로 봉합하려는 수준 이상의 의미를 갖지 못하는 어떤 시대의 동시대적 영화이다. 영화는 하나의 깃발로서의 영화가 되기를 원하지만, 깃발이 찢어진 영화이다.

<할아버지는 레지스탕스>는 지금의 상황에서 유용한 지표이지만, 정말 상상할 수 없을 정도로 형편없다. 왜냐하면, 코미디 영화의 틀에서 '국가적 화해'는 아래로부터 이루어질 수 있고 이루어져야만 한다고 영화가 밝히고 있기 때문이다.

---

33 [역주] 장 카르메는 배우, 시나리오 작가. 라블레풍의 상스럽고 호방한 농담을 주로 하는 배우이다.

34 [역주] 자크 빌르레는 1970년대 영화에서 주로 뚱뚱한 외모와 순진함 때문에 놀림의 대상이 되는 인물을 주로 연기했다.

– IX –

최근 개봉된 다음 영화들의 제목을 검토해 보자. 피에르 리샤드(Pierre Richard)의 <아무것도 모르지만 다 말할 거야>(Je sais rien, mais je dirai tout, 1973), 미셸 오디아르(Michel Audiard)의 <바보고 울보일 때 어떻게 성공할 수 있을까?>(Comment réussir quand on est con et pleurnichard, 1983), 미쉘 비아니(Michel Vianey)의 <더 좋아질수록 덜 좋아진다.>(Plus ça va, moins ça va, 1977), 미쉘 제라드(Michel Gérard)의 <전차를 멈춰라, 병사!>(Arrête ton char, 1977), 피에르 리샤드와 알랭 고다르(Alain Godard)의 <체스트>(C'est pas moi c'est lui, 1979), 이브 로베르(Yves Robert)의 <용기를 내서 도망치자.>(Courage fuyons, 1979), 클로드 지디(Claude Zidi)의 <멍청한 아이들>(Les Sous-doués, 1980), 자크 아르두앵(Jacques Ardouin)의 <세계 대전이 일어나면 난 외국으로 도망칠 거야.>(En cas de guerre mondiale, je file à l'étranger, 1982).

이 리스트가 하나의 지침서가 아닌가? 바로 이런 영화들이 바젠(François Achille Bazaine)[35], (빅토르 위고(Victor Hugo)가 말했던 동사 '너무 자주 넘어지다.'의 과거분사 같은 멍청한 이름을 가진) 트로쉬(Louis-Jules Trochu)[36], 웨이강(Maxime Weygand)[37], 페탱(Pétain) 등을

---

35 [역주] 아쉴 바젠은 프랑스의 군인으로 1870년 보불전쟁 당시 라인 군단장의 역할을 제대로 수행하지 못해 패전의 실마리를 제공한 것으로 유명하다.

36 [역주] 루이 쥘 트로쉬는 프랑스의 군인, 정치가로 나폴레옹 3세가 스당에서 포로로 잡힌 1870년 9월 4일부터 1871년 2월 17일 사이 국가 방어 정부의 대통령을 역임했다. 1871년 3월 18일부터 5월 28일까지의 파리 봉기의 시기인 파리 코뮌(Commune de Paris)의 시초를 제공했다.

37 [역주] 프랑스 장군 막심 웨이강은 양 차 대전에서 중요한 역할을 했다. 특히 2차 대전 중 최초로 휴전을 선언했고, 비시 정부에서 장관직을 역임했다.

활짝 웃게 하는 것이 아닐까? 프랑스 코미디는 어떤 것도 존중하지 않는 것처럼 보일 수 있다. 정말이다! 어찌 됐건 이런 저질의 영화가 있고, 이런 영화를 피하려고 용기를 낼 필요도 거의 없다. 그리고 이런 영화에서 우리 각자가 프랑스인의 정체성에 대해 갖는 이미지가 무엇이든 간에, 이 이미지는 우리의 이미지이지 프랑스의 이미지가 아니라고 말할 수 있어서 행복하다.

– X –

필자는 상품으로서의 프랑스 코미디에 대한 일곱 가지 현상학적 요점을 살펴봤다. 왜냐하면, 고전 철학자들이 주장했던 것과는 반대로, '무(無)'에는 소유하지 못하는 많은 것이 필요하기 때문이다.

필자는 속속들이 알고 있지만, 아무것도 말하지 않을 것이다.

≪비고답파≫, 가을 1983년.

12 갈 수 있는 나라가 정말로 많다

(Y'a tellement de pays pour aller, 1983)
장 비지아우이(Jean Bigiaoui), 클로드 아게주(Claude Hagège),
자크 상수(Jacques Sansoulh)[1]

– I –

아랍인의 장소에 있는 유대인들

튀니지를 떠나면서, 아랍인들과 헤어진 유대인들은 파리 북쪽에 있는 사르셀(Sarcelles)에 자리 잡는다. 프랑스라는 다인종으로 구성된 국가에서 자신들의 뿌리에 대한 고유한 이야기 속에서 살고 있는 유대인들은 현재 프랑스인이라는 그리고 미래에 프랑스인이 된다는 운명과 조화를 이루는 오로지 동시대적이며 다양하고 무한히 분화된 방법을 변형시키고 유발하는 작업을 하면서 일종의 소수 집단을 구성하고 있다. <갈 수

1 나타샤 미셸과 함께 쓴 글. [역주] <갈 수 있는 나라가 정말로 많다>는 다큐멘터리로 튀니지의 수도 튀니스에 살던 룰루와 그의 가족이 살던 오래된 유대인 구역을 떠나 프랑스 파리 근교의 사르셀(Sarcelles)에 새로운 유대인 구역을 만들기 위해 길을 나서는 이야기다. 그들은 튀니지를 떠난 마지막 유대인들이다. 영화 감독들은 이들의 1978년부터 1982년까지의 여정을 함께한다.

있는 나라가 정말 많다>의 잔잔하면서도 구성이 잘 된 예술적 기교는 '유대인 문제'[2]라는 주제를 '동화 혹은 배타주의'라는 오래된 질문이 상쇄되는 독특한 여정으로 바꾸는 데 있다. 이 영화는 단순히 유대인에 관한 영화가 아니다. 왜냐하면, 이 영화는 유대인들에 관한, 아랍인에 관한, 아프리카인에 관한, 포르투갈인에 관한, 결국 프랑스에 관한 영화이기 때문이다. 여기에서 프랑스는 시골적 정취의 향수를 가지며 모든 사람이 조화로운 프랑스가 아니다. 현재의 프랑스는 각자가 타자(他者)의 입장에서 국민이 만들어지는 것에 대해 자신의 의사를 반드시 표명해야만 하는 프랑스이다. 가상의 현실을 '순간적으로 재빨리 붙잡는' 것과는 완전히 다른 진실을 구성하는 이 영화의 감독들의 직접적인 방식은 주제와 잘 어울린다. 왜냐하면, 이것은 결코 우리의 내부에 있는 이국적 취미를 소개하는 것이 아니라, 우리가 누구인가를 영화화하는 문제이기 때문이다.

<갈 수 있는 나라가 정말로 많다>에는 영화의 윤리학이 있다. 윤리학의 원칙은 '만약 당신이 영화를 통해 보여주는 사람들을 특이한 광경으로 만드는 것을 피하고 싶다면, 이미지를 구성하는데 정성을 들이고 언제나 그 구성에 지성을 담아내라.'는 것이다.

---

2 [역주] '유대인 문제'는 18세기 독일에서 나타난 표현으로 서유럽에서의 유대인의 자격에 대한 문제에 준거를 두고 있지만 실제로는 오히려 비유대인들과 유대인들의 관계의 성격과 비교하면서 유대인들 특유의 본성을 문제의 대상으로 한다. 근래에 이 표현은 많이 사용되지 않는데, 그 이유는 유대인들이 자신들의 국가인 이스라엘을 세웠기도 하지만 이 표현이 나치의 유대인 학살인 홀로코스트와도 연결되기 때문이다.

– II –

장소의 연인들

영화 속의 등장인물들이 텔레비전 영화를 시청하는 것을 볼 때, 관객은 텔레비전 영화의 배우들이 거짓 연기를 하고 있는 것을 확실히 볼 수 있다. 영화의 주인공인 룰루(Loulou)와 그의 가족들은 진실한 연기를 한다. 가짜 배우들이 텔레비전에 등장할 때 진짜 배우들이 그들을 바라보고 있는 것이다. 진실한 연기가 진정한 배우를 만든다. 영화 속의 등장인물들은 마치 채플린, 버스터 키튼, 토토[3]와 같은 위대한 코미디 배우들처럼 보인다. 원래부터 타고난 코미디 배우인 룰루와 그의 가족이 이 영화를 통해 도시에 모인다. 영화 속의 인물들은 대단히 희극적인데, 왜냐하면 수많은 사건이 그들 주변에서 연달아 일어날 때 고난을 겪으면서도 그들의 비극을 연기하는 수단 중의 하나가 코미디이기 때문이다. 쇼트마다 구성되고 배열된 (관객 앞에 놓인) '배우들'과 마찬가지로, 이미지 역시 동일한 작용을 한다. 예를 들어 어떤 쇼트에서는 계단에 아무렇게나 앉아 있던 몇몇 아이들이 자리를 이동하고, 다시 계단으로 이끄는 시선의 기적을 제외하고 별다른 이미지가 없지만, 그 자체로 우아한 모습을 만들어낸다. 이미지는 다음과 같은 역할도 한다. 한 남자가 바닷가에 서서 대형 여객선을 바라보는 장면에서, 대형 여객선이 수평선을 지나간다. 영화적 명확성 측면에서 이 장면은 다소 느닷없지만, 한편으로 친숙하다. 거대한 공간에서 비롯된 한 줄기 빛과 같은 여객선은 스크린

---

3 [역주] 토토는 본명이 안토니오 데 쿠르티스(Antonio de Curtis)인 이탈리아의 영화 및 연극배우로 자국에서 큰 인기를 거둔 희극 배우다. 이탈리아의 찰리 채플린으로 불린다.

전체를 채우며 지나가며, 배의 윤곽이 보일 정도로 선명한 색채로 그려진다. 천천히, 거대하게, 채색된 여객선은 무대 뒤편에서 2천 명의 엑스트라가 미는 가짜 배와 비슷하며, 씁쓸하면서도 재빠르게 반(反)엑소더스(anti-Exodus)[4]처럼 영화 속 장면에서 스쳐 지나간다. 이 장면은 유쾌하기에 전혀 이국적이지 않다. 천 년에 한 번 정도로 일어나는 디아스포라(diaspora)의 측면에서 이 영화를 봐야 한다.

– III –

남쪽 하구[5]

룰루와 그의 가족은 튀니스를 떠난다. 그들이 태어난 반도이며, 빛나는 세상의 끝인 튀니스의 라 굴레트(La Goulette)[6] 그리고 라 굴레트의 튀니스를 떠난다. 그들은 사랑하는 나라를 떠나는 맨 마지막 유대인들이자 가족이다. 그들은 유대인 중 마지막 사람들 또는 마지막 의인들(derniers des Justes)[7]인가? 그리 단순한 문제가 아니다. 룰루의 가족 가운

---

4 [역주] 엑소더스(Exodus)는 1947년에 프랑스 남부의 항구도시 세트에서 4,500명의 홀로코스트 생존자들을 싣고 당시 영국의 위임 통치령이던 팔레스타인을 목적지로 하여 출항준비를 하던 배의 이름이다. 영국의 허가 없이 팔레스타인의 하이파까지 항해했지만 영국 해군에 의해 생존자들은 이스라엘이 아닌 사이프러스로 이송되었다.

5 [역주] 이 표현은 일종의 말장난으로 프랑스 남쪽의 강 하구라는 의미와 남쪽에서 온, 즉 다시 말해 튀니지에서 온 등장인물들의 말투를 동시에 나타낸다.

6 [역주] 라 굴레트는 튀니스 주에 있는 도시로 인구는 2만 8천 명 정도의 튀니지의 주요 항구로 수도인 튀니스로부터 북동쪽 10킬로미터에 위치한다.

7 [역주] 『최후의 의인』(Le Dernier des Justes)은 프랑스 작가 앙드레 슈바르츠 바르트(André Schwarz-Bart)가 1959년 쓴 소설로 유대인인 레비 가문을 통해 중세의 십자군 원정 시대부터 20세기까지 유대인에 대한 박해를 그렸다. 원래 탈무드에 따르면 세상에는 세대마다 드러나지 않고 심지어는 그들 스스로도 인지하지 못하

데 몇몇은 장밋빛 미래를 꿈꾼다. 그리고 이들과 동반하는 감독들 역시 마찬가지이다. 상황은 낙관적이지만 실재적 현실과는 거리가 있다.

실재적 현실과의 거리는 매우 가깝다. 룰루와 그의 가족이 '이사를 하는' 순간에 다큐멘터리 촬영 팀이 그들을 뒤따르고, 그 덕분에 룰루와 그의 가족은 배우로 전환되며 탈출의 영화가 된다. 이처럼, <갈 수 있는 나라가 정말로 많다>는 유대인의 디아스포라를 기록한다. 영화는 디아스포라를 겪는 사람들의 용서나 자비를 통한 다큐멘터리이자 코미디이다. 하지만 결코 다큐멘터리나 익살극이 아니다. 감독들은 핸드 헬드 카메라로 이미지를 훔치고, 사람들이 인식하지 못할 때 촬영을 하는 뉴스 영화의 효과인 '내가 거기에 있었다.'를 구현한다. 또한, 그들의 영화적 욕망은 안정적인 카메라 촬영, 잘 구성된 이미지, 인물 중심의 촬영 등을 반박하는, 즉 진실한 영화로부터 진짜 영화를 만들려는 결심이다. 일반적으로, 르포르타주는 어떤 주제에 대해 편집된 이미지들의 수다이다. 영화를 만들고자 원한다면, 우선 근원처럼 작용하는 남쪽 하구의 사태를 파악하고 시작점을 다시 연결할 줄 알아야 한다. 예컨대, 외계인처럼 멜리에스 영화에서 특별히 존재하는 이미지를 다시 연결시킬 줄 알아야 한다.

이처럼 영화는 정면을 바라본다. 핀도, 콜라주도, 상부돌출도 없다. 모든 것은 프레임 속에서, 심도의 구성 속에서, 수많은 생기 있는 지표들로 배열된 실체적 물질과 순수한 이미지 속에서 발생한다. 영화는 실재적 현실을 보여주기 위해 룰루와 그의 가족이 말하고 행동하는 것을 장면의 프레임 속에 적절하게 위치시킨다. 룰루와 그의 가족은 튀니스의 라 쿨

지만 36명의 의인(Tsadikim)이 있다고 한다. 만약 이 모든 의인이 사라지면 세상이 멸망한다고 본다. 바로 이 유대인의 이야기에서 소설은 모티브를 찾았다.

레트에서 출발하여 파리의 사르셀(Sarcelles)에 도착한다. 전자는 그들 삶의 프레임인 형식적인 구속이며, 후자는 영화의 프레임인 실재적인 구속이다. 왜 그들은 떠났는가?

이 질문에, 그들 스스로는 나이 지긋한 현인처럼 대답한다. 그들이 떠난 이유는 튀니지의 유대인들을 아랍인들과 분리했던 과거의 프랑스 점령자와 밀접한 오늘날의 이슬람 정부에 대해 실망했기 때문이다. 그들은 관객에게 날짜, 사건, 전쟁을 가르쳐준다. 그리고 영화는 반유대주의와 같은 불만이 결코 아니라, 오히려 가족생활과 함께 삶의 행복을 만드는 중요 요소인 이웃들과의 관계 악화를 고향을 떠나는 원인으로 내세운다. 어디로 가야 하나? 떠난다는 것은 무엇인가?

새로 정착한 사르셀에서 맞이하는 유월절[8]을 준비하며 닦는 거대한 투명 유리는 배의 진수식에서 깨진 병처럼 반짝인다. 빛과 그림자에 의해 두 개로 나뉜 아파트와 세면대 한가운데의 빨간 점은 장식이나 단순한 미적 보조 장치도, 그렇다고 사회학적 증인들도 아니라, 단지 완벽한 배우들이 연기하는 플롯, 이야기, 서스펜스이다. 그들의 대화나 독백과 같은 놀라운 텍스트들은 부드럽고 애정 어린 유머이며 즉흥적이기에 익살스럽지 않다. 왜냐하면, 역사적 비극의 토대 위에서 장소에 대한 코미디를 재치 있게 연기하기 때문이다. 예컨대, 마른 몸이 아닌 룰루는 "비만인 나, 비만인 바로 내가, 항상 나선형 계단을 올라갔다 내려갔다 한다."라고 말한다. 대단히 특이한 인물인 룰루는 느릿하지만, 재치가 많고, 불행이 아닌 행복을 통해 남을 웃게 하는 사람이다. 또한, 타고난 수다쟁이인 룰루는 허풍을 떠는 사람도, 언변이 좋은 사람도 아니다. 그

8 [역주] 유월절은 성경에 기록된 유대교의 세 가지 순례 잔치 중 하나로 이집트에서의 탈출과 한 해의 농사를 시작하는 보리 수확을 축하한다. 3월 말에서부터 4월 사이 8일 동안 계속된다.

자신이 말을 한다는 것은 언제나 아주 민감한 행위이고, 그가 무대에 선다는 것은 스크린을 채우는 명확하고 익살스럽게 말하는 방법으로 매 순간 새롭게 태어나는 방식처럼 (엄마와 가족의 존재를 보여주는 모든 것과 함께) 세상에 보여지는 것이다. 잃어버린 시간을 찾는 튀니스와 다시 찾은 시간의 사르셀 사이에서 행해지는 삶에는 엄청난 간극이 있다. 예컨대, 전자는 "그때는 최고였지. 쟈스민, 제바(djebas)[9], 소금에 절인 식품, 브릭(brik)[10]을 팔던 여인, 가정 상비 약, 바로 이것들이 영원히 남는 유일한 것이지."라고 했던 금요일 저녁의 삶이고, 후자는 튀니스에 비교해 카페가 있고, 노름도 하고, 푸른 옷을 입고 조깅하는 흑인이 있는 풍경에서 카스케트(casquette)[11] 모자를 쓰고 걷는 할아버지가 보이고, 게다가 코셔(casher)[12]에 맞는 혹은 코셔의 율법을 능가하는 법도를 지키는 식료품점들이 있는 삶이다. 유대민족이라는 고유한 운명론을 가진 모든 이민자의 생활방식은 자신들의 풍습을 프랑스에 도입하려고도, 이미 떠난 나라에 대한 향수에도 빠지지 않는다. 이와는 반대로 부카(Boukha)[13]-바게트-빵이 동일한 이름의 베레모로 대체되는 프랑스에서 새로운 삶을 만들어간다.

룰루의 부인은 '자신의 집을 소유한다'고 말한다. 프랑스, 뉴욕, 사르셀 혹은 이스라엘은 오직 추방될 때만 거론되는 명칭인가? 떠나거나 혹은 남아있거나 좋은 이유든 간에 그렇다. 영화가 우리에게 제시하고 보

---

9 [역주] 제바는 튀니지에서 여성의 온몸을 가리는 넓은 코트를 말한다.

10 [역주] 브릭은 아랍 지역에서 먹는 식전 음식으로 세모 모양의 빵으로 보통 참치, 허브, 계란과 함께 오일에 구워서 먹는다.

11 [역주] 카스케트는 프랑스에서 쓰는 모자의 일종으로 보통 부드러운 소재에 모양이 평평하며 앞 챙이 달린 것을 말한다.

12 [역주] 코셔는 유대교 법도에 맞는 또는 유대 의식에 맞추어 마련한 식품을 말한다.

13 [역주] 부카는 무화과로 만든 튀니지 전통 브랜디.

여주는 곳이 여기 혹은 사르셀인 새로운 장소이거나 또는 형형색색으로 아름답고, 고추를 보관하는 전통 방식의 삼각대와 아이들을 위한 하얀색의 계단식 걸상과 같은 물건들로 주변이 장식된 장소이건 간에, 머무는 방식은 반(反)디아스포라의 감정이다. 이런 부류의 망명자는 장소를 사랑하는 사람이다. 그가 떠났던 장소를 사랑하고, 그가 되찾은 장소를 사랑하는 사람이다. 사르셀에서 자신의 침대에 누워서 룰루는 자신의 여가 생활에 대해 설명을 한다. "난 이곳 사르셀의 생활에 만족하지만, 즐길만한 것이 별로 없네요." 이유를 위해 제시된 설명은 좋건 나쁘건 간에 근거가 분명하지 않다. 또한, 살 수 있는 장소가 분명함에도 불구하고 사물을 설명하는 방식도 분명하지 않다. 룰루의 가족이 망명을 한 원인들, 무슨 이유로 지금 떠나고 또 과거에 떠났으며, 언제부터 떠나야 했는지 하는 질문은 존재하지만, 숨겨져 있어 찾기 어렵다. 이런 질문은 무의미하다.

<갈 수 있는 나라가 정말로 많다>는 다큐멘터리도 유대인에 관한 영화도 아니다. 아마도 그런 이유로 아마도 진실이 교묘히 빠져나간다. 예컨대, 사르셀에 거주 가능한데도 미국으로 떠난 사람들이 있다. 처음에는 라 굴레트, 이제는 사르셀의 차례이다. 여기 습관에 관한 일화가 있다. "당신은 파리에서 후추를 찾을 수 있는가?"라는 질문에 할머니는 "파리에는 후추도 토마토도 없지 않은가?"라고 대답한다. 아 습관이란!

습관이란 변화하는 사람들의 예술이다. 이 습관은 변화하지 않으며, 체념해서 받아들이는 방황의 습관이 아니라, 머무르고 거주하는 습관을 말한다.

주인공 룰루 주변에는 아내, 형제, 부모, 처제 그리고 아이들이 있다. 한 가족을 구성하는 인물들은 영화에서 이야기를 구성하는 인물들이 되며, 장소에 대한 애정과 놀라운 사람들의 역사를 보여준다. 아치 형태의 파란 문, 노란 분무식 살충제, 문의 아랫부분, 그림자, 커튼, 파리의 왱왱거림 등을 누가 봤겠는가? 배우들이 이것들을 봤기 때문에, 감독들이 구현할 수 있는 것이다.

튀니스에 있는 집의 파란 문이 영원히 닫힐 때, 하나의 쇼트는 갈대로 만든 울타리의 그림자에 의해서 줄이 드리운 거주자들을 보여준다.

≪앵무새≫, 1983년 12월 9일.

13 복원된 의미로서의 죽음과 우연

피에르 뵈쇼의 <파괴된 시간>(Le Temps détruit, 1985)[1]

전쟁에서 징집병으로 죽는다는 것은 죽은 사람을 사랑하는 휴머니티 측면에서 역사 이전과 야만을 나타내는 증거이다. 이런 잔인한 문명의 서사시는 명문가의 젊은 청년들을 죽음으로 내몰며, 충돌과 피가 상징하는 영광을 보여준다. 그리고 불완전한 안정 속에서 여자들이나 친구들의 불만을 대립시킨다. 안드로마케(Andromache)[2]는 헥토르(Hector)[3]만큼 동등한 가치가 있고, 아킬레우스(Achilleus)는 자신의 용맹함에 영광스러워 하기보다는 파트로클로스(Patroclus)[4]의 죽음에 더 많은 상처를 입었다. 이처럼 <파괴된 시간>은 자신의 나라 혹은 어떤 정책이나 자유를 지키기 위해 싸우는 것이 필요하다고 할지라도, 조국을 위해 죽는 것이 가장 아름다운 일이라는 것을 자동적으로 이끌어내지 않는다는 사실을

1 [역주] <파괴된 시간, 어떤 전쟁의 편지들>(Le temps détruit-Lettres d'une guerre)은 2차 세계 대전에 참전한 모리스 조베르(Maurice Jaubert), 폴 니잔, 로제 뵈쇼의 편지를 소재로 한 영화이다.

2 [역주] 안드로마케는 그리스 신화에 나오는 트로이의 왕자 헥토르의 부인.

3 [역주] 헥토르는 그리스 신화의 영웅으로 트로이의 왕자로 아킬레우스의 손에 죽임을 당한다.

4 [역주] 파트로클로스는 그리스 신화의 영웅으로 아킬레우스의 친구로 헥토르의 손에 죽는다.

부조화된 음색의 노래로 우리에게 말해준다. 말 그대로 전쟁은 야만인들로부터 전해 내려온 강제의 형태이며, 정치적 술책의 정당화라는 점을 잊어서는 안 된다. 젊은이들에게 가장 아름다운 운명은 삶을 영위하고 사고할 수 있는 국가, 즉 강제된 전쟁에서 벗어날 수 있도록 하는 국가를 보여주는 것이다.

일어나지도 않는 전쟁에서 누군가 죽을 때는 무슨 말을 해야 하는가? 그리고 일어나지 않은 전쟁이 싸워야 하는 사람의 입장에서 특별히 정당한 전쟁이고, 그래서 전쟁을 위해 징병이 되는 것을 마지못해 받아들였다면?

바로 이것이 피에르 뵈쇼의 탁월한 영화 <파괴된 시간>이 다루는 프랑스 역사의 핵심 논점이다. 영화는 다소 황당하게도 독일 군대처럼 무장한 프랑스 군대가 겪은 1939년 가을부터 1940년 5월 사이의 '이상한 전쟁'을 다루며, 마지노선 뒤에서 일종의 병적인 침체에 빠진 채로 끝없이 길게 질질 끄는 시간, 모진 추위의 계절, 참모본부의 무능함, 정부의 위선을 보여준다. 영화에서, 이제는 전차가 중요한 역할을 하는 시대가 되었고, 나치 군대의 전차로 마지노선은 손쉽게 파괴되며, 전선과 국가의 붕괴 이후에 정치적으로 유효한 모든 국가 정체성의 폐기를 책임지기 위해 늙은 범죄자 페탱(Pétin)이 등장한다.

피에르 뵈쇼의 방법론은 스트로브, <막스 프리쉬>의 감독 리카르도 딘도, 올리베이라, 고다르, 지버베르그 등처럼 현대 영화의 방법론이다. 현대 영화의 엄격함 아래에서, 현실적인 억압으로서의 회귀는 변하기 쉬운 이미지로 이끈다. 게다가 현대 영화의 유연한 원리들은 텍스트의 우월함을, 위치 결정에서의 확실하고 인위적인 특징을, 배우의 탈중심화를, 주제의 역사적 밀도를, 재현이 아닌 사유의 행위인 이념의 절차처럼 영화 컨셉에 맞는 모든 자료의 배열을 필연적으로 포함한다.

피에르 뵈쇼가 선택한 텍스트는 징집된 남자 세 명이 사랑하는 여자들에게 보낸 편지 묶음이다. 첫 번째 남자 폴 니장(Paul Nizan)[5]은 프랑스 공산당과의 결별 이후 바로 참전을 했고, 이 정치적 결별은 그가 독소불가침조약에 동조한 비굴한 프랑스 공산당에 대한 거부의 결과이다. 두 번째는 모리스 조베르[6]로 영화 음악으로 유명한 음악가이다. 세 번째는 피에르 뵈쇼의 부친으로 노동자이며 영화감독인 아들이 두 살이 되던 해 죽었다. 따라서 <파괴된 시간>은 자식으로서 아버지에 대한 뛰어난 존경이자 아버지에 대한 탐구, 결국 무의미 바로 그 자체의 장소에서 의미를 찾는 탐구이다. 전쟁이 벌어지지 않는 장소에서, 사람들은 인텔리인지 노동자인지 거의 구분이 되지 않은 목소리로 편지를 읽는다. 목소리는 존재의 가장 근원적인 연결인 전쟁과 사랑, 거리와 기다림, 물질과 사유를 아무런 꾸밈없이 털어놓는다.

편지들은 시간의 흐름에 구두점을 찍는다. 최후의 파국을 전혀 찾아볼 수 없는 편지들을 통해, 뵈쇼는 군사적 분주함이 마치 일종의 시골에서의 야영처럼, 병사들의 천편일률적이고 똑같은 행동이 전혀 전쟁의 분위기가 아닌 것처럼, 전쟁터의 소음과 화약 연기가 아니라 부엌에서 음식을 하거나 과중한 사역 때문에 힘들어하는 등의 개인적인 과도한 걱정처

---

5 [역주] 폴 니장은 1905년에 태어나 1940년 전쟁 중에 전사한 프랑스 소설가, 에세이 작가, 기사 겸 번역가이다. 장-폴 사르트르(Jean-Paul Sartre)와 레이몽 아롱(Raymond Aron)의 친구로 원래 공산주의자였으나 1939년 독·소 불가침조약 후 프랑스 공산당과 결별하고 이후 참전하여 1940년 5월 23일 칼레 근처의 샤토 드 코코브(Château de Cocove)에서 전사하였다.

6 [역주] 모리스 조베르는 1900년에 태어나 1940년에 전사한 프랑스 작곡가로 장 비고(Jean Vigo)의 <품행 제로>(Zéro de conduite, 1933), <라틀랑트>를 비롯 르네 클레어(René Clair), 쥘리앙 뒤비비에(Julien Duvivier), 마스셀 카르네(Marcel Carné)의 작품을 위해 작곡을 했다. 1940년 6월 19일 로렌 지방의 바카라(Baccarat)에서 전사했다. 사후에도 그의 음악은 프랑수아 트뤼포의 네 편의 영화와 피에르 뵈쇼의 <파괴된 시간> 등에 사용되었다.

럼 보이게 한다. 또는 너덜너덜한 벽, 양쪽으로 부서진 다리, 기괴한 모습의 도로 등은 병사들이 매우 가까이에서 본 것처럼 현실적인 전쟁의 결과물로 제시된다. 때때로 스피커를 통해 떨리는 목소리로 이야기하는 콧수염을 단 우스꽝스러운 장군들은 진흙과 눈으로 범벅된 병사들에게 아버지의 마음이 담긴 샌드위치를 나눠주려고 온다. 우리는 남자 세 명과 그들의 아름다운 부인들을 낡은 사진을 통해서만 볼 수 있다.

정세에 대해서 잘 알지 못하고 활기도 거의 찾아볼 수 없는 세 명의 남자가 전투를 거부한 것은 사실이 아니다. 그들 각자의 인생과 사랑은 나치의 야만성에 대항하여 스스로를 방어할 필요성과 직접적으로 연결되어 있다. 노동자는 임신 중인 젊은 아내와 두 아이에 대해 심각하게 금전적인 걱정을 해야 하는 곤란한 상황에 빠져있다. 바로 이런 그는 이열기관총 두 대만으로 적의 항공기에 대항할 수 없다는 것에 대해 불평한다. 전통을 중시하는 조베르는 장교라는 역할에 충실하고 부하들이 돌격할 때 책임을 지는 것이 의무라고 생각한다. 니장은 바로 이 전쟁 때문에 프랑스 공산당과 결별을 했고, '병사들의 사기'를 진작시키기 위해 참모본부가 고심하여 준비한 형편없는 오락거리들을 볼 때 오히려 '병사들의 세계관'을 걱정한다.

<파괴된 시간>은 정치가들이 항복을 결정한 사실을 정확히 밝힌다. 고통의 시기에 우파는 싸우는 것을 원하지 않았다. 왜냐하면, 우파는 나치의 질서를 찬미했기 때문이다. 좌파 또한 싸우는 것을 원하지 않았는데, 그 이유는 좌파가 지난 1914년부터 1918년까지의 제1차 세계 대전에 관한 그 어떤 진정한 결산도 하지 않았고, 그 결과로 좌파의 반은 평화론자로, 나머지 반은 러시아의 국가적 존망이 유일한 관건인 스탈린의 전략에 종속되어 있던 프랑스 공산당이기 때문이다.

따라서 영화의 평온함은 엄격하고 고통스러운 교훈을 내포하고 있다.

사람들이 그들 본래의 삶에서 뿌리째 뽑히고, 거기에 기꺼이 동의할 때 그리고 강제징집의 숨겨진 의제가 (패배를 대가로 하는) 정치와 국가 정체성 간의 모든 연결을 없애버릴 때, 우리는 심연의 바닥을 접하게 된다. 삶과 원칙의 공유에 사로잡힌 세 사람의 당당한 죽음은 불행히도 심연만을 보여준다.

왜냐하면, 전쟁은 없지만 진정한 학살이 있기 때문이다. 예컨대, 그저 패주하는 도중에 침묵과 무(無) 속에서 우연하게도 10만 명의 프랑스 군인이 죽었다. 이 전사자들 중에 니장, 조베르, 뵈쇼가 있다. 마치 영원히 그들을 잊어버린 채색된 기억 속에서 흑백으로 10만 명의 사람이 매장되기라도 했던 것처럼, 영화는 칼라로 채색된 오늘날의 시선을 통해 그들이 죽은 장소, 다리, 숲을 담아낸다.

반드시 그렇지는 않다. <파괴된 시간>은 시의적절하다. 영화는 1940년의 기괴함에 대한 하나의 출발점이기도 한 현실적 논점처럼 반드시 프랑스를 다시 생각하게끔 한다. 눈물샘을 자극하는 영화의 구성적 부드러움은 우리에게 닥친 일에 대해 혹은 국가 집단 속에서 끊임없이 재발되는 것에 대해 어떻게 대비해야 하는가를 숙고하게 만든다. 그런 식으로 영화는 세 명의 죽음의 진정한 의미를 복원하는 데 성공할 것이다. 왜냐하면, 바로 그들이 너무나도 우연히, 겉보기에는 아무런 이유 없이 죽었기 때문이다.

≪앵무새≫, 1985년 12월 31일.

14 민간 산업인 영화는 사적 스펙터클이다.

만약 영화가 도처에 있다면, 아마도 영화는 관객이 아니라 대중으로 둘러싸인 벽을 필요로 하기 때문일 것이다. 관객이 실재라면, 대중은 단순히 수를 세는 대상이기에 객석이 만원이든 그렇지 않든 그저 결여된 현실일 뿐이다. 영화는 대중의 수를 세고, 연극은 관객을 기대한다. 역설적으로, 영화는 관객이 부재하고 연극은 대중이 부족하다. 비평은 영화의 관객과 연극의 대중을 만들어낸다. 프랑수아 레노(François Regnault)[1]는 영사기가 아닌 연극의 샹들리에를 통해 관객을 찾아냈다.

필자는 (상당히 큰 규모로 책으로 출간된) 기 드보르의 전체 영화의 상영회를 파리의 극장에서 본 적이 있다. 상영회는 휴식시간 없이 진행되었고, 행사의 중반부에는 멋진 영화 <우리는 밤중에 배회하고 소멸한다>가 상영되었다. 행사는 극장 객석의 의자가 텅 비거나 혹은 가득 차거나 하는 것에 개의치 않고 진행되었다. 이 상영회는 제라드 르보비치

---

1 [역주] 프랑수아 레노는 파리 8대학 정신분석학과 교수로 작가 겸 번역가이다. 감독 파트리스 쉐로(Patrice Chereau)와의 예술적 협력 관계를 시작으로, 연극배우 겸 연극 연출가인 브리지트 자크(Brigitte Jacques-Wajeman)와는 극단 판도라(Pandora)를 창립한다.

(Gérard Lebovici)[2]의 우정 어린 친절 덕분에 가능했고, 아마도 바로 이 순간에 살인자들이 르보비치를 살해할 계획을 세우기 시작했을 것이다. 필자가 다른 것들을 전혀 고려하지 않고 반드시 말하고 싶은 것은 어두운 세계에서 밀매하는 자들이 예술에 대해 우정의 이념을 가진 사람을 의심의 눈초리로 바라본다는 사실이다. 일시적이고 순수한 순간은 영화의 영광이며, 그 영광은 인간들보다 더 오래 살아남을 수 있다. 이런 점은 관객이 존재하는 연극에서 대단히 낯선 일이다. 그 이유는 (우리를 괴롭히는 단어인) '재현'이 '무대의상을 갖춘 총연습'과 '최종 리허설'과는 반대로 추가 리허설에 따라 변하며, 추가 리허설 때의 실재 관객들은 스펙터클의 너무 이른 '사건 발생'속으로 빠져들기 때문이다.

'좌파 시대'가 한창인 1971년에서 1972년 무렵, '벼락 집단'이라는 문화 참여 집단은 지난 세계 대전을 결산하며, '수정주의의' 질병에서 나온 최초의 고름이 든 물집에 대항하여 약간의 소동을 시도한 적이 있다. 루이 말 감독의 <라콩브 루시앙>(Lacombe Lucien, 1974)과 릴리아나 카바니 감독의 <비엔나 호텔의 야간 배달부>(Il Portiere di notte, 1974>와 같은 영화들은 학대자와 피학대자 간의 불명확함을 허구화하고 범죄적 선택을 정당화한다. 그 이후로 우리는 이 모든 것의 결과가 어떻게 진행되는가를 봤다. '벼락 집단'은 진심으로 염려되는 졸작들을 야유하고 비판하였다. '이 시대의 매혹적인 환희와 논쟁적인 도덕적 건전함이여!'처

---

2 [역주] 제라드 르보비치는 영화 제작자, 공연 기획자, 예술 후원자, 출판인으로 1980년 10월에 오로지 기 드보르의 영화만을 지속적으로 상영하기 위해서 라탱가의 극장인 스튜디오 큐쟈스(Studio Cujas)를 구입한다. 1984년 3월 5일 그는 파리 중심가인 포쉬가의 지하 주차장에서 목에 4발의 총을 맞고 살해되었다.

럼, 당시에 슬로건은 '어두운 극장 안에서의 반계몽주의 반대'였다. 당시의 오류는 대중의 반계몽주의만이 있고, 또한 (영화가 공공장소 중의 한 곳으로 보일지라도) 연극과 다르게 영화는 결코 공공장소가 아니라는 사실을 무시한데 있다. 어둠이 덮고 있는 것은 사적 개인이다. 어쨌든 어둠에 처한 개인의 권리를 부정할 수 없다. 이처럼, 영화에는 어떤 관객도 없으며 그 결과 어떤 대중도 없기에, 영화에 개입하는 것은 불필요한 일이다. 민간 산업인 영화는 '또한' 사적 스펙터클이기도 하다. 영화가 상영되는 시간은 내용 없는 집합의 시간이자 연속적인 수집의 시간이다. 국가로부터 단절된 영화는 어떤 공동의 의미도 제시하지 못한다. 예를 들어 '벼락 집단'은 <그린 베레>(The Green Berets!, 1968)[3]라는 끔찍한 제목의 영화에 나오는 역겨운 모습의 존 웨인(John Wayne)과 으스대고 매우 흥분한 식민지 파견 공수부대원들이 나오는 화면에 잉크를 던지기도 했다. '벼락 집단'은 논쟁을 통해 스스로를 정당화하고, 즐거움이 가득 찬 행동을 통해 각 지역을 이동해 다닌 결과 하나의 사실을 알게 되었다. 그 사실은 오직 연극만이 국가와 관련이 있고, 영화는 자본에 예속되어 있다는 점이다. 연극은 군중을 감시하고, 영화는 개인들을 분산시킨다. '벼락 집단'이 꿈꾸는 문화적 정치 참여에는 (정치화되는 것보다는 연극화될 수 있는 위험이 있다 할지라도) 연극이라는 단 하나의 가능한 목적지만 있을 뿐이다.

3 [역주] <그린 베레>는 레이 켈로그, 존 웨인, 머빈 르로이의 공동 연출작으로 월남전을 그린 최초의 영화로 그린베레의 용맹, 우정, 충성심을 강조한다.

그래서 연극은 도덕적으로는 수상쩍은 국가의 일이고 관객을 필요로 한다. 이것이 우리가 아는 전부이다.

『연극을 위한 모음집 : 짧은 철학 논설』(Rhapsodie pour le théâtre : Court traité philosophique)에서 인용[4], 프랑스 국가 인쇄소, ≪프랑스 관객≫ 선집, 파리, 1990, pp. 8~11.

---

4 [역주] 2014년 현재까지 알랭 바디우의 비평은 (Essai critique)는 총 6권이다. 그 중 첫 번째가 바로 1990년에 출간된 『연극을 위한 모음집』이고, 두 번째가 『베케트에 대하여』(Beckett, l'increvable dérir, 1995), 세 번째가 동 저서인 『시네마』(Cinéma, 2010)이고, 네 번째가 『바그너의 경우에 대한 다섯 개의 교훈들』(Cinq leçons sur le cas WAGNER, 2010) 그리고 다섯 번째인 『연극 찬가』(Éloge du théâtre, 2013)이 있다.

15 영화의 거짓 움직임[1]

영화는 가시적 세계에서 추출된 이미지를 통해 작동한다. 그 이미지 속에서, 움직임은 제한적이고, 일시적으로 중단되며, 뒤섞이고 고정된다. 현실의 재단보다 더 본질적인 것은 몽타주의 효과가 아니라 프레이밍 효과와 가시적 세계의 정화작용이다. 영화에서 절대적으로 중요한 꽃[2]은 비스콘티 영화의 시퀀스처럼 말라르메(Stéphane Mallarmé)적인 꽃이며, 꽃다발 전체에서 부재하는 꽃이다. 필자는 이러한 꽃들을 봐왔는데, 현실의 재단에서 포착된 고유의 양식은 꽃들의 독특함과 관념성을 불가분의 상태로 놓는다.

영화가 회화와 확연히 다른 점은 사유 속에서 관념의 근거가 되는 꽃들을 바라보게 하는 게 아니라, 꽃들을 이미 봐왔기 때문이다. 과거가 스쳐 지나감에 기초한다는 점에서, 영화는 영속적인 과거의 예술이다. 영화는 일종의 방문이다. 예컨대, 내가 이미 봤거나 이해했던 관념이 스쳐 지나가는 상태로 남아 있기 때문이다. 따라서 영화의 작용은 가시적

---

1 [역주] 이 장은 바디우의 『비미학』에 수록된 글이기에, 번역서인 『비미학』(장태순 옮김, 이학사, 2010)을 참조하여 번역에 임하였음.

2 [역주] 여기서 꽃은 현실에서 재단된 이미지의 정수(精髓), 즉 대상의 본질을 이루는 알짜나 알맹이를 지칭함.

세계의 내부에 관념이 스쳐 지나가도록 길을 내는 것이며, 예술가의 고유한 작업은 이러한 영화의 가능성을 창조하는 것이다.

영화에서 움직임은 세 가지 다른 방식이 있다. 첫째, 움직임은 관념을 스쳐 지나감과 방문이라는 역설적인 영속성과 연관시킨다. 파리에 성모방문 골목(le passage de la Visitation)이라는 이름의 길이 있는데, 이 길을 '영화의 길'로 부를 수 있을 것이다. 여기서 문제가 되는 것은 전체적 움직임으로서의 영화이다. 둘째, 복합적 작용으로서의 움직임은 이미지 자체로부터 이미지를 벗어나게 하는 것 또는 기록되어 있지만 재현할 수 없게 하는 것이다. 왜냐하면, 움직임 속에서 현실의 재단 효과가 구현되기 때문이다. 예컨대, 스트로브의 영화에서처럼 국지적 움직임을 고정시키면 가시적 세계가 분명하게 드러난다. 또는 무르나우의 영화에서처럼 전차가 나아감에 따라 그늘에 가려졌던 도시 변두리의 전체적 위상이 드러난다. 이런 장면에는 국지적 움직임의 행위가 있다고 말할 수 있다. 셋째, 움직임은 다른 예술 활동의 총합 속에서 불순하게 선회한다. 움직임은 본래의 목적에서 벗어난 여러 예술에서 그 자체로 제거되고 대비되는 암시 속에 관념을 위치시킨다.

다른 예술과 영화와의 관련성을 이해하는 일반적인 공간 밖에서, 영화를 사유하는 것은 실질적으로 불가능하다. 영화는 아주 특정한 의미에서 제7의 예술이다. 영화는 다른 6개의 예술과 관련된 동일한 차원에서 추가되는 것이 아니라, 이 예술들을 자기 속으로 끌어들인 덤의 형태이다. 따라서 영화는 이러한 예술로부터 시작하거나 작동하지만, 그 자체로 벗어나려는 움직임이 있다.

예를 들어 빔 벤더스의 <잘못된 움직임>(False Movement, 1974)[3]이

---

[3] [역주] <잘못된 움직임>은 괴테가 쓴 교양 소설인 『빌헬름 마이스터의 수업시

괴테의 소설 『빌헬름 마이스터』(Wilhelm Meister)[4]에 어떤 점을 빚지고 있는가를 생각해 보자. 이것은 소설과 영화에 관한 문제이다. 소설이 없었다면 영화는 존재할 수 없었을 것임을 분명히 인정해야 한다. 그런데 이 조건의 의미는 무엇인가? 또는 좀 더 명확하게 말해, 영화의 소설적 조건은 영화의 어떤 고유한 조건에서 가능한가? 어렵고 비비 꼬인 질문이다. 여기에는 두 가지 작용 기제가 있다. 이야기의 그림자가 있고, 인물에 대한 암시가 있다. <잘못된 움직임>에는 미뇽(Mignon)[5]이라는 인물의 영화적 반향처럼 작동하는 무엇인가가 있다. 소설은 인물의 몸을 보여주지 않아도 되는 자유가 있다. 이는 몸의 시각적 무한함으로 인해 몸을 가장 정교한 묘사로 표현할 수 없기 때문이다. 이 영화에서 몸은 여배우에 의해 제시되는데, '여배우'는 연극이나 공연 용어이다. 이런 식으로 영화는 연극적인 면의 부각을 통해 소설 그 자체로부터 벗어난다. 그런데 미뇽의 영화적 관념은 이러한 벗어남 속에 위치한다. 이 관념은 연극과 소설 사이에 놓여 있지만, 또한 '이것도 저것도 아닌' 상태에도 자리 잡고 있다. 벤더스의 모든 예술은 '이것도 저것도 아닌 상태의' 스쳐 지나감을 붙잡는 것이다.

비스콘티의 <베네치아의 죽음>(Death in Venice, 1971)[6]이 토마스 만(Thomas Mann)의 소설 『베네치아에서의 죽음』(1912)[7]에서 어떤 점을

대』(Wilhelm Meister)에서 영감을 받아 만든 영화로 주인공 빌헬름이 자신의 고향에서 당시 서독의 수도인 본으로 가는 여정을 보여준다.

4 [역주] 『빌헬름 마이스터』는 주인공 빌헬름을 인생의 거장(巨匠)으로 설정하고 그의 도제 시절과 거장이 되기 위한 수업의 연장인 시절을 묘사한다.

5 [역주] 『빌헬름 마이스터』에서 주인공 빌헬름이 여행 중에 만나게 되는 어린애 같은 여자로 소설의 끝 부분에 죽는다. 그에 비해 <잘못된 움직임>에서는 '미뇽'으로 나오는 나스타샤 킨스키는 죽지 않고 군중 속으로 사라진다.

6 [역주] <베네치아의 죽음>은 20세기 초반을 배경으로 절망에 빠진 한 독일 부르주아의 베니스 방문을 다루고 있다.

빚지고 있느냐고 묻는다면, 필자는 곧바로 음악이라고 답할 것이다. 그 이유는 영화의 첫 장면을 떠올려보면 알 수 있다. 이 장면에서 스쳐 지나감의 시간성은 토마스 만의 산문의 리듬보다 말러의 '5번 교향곡'[8]의 아다지오에 의해 강조되기 때문이다. 여기에서 관념은 사랑의 애수, 장소의 상징성, 죽음 사이의 관계라고 가정해 볼 수 있다. 비스콘티는 산문을 배제한 채, 음악이 가시적 세계에서 열리는 틈 속에서 이런 관념의 방문을 몽타주 한다. 왜냐하면, 그 속에서 어떤 것도 말해지거나 텍스트화되지 않기 때문이다. 움직임은 랑가주로부터 소설적 성격을 떼어내고, 음악과 장소 사이의 움직이는 경계에 그것을 고정시킨다. 음악과 장소는 그들의 고유한 가치들을 상호 교환하고, 그 결과 음악은 회화적 암시에 의해 지워지고 한편 회화의 모든 고정성은 음악 속으로 녹아든다. 이러한 이전과 용해는 결국 관념이 스쳐 지나가는 실제 모습 전체를 만들어낸다.

우리는 '움직임'이라는 단어가 가지는 세 가지 의미의 접합점을 '영화의 시학'이라고 부를 수 있을 것이며, 움직임의 효과 덕분에 관념은 감각 세계를 방문한다. 필자는 관념이 감각 세계에서 구현되지 않는다는 사실을 강조하고자 한다. 영화는 예술이 관념의 감각적 형태라는 전통적 주장을 부정한다. 왜냐하면, 관념에 의한 감각 세계의 방문은 예술에 어떠한 총체도 제공하지 않기 때문이다. 관념은 분리할 수 없으며, 스쳐 지나감 속에서만 영화에서 존재한다. 관념은 그 자체로 방문이다.

---

7 [역주] 『베네치아에서의 죽음』은 영화 이외에도 영국 극작가 벤저민 브리튼(Benjamin Britten)에 의해 오페라로, 독일 안무가 존 노이마이어(John Neumeier)에 의해 발레로도 각색되었다.

8 [역주] 구스타프 말러의 5번 교향곡은 1901~1902년 사이에 작곡된 교향곡으로 한 시간이 넘는 연주시간을 가지고 있다. 총 3부로 구성되어 있으며, 그중 2부의 3악장이 유명하다.

예컨대, 뚱뚱한 인물이 몇 번이고 있다고 말했던 자신의 시를 마침내 읽을 때 <잘못된 움직임>에서는 무슨 일이 벌어지는가?

만일 전체적 움직임 속에서 고려해본다면, 시 낭독은 무질서한 경주나 집단 전체의 방황의 한 단면과 같다고 말할 수 있을 것이다. 여기서 시는 여백이나 단절 효과에 의한 시의 관념처럼 위치한다. 이런 식으로 '모든 시는 소통의 단순한 도구처럼 인식되는 랑가주의 단절이다'라는 관념이 스쳐 지나간다. 랑가주가 영화적으로 단지 경주, 추적, 일종의 격렬한 헐떡임뿐인 경우를 제외하면, 시는 그 자체로 랑가주의 단절이다.

만일 부분적 움직임 속에서 고려해본다면, 질겁하는 시 낭송자의 모습은 익명의 텍스트 속으로 소멸되는 자신에 휩싸여 있음을 보여준다고 말할 수 있을 것이다. 시와 시인은 상호적으로 서로를 제거한다. 그 결과 남은 것은 <잘못된 움직임>의 실제적 주제인 존재하는 것에 대한 놀라움이다.

마지막으로 예술들의 불순한 움직임을 고려해본다면, 이 영화 속에서 시적인 것은 실제로 (시라고 추정되는) 시적인 것에서 벗어나는 것임을 알 수 있다. 왜냐하면, 중요한 것은 소설적 불순화 자체인 배우가 한 편의 시를 혹은 시가 아닌 것을 읽기 때문이다. 이런 행위는 이 인물이 격렬한 열망이 있음에도 불구하고 다른 사람들과 가까워질 수 없으며, 다른 사람들로부터 자기 존재의 안정성을 구성하지 못할 아니 절대로 구성하지 못할 것이라는 완전히 또 다른 관념의 길을 만들기 때문이다. '천사 이전'[9] 초기 벤더스의 영화들에서 종종 나타나는 것처럼, 존재하는 것에 대한 놀라움은 과거에 아주 멀리 유리되었던 유아론적(唯我論

[9] [역주] 빔 벤더스의 영화 <베를린 천사의 시>(Wings Of Desire, 1987) 이전의 영화를 말하는 것 같다.

的)[10] 요소이다. 이것은 그 당시에 독일인이라는 존재라는 것이 정치적으로 분명하게 표명될 수 없었기에, 안심하고 다른 독일인들과 의견을 일치하거나 친분을 맺을 수 없다고 규정하는 요소이다. 이처럼 영화의 시학은 세 가지 움직임의 긴밀한 관계 속에서 결코 단순하지 않은 관념의 스쳐 지나감이다. 플라톤처럼, 영화에서 진정한 관념들은 상호 뒤섞여있는데, 그것을 한목소리로 만들려는 모든 시도는 시적인 것을 손상시킬 뿐이다. 우리가 제시한 예처럼, 시 낭송은 관념들과 연관된 관념을 보여주거나 스쳐 지나가게 한다. 예컨대, 시의 실재, 존재하는 것에 대한 놀라움, 민족적 불확실성 등이 뒤섞인 일종의 독일적 연결이 존재한다. 이런 관념이 이 시퀀스를 방문한다. 따라서 우리를 사유하게끔 만드는 이러한 관념의 복합성과 혼합성은 긴밀하게 연관된 세 가지 움직임을 필요로 한다. 첫 번째인 전체적 움직임에 의한 관념은 스쳐 지나감 이외에 그 어떤 것도 아니고, 두 번째인 부분적인 움직임에 의한 관념은 그 자신 혹은 자신의 이미지와 또 다른 것이며, 세 번째인 불순한 움직임에 의한 관념은 의무를 저버린 예술적 가설들 사이에서 움직이는 경계 속에 자리 잡는다.

시가 암호처럼 조작된 기교를 통해 랑가주의 흐름을 정지시키는 것처럼, 영화의 시학에 의해 서로 엮어진 움직임들은 분명히 거짓 움직임들이다.

전체적 움직임은 어떤 기준도 적합하지 않기에 거짓이다. 영화의 기술적 하부구조는 눈에 띄지 않는 일정한 흐름을 통제하는데, 여기서 모든

---

10 [역주] 유아론(solipsism)은 실재하는 것은 자아뿐이고 다른 모든 것은 자아의 관념이거나 현상에 지나지 아니한다는 입장의 철학으로 극단적 형태의 주관적 관념론으로 조지 버클리(George Berkeley)와 요한 피히테(Johann Fichte)에게서 발견할 수 있다.

예술적 측면은 전혀 고려되지 않는다. 컷 혹은 시퀀스와 같은 절단의 단위들은 시간적 기준에서가 아니라 인접성, 환기, 강조, 단절의 원칙에 부합되게 구성되며, 이 원칙의 실제 사고는 움직임이라기보다는 오히려 위상기하학(位相幾何學)[11]이다. 스쳐 지나감으로서의 관념만을 제공하는 거짓 움직임은 마치 촬영이 시작하자마자 존재하는 구성 공간의 여과 장치처럼 받아들여진다. 말하자면 구성 공간이 있기 때문에 관념이 있고, 전체적 시간처럼 바로 이 공간이 주어지거나 드러나기 때문에 스쳐 지나감이 있다고 말할 수 있다. 그러므로 빔 벤더스의 <잘못된 움직임>에서 기차들이 서로 스쳐 지나가고 멀어지는 시퀀스는 구성의 모든 공간에 대한 환유이다. 이 시퀀스의 움직임은 주관적인 가까워짐과 멀어짐을 인지할 수 없는 장소에 대한 순수한 설명으로, 바로 이것이 바로 빔 벤더스에게는 사랑의 관념이다. 전체적 움직임은 장소에 대한 유사 내러티브의 확대일 뿐이다.

부분적인 움직임도 거짓이다. 이 움직임은 그 자체로 말이나 이미지로부터 벗어나려는 결과일 뿐이다. 여기에는 본래의 움직임도, 움직임 그 자체도 없다. 여기에서 부자연스런 가시성은 그 어떤 것의 복제가 아닌[12] 움직이는 경로의 시간적 효과를 만들어낸다. 이처럼 가시적 세계는 마치 '이미지 밖에서' 사유하도록 한다. 예컨대, 오손 웰즈의 영화 <악의 손길>(Touch of Evil, 1958>[13]에서의 (웰즈가 분한) 뚱뚱한 중늙은이 형사

---

[11] [역주] 위상기하학(topology)은 구조를 유착하거나 뽑지 않고 연속 변환에 의한 공간의 변형을 연구하는 수학의 한 분야로 길이나 크기 같은 양적 관계가 아니라 도형의 위치나 연결 방식을 변형하여 도형의 성질을 알아낸다.

[12] 말하자면, 영화는 여러 예술 중 가장 모방적이지 않다.

[13] [역주] <악의 손길>은 오손 웰즈가 만든 형사 영화로 미국과 멕시코 국경에서 일어난 폭발사건을 다루고 있다. 찰톤 헤스톤(Charlton Heston)과 오손 웰즈가 주연을 맡았다.

가 마를린 디트리히(Marlene Dietrich)를 방문하는 시퀀스를 보자. 여기에서 부분적 시간이라는 결론이 도출되는 이유는 웰스가 방문한 사람이 바로 디트리히이고, 결국 형사가 늙은 창녀의 집에 가는 이미지가 되어야 했던 원래의 관념이 실제로 눈에 보이는 이미지와 전혀 일치하지 않기 때문이다. 그 결과 두 사람이 이야기하는 과정이 거의 어떤 의식처럼 느린 것은 겉으로 보이는 이미지를 허구적 가치의 도치를 통해 사유가 관통하기 때문이다. 여기에서 문제가 되는 것은 형사와 창녀가 아니라 디트리히와 웰즈라는 사실이다. 이를 통해, 이미지는 자기 자신으로부터 떨어져 나와 영화의 실재를 구축한다. 게다가, 부분적인 움직임은 불순한 움직임의 방향으로 향한다. 왜냐하면, 예술가들의 마무리 작업 단계인 관념은 필름으로서의, 구성으로서의, 예술로서의, 효율성으로의, 지난 과거로서의 영화의 경계에 위치하기 때문이다.

마지막으로 불순한 움직임은 세 가지 움직임 중에서 가장 거짓된 움직임이다. 왜냐하면, 하나의 예술에서 또 다른 예술로 이동하는 그 어떤 수단도 사실상 전혀 없기 때문이다. 예술은 폐쇄적이다. 어떤 미술도 절대 음악으로 바뀌지 않을 것이며, 어떤 무용도 시로 바뀌지 않을 것이다. 이런 점에서, 직접적인 모든 시도는 쓸데없는 짓이다. 그렇지만 영화는 실질적으로 이런 불가능한 움직임을 조직화한다. 그러나 이것 또한 벗어남일 뿐이다. 영화를 구성하고 있는 다른 예술들에 대한 암시적 인용은 그 자신들로부터 예술들을 끌어내는 것이고, 남는 것은 오직 영화만이 방문을 허용하는 관념이 스쳐 지나가는 금이 간 경계일 뿐이다.

따라서 영화작품들 속에 존재하는 영화는 세 가지 거짓 움직임과 긴밀하게 연관된다. 세 가지 움직임을 통해 영화는 순수한 스쳐 지나감처럼 우리를 사로잡는 이상적인 불순함을, 즉 혼합물을 전달한다.

영화는 순수하지 못한 움직임이다. 영화는 기생적이며 불안정한 (예술의) 덤이다. 그러나 현대 예술로서의 영화적 힘은 모든 관념의 불순함으로부터 관념을, 즉 스쳐 지나감의 시간을 만드는 것이다.

≪영화 예술≫(L'Art du cinéma), 1994년 3월
(『비미학』(Petit manuel d'inesthétique), Paris : Seuil, 1998, pp. 121~128).

16 영화에 대해 말한다는 것은 무엇인가?[1]

영화에 대해 말하는 첫 번째 방식은 '마음에 들어' 혹은 '재미없어' 정도이다. 이런 말은 기준이 명확하게 드러나지 않기에 분명하지 않다. 무엇을 기대하며 이런 판단을 내리는가? 한 권의 추리소설 역시 독자의 마음에 들거나 들지 않거나, 좋거나 형편없을 수 있다. 이런 구분은 그 추리 소설을 문학사의 걸작으로 만들기보다는 오히려 그 책을 읽으며 보낸 짧은 시간의 질(質)이나 특색을 가리킨다. 그 시간이 지나면 어느 쪽이든 자연스럽게 잊어버린다. 이 첫 번째 단계의 발언을 불분명한 판단이라고 부르자. 이런 판단은 필수적인 의견 교환과 관련된다. 여기서, 의견 교환은 날씨에 대해 이야기하는 경우에서 볼 수 있듯이, 대개의 경우 즐겁지만 덧없는 순간 동안 삶이 우리에게 약속하거나 빼앗아가는 것에 대해 이야기하는 것이다.

영화에 대해 말하는 두 번째 방식은 불분명한 판단에 맞서 명확하게 해당 영화를 방어하는 것이다. 몇 개의 논점들을 제시하면서, 영화가 즐거움과 망각 사이의 커다란 공간 안에 단순히 자리 잡고 있지 않는다는

---

1 [역주] 이 장은 바디우의 『비미학』에 수록된 글이기에, 번역서인 『비미학』(장태순 옮김, 이학사, 2010)을 참조하여 번역에 임하였음.

것을 보여준다. 이 방식은 단순히 영화가 그냥 좋거나 혹은 해당 장르 안에서 영화가 좋거나 하는 문제가 아니라, 그 영화에 대해 어떤 관념을 예측하거나 응시하도록 한다. 이런 입장 변화의 외형적 표식 중의 하나는 작가로서 언급되는 영화의 창작자이다. 불분명한 판단은 우선적으로 배우들, 효과들, 인상적인 장면, 이야기의 줄거리를 언급한다. 하지만 두 번째 부류의 판단은 어떤 독특함을 찾으려 하며, 독특함이 상징하는 것은 바로 작가이다. 이런 독특함은 불분명한 판단에 저항하는 어떤 것이며, 일반적인 견해의 흐름 속에서 영화에 대해 말하는 것으로부터 분리하려는 시도이다. 또한, 대다수의 관객으로부터 이런 독특함을 인지하는 관객들을 분리하는 것이다. 이 판단을 변별적 판단이라고 부르자. 이 판단은 스타일처럼 영화를 고려해야 함을 주장한다. 스타일은 불분명한 것에 반대되는 것이다. 스타일을 작가에 연결하면서, 변별적 판단은 관객이 영화로부터 무언가를 끄집어내고, 즐거움을 잊지 않도록 해준다. 영화에서 몇몇 이름과 인물은 시간이 흘러도 주목받는다.

변별적 판단은 실제로 불분명한 판단에 대한 다소 취약한 부정일 뿐이다. 그간의 경험상, 이 판단은 영화작품보다는 작가의 이름을, 영화 예술보다는 스타일의 다양한 요소들을 끄집어낸다. 필자가 보기에, 불분명한 판단이 배우와 연관되듯이, 변별적 판단은 일시적인 회상의 지표처럼 작가와 관련된다. 결국, 변별적 판단은 정교하거나 차별화된 의견의 한 형태이다. 이 판단은 '양질의' 영화를 지칭하고 만들어낸다. 그렇다고, 양질의 영화 역사가 어떤 예술적인 외형도 보여주지 않지만, 이런 역사는 오히려 언제나 영화 비평에서 놀라운 역사를 드러낸다. 왜냐하면, 어떤 시대를 막론하고, 바로 비평이 변별적 판단을 위한 기준을 제공하기 때문이다. 비평은 영화의 퀄리티를 결정한다. 그러나 비평은 여전히 그 자체로 너무나 불분명하다. 진정한 예술은 최고의 비평이 추측할 수 없을 만큼 엄청나게 희귀하다. 이 점은 생트-뵈브(Charles-Augustin Sainte-Beuve)[2]같은 옛날의 문학 비평가들의 글을 읽어보면 알 수 있다. 당시의 변별적인 엄격함에 따른 작품의 질에 대한 명백한 감각과 관점은 예술적으로 터무니없는 짓이다.

사실 두 번째의 망각이 변별적 판단의 결과를 둘러싸고 있다. 이 망각은 일정한 시간이 지난 뒤에 찾아오며, 그 시간은 불분명한 판단이 유발하는 첫 번째 망각과는 확실히 지속기간이 다르지만, 결국 어김없이 끝나버리고 마는 시간이다. 작가들의 무덤인 작품의 질은 한 시대의 예술보다 그 시대의 예술적 이데올로기를 나타낸다. 바로 이런 이데올로기 속에서 진정한 예술은 언제나 하나의 틈새이다.

따라서 영화에 대해 말하는 방식에 있어서, 불분명하지도 변별적이지도 않는 세 번째 방식을 고려해야 한다.

필자가 보기에, 이 방식은 두 가지 외형적 특징을 갖추고 있다.

먼저 이 방식은 실제로 모든 방어적 입장을 포기했기 때문에, 판단과는 아무런 관련이 없다. 어떤 영화가 좋거나 마음에 든다는 식의 방식은 영화를 불분명한 판단의 대상과 같은 잣대로 잴 수 없으며, 구별에 오류를 범할 수 있다. 예컨대, 이 모든 것은 영화에 대해 말한다는 단순한 사실 속에 암묵적으로 전제되며, 도달해야 할 목적도 결코 아니다. 이것이 바로 과거에 확립된 예술 작품에 대해 우리가 적용하는 법칙이 아닐까? 아이스킬로스의 『오레스테이아』(Oresteia, 기원전 458)[3]나 발자크의

---

2 [역주] 샤를-오귀스텡 생트-뵈브(1804~1869)는 19세기 프랑스의 문예비평가로 시인이자 소설가다. 프랑스 근대 비평의 아버지로 불린다.

3 [역주] 오레스테이아는 고대 그리스의 비극작가 아이스킬로스의 비극 3부작으로 ≪아가멤논≫, ≪제주를 바치는 여인들≫, ≪자비로운 여신들≫의 세 작품으로 이루어져 있다.

『인간 희극』(La Comédie humaine, 1830~1856)[4]을 당신이 '마음에 든다'고 하는 것은 무슨 의미가 있는가? '정말로 좋다'는 어떤 의미인가? 그래서 불분명한 판단은 웃기는 일이다. 변별적 판단도 마찬가지이다. 당시에 최고로 우수한 질(質)로 여겨졌던 쉴리 프뤼돔(Sully Prudhomme)[5]의 문체보다 말라르메의 문체가 뛰어나다는 것을 입증하기 위해 많은 노력을 해야 할 필요가 없다. 그러므로 우리는 예술적 확신이라는 절대적인 맹세 속에서, 예술로서의 영화의 지위를 확립하기 위해서가 아니라 영화로부터 결과를 도출하기 위해서 영화에 대해 말할 것이다. 말하자면 불분명하거나("좋아") 변별적인("우월해") 규범적인 판단에서, 사유에 있어 영화가 미치는 효과들이 무엇인지를 묻는 공리적 태도로 옮겨간다고 말할 수 있다.

'공리적 판단'에 대해 이야기해보자.

영화를 판단하는 이 특질은 주요한 영화적 요소를 상기시키면서, 순수하지 못한 관념의 스쳐 지나감과 연관된다.

필자는 이미 영화 예술에 대해 두 가지 사항을 언급했다.

- 영화 예술은 방문이나 스쳐 지나감 방식의 관념을 다룬다.
- 어떤 덤으로서의 영화 예술은 다른 모든 예술들과 관련되어 있으며, 특이하게 불순함을 포착하면서 관념을 다룬다.

---

4 [역주] 『인간 희극』은 오노레 드 발자크의 작품집으로 총 122 작품이 수록되어있다. 이중 가장 유명한 작품은 『고리오 영감』이다.

5 [역주] 쉴리 프뤼돔(1839~1907)은 고답파 시인으로 실제로는 낭만주의적 정서와 고답파의 중간에 위치한다. 대표작 『정의』(1878), 『행복』(1888)이 있다. 그는 '과학적, 철학적 시'의 창조를 지향하였다. 에밀 졸라와 레오 톨스토이를 제치고 제1회 노벨문학상을 받았다. 특히 쉴리 프뤼돔의 첫 번째 시집 『구절과 시』(1865)는 샤를 생트뵈브에 의해 칭송되었다.

영화에 대해 말하는 것은 관념을 다루는 고유한 영화적 방식의 결과를 살펴보는 일이다. 컷팅, 쇼트, 전체적 혹은 부분적인 움직임, 색채, 신체 행위자, 사운드 등에 대한 형식적 고려는 관념을 '터치하거나', 관념에 내재한 불순함을 포착할 때 상기되어진다.

예를 들어, 무르나우의 <노스페라투>(Nosferatu, 1922)에서 죽은 자들의 왕이 있는 곳으로 다가가는 것을 보여주는 일련의 쇼트들을 들 수 있다. 과다 노출로 촬영된 들판, 놀라는 말들, 비바람이 몰아치는 쇼트들, 이 모든 것은 급박함을 터치하는 관념, 밤에 예견된 낮 방문에 대한 관념, 삶과 죽음 사이에 위치한 중간 지대에 대한 관념을 펼쳐 보인다. 또한, 여기에는 방문의 불순한 혼합이 있다. 즉 여기에는 눈에 보이는 확고한 윤곽을 통해 방문을 보게 하는 것이 아니라 기다림과 불안 쪽으로 진로를 벗어나게 하는 유예상태와 같은 명백하게 시적인 어떤 것이 있다. 여기에서 우리의 사유는 관조적이지 않고, 스스로 끌려가며, 관념을 지배하기는커녕 관념이 동반된 여행을 한다. 그 결과, 우리는 장면 자르기보다는 상실을 통한 이해이며, 관념을 가로지르는 시적 사유가 가능하게 된다.

영화에 대해 말한다는 것은 상실의 힘 속에서 관념으로 어떻게 우리를 이끄는가를 보여주는 것이다. 예컨대, 세부적이고 전체적으로 주어지는 전형적인 관념 예술인 회화와는 반대이다.

이런 대조는 영화에 대해 공리적으로 말하는 것에 있어서 가장 주된 어려움이다. 그 어려움이라고 하는 것은 영화를 '영화로서' 말하는 것이다. 왜냐하면 (우리가 영화에 대해 말하고 있기 때문에 우리가 가정하고 있는 사실인) 영화가 실제로 어떤 관념의 방문을 준비할 때, 영화는 항상 하나 혹은 여러 다른 예술과 벗어남이나 불완전함의 관계 속에 있다. 완전함이 아니라 결여된 움직임을 붙잡는 것은 매우 까다로운 일이다.

이른바 '순수한' 영화적 활동으로 우리를 이끄는 형식주의의 길이 막다른 길이라는 점에서 더욱 그렇다. 영화에서는 어떤 것도 순수하지 않으며, 영화는 예술들의 덤이라는 자신의 위치로 인해 내재적으로 혹은 완전히 오염되어 있다.

예를 들어 비스콘티의 <베네치아의 죽음>의 첫 장면에서 베네치아의 운하를 통과하는 긴 횡단을 생각해보자. 여기에서, (영화의 나머지 부분에서 한 편으로 꽉 차있으면서도 또 다른 한 편으로 지워진) 스쳐 지나가는 관념은 삶에서 해야 할 일을 다 마치고 삶의 마지막 지점 혹은 또 다른 삶 앞에 선 한 남자의 관념이다. 여기서 관념은 다양한 구성요소들의 이질적인 융합을 통하여 이루어진다. 예컨대, 더크 보가드(Dirk Bogarde)의 연기를 통해 드러나는 배우 얼굴이 지니는 음울함과 의문을 간직한 특별한 특질이 있다. 그리고 베네치아 스타일의 형태에는 과르디(Guardi)[6] 혹은 카날레토(Canaletto)[7]의 작품들에서 표현되었던 미술적 주제들과 루소(Jean-Jacques Rousseau)에서 프루스트까지의 문학적 주제들처럼, 역사로부터 완성되고 청산되고 물러난 주제들과 연결되는 다양한 예술적 울림들이 있다. 또한, 거대한 유럽의 궁전들을 유람하는 여행자에게는 헨리 제임스[8] 소설의 주인공들처럼 미묘한 불확실성이 반영되어 있다. 또한, 여기에는 끝맺음, 마무리라는 주제를 이야기하는 말러의 음악이 있다. 이 음악에서 느슨하면서도 고조된 상태로 절정을 이루는 것은 완전한 우울함, 조성 교향곡, 교향곡의 다양한 음색을 이루는 악기

---

6 [역주] 프란체스코 과르디(Francesco Guardi) (1712~1793)는 이탈리아 화가로 베네치아 출생.

7 [역주] 카날레토(1697~1768) 본명은 조반니 안토니오 카날로로 이탈리아 화가로 베네치아 출생.

8 [역주] 제임스(1843~1916)는 미국 작가로 19세기 문학적 리얼리즘의 중요한 인물 중 한 명이다.

들이다.[9] <베네치아의 죽음>은 스쳐 지나감과 불순함과 같은 관념을 정확히 제공하는 일종의 과잉을 통한 해체 속에서 이 구성요소들이 어떻게 차례대로 증폭되고 동시에 훼손되는지를 잘 보여준다. 그러나 무엇이 여기에서 '영화' 그 자체인가?

결국, 영화는 촬영과 몽타주일 뿐이다. 그 밖에 어떠한 것도 없다. 즉 '영화'를 구성하는 것은 아무것도 없다. 따라서 공리적 판단에 따라 고려해보면, 영화는 촬영과 몽타주를 통해 관념의 스쳐 지나감을 드러내는 것이다. 어떻게 관념이 촬영에 혹은 더 나아가 그 촬영 너머에 도달하는가? 그리고 관념은 어떻게 몽타주 되는가? 예술들의 이질적인 '덤' 속에서 촬영되고 몽타주 된다는 사실이 드러내는 독특한 것은 무엇인가? 또한, 우리가 이런 관념에 대해 전에 알고 있거나 사유하지 못했던 것은 무엇인가?

<베네치아의 죽음>의 예를 통해 봐도, 촬영과 몽타주가 일종의 지속(durée)을 만들어내기 위해 협력한다는 점은 분명하다. 이것은 말러의 아다지오의 느린 흐름처럼 또는 움직이거나 행동하지 않은 채 얼굴표정으로만 연기하는 배우처럼, 베네치아의 공허한 영속성과 동질적인 과도한 지속이다. 결과적으로 존재의 혹은 욕망의 유예상태에 놓여있는 한 남자에 대한 관념이 여기서 포착한 것은 '그 자체로' 움직이지 않는 남자라는 사실이다. 예전의 사유의 수단들은 고갈되었고 새로운 가능성은 부재하다. 여러 예술의 조합에 의해 구성된 영화적 지속은 주관적인 부동성의 방문이다. 여기서 우리는 만남이라는 운명의 장난에 맡겨진 한 남자의 모습을 본다. 그 남자는 자신을 처형하려는 사형집행관의 커다란 기쁨의 원천 즉 새로운 욕망이 그를 데리러 올 때까지, 사뮈엘 베케트

---

9 이 부분에서는 현악기의 소리만 들린다.

(Samuel Beckett)가 말한 '어둠 속에서 움직이지 않는 남자'이다.

그런데 전달되는 부동의 측면이라는 관념으로부터 스쳐 지나감이 만들어진다. 물론, 영화 외의 다른 예술들은 (회화로 대변되는 예술로서) 증여물처럼 관념을 전달하고, (음악으로 대변되는 예술로서) 관념의 순수한 시간을 만들어내며 사고의 유동성을 탐색할 수 있다. 영화는 다른 예술들을 제시하지 않고 혼합하면서, 포착과 몽타주라는 자기만의 가능성으로 '부동성의 스쳐 지나감'을 구성할 수 있거나 구성해야 한다.

'스쳐 지나감의 부동성'은 문학 텍스트의 운율적 각운이나 진행과정을 보여주는 스토로브 영화의 몇몇 쇼트들의 관계 속에서 잘 드러난다. 또한, 타티가 <플레이타임>의 초반부에서 만들어놓은 관계, 즉 한 무리의 군중의 움직임과 그 군중의 원자적 구성 성분이라고 일컬을 수 있는 공허함 간의 변증법을 통해서도 볼 수 있다. 이를 통해 타티는 공간을 부동의 스쳐 지나감을 위한 조건으로 다룬다. 영화에 대해 공리적으로 말한다는 것은 언제나 실망스럽다. 왜냐하면, 그렇게 말하는 것은 언제나 영화를 가장 중요한 예술들의 혼란스러운 경쟁자일 뿐인 것처럼 만들 염려가 있기 때문이다. 그러나 우리는 다음과 같은 길을 제시할 수 있다. 영화를 통해 우리가 어떻게 특정한 관념과 함께 여행하게 되는지를 보여주고, 그 여행의 결과 우리는 다른 어떤 것을 통해서도 발견할 수 없는 것을 발견하게 된다. 그 발견이란 플라톤이 이미 사유했듯이, 관념의 불순함은 항상 부동성이 스쳐 지나가거나 혹은 스쳐 지나감이 움직이지 않는다는 사실이다. 그리고 그런 이유로 우리는 관념을 망각하게 된다.

망각에 대항하여, 플라톤은 최초의 관점과 어렴풋한 기억의 신화를 상기시킨다. 영화에 대해 말하는 것은 언제나 어렴풋한 기억에 대해 말하는 것이다. 어떠한 관념들이 뜻밖에 돌출되거나 어렴풋한 기억을 담을 수 있는가? 바로 이런 점이 모든 진정한 영화에서 다루는 관념을 통한 관념이다. 불순함의, 움직임과 정지의, 망각과 어렴풋한 기억의 관계들을 다루며, 우리가 알고 있는 것이 아니라 우리가 알 수 있는 것을 다룬다. 영화에 대해 말한다는 것은 사유의 수단이라기보다는, 다른 예술들을 통해 사유의 수단이 확실해진 후 영화의 가능성에 대해 말하는 것이다. 거기 있는 것 이외에 있을 수 있는 어떤 것을 보여주는 것이다. 또는 순수한 것을 불순하게 만드는 것이 어떻게 다른 순수함으로 가는 길을 열어주는지 보여준다.

≪영화 예술≫, 1994년 11월.

17 무르나우의 〈마지막 웃음〉에 대한 단상

무르나우가 그 시대에 걸맞은 코드를 만들어 사용한 점은 그의 천재성을 보여주는 가장 좋은 증거이다. 왜냐하면, 탁월하고 숙련된 그는 새로운 실험적 욕망을 드러내는 다소 오만한 경향에 따라 코드를 활용하기 때문이다. 그는 확정적이면서도 놀라운 간접적인 사용을 통해 코드를 제안하고 자신의 것으로 만든다. 또한, 그는 코드가 '드러내기'보다는 덜 우회적인 방식인 논리적 시학에 활용되도록 코드를 적용시킨다.

무르나우는 1920년대의 영화에서 널리 쓰인 (우리가 분명히 알고 있는) 다양한 기법을 창안했다. 그래서 그의 예술에는 아이스킬로스 혹은 소포클레스(Sophocles)에게서 볼 수 있는 것처럼, 여명과 같은 이미 본 것을 마치 한 번도 본 적이 없는 것처럼 변형시키는 일종의 '고급스러운 고전주의'가 있다.

세 가지 코드를 살펴보면, 첫째 당시 사회계급의 특징에 대한 고려, 둘째 무성영화의 기술적 기교, 셋째 배우의 표현주의 연기가 있다.

특별히 당시의 독일 영화와 러시아 영화에서, 계급의 문제는 소설과 연극의 모델에 기초한 영화적 불순함으로 둘러싸여 있다. 계급 문제는 두 가지 중요한 경향에 따라 구체화되는데, 하나는 대중주의적이고 사회의 비참한 모습을 묘사하는 영화이고, 다른 하나는 계몽적이거나 혁명적인 영화이다. 어쨌든 무르나우의 <마지막 웃음>은 전자의 경향에 참여하고 있는 것처럼 보인다. 이 영화를 하나의 이야기로 축소시켜보면 한 편의 사회 멜로드라마이다. 그러나 이 영화를 보면 무르나우가 계급 장치로부터 취하려고 했던 것은 '두 개의'(Deux) 순수한 형태이다. 그저 몰락에 관한 암울한 이야기가 될 수 있었던 영화는 실제로 이원성의 수단에 대한 영화적 탐구가 된다. <마지막 웃음>에는 애틀랜틱 호텔과 주인공이 사는 서민 동네, 이렇게 두 개의 공간이 있으며, 영화의 많은 부분이 두 공간 사이에 할애되어 있다. 끊임없이 변화하는 반복적인 여정의 모티브는 주인공을 한 곳에서 다른 곳으로 이동시킨다. 심지어 두 공간은 가시적 세계가 근원적인 법칙인 양 끊임없이 스스로 복제된다. 따라서 애틀랜틱 호텔 자체는 고객과 관리자 계층 그리고 다른 한쪽은 종업원 계층, 이렇게 두 개의 계층으로 나누어진다. 이 장소에서는 그 어떤 진정한 만남도 일어나지 않으며 단지 의외의 사건만이 동시에 일어난다. 그러나 종업원 계층 역시 주인공이 영광스럽게 살고 있는 호텔 도어맨의 위치와 화장실 관리인의 위치로 나뉜다. 거기에는 마치 지옥으로 내려가는 것처럼 화장실 쪽으로 내려가는 무시무시한 계단이 관객들에게 제시되는 물질적인 심연이 있다. 결국, 이 둘의 반복은 진정한 영화적 기호인 상징을 통해 포착된다. 예컨대, 주인공이 마치 그가 대령이라도 되는 것처럼 과시하는 가짜 견장이 달린 호텔 도어맨의 의상 그리고 화장실 관리인이 입는 하얀 저고리라는 두 가지 의상이다. 호텔에서 동네로 가는 여정처럼, 두 의상의 모티브는 미묘한 차이를 표현하는 물리적 실현 매체이다.

다른 영화에서와 마찬가지로 이 영화에서도 무르나우의 예술은 대개의 경우 공간적 혹은 사회적 차이에서 두 상징적 물질의 순수한 대비를 끌어낸다. 따라서 이 둘은 결국 장소와 기능으로 보여지는 사회학을 기호로 변형시키는 의상의 변화에 집중되어 있다. 이런 식으로 무르나우는 묘사의 정확성[1]을 유지하는 동시에, (공간, 기호, 그리고 공간과 기호 사이에서 교환되는 것의 형식적이고 관념적인 처리나 가공을 허용하는) 물질 계급에 미학적으로 초월하는 보편적 양극화 속에 영화를 위치시킨다.

만약에 지금 '아방가르드' 영화에서 비롯된 이중인화, 변형 등과 같은 기술적인 기법들을 살펴본다면, 이 기법들은 효과를 가시적으로 보여주려는 의도를 통해 구현된 히스테릭한 영화이다. 그런데 무르나우의 주요한 특징과 독특함은 이 기법들을 모두 사용하면서도, 완전한 탈-히스테리화라는 점이다. 무르나우는 실제로[2] 개인적 신화 속에 절대적으로 평온한 세계를 담아낸다. 평온한 세계는 가시 세계 전체의 거의 모든 시간을 초월한 본질적인 고요함만이 있다. <마지막 웃음> 속에서, 도시, 거리, 보행자에 대한 수많은 부수적인 쇼트는 우리를 둘러싼 세상에 대해 초연하고, 변하지 않으며, 벌어지는 일에 대한 어떤 걱정도 없는 시선을 통해 이야기의 긴장감을 돋보이게 한다. 결과적으로 이중 인화와 변형의 사용은 주인공이 술에 취한 장면 혹은 꿈을 꾸는 장면처럼 과잉된 다양한 기법으로 활용된다. 이런 기법은 스타일에 대한 오만한 제안이 아니다. 이런 기법은 평온한 세계 속에서 부동적인 등장인물이 또 다른 가시성을 창조해내는 것으로부터 자연스럽게 비롯된다. 이중인화는 등장인물에게 부여된 특별한 순간의 존재 그 자체를 무엇보다도 존재 속에 놓는 것이다. 이런 점에서, 이런 기법은 인용문과 거의 유사하고, 또 다른

---

1 인간은 자신이 속해 있는 사회 계급의 무한한 물질성으로부터 절대로 벗어날 수 없다.

2 <타부>(Tabu, 1931)는 이런 욕망의 정점을 이룬다. [역주] <타부>는 무르나우의 마지막 영화로 열대의 섬 '보라보라'에서의 남녀의 사랑과 이들의 사랑을 가로막는 '타부'에 관한 이야기이다.

세계 속에서 확실한 변화를 위해 요구되는 것처럼 이용된다. 주인공이 트렁크를 가지고 손재주를 부리는 뛰어난 장면은 기술적으로 뛰어난 솜씨의 기법뿐만 아니라 분명히 서커스라는 스펙터클의 법칙도 인용한다.

무성영화 시기의 연기는 표현주의적이며, 배우를 연극화시키는 과장되거나 모방적인 몸짓이다. 주인공 재닝스(Jannings)는 동네 아낙네들을 찍은 클로즈업처럼 이런 경향에 적합해 보인다. 그러나 실제로 무르나우의 연기방식은 매우 분석적이고 통제적이며 개인적이다. 이러한 방식은 근거리와 원거리의 문제를 다루기 위함이다.

고요한 시간적 증여와 같은 무르나우의 가시적 세계와 형이상학적 관계 속에서, 시학은 무엇보다도 원거리를 통해 나타난다는 사실을 이해하는 것이 중요하다. 예를 들어 영화에서 문 뒤의 우산, 도시에서의 교통의 흐름, 창문과 그림자의 유희 등이다. 무르나우에게 있어, 인간은 유일하게 진짜로 실재하는 세계 속에서 단지 하나의 기호일 뿐이다. 화장실 의자에 앉아 있는 제닝스를 보여주는 장면은 이런 문제의 본보기처럼 보여진다. 예컨대, 장소, 벽, 빛은 마치 가시적 세계와 합체된 것처럼 배우를 비탄의 순수한 기호로 만들고, 너무나도 순수한 비탄 그 자체는 모든 것의 아름다움의 성질을 띠고 있다. 이런 조건에서, 기호와 세계의 의미 사이에서 일시적 분리로 나타날 때, (확장된 표현주의 연기처럼) 클로즈업은 결국 기호의 독립적 절차일 뿐이다. 여기서 중요한 것은 등장인물의 깜짝 놀라는 모습이다. 예컨대, 포함되는 동시에 일치하지 않는 인간의 기호는 그 자신의 운명의 세계와 시각적으로 결별한다. 그 결과 기호는 내부에서 비현실적으로 이해되며, 비현실적인 클로즈업 연기는 우리에게 있는 그대로의 기호처럼 제공된다.

무르나우에게 있어서, 자유는 장르 문제의 관점에서 대단히 중요하다. <마지막 웃음>은 코미디인가 멜로드라마인가? 존재의 근원을 이루는 보편적인 평온함 속에서, 영화는 코미디에서 멜로드라마로 혹은 멜로드라마에서 코미디로 상호 관통한다. 그런 이유로 문지기의 여정은 동일한 습관이나 리듬에 따라 기쁨의 과잉 혹은 비탄의 무한함을 나타낼 수 있다. (느리고 다양하게 공간을 채우는 방식이 타티 영화의 장면을 연상시키는) 서민 동네 장면들은 경쾌한 희극과 심각한 비극 사이의 불확실한 경계 지대에 위치하고 있다. 여행용 가방들과 트렁크들(호텔 도어맨과 화장실 관리인 두 벌의 의상처럼 본질적 기호화인 물건)과 관련된 모든 장면은 커다란 기쁨 혹은 깊은 고통일 수 있다. 영화 속의 세계는 대상, 장소, 여정이 서로 대립되는 의미를 지니는 특이한 세계이다. 그러나 영화 밖 세계의 본래 존재는 이런 대립 '이전에' 존재한다. 무르나우의 열정은 '실재적으로' 주어진 것처럼 트렁크, 의상, 거리를 촬영하는 것이다. 그럼으로써 우리는 이것들이 내포하는 의미나 장르적 변화의 아래(혹은 너머)로 표현된다는 것을 알 수 있다.

이것이 바로 이 영화의 명백한 수수께끼를 설명해야 하는 이유이다. 영화의 마지막쯤에서 절대적 추방과 주관적인 죽음의 이미지 바로 다음에 나타나는 영화 전체를 관통하는 거대한 중간 휴지 부분은 마치 찰리 채플린 영화의 가장 웃긴 장면들, 특히 <시티 라이트>(City Lights, 1931)에서 발췌된 것 같은 시퀀스를 선보인다. 중간 휴지 부분은 픽션이 부조화스런 장르의 방식으로 세계의 진실을 포착하는 도구일 뿐이라는 점을 일깨워준다, 여기서 진실은 반대의 장르이지만 동일한 인물과 지점으로 표현 가능하다. '진실은 장르의 문제가 아니다.' 진실은 중립적이다. 왜냐하면, 진실은 세계 자체에 내재하고 있는 빛과 같기 때문이다. 무르나우 영화에서 중요한 것은 바로 이 빛이 드러나는 것이며, 이를 위해 그는 이미지, 기술, 장르의 인위적인 부조화를 배치한다.

무르나우는 영화만이 구축할 수 있는 하나의 테제에 근거하여, 당시의 소재들을 자유롭게 배열한다. 그 결과 세계는 스스로 만들어낸 공포를 감싸고 있는 존재의 은총을 통해 끊임없이 드러난다. 왜 영화인가? 왜냐하면, 이런 감싸기는 빛을 통한 유동성의 감싸기이기 때문이다. <노스페라투>를 보자. 영화에서의 공포는 자체로 증가하는 공포 속에서 빛나는 '아우라'에 의해 문자 그대로 전복된다. 빛나는 아우라는 초원의 황혼과 야생마들이 등장하는 장면에서 시작하여 죽음과 사랑이 동시에 발생하는 햇빛 찬란한 아침에 끝난다.

무르나우의 영화는 '빛의 시간'의 영화이다. 바로 이 점은 <마지막 웃음>에서 동네를 찍은 뛰어난 롱 쇼트로 요약된다. 이 장면은 단지 벽, 지붕, 창문 위로 빛-존재가 지나감을 단지 포착할 뿐이다. 애틀랜틱 호텔 장면에서는 투명한 동시에 닫혀있는 문 안과 언제나 열려있는 문 밖 간의 작용이 있다. 문지기는 투명성과 문밖 세계 사이에서 순환하는 기호이며 중개자이다.

무르나우는 움직임의 이런 포착, 즉 열려 있는 것의 고요한 무관심을 통해 닫혀 있는 것을 잘 표현하는데, 가장 훌륭한 장면을 <일출>(Sunrise, 1927)에서 보여준다. 이번에도 역시 전체 이야기에서 따로 떨어진 시퀀스로 도시로 향하는 전철만이 있고, 전철의 움직임 그 자체와 전철의 느린 선회는 부동성과 영원성을 향해 가는 것을 보여준다.

무르나우에게서, 흑백의 대비라는 차이 속에서 가시적으로 드러나는 것은 물질의 영화적 구성이 아니다. 흑백의 대비는 모든 것이 비물질성에서 비롯된 시각적으로 주어진 것을 통해 드러나는 것이다.

≪영화 예술≫, 1997년 여름호.

18 사건의 출현에 대한 사유[1]

당신의 개인적이고 지적인 여정에서 68혁명은 어떤 자리를 차지하는가?

나의 삶에서 68년, 더 정확히 말해 68년 이후의 몇 년은 아주 중요하다. 거기에는 세 가지 이유가 있다고 생각한다. 첫째, 68혁명은 구조주의라고 명명되었던 치열한 지적 활동의 시기에, 예컨대 알튀세르(Louis Althusser)의 중요한 발언과 라캉(Jacques Lacan)의 세미나가 행해졌던 시기에 돌발적으로 발생했다. 동시에 당시는 정치적으로 상당한 침체의 시기였다. 드골주의가 자리를 잡았고, 경제는 성장이라고 불리던 시기를 통과하고 있었으며, 드골에 반대하는 세력은 아주 초라했다. 그리고 지적 열광에 비해 상대적인 정치적 침체라는 둘 사이의 대립은 나에게 고통스럽고도 역설적이었다. 왜냐하면, 계속되는 정치적 대의들에 대해 나는 어느 정도 지속적인 방식으로 항상 참여했기 때문이다. 이런 정치적 대의들 가운데 바로 가장 먼저 발생한 것이 알제리 독립전쟁[2]이었다. 68혁명은 알제리 독립전쟁의 종전과 위대한 '붉은 시대' 사이의 정치적

---

1 엠마뉴엘 뷔르도(Emmanuel Burdeau)와 프랑수와 라몬(Francois Ramone)과의 인터뷰.

2 [역주] 1954년부터 1962년 동안 벌어진 당시 프랑스 식민지였던 알제리의 독립전쟁.

공백기에 돌발적으로 발생했다. 68혁명은 지적 구축과 정치적 표상 사이의 단절로 우리가 위협을 받고 있던 순간에 마치 행운 내지는 역사적이고 정치적인 은총처럼 일어났다.

둘째, 내가 탈위치화 혹은 이동이라고 부르는 것이 있다. 68혁명이 시작되기 전까지 지식인들 심지어 참여적 지식인들도 지식인들 자신들만의 장소에서 혹은 공산당과 함께하는 틀 속에서 정치적 문제를 다루었다. 그러나 공산당 동조자는 그 자신이 있던 자리에 머물러 있었고, 자신의 장소에서만 문제를 다루었다. 이에 반해 68년 5월은 탈위치화와 여정, 즉 다른 장소, 다른 지시 대상, 다른 교섭 대상인 노동자, 시장 상인, 일반 민중 등의 정치 참여를 제시했다.

셋째 이유는 68년 5월이 중국과 소련의 격렬한 정치-이데올로기적 긴장과 더불어 사회주의 진영 전체와 관련된 중대한 위기, 대립, 논쟁과 맞물려 있었기 때문이다. 68년 5월은 어떤 움직임의 시작, 즉 사회주의 국가들의 의미가 변형되는 시작이었다. 68년 5월은 1980년대 사회주의 국가들의 붕괴까지 연결되는 매우 긴 역사이다. 나는 이 세 가지 논점에 푹 빠져있었고, 변혁의 시기에 있었다. 내 자신의 표현방식이나 적어도 나와 연관된 68혁명의 시기는 실제로 하나의 사건처럼 기능하였고, 모든 예상을 넘어서 대규모로 발생한 어떤 것이다. 예컨대, 장소와 사람들을 변화시키고, 사유의 새로운 상황을 제시했다.

방금 설명한 모든 것과 관련해서, 당신은 개인적으로 어떤 방식으로 참여했는가?

68년 5월의 사건이 돌발적으로 발생했을 때, 나는 랭스(Reims)에서 교사로 재직하고 있었다. 그래서 나의 참여는 일정 부분 주변부에 머물렀다고 할 수 있다. 지방이었기에, 어렴풋이 반영되거나 뒤처진 사건들만을 겪었다. 나는 랭스에서의 학생 시위와 쇼송(Chausson)[3], 시트로엥 파업 등 당시 랭스에서 파업을 하고 있는 공장 노동자들과 학생들 간의 만남에 참여했고, 이 만남을 조직하기도 했다. 가끔은 상황을 알아보고, 대규모 시위에 참여하기 위해 파리에 갔다. 나는 공산주의와도 트로츠키주의자[4]와도, 그 어떤 새로운 정치 집단과도 관계를 맺지 않았다. 당시에 나는 통합사회당(PSU)[5] 소속이었고, 당의 창립에도 참여했다. 주지하다시피, 당시의 통합사회당은 길가의 주막 같은 곳이어서 모든 분파가 모습을 드러냈다. 내가 68년 5월에 참여한 것은 사회 운동 활동가로서의 참여 그 이상은 아니었다. 그 이후에는 사정이 다른데, 왜냐하면 1969년에 파리 근교의 벵센느 대학에 교수로 임명되었기 때문이다. 따라서 1969년부터는 파리에 있었다. 당시 벵센느 대학은 모든 정치적 집단이 격렬하게 활동하는 곳이었다. 다른 이유로 뿔뿔이 흩어진 통합사회당과의 관계를 끊은 곳이 벵센느 대학이었고, 나는 친구들과 함께 특별한 마오이즘 집단인 '마르크스-레닌주의 프랑스 공산주의 연맹'[6]을 창설했다. 그리고 아주 오랫동안 나는 지속적이며 극단적으로 사회 참여의 시기에 빠져있었다. 오직 정치에만 몰두했다. 우리는 스스로를 레닌의 의미에서 직업 혁명가는 아니더라도 적어도 거의 상근 정치 활동가로 생각했다. 우리는 각종 모임과 다양한 토론에 참여하며 하루하루를 보냈고,

---

3 [역주] 쇼송(Société des usines Chausson)은 푸조와 르노에 차량을 납품하는 자동차 회사.

4 [역주] 러시아 혁명가이자 정치가인 레온 트로츠키(Léon Trotski, 1879~1940)의 이데올로기를 따르는 공산주의 활동가를 가리킨다.

5 [역주] 통합사회당(PSU : Parti socialiste unifié)은 1960년에 만들어진 정당으로 1989년 해산하였다. 정치적으로 프랑스 공산당과 노동자 인터내셔널 프랑스 지부(SFIO)의 중간에 위치했다.

6 [역주] UCFML-Union des communistes de France marxiste-léniniste (1969~1985).

파리뿐만 아니라 지방에도 갔다. 내가 랭스에서 머물던 때의 교육자 겸 지식인의 삶에 비교해보면, 나의 삶 자체가 변했다.

왜 68 사건과 마오주의자로의 전환 사이에 체계적인 연관이 있는가?

마오주의자로 전환 혹은 마오주의자적 기준의 채택은 많은 이들에게 이 시기의 결과 가운데 하나였다. 그렇긴 하지만 이 모든 일은 68혁명 이전에 발생했다는 것을 반드시 기억해야 한다. 당시 두 개의 중요한 분파가 있었는데, 그중 하나인 공산주의 학생들은 마르크스-레닌주의 공산주의 청년 연맹(UJCML)[7]을, 다른 하나인 공산당의 소규모 집단은 프랑스 마르크스-레닌주의 공산당(PCMLF)[8]을 만들었다. 아주 상이하며 심지어는 서로 반목하던 두 마오주의 조직은 1966년에서 1967년에 시작되었다. 한편으로는 중국과 소련의 분열과 문화대혁명으로부터, 또 다른 한편으로는 좀 더 활동가적인 시선, 특히 마르크스-레닌주의 공산주의 청년 연맹의 경우에는 베트남에 대한 지원에 관련된 참여 형태들로부터 직접적으로 만들어졌다. '기초 베트남 위원회'[9]는 과거의 유산과 단절하는 정치 방식과 분명하게 탈위치화를 실천하는 새로운 형태의 첫 번째 활동가 조직이었다. 베트남 민중을 지원하는 데 참여하기로 결심한, 특히 서민이 사는 동네에서 이 일을 하려고 한 사람들을 재편성한 '기초

---

7 [역주] UJCML(Union des jeunesses communistes marxistes-léninistes). 줄여서 UJ라고 불린다. 공산주의 학생 연맹(UEC : Union des étudiants communistes)에서 축출된 활동가 집단에 의해 1966년 12월 10일 만들어진 마오이즘 조직이다. 주로 고등사범학교(École normale supérieure)에 뿌리를 내린 조직이다.

8 [역주] PCMLF(Parti communiste marxiste-léniniste de France)는 1967년 12월 31일 창립된 마오이즘 경향의 정당으로 주로 중국공산당의 입장에 동조하였고, 68년의 대학생과 고등학생의 운동을 긍정적으로 여겼다.

9 [역주] CVB(les Comités Viêtnam de base)는 미 제국주의에 대항하여 청년들의 공동 전선을 건설하고 혁명적 지식인들을 구성하기 위해 만들어진 조직이다.

베트남 위원회'의 역사는 이미 68년 이전으로 거슬러 올라간다. 프랑스에서 마오이즘의 수립은 68혁명으로 크게 확대되었지만, 진정한 근원은 공간적으로는 다른 곳에, 시간적으로는 좀 더 이전에 있었다. 프랑스에서 마오이즘이 확산되는데 있어서 준비된 간부들이 있었고, 그들은 중소 분쟁과 1965년부터 시작된 문화대혁명으로부터 적지 않은 교훈을 끌어냈다.

어떤 측면에서 68혁명이 사건으로 발전하였는가 그리고 단절의 기능을 했는가?

68혁명은 그 누구도 예상하지 못했다는 관점에서, 또한 흐름마저 아주 이상한 사건이다. 모든 일은 낭테르 대학에서 일어난 작은 소동과[10] 이와 연관된 일련의 사건으로 시작되었다. 일련의 사건에 대한 정부의 서투름과 난폭함으로 인해 (서사시의 예술적 형태까지 포함해서) 대학 사회에 불을 붙였다. 예를 들면 바리케이드, 도로, 19세기 파리 봉기의 모든 반향, 운동의 확대에 기여했던 아주 강한 역사적인 모든 상상이 불길처럼 일어났다. 이어서 프랑스 공산당, 노동조합, 노동과 대중 분야의 전통적 세력들이 나타날 수 있도록 했다는 의미에서 다양한 의미로 해석될 수 있는 노동자적 과정이 덧붙여졌고, 바로 이것이 새로운 상황을 만들었다.

---

10 [역주] 1968년 5월 2일 낭테르 대학에서 '반제국주의 날' 행사가 열린다. 이 행사의 여파로 사회주의 학생 조직 '3월 22일 운동' 그룹에 반대하던 역사학자이자 정치가인 르네 레몽(René Rémond)의 수업이 중단된다. 결국, 대학의 학장인 피에르 그라팽(Pierre Grappin)이 휴교를 결정하고 이것이 다음날부터 벌어지는 파리 소리본 대학과 라탱 거리에서의 비판 운동의 확산을 초래하고 결국은 68의 시작이 된다.

68 사건의 성격은 예전에 보여주지 못한 창조성이 그날그날 만들어져야 하는 운동의 역량처럼 한 달 동안에 발전했던 사실에서 이해될 수는 없는가?

그것이 모든 진정한 사건의 본질적 특징 가운데 하나이다. 한편에서는 전통적 형태와 유형에 연관된 예술적 활동이 일시적으로 중단되었다. 다른 한 편에서는 반대로 보편적 창의성은 자유롭게 발휘되었고, 활동가적 형태 전체에 널리 퍼졌다. 이 보편적 창의성은 포스터의 새로운 양식으로 표현되었다. 이 양식은 중국의 대형 벽보인 대자보에서 영감을 받았지만 68 사건에서 독특한 표현양식을 발견했다. 형태의 혁신이 비록 이 사건에 반대해서 작동할 가능성이 있을지 모르지만, 혁신이 최고조에 도달했을 때 시위의 형태(시위의 슬로건, 시위에 쓰이는 물건들, 시위를 장식하는 것)마저도 변형시키는 이런 역량은 필연적으로 창의성에 해당한다.

68이 발생한 바로 그 순간에 하나의 역사적 사건에 직면해 있다는 것을 사람들은 깨달았는가?

완전히 명백하면서도 막연한 어떤 것이 동시에 모든 사람에게 있었다. 그래서 조금은 불안하고 주관적인 커다란 긴장상태의 시기였다. 때때로 사람들은 자신의 한계 상황에까지 갔다. 이것은 이 사건이 있는 그대로 이해되는 데에 시간이 걸렸다는 것과 관계가 있다. 이 사건이 미치는 영향력 문제, 이 사건에 충실하다는 것이 의미하는 바가 무엇인가의 문제는 부분적으로 무조건적인 작업이었다. 어떤 새로운 일이 일어나고 있다는 인식이 널리 퍼져 있었지만, 이 새로움을 과거의 표현 방식으로 명명하고자 하는 시도 또한 강렬했다. 우리가 언급하는 창의성은 명백했지만 완벽하게 정치적으로 구성된 창의성은 아니었다. 정확히 무슨 일이 벌어지고 있었을까? 어떤 이들은 68은 혁명의 구조였으며 결국 인민이 권력을 쟁취할 것으로 생각했다. 트로츠키 그룹은 마치 1905년 사건[11]이 러시아 10월 혁명의 1917년의 리허설이었던 것과 마찬가지로 68을 혁명의 리허설이라고 생각했다. 또 다른 사람들은 우리와 같은 마오주의자의 관점에서 68혁명을 새로운 정치 여정의 시초, 어떤 대장정의 시작이라고 생각했다. 당시에는 상황이 이상했던 것만큼 대립과 모호함이 있었다. 한편으로는 새로운 주관적 사실이 있었고, 또 다른 한편으로 정부는 여전히 태연하게 국정을 유지하고 있었다. 6월이 되자 선거[12]는 견고하고 확고한 반동적 집권당을 탄생시키는 원인이 되었다. 국가의 상황은 안정적이었다. 바로 여기에서 모호함이 발생한다. 아주 생명력이 강한 사회의 몇몇 소수파들에게 국한된 활동과 국가 상황의 안정적인 지속이 뚜렷하게 대비됐다.

『철학을 위한 선언』(Manifeste pour la philosophie)에서 당신은 1965년에서 1980년 사이의 시기에 관련하여 "모호한 사건의 연속"이라고 정확하게 언급했다. 그것은 무엇에 관한 문제였는가?

15년 혹은 20년의 시간 동안 엄청나게 중요한 많은 사건과 대단히 중요한 큰 규모의 대중 참여들이 발생했던 상당히 긴 연속적 사건들이 있었다. 예컨대, 문화대혁명(文化大革命), 68년 5월, 뒤이어 이탈리아에서 일어난 정치적 운동과 같은 일련의 사건, 웨더맨(Weathermen)[13] 혹은 블랙 판다(Black Panthers)[14]같은 미국의 급진 운동들, 이란 혁명이나 폴란

---

11 [역주] 1905년 1월 22일 러시아의 상트페테르부르크에서 발생한 '피의 일요일'로 상징되는 사건.

12 [역주] 1968년 6월 23일에서 30일까지 있었던 프랑스 국회의원 선거로 드골주의를 표방하는 프랑스공화국연합과 연합세력이 압도적 과반을 확보했다.

13 [역주] 반제국주의와 반인종주의를 표방하면서 1970년대 활동한 미국의 극좌 테러 조직.

드 사건 등이 있었다. 그렇지만 이 사건들을 한데 묶거나 일련의 사건이 어떤 연속적인 사건이라고 정확하게 말할 수 없다. 이 사건들은 제국주의 국가와 사회주의 국가라는 이전의 투박한 구분과 얽혀 있지만, 사건들이 이 구분과 일치하거나 명확해지는 것은 아니다. 이런 복잡함 때문에, 오늘날에도 여전히 명확히 명명할 수 없는 사건의 불분명한 시대였다. 개인적으로 모든 것을 통해 가장 중요한 것은 그 어떤 외형적 잡다함을 막론하고 정치에 대한 질문 그 자체라는 것을 말하고 싶다. 정치란 무엇인가? 만일 정치가 계급투쟁의 혁명적 형태라는 고전적 마르크스주의의 이념이 명백하게 포화상태에 도달했다면, 정치란 무엇인가?

1980년 이후는 사건이 발생하지 않는 시기라고 할 수 있는가? 우리는 쇠퇴의 시기를 통과하고 있는가?

나는 밀물-썰물 논리의 열렬한 신봉자는 아니다. 왜냐하면, 이 논리는 정치의 역사성에 너무나도 큰 해양적 비전을 부여하기 때문이다. 역사를 통해 볼 때 혁명의 시대와 반혁명의 시대가 차례로 일어나는 것은 새로운 일이 아니다. 이것은 실제 사건의 갑작스러운 출현의 불안정한 성격과 연관된 현상이다. 그러므로 그것은 별로 내 관심사가 아니다. 1980년 이후 무슨 일이 일어났는가? 상황에 관련된 아주 오래된 제도가 무너졌지만, 그 이전의 시기에 돌발적으로 생긴 정치적 혁신들을 재개하거나 변경하기 위한 움직임은 없었다. 우리는 자본의 범지구적 확산과 일종의 안정화가 지배하는 시대에 살고 있다. 특정한 사실과 연관된 활성화가 없다는 사실에 대해 특별한 설명을 찾을 필요는 없다. 결과적으로 우리

---

14 [역주] 흑인의 정당한 권리를 요구하며 1966년에서 1980년까지 활동한 미국의 흑인 결사 조직.

가 할 수 있는 최선은 이전의 연속적인 사건과 그 사건의 새로움을 재조직하는 데 있어 최소한의 충실함을 가지고 지적이고 실제적인 형식을 만드는 것이다. 앞에서 내가 말했던 것처럼 마오주의에 관련된 최초의 발의였던 '기초 베트남 위원회들'을 비롯한 몇 가지는 68혁명 이전의 일이다. 이 위원회들은 다른 곳에서 자급자족했고, 68사건 그 자체에 어떤 수용의 틀을 주었다. 우리는 이런 종류의 상황 속에 놓여있다. 가끔 나는 현재 우리의 상황이 1840년대[15]와 비교될 수 있는지 자문하곤 한다. 프랑스 대혁명의 즉각적 효과들이 포화되거나 끝난 것과 마찬가지로 하나의 주기가 완결되었다. 따라서 다른 사건이 발생하려고 하고, 그것은 부분적으로는 예측 불가능하지만, 오늘날에도 흔적은 남아 있다. 실제로, 상황은 1995년 겨울의 파업[16]이후 이전과 같지 않다. 1995년 이후에는 일종의 상황에 대한 주관적 변화가 있었다. 이 변화는 자유주의에 대한 저항, 공공 서비스의 개념 그리고 평범한 노동자는 중요하고 인정되어야 하며 결코 아무것도 아닌 것처럼 취급되어서는 안 된다는 생각 위주로, 아주 모호한 방법으로 구성된 파업에 의해 시작되었다. 뒤이어 불법체류자에 관련해서는 생-베르나르 성당(Église Saint-Bernard)점거[17]에서부터 오늘날까지 이르게 된다. 그리고 마지막으로 실업자 운동은 형태와 구호를 여전히 찾고 있다. 우리는 잠재적인 특정한 사건의 틀이

15 [역주] 1815년 비엔나 회의의 직접적 영향을 받아 유럽을 관통한 혁명의 전성기로 '민중의 봄' 혹은 '혁명의 봄'이라고 불린다.

16 [역주] 당시 수상인 알랭 쥐페의 사회복지제도 개혁에 반대하며 1995년 11월 24일부터 시작된 철도 노조원들의 파업은 이후 전국적 사회 운동으로 번져 공공부문을 포함한 총파업으로 12월 18일까지 지속되었다. 이후 알랭 쥐페는 법안을 포기한다.

17 [역주] 1996년 6월 28일 불법체류 상태의 외국인 삼백 명이 합법적 체류를 요구하며 성당을 점거하기 시작했다. 8월 23일 경찰이 성당에 투입됐고 이날은 프랑스에서 비합법 상태에 있는 외국인 운동에 있어 중요한 순간이다.

만들어지는 시기에 있다. 위에 열거한 각종 사회 운동은 단어의 철학적 의미에서의 사건은 아니지만, 최소한 이것은 어떤 일이 벌어질 것이라고 발언함으로써 우리가 설명할 수 있는 불안정한 분야와 부분적 운동을 만드는 것이다.

이야기를 68혁명으로 다시 되돌려보겠다. 당신에게 있어 68 사건은 당신의 사건 이론을 확립하기 위한 하나의 패러다임이 되었는가?

이 문제에 관해서, 철학은 그 철학자의 전기 그 이상 무엇도 아니라는 니체의 유명한 경구를 거론해야 할지도 모르겠다. 사건 개념에 대한 중요성은 내가 주관적으로 경험했던 것에 의존할 가능성이 실제로 크다. 이것이 중요한 역할을 한다. 이전에는 나를 포함한 모든 사람이 사건보다는 오히려 구조를 지지했던 것이 사실이다.

이 점에 관련하여 최근에 파스칼 보니체(Pascal Bonitzer)는 ≪카이에 뒤 시네마≫에서 당신의 마오이즘이 1970년대 초반에 하나의 기준이었다고 언급하였다. 그와는 반대로 당시의 ≪카이에 뒤 시네마≫는 편집에 대한 정확한 분석을 통해 구체화되는 구조주의에 깊은 영향을, 특히 라캉과 알튀세르에게 영향을 받았다. 당신과 ≪카이에 뒤 시네마≫의 연관성은 무엇인가?

지성의 역사는 대단히 복잡하다. 문자 그대로 이전에 구조주의자였던 인물들이 이후에 바로 급진적 마오주의자가 되었다. 특정 사실과 연관된 변화 역시 동일하다. 라캉주의자들과 알튀세르주의자들은 마오주의자였다. 물론 이것은 역설적으로 보인다. 왜냐하면, 알튀세르와 라캉을 읽다 보면 그들의 경향은 사건 중심적이거나 사회 참여적이기보다는 오히려 구조주의적, 과학 만능주의적, 실증주의적이라는 인상을 받기 때문이다. 사정은 조금 더 복잡하다. 라캉과 알튀세르는 지적 능력의 보호 아래 급진적인 재창조적 단절로 스스로를 소개한다. 내용은 아마도 구조주의적이겠지만 사유의 진행은 거의 사건 중심적이다. 공산당 내부의 주도적인 경향에 반하여, 알튀세르는 마르크스 읽기, 마르크스주의 그리고 결국 정치의 공간을 다시 세우려고 했다. 라캉과 동일하게 알튀세르는 '프로이트로 회귀'라는 슬로건을 통해 미국적 정신분석 체제에 반대하는 투쟁에 착수했다. 이것이 단절의 두 가지 행위이다. 그래서 혁명의 미덕에 가장 예민한 사람들이 알튀세르에게서 자신들과 닮은 점을 발견한 것이고, 동시에 정신분석학에 흥미를 느낀 사람들이 라캉에게서 자신들과 닮은 점을 발견한 것이다. ≪카이에 뒤 시네마≫와 의견을 달리하는 많은 사람의 입장은 바로 이런 점에 영향을 받았고, 그 결과 ≪카이에 뒤 시네마≫에서 구조주의적 나아가 형식주의적 경향 그리고 단절과 극단적인 정치적 참여에 대한 의지를 동시에 읽을 수 있는 것이다.

구체적으로 당시 당신은 지식인과 정치 무대에서 어떤 모습을 보였기에 ≪카이에 뒤 시네마≫의 관계자들이 당신을 보고자 했는가?

≪마르크스-레닌 학술지≫에 게재된, 1967년에 쓴 미학적 과정의 본질에 관한 한 편의 글이 ≪카이에 뒤 시네마≫와 연결된다. 이 글은 어느 정도 지지를 얻었다. 제목은 「미학적 과정의 자율성」이다. 게다가 글 일부가 고다르의 <중국 여인>(La Chinoise, 1967)에 인용되었다. ≪카이에 뒤 시네마≫ 관계자들은 미학적 범주를 찾고자 했기 때문에 이 글을 통해 ≪카이에≫와 나는 연결되었다. 나는 68혁명 이후에는 수많은 사람이 드나드는 뱅센느 집단에 속해 있었다. 나중에는 「모순 이론」을 비롯한 여러 글을 발표했다.

68 사건에 충실하다는 것이 오늘날 어떤 의미가 있는지에 대한 질문을 던지고 싶다. 그리고 무엇보다 당신이 68에 충실했다는 점은 여전히 문제가 되는가?

비록 정치적 실천의 모습과 형태가 완전히 다름에도 불구하고, 68의 충실성에 대한 질문은 여전히 내게 있어 주관적 현실이다. 이 충실성은 대단히 명확한 논점들에 기반을 두고 있다. 첫째, 자율적 정치의 측면에서 보면 국가와 거리를 두는 한에서만 실제로 해방과 정치가 가능하다는 것이다. 철학적으로 이것은 내가 상황의 국가라고 부르는 것과 반드시 거리를 두어야 한다고 말하는 데까지 가게 된다. 국가와 거리를 두는 것이 의미하는 바는 정치의 고유한 쟁점이 직접적 방식으로 권력의 문제가 될 수 없다는 것이다. 이것은 구체적으로 선거 과정에 경쟁의 방식으로 참여하지 않는다는 것을 의미한다. 정치는 조직체에서나 행위에서 반드시 철저한 독립성을 가져야만 한다. 내가 정치적 거리에서의 필요성이라고 명명하는 것이 바로 이것이다. 의회주의 정부 형태의 상황에서 정치는 자신만의 고유한 거리를 만들어 낼 수 있을 때에만 구성될 수 있다. 68의 계보에서 바로 이런 정치가 창조되었다. 의회주의 정부가 구상하고 요구한 것 중에서 구체화되거나 표현되지 않은 중요한 정치적 행위들은 무엇인가? 이것은 또한 국가 조직의 한 분야, 즉 노동조합 기구 전체로 확장된다. 지역적 저항을 하는 조직들의 형태가 자신들의 각종 요구와 관련된 제도적인 경로들에 대해 거리를 둘 때에만, 정치는 존재한다. 68이 제시한 이 원칙은 상황이 어찌 되었든 간에 남아 있다.

둘째, 노동자 계급과 대중의 최소한이 참여한다는 조건에서만 정치가 존재한다. 해당 계급들을 정확하게 구분하는 것은 아니지만, 정당들을 대표하는 객관적 그룹들을 가리키는 정치라는 의미에서 이런 구성은 아마도 그 자체로 대의적이다. 그러나 경험상, 대중적이거나 노동자적인 모든 형상이 정치적 공간에서 부재하는 순간 자유주의적인 부르주아의 정치 주도권이 수립된다. 이 두 가지 논점은 계속해서 유효하다. 이런 의미에서 두 쟁점이 68정신에 충실하다.

당신의 저서 『정치를 사유할 수 있는가?』에서 나오는 당신 사유의 격언들 가운데 ‘정치는 예외적이다’ 혹은 ‘모든 것이 정치가 아니다’가 있다. 이와는 반대로 68시기의 가장 유명한 슬로건은 ‘모든 것이 정치이다.’ 그렇다면 우리가 68혁명을 제대로 이해하지 못한 것인가?

68시대는 정치의 문제이기보다는 오히려 정치의 이념에 대한 문제였다. 68은 자신에게 적합했던 정치를 직접적으로 만들어내지 않은 하나의 거대한 어떤 것이다. 그때는 무엇보다도 이데올로기 투쟁의 시대였다. 정치의 새로운 모습을 안정시키는 것보다는 대표자 체계를 지탱하고 심지어 극단적이고 폭력적인 행위, 조직, 참여가 있는 것을, 나는 이념적 투쟁주의라고 부른다. 엄청나게 복잡하고 시간이 지나면 드러나게 될 모든 문제는 이런 이념주의를 포기하는 데 있다. 이 이념주의는 과거의 정치와 단절을 유지하면서도 당신이 말한 ‘모든 것이 정치이다.’, ‘일상이 정치이다.’, ‘성(性)은 정치이다.’, ‘예술은 정치이다.’ 등처럼 기만적인 동시에 마음을 끄는 표현에 속하기도 한다. 실제로 68은 스스로가 정치적인 연속적 사건을 구성하는 것이 아니라 정치에 대한 하나의 재발견이라는 물음을 던지고 있다. 의심의 여지 없이 바로 이런 점 때문에 68에 대한 명칭이 현재까지도 유보된 것이다. 전면에 드러난 몇몇 주제들 역시 마찬가지이다. 이 주제들은 대학생들의 공장 진출, 농촌에서의 조사, 노동자 가정과 도시 외곽 지역에서의 체류 그리고 반대로 대학캠퍼스 안에서의 노동자들의 체류가 주된 모습인 탈위치화하는 여정들이 있는 한에서만 정치가 존재한다는 것으로 나타난다.

당신은 정치와 예술을 완전히 명확하게 나누고 있다. 하나의 사건은 정치적이거나 예술적(혹은 학문적 또는 애정적)이라고 언급했다. 그렇다면 하나의 정치적 사건에 대해 예술적 충실함을 말하는 것이 적절한가?

예술적 절차는 정치적 절차와 연관된 자율성을 보장받아야 한다. 그러나 이런 자율성은 두 가지 방식으로 숨겨질 수 있다. 하나는 '모든 것이 정치이다'처럼 완전히 다른 것들이 정치적으로 동일하다는 상당히 애매한 방식을 보이는 68 이후 나타난 이념적 주제이고, 또 다른 하나는 정치적 필요성에 미학적 생산을 종속시키는 것이다. 내가 아는 한에 있어서 이런 일이 일어났을 때 정치적 필요성이란 실제로 국가적 필요성이다. 주지하다시피, 정확한 정치적 처방과 국가적 처방 사이에서의 혼동은 나에게 없다. 예술이 정치가 아니라 국가에 복종한다는 의미가 무엇인지 나는 잘 알고 있다. 예술은 창조의 과정이고, 정치 또한 창조의 과정이다. 예술과 정치를 이런 방식으로 해석한다면, 하나가 다른 하나보다 우위에 있는 관계로 생각할 필요가 없다. 정치적 권위는 단지 그 자체로 정치적 권위일 뿐이다.

예술 그 자체는 어떤 것의 진실을 파악하려고 시도한다. 따라서 예술은 상황에 따라 실행되고, 동시대의 예술이 되는 것에 관심이 많거나 혹은 동시대의 예술이 되는 것이 요구된다. 68 이후의 진정한 질문은 현재 일어나고 있는 어떤 일에 대해 실질적으로 동시대적인 예술은 무엇인가라는 것이다. 그리고 또 다른 질문은 현재 일어나는 일이 정치적 이념에 속하는 것이라면, 이 모든 것에 대해 생생한 동시대성 속에 있는 것을 받아들이는 예술은 무엇인가이다. 이것은 고다르에게서 볼 수 있는 관심사이다. 고다르는 그의 여정의 몇몇 극단을 제외하고는 정치적 필요성에 자신의 예술을 종속시키지 않는다. 고다르는 오히려 그의 영화들이 현실에 개입하도록 노력하고, 영화에서 동시대성이 드러낼 수 있도록 한다. <중국 여인>이라는 68 이전의 예를 보자. 이 영화는 마오주의자의 영화도 마오이즘에 관한 영화도 아니다. 마오주의에 대한 모호한 시선 때문에, 마오주의자들은 이 영화에 대해 전혀 만족하지 않았다. <중국

여인>은 그저 마오이즘이 만들어진 것이 동시대라는 것을 격렬한 어조로 주장한다. 고다르는 이런 동시대성으로부터 나의 예술은 무엇을 만들어내는가라고 자문할 뿐이다.

당시 영화와 영화 비평에 대한 당신의 관심의 본질은 무엇이었는가?

우선 부정적인 면부터 보면, 우리는 예술 역시 의견의 분열이 양산되는 무대라는 보편적인 생각에 민감했다. 또한, 우리가 속한 동시대성과는 다른 이질적이고 반동적인 예술이 존재했다는 사실에 예민했다. 그래서 나는 1972년에서 1973년 무렵에 벼락 집단에 참여했다. 이 집단은 영화와 연극에 개입했고, 주된 활동은 논쟁이었다. 이 집단은 문화나 예술인 것처럼 스스로를 소개하는 (우리가 반혁명적, 반동적이라고 판단했던) 작품들을 고발했다. 우리의 활동은 때때로 과격한 형태를 띠기도 했다. 벼락 집단은 <라콩브 루시앙>, <비엔나 호텔의 야간 배달부>와 같이 우리가 '복고풍' 경향이라고 부른, 레지스탕스에 관련해 부분적으로 재검토가 필요한 영화에 대해 매우 공격적이었다. <슬픔과 동정>(Le Chagrin et la Pitié, 1969)[18]에 대해 언급하지 않은 것은 이 영화를 전혀 좋아하지 않았기 때문이다. 당시에 모든 사람이 공산주의자였다거나 또는 아주 우연히 이편 혹은 저편에 있게 되었다는 사실을 핑계로 레지스탕스의 주관성을 문제 삼는 영화들이 있었다. 레지스탕스에 관한 이념적이고 역사적인 주제가 강렬하게 요구되었다. 우리가 우리들의 선구자, 다시 말해 자신들의 고유한 이름으로 대립의 논리에 참여하려는 사람을 프랑스에서 찾으려 했을 때, 레지스탕스 혹은 알제리 전쟁에 대해 저항했던 사람들은 우리의 기준이 되었다.

---

[18] [역주] 마르셀 오필스가 1969년에 연출한 레지스탕스에 관한 다큐멘터리.

<원더 공장에서의 조업 재개>(La Reprise du travail aux usines Wonder, 1968)에서의 사회 참여적 성격의 탐험들에 관한 몇몇 영화들, 그리고 중국 혹은 소비에트의 혁명적 영화처럼, 사회 참여적 활동에 곧바로 포함되는 직접적 사회 참여 영화를 자연스럽게 제외하면, 예술 작품에서 정치적 통합에 대한 기억은 없다. 정치적으로 많은 일이 있었던 중요한 시기가 예술 작품들을 제작하는 데 유리한 상황이었는지, 나는 자문하곤 한다. 내가 여기에서 말하고자 하는 것은 조금은 골치 아프겠지만 이해할 수 있는 것이다. 상황의 강력함은 가장 최상의 정신들이 아주 강력한 정치적 요청의 수면 아래에 있었다는 것이다.

정치와 예술의 관련성에 관한 우리의 질문이 약간 다른 방향으로 향했다. 종속관계를 제외한다면 정치적 유형의 사건과 그 사건의 예술적 반향 사이에서 변화의 본질은 무엇인가?

내가 동시대성이라고 부르는 것 이외의 다른 어떤 부류에서도 중재역할을 보지 못했다. 일반적으로 예술은 감성의 구성을 의미하고, 그 구성 안에서 스스로의 사건과 리듬을 따르며 자기 자신의 역사성을 생산한다. 다른 한편으로 동시대성의 질문은 먼저 예술의 상황에 대해, 나아가 더 넓은 동시대성과 관련되어 계속해서 제기된다. 직접적인 변화가 아니라 동시대성이 문제가 된다. 1971년의 그 어떤 감독을 택해도 이런 질문을 피할 수 있는 사람은 없을 것이다. 68 이후에는 현재 벌어지고 있는 일이 대단하다고 여기는 사람들과 그 일이 끔찍한 일이고 반드시 멈춰야 한다고 생각하는 사람들 사이의 근본적이고 대단히 강력한 분열이 이뤄진다.

동시대성에 대한 관심은 충실성이라는 혹은 다른 이름을 갖는가?

내게 있어 충실성은 기술적 의미이다. 만약 충실성이라는 단어를 사용하기를 원한다면 그럴 수 있다. 어찌 되었든 예술가는 자신의 주관적 선택에 관해서 최소한의 충실성을 강요받는다. 정신분열증적 상황에 빠지는 것 외에는 예술가에게 다른 방법은 없다. 이런 책무는 동시에 연속적이고, 사회적 요구가 전반적이고 필연적으로 오랫동안 지속된다. 결국, 1970년, 1971년, 1972년의 시기에 대해 일반적인 정의를 내리자면, 당시는 모든 사람이 극좌파 아니면 반-극좌파였다. 둘 사이에 중간 지대는 결코 없었다. 또한, 이런 것이 정치적인 성격의 사건이었고, 둘 중 하나가 되는 일은 모든 사람에게 해당되었다. 단순히 어떤 문제가 있는 것이 아니라 동시대성의 명령이 있었다. 학문적 혹은 예술적 사건들의 경우에는 달랐다.

상황을 새롭게 다른 방향에서 보기 위해서, 예술에서 철학까지 어떤 순서로 한 영역에서 다른 영역으로의 반향이 일어나는가? 예를 들어 당신은 ≪영화 예술≫에서 쓴 무르나우의 <마지막 웃음>에 관한 글에서 '둘(Deux)'의 갑작스러운 출현에서만 정치가(혹은 사랑이) 가능하다며 당신의 중심 개념 중의 하나인 '둘'을 언급했다.

물론 예술은 나의 지적 능력의 형성에 기여했다. 내게 있어 예술은 철학의 조건 중 하나이다. 주관성을 갈고 닦는 데 있어 예술적 경험은 큰 역할을 한다. 왜냐하면, 예술적 경험은 마치 일종의 침투처럼 작용하기 때문이다. 예술은 예술 고유의 욕망의 일반적 구조에 대한 효과인 예술의 강력한 무의식적 효과가 있다. 왜 혁명 이후의 정부들은 예술을 이처럼 감시하는가? 이런 정부들을 공포 정치를 하는 정부라고 치부할 수 있겠지만, 이렇게 해서는 결코 문제를 해결할 수 없다. 아주 간단히 말해 정부들은 정확하게 예술의 효과를, 예술 효과의 진가를 알아봤다. 예술은 그것을 접하는 사람들에게는 막대한 효과가 있다. 비록 그들이 소수일지라도 이런 사실은 전혀 중요하지 않다. 왜냐하면, 중요한 것은 항상 소수의 사람에 의해 시작된다는 것을 우리가 잘 알고 있기 때문이다.

예컨대, 당신에게 누벨바그 영화는 작품의 내용과 별개로 중요한가?

그렇다. 누벨바그 영화는 연속적인 사건들의 일부를 이룬다. 각각의 영화들은 이념적으로 아무런 정치적 파급 효과도 없는 낭만적 허무주의만을 부각시키는 것으로 보인다. 예를 들어 고다르의 <네 멋대로 해라>(A bout de souffle, 1959)는 영화의 시퀀스 안에서 다른 것에 영향을 미치는 실제 효과를 갖는다. 이 효과는 결코 안정되지 않는 인물의 모습을 통해 지정된 재현의 매개가 아니라 스스로에게 날카로운 질문을 던지는 것으로 방황과 탈위치화에 영향을 끼친다. 이런 의미에서 이런 영화들은 68 이후의 탈위치화의 준비에 기여했다.

당신은 68의 연속적 사건들에 대한 동시대적 영화들은 실제로 아주 드물다고 했다.

내가 보기에는 그렇다. 아마도 당신들이 바로 나에게 반박을 하겠지만 말이다.

아니다. 당신의 관점은 정확한 것 같다. 당신은 그 점에 관해 고다르에 대해 언급했다. 그렇다면 장-마리 스트로브와 다니엘 위예(Danièle Huillet)의 경우는 어떠한가?

장-마리 스트로브와 다니엘 위예에 대해 살펴보면, 그들의 영화는 예술적 혁신의 힘을 가진, 동시대인에게 동질적이었던 영역에 당연히 포함되어야 한다. 그렇지만 나는 그들의 영화에서 우리가 말하고 있는 이념적 사회참여와 공명을 일으킬 수 있는 어떤 것도 떠오르지 않는다. 그들의 예술은 보다 더 기념비적이다. 스트로브와 위예를 68의 작가로 소개하는 것은 상당히 어려운 일이다. 오히려 나는 그들을 시간을 초월한 순수한 형태의 건설적 마르크스주의자로 여긴다. 그들은 팔레스타인 문제, 노동자, 계급 간의 관계에 관심을 갖는다. 이런 모든 것들이 그들의 영화에 등장하는데, 이상하게도 방금 언급된 문제들은 실제로 우리가 관심을 갖는 연속적 사건들은 아니다.

68 이후에 스트로브와 위예가 <오통>(Othon, 1970)[19]을 만들었을 때 이 작품은 기억을 일깨우려는 형식으로 68세대에 대해 도발하려는 것이 아니었는가? 기억이라는 주제와 연결된 정치를 이런 식으로 다루는 것이 당신과 스트로브와 위예를 대립시키는가?

이것은 기억을 일깨우는 동시에 구조를 일깨우는 것이다. 스트로브와 위예는 68세대를 향해 대략 다음과 같이 이야기한다. 권력, 계급 간의 관에 대한 질문은 68세대 당신들의 연속적인 사건보다 훨씬 오래된 것이며, 당신들의 정치적 선동이 생각하는 것보다 훨씬 더 강력하게 구조화되어 있다고 말한다. 바로 이것이 스트로브와 위예의 초시간성(intemporalité)에 대한 가르침이라고 내가 약간은 과장하면서 일컫는 것이다. 브레히트적 관점에서 스트로브와 위예는 대단히 교훈적이다. 스트로브와 위예는 좋은 의미에서 다소간의 훈계를 한다. 연속적인 사건에 관련해서 보면 스트로브와 위예는 조금 높은 곳에 위치하고 있다. 스트로브와 위예의 작품에 활기를 띠게 하는 것은 비판적 사고와 실제적인 분석

---

[19] [역주] 오통은 코르네이유의 후기 희곡 중 하나로 1664년에 퐁텐블로에서 초연된 비극으로 제정 로마 시대의 황제인 갈바의 마지막 통치 시기를 다룬 작품. 이것을 원작으로 장-마리 스트로브가 1970년에 만든 영화가 <오통>이고, 영화의 원제는 <예로부터 언제나 눈은 스스로 닫고자 하지 않으며 혹은 어느 날 로마는 스스로 자신의 차례를 선택하는 것을 허용할 것이다.>(Les yeux ne veulent pas en tout temps se fermer ou peut-être qu'un jour Rome se permettra de choisir à son tour)이다.

적 마르크스주의이다. 그 때문에 연속적 사건에 대한 그들의 위치는 동일하다. 그러나 그들의 위치는 위에서 아래를 내려다보는 것인데, 그 이유는 그들의 시간적 토대가 더 광대하기 때문이다. 내가 보기에 스트로브와 위예의 영화는 "인류의 역사는 계급투쟁의 역사"라는 『공산당 선언』의 첫 번째 문장에 근거하고 있는 것 같다. 여기에서 역사는 68이라는 작은 규모의 역사가 아니라 고대 그리스 시대부터 현재까지의 인류의 역사를 말한다.

그러면 68 사건은 '시간을 초월한'이 아니라 '기한이 지난' 것이라고 말해야 되지 않을까?

나는 스트로브와 위예가 무엇인가를 놓쳤다고 생각한다. 하지만 그들의 영화는 하나의 예술적 독특함이 있기 때문에 있는 그대로 그들의 영화를 존중해야 한다. 68에 충실하기 위해 내가 정치로부터 가질 수 있는 개념의 어떤 것이 확실히 그들의 영화에는 드러나지 않는다. 그들의 생각은 다르다. 그들은 한 편의 영화는 위대한 역사를 구성하는, 힘과 계급 관계에서의 어떤 종류의 환유를 포착할 수 있다고 생각한다. 이것은 어떤 면에서 비(非)사건적인 시간의 아치이고, 이 시간의 아치에서 스트로브와 위예는 형식을 세운다. 나는 그들의 영화에서 볼 수 있는 부동성, 느림, 총체성이 가지고 있는 대단히 독특한 역할에 대해 생각한다. 나는 <포르티니 카니>에서의 이탈리아 풍경 속에서 아주 아름답고 끝없이 지속되는 카메라의 360도 회전을 기억한다. 그리고 이 회전은 이 화면 안에 땅 전체와 공간 전체가 있다는 것을 나타낸다. 이 경우 스트로브와 위예와 나의 철학적 차이점은 총체성과 연속성의 기능에 관한 것이다. 그들의 작품에서는 모든 것이 마치 전체 안에 새겨진 것처럼 보이도록 구성된다. 그리고 모든 질문은 사람들이 생각하는 것보다 항상 더 풍부하고 더 오래되었다는 생각을 그들이 뛰어나게 파악한다는 점을 나는 인정한다. 그래서 결국 그들은 상황에 의한 정치적 동요와 관련된 모든 정치적 행위를 경멸하는 것이다.

스트로브와 위예의 최근 영화 <하루아침에>(Du jour au lendemain, 1997)[20]에서 새로움이라는 주제를 다루면서 진정한 새로움이란 시간에서 지속되는 것이라고 정확히 시사했다.

이 영화는 어떤 점에서 내가 매우 좋아하지만, 확실히 반동적인 비전을 가진 영화로 보일 수도 있다. <하루아침에>는 완전하게 계획된 애매한 선동 영화이다. 영화는 결혼이 불륜보다 더 좋고, 결혼이란 제도가 성적 기회보다 더 낫고, 유혹이 악이라는 고루한 생각으로 유혹에 넘어가서는 안 된다고 말한다. 이전 영화들에 비추어보면, 이 영화는 쇤베르크의 오페라에 이미 있었던 아이러니가 관통하고 있다. 바로 이것이 내가 좋아하는 점이며, 모호함을 가볍게 다룬 스트로브 커플의 첫 번째 영화이다. 이 영화는 망설임으로 가득 찬 작품이라고 생각한다.

68은 거짓된 새로움의 이념으로 회귀하려는 시도가 있지 않았는가? 예를 들어 슬로건의 실천은 광고에서 주된 파급 효과를 보여주었다. 슬로건의 선전이나 '사회학적' 여파를 고려해보면 68에서 허위의 어떤 것을 볼 수 있지 않은가?

선전을 위한 슬로건의 사용은 68의 본질적 확고함이 아니라 68의 모호하고 유보된 성격과 관련되어 있다. 물론 약간은 축제 같은 성향, 젊음의 사회학적인 측면, 무엇보다도 성적 혁명에 해당하는 믿음과 같은 사

[20] [역주] 오스트리아 작곡가 아르놀트 쇤베르크의 오페라를 원작으로 한 흑백 영화.

고 등의 몇몇 사소한 층위들이 있다. 68은 놀라울 정도로 순수하지 못했다. 내가 말하는 것은 68의 한 측면일 뿐이다. 내가 정치적으로 중요하다고 판단하는 것은 탈위치화, 정부와의 거리 두기 등에 근거한다. 모든 것은 극도로 뒤섞인 불순물 안에 담겨 있다. 우리는 원하는 것을 그 안에서 찾을 수 있다.

68은 당신의 저서 『윤리학』(L'Éthique, 1993)에서 아주 강력하게 비난했던 것, 말하자면 차이에 대한 맥 빠지고 무의미한 옹호, 인간의 권리에 대한 이데올로기, 타인 존중에 대한 공허한 모티브와 같은 것의 출발점이 아닌가?

그렇게 생각하지 않는다. 그와는 반대로 68 이후의 시간은 폭력적인 취향과 도덕적으로 훈계하는 모든 것에 대한 대단히 엄격한 비판의 시기였다. 바로 이것이 『윤리학』에서 내가 비판하는 것의 출발점이며, 신(新)철학(nouvelle philosophie)[21]과 더불어 1976~1977년부터 시작되었던 68에 대한 반대 흐름이다. 이것이 일반적인 68 사건 이후의 현상이다. 주요한 모든 사건은 그 자체의 내부에서 자기 자신의 반동적이고 주관적인 모습을 만들어낸다. 바로 이것이 요즘 내가 발전시키려고 노력하는 것이다. 사건의 주관적 생산은 한편으로 충실성을, 다른 한편으로 그 자체로 진정한 발명인 반동적 모습의 창조를 포함한다. 행동은 반드시 발명되어야 하며, 반동 역시 발명되어야 한다.

사건의 돌발적인 출현의 조건에서 정치를 사유하면서, 당신은 우리에게 재현의 주제를 벗어나 정치를 사유하라고 권한다. 또한, 당신은 현재 벌어지

---

21 [역주] '신철학/새로운 철학'(nouvelle philosophhie)은 마르크스주의와 관계를 끊고 전체주의에 대한 비평에 참여한, 1970년대 중반에 주로 프랑스에서 나타난 좌파 성향의 철학적 경향을 가리킨다.

고 있는 일이 전체적 상황을 단순히 반영하는 것을 멈출 때에만 정치가 존재하고, 정치가 탈위치화를 필요로 한다고 언급한다. 이 지점에서 떠오르는 사람이 들뢰즈이다. 예를 들어 까르멜로 베네(Carmelo Bene)[22]의 작품을 통해, 들뢰즈는 재현이 변화와 소수파 되기에 자리를 양보하는 비재현적 예술을 사유한다. 이런 들뢰즈의 개념과 당신의 생각은 얼마나 가까운가?

우리 둘의 의견이 명백히 일치하는 부분은 있다. 게다가 극좌파와 함께하느냐 아니면 대항하느냐 하는 가장 근본적인 선택에 관련해서 확실히 들뢰즈는 운동 사상가 중 한 명이다. 그렇지만 나는 이 시기에 대한 들뢰즈의 몇몇 범주에 대해서는 주저한다. 왜냐하면, 그의 범주들은 이 시기를 '생성'이라는 너무 종속(種屬)적인 시각과 연결하고 있기 때문이다. 소수파 되기(devenir-minoritaire)의 개념에서, 나는 '소수'라는 것도, '생성'이라는 것도 마음에 들지 않는다. 내 생각에, '생성'보다는 여정에 관한, 위상(位相)의 변화에 관한 문제이다. 다시 말해 한 장소에 있었던 것이 다른 장소로 이동하는 것이지, 원래의 것이 다른 것으로 되는 것이 아니다. 자신의 상태 그대로 그저 다른 곳에 배열되는 것이다. 변화가 들뢰즈에게 대단히 중요한 것이라는 의미에서 보면 이것은 결코 변화의 원칙이 아니다. 내가 보기에 '소수'라는 범주의 최종적인 완성은 미국좌파(American Left)에서 발견된다. 이제 '소수'는 공동체라는 형태의 소수로서 식별이 가능한 것을 일컫는다. 여성, 흑인, 동성애자가 이런 예이다. 소수라는 영역은 엄밀하게 68에서 문제가 되었던 것이 아니다. 68은 그것과는 다른 탈위치화나 형상의 구축과 연관된다. 들뢰즈의 철학에서 취할 수 있는 68의 연속적 사건의 비전은 가장 이념적이며, 가장 정치적

22 [역주] 1937에 태어나 2002년 사망한 이탈리아 출신의 배우, 작가, 감독, 극작가로 들뢰즈와 함께 1979년 에세이 『중첩』을 저술했다.

이지 않은 과정에 있다. 그래서 들뢰즈에게 있어 정치의 자율적인 사유는 없다. 그의 저서 『철학이란 무엇인가?』에서 사유의 세 가지 장치는 과학, 예술, 철학이다. 사실 들뢰즈에게 정치는 어디에나 있다. 따라서 정치는 사유의 자율적인 기록을 구성하지 않는다. 68에 대해 들뢰즈는 자신의 충실함을 보였는데, 내가 보기에 그 충실함은 68에 대한 가장 이념적인 충실함이다.

재현의 문제에 대해, 당신과 같은 정치적 사상가들과 들뢰즈와 같은 예술적 사상가들이 동시에 재현이 아닌 다른 범주들을 제안한 것은 놀라운 일이다. 한마디로 누가 누구에게 영향을 끼쳤다고 생각하는가?

우리 모두 재현을 비판한 시대에 사람들이다. 그러나 재현은 정치적 절차보다는 예술적 절차의 내부로부터 시작되었다. 이어 재현이 철학의 중심이 되는 지점까지 확장되었다.

관객으로서 당신의 경험에 대해 이야기해 줄 수 있는가? 당신은 시네필이었는가?

실제로 나는 시네필 세대이다. 고등사범학교 학생 시절에 시네마테크를 자주 드나들면서 고전 걸작 영화는 물론 무성영화에서부터 당시의 최신작에 이르기까지, 할 수 있는 한 모든 작품을 섭렵했다. 그리고 누벨바그의 갑작스러운 출현도 적극적으로 받아들였다. 단 한 번도 스스로를 영화 비평가로 상상한 적은 없지만 확실한 시네필이었다.

파스칼 보니체는 모든 시네필에게 어느 한순간 의구심의 시기가 온다고 했다. 앙드레 바쟁(André Bazin)과 영화 모두에 대한 의심, 본질적으로 이념적이고 부르주아적이라는 의심, 당신은 이런 의심의 시기를 겪은 적이 있는가?

영화 그 자체로서의 영화를 단 한 번도 의심하지 않았다. 열성적 사회참여의 시기에, 나는 영화의 능력이 우리 활동에 동질적인지 대립적인지 세밀하게 검토했다. 물론 이것이 영화의 예술적 잠재성을 섬세하게 분석하는 적절한 태도는 아니다. 그렇지만 나는 영화가 고유한 예술적 운명이 있다는 것을 의심하는 수준까지 결코 가지 않았다. 영화에 대한 나의 회의는 좀 더 최근의 일이다. 어쨌든 내가 영화에 대해 다른 것 이상의 그 어떤 특별한 정치적 요구를 강요하지 않는다 할지라도, 내게 문제가 되는 것은 지금이다. 경향, 단계 등에 관한 현시점에서, 나는 영화의 예술적 운명이 무엇인지를 정확하게 알지 못한다. 나는 예술에서처럼 철학에서도 종말이라는 주제를 항상 경계하기 때문에 영화의 죽음이라는 테제를 거부한다. 최근에, 영화의 창의성과 동시대성이 계속되는 있다는 증거는 몇몇 포르투갈 영화와 몇몇 이란 감독이다. 그러나 이런 특정한 국가의 영화나 몇몇 감독은 역사적 사건들에 대한 회고적인 종합 평가와 연결된 그 자체로 지역적인 상황이다. 포르투갈 영화는 1974년의 혁명[23]과 혁명의 결과를 사후에 사유 작용을 통해 다루는 하나의 방법이다. 그리고 상당수의 지식인에게 이란 영화는 확실히 호메이니(Rouhohllah Khomeini) 이후의 시기에 이란의 운명에 대해 생각하는 하나의 방식이다. 그 밖의 것에 관해서는 잘 모른다. 몇몇 미국영화나 아시아영화의 명백한 형식주의 혹은 기교주의에 대해 무엇을 생각해야 하는가? 오늘날의 프랑스 영화는 무엇인가? 이런 모든 질문에 대해 나는 구체적인 답이 없다.

---

[23] [역주] 1974년에 4월 25일 포르투갈에서 발생한 무혈혁명으로 보통 '카네이션 혁명' 또는 '리스본의 봄'으로 불린다.

이런 모호함은 68시기 동안 정치의 경우가 그랬던 것처럼 사건 형태의 모호함이 아닌가?

68의 시대에는 (심지어 명칭도 모호했지만) 새로운 어떤 일이 일어나고 있다는 흔들리지 않는 신념이 있었다. 오늘날에는 이런 신념 자체가 모호하다. 나는 연속성과 불연속성 둘 가운데 어느 것도 확립하지 못했다. 만약 내가 올리베이라의 옛 영화 한 편을 본다면 나는 그 영화가 어떤 형식적 역사에 포함되는지 이해한다. 올리베이라는 여전히 현역 감독이다. 더구나 이스트우드는 장르를 재건하는 일종의 알아볼 수 있는 포화 상태를 실행한다고 말할 수 있다. 그러나 형식적으로 확인이 가능한 혁신의 원리는 어디에서도 찾아볼 수 없다.

당신이 이야기한 의심에도 불구하고, 현재 우리는 철학자들이 영화에 대해 점점 더 관심을 갖는 것을 목격한다. 당연히 들뢰즈가 있고 현재는 랑시에르, 당신, 그리고 또한 장-뤽 낭시(Jean-Luc Nancy), 리오타르(Jean-François Lyotard) 등이 있다. 어떻게 해서 영화가 당신에게 사유의 한 부분이 되었는가? 나아가 영화에 대해 철학자들은 어떤 관심을 표출하는가?

좋은 이유와 나쁜 이유를 구분해야 한다. 먼저 '나쁜' 이유를 살펴보자. 상황의 일반적 장치라는 면에서 보면, 영화는 매개의 역할을 한다. 어찌 됐건 공통의 경험에 대해 말할 수 있어야 한다. 만약 당신이 내게 있어 대단히 중요한 수학에 대해서 말한다면 당신은 모든 것을 해야만 한다. 다시 말해 당신이 거론하는 수학을 가르치는 교육자가 되어야 하고, 당신이 말하는 것을 이해하는지 확인해야 하고, 마지막으로 수학을 철학적으로 설명해야 한다. 동시대의 시에 있어서도 마찬가지이다. 이와는 반대로 영화는 공통 경험의 표현이다.

'좋은' 이유에 대해서 말하자면, 오늘날에는 영화의 수수께끼와 같은 어떤 것이 있다. 우선 바쟁과 ≪카이에 뒤 시네마≫를 관통하는 첫 번째 테제, 즉 영화는 예술이라는 것을 정립해야만 했다. 이어 영화가 동시대성과 정치와 맺는 관계에 대한 질문이 주를 이루는 두 번째 주장이 있다. 그리고 세 번째 장면은 영화에 어떤 질문을 던지는지를 여전히 자문한다. 철학자는 질문이 필요한 그 자리에 도달하여, 질문을 명확히 표현하는 것에 기여하고자 한다. 들뢰즈는 그가 영화에 던지는 질문들이 전적으로 철학적이라고 말하기 위해 개입한다. 들뢰즈에게 있어 영화의 개념은 영화의 내부에 없다. 결국, 질문들은 운동과 시간에 관련되고, 영화는 이런 결정적 질문에 있어서 대단히 중요한 설명의 장(場)이다. 정상적이고 필요한 과정을 통해, 철학자는 질문이 명백하게 부재한 모든 영역에 관여한다. '영화란 무엇인가'라는 끝이 없는 질문을 어떻게 변혁할 것인가?

당신은 영화적 리얼리즘 혹은 은총으로의 사건과 같은 은총의 주제를 공유하고 있는 앙드레 바쟁과 비슷하다고 생각하는가? 당신에게 바쟁은 중요한 사상가인가?

바쟁이 중요한 사상가였다는 사실은 이론의 여지가 없다. 그 자신이 활동했던 시기에, 바쟁은 질문을 던지고, 질문에 대한 적합한 답을 했다. 바쟁은 나와는 다른 철학적 틀에서 작업했는데, 그것은 전혀 문제가 되지 않는다. 바쟁이 다루었고, 내 생각에 여전히 유효한 것은 내가 영화에 있어서 고유한 방문의 요소라고 부르는 것이다. 나는 이런 논점이 중요하다는 인상을 영화관객으로서 점점 더 받는다. '영화에서 무슨 일이 일어나고 있는가?', '영화는 무엇이 되고 있는가?'라는 단순한 질문에서 출발해야 한다. 오늘날 영화의 수수께끼를 풀기 위해서는 이 질문에서 다시 시작해야 한다. 영화에서 관념의 스쳐 지나감 혹은 관념의 방문이란 무엇인가? 이미지에 근거하여 영화를 확인하는 것은 충분하지 않다.

영화가 하나의 사유라는 고유한 양식으로 좀 더 깊이 들어가야 한다. 이런 사유는 일종의 도착인데, 어떻게 오는가? 사유가 오는 것을 언제 확인할 수 있는가? 그리고 오늘날 사유는 어떻게 올 수 있는가? 오직 영화만이 사유할 수 있는 것에 대해, 영화는 무엇을 사유하는가? 무엇이 영화를 현상적 의견 이외의 다른 것이 되게 하는가? 영화는 어느 지점에서 의견을 중지시키고 갑자기 다른 것을 제안할 수 있는가? 바로 이것이 내 질문의 영역이다. 나는 영화가 시간이나 스쳐 지나감의 아치라는 사실을 받아들이지만, 나의 관심은 영화 속에서 어떻게 스쳐 지나가는 것의 멈춤이 확인 가능한지를 알고 싶은 것이다. 이런 의미에서 영화에는 영화만의 특별한 방문과 은총의 영역이 있다.

무르나우에 관한 당신의 글에서, 놀라운 것은 '부동의 지나감'과 같은 형식이다. 그 형식은 운동-이미지와 시간-이미지를 구분하는 들뢰즈식 구분을 또는 허우 샤오 시엔(Hou Hsiao-hsien)과 오즈 야스지로를 통해 동시대의 아시아 영화를 떠올리게 한다.

오즈와 무르나우에게 공통적인 어떤 것이 있다는 사실은 나에게 언제나 명백해 보인다. 이 두 사람 모두에게는 '부동의 지나감'이라는 형상 안에서 관념을 보여주는 문제가 핵심이다. 관념을 보여주는 문제는 영화 전체 혹은 단지 어떤 표현 방식과 관계가 있는가? 나는 이 문제가 어떤 것과 관계있는지 확실히 알지 못한다. 그렇지만 어느 순간 관념의 영원한 부동성의 어떤 것이 스쳐 지나감을 통해 표현된다. 몇몇 감독에게 있어, 이 스쳐 지나감은 영화를 전개하는 중요한 원칙이다. 그러나 파편화된 유동성을 통해 부동성 자체에 도달하려는 영화적 구성을 변화무쌍하게 다루는 다른 감독들이 있다. 웰즈의 경우가 이에 해당한다.

그러나 여전히 질문은 해결되지 않는다. 그래서 나는 당신에게 이 해결되지 않은 질문을 '영화는 주류 예술인가 아니면 비주류 예술인가'라는 상당히 단도직입적이고 도발적인 형식으로 던졌다. '영화는 주류 예술인가 아니면 비주류 예술인가'라는 질문과 '관념을 보여주는 문제는 영화 전체 혹은 단순히 어떤 표현 방식과 관계가 있는가.'라는 질문 사이에서, 본질적으로 명백하지 않은 관계는 결국 영화가 순수하지 못하고 이런 불순함이 장점이자 단점이라는 것이다. 이 힘 덕분에 영화는 대단히 폭넓은 수단을 사용할 수 있다. 자신으로부터 멀리 떨어진, 경우에 따라서는 직접적인 겉모습과 아주 다른 사물들을 흡수하는 영화의 능력에 나는 정말 놀랐다. 그리고 이 점이 영화의 불안정한 점이고, 이 불안정함 때문에 영화는 내재적으로 절충주의를 정당화한다. 한 편의 영화가 순식간에 아주 좋았다가 바로 보잘것없는 것이 될 수 있다는 사실에 우리가 종종 놀라게 되는 것은 이 절충주의 때문이다. 영화는 갑자기 다른 곳에서 왔지만 붙잡을 수 있는 어떤 것에 의지할 수 있다. 재치 있는 표현, 회화적 암시, 모든 것을 압도하는 음악, 언제나 효과적인 멜로 드라마적 모습 등을 끼워 넣을 수 있다. 내가 '비주류 예술'이라고 언급했을 때, 이 표현의 의미는 영화를 구성하는 세분화된 불순함이 너무나도 불안정해서이다. 그리고 이런 불순함을 지속케 하는 조건들은 연속적이거나 제한적인 조건들에서만 존재할 뿐이라는 것이다. 기술적 발전은 영화의 불순함의 무한한 확장이다. 영화가 무성이었고, 흑백이었고, 스튜디오에서 만들어졌을 때, 영화에는 자신의 고유한 목적에 집중할 필요성이 당시에 절실히 요구되었다. 만약 영화의 불순함의 확대로 인해, 현상적 의견보다 다른 어떤 것이 될 가능성이 대단히 어렵다면, 영화는 비주류 예술이다. 반대로 우리가 완벽하게 보지 못하는 것이 또는 지금 현재 벌어지고 있는 일이 (영화가 완전히 새롭고 독특한 관념의 지나가는 방식을 발명하며, 영화의 표현 수단이 거의 최대로 확장된) 새로운 영화적 시기라면, 영화는 주류 예술이다. 나의 망설임은 바로 이 지점에 있다. 나는 현재의 문제가 영화의 기교적 불순함이 성공을 거두어서 생기는 문제가 아닌지 자문한다. 우리는 기교가 데카당스의 모습이라는 것을 잘 알고 있다. 혹은 반대로 영화는 미래의 분야에서 힘을 한데 모으는 장치의 배열 속에 있는가? 나는 영화가 오케스트라와 낭만주의 오페라의 시대에 도달했다고 종종 생각한다. 200명의 음악가가 있다면 이들을 지휘하기 위한 리하르트 바그너(Richard Wagner)나 알반 베르크가 여전히 필요하다. 결국, 영화는 스스로의 은총을 감당하기에 너무나 부담이 클까? 은혜를 받기 위해서는 반드시 금욕적인 생활을 해야 한다고 아주 옛날부터 이야기됐다. 은혜가 가난한 사람에게 베풀어진다는 생각은 낡은 사고이다. 영화는 초라하지 않다. 영화를 초라하게 만드는 모든 의지주의적 노력은 부자연스럽다. 영화를 있는 그대로 받아들여야 한다. 그러나 은혜로서 또한 스쳐 지나감으로써 관념의 일시적인 방문은 여전히 받아들여질 수 있는가? 내가 탐구하고 있는 것이 바로 그 점이다.

당신이 조금 전 파편화된 유동성과 변화무쌍한 비전에 대해 언급했을 때, 당신이 분명하게 허우 샤오 시엔을 인용할 것을 기대했다.

내가 본 그의 영화는 단 한 편뿐이다. 이제는 영화관에도 자주 가지 않는다. 요즘 만들어진 영화를 무시하는 것이 아니라, 영화에 대한 내 탐구의 폭이 여전히 좁고, 한계가 있기 때문이다. 나는 때때로 약간 심할 정도로 기다리고, 영화를 보러 가려고 하다가도 가끔은 가지 않는다. 내가 여기에서 말한 것은 흥미롭지 않은 경험에 의거한 사실에 해당하지만, 만약 당신이 내가 말했던 논점들과 연관된 중요한 감독들을 인용한다면 나는 당신을 믿겠다.

당신은 기교적 과잉에 반대하며 오히려 덜어내고, 지우고, 어떤 면에서는 정제되고, 추상적인 영화들을 좋아하는 것 같다. 결국, 기교주의에는 추상이 없다는 뜻인가?

전혀 그렇지 않다. 이것이 내가 형식주의라고 부르는 것이지만, 아마도 기교주의라고 하는 것이 훨씬 더 적합한 것 같다. 그렇지만 현대 영화의 중요한 부분에서 확실히 존재하고 있는 추상, 비(非)형상화, 비(非)리얼리즘적인 동일시들이 사유의 어떤 힘에 의해 매개체가 되는지는 아직 모른다. 나에게 기교주의는 고유의 중요한 의도, 강력한 목적을 찾았다기보다는 여전히 특유의 수단들을 실행하고 있는 것 같다. 그것은 아직도 지나치게 예술을 위한 예술이며, 아마도 그저 실험이나 과도기적 단계인 것 같다.

예를 들어 왕가위 같은 감독들은 실제로 기교주의의 나쁜 점들을 극복했지만, 여전히 기교주의의 모든 나쁜 점들을 가진 것처럼 보인다.

그렇다. 기교주의의 문제와 운명은 본질적인 것이다. ≪카이에 뒤 시네마≫에 실린 어떤 글에서, <타이타닉>(Titanic, 1997)은 기교주의의 종말을 고한 것이라고 하지 않았는가? 만약 형식적 원리를 통해 시퀀스를 확인하고, 이 원리가 그 시퀀스를 지배한다면, 그래서 거기에는 기교주의적인 시퀀스가 있다고 말한다면, 우리는 아직 이것이 무엇에 관한 것인지를 여전히 정확하게 파악하지 못한 것이다. 기교주의는 시퀀스 안에서 쟁점이 되고 있는 것을 실제로 확인하기 위한 하나의 범주로서 여전히 너무나 형식주의적이다. 동시대 영화의 스쳐 지나감의 문제가 남아있다. 현재 벌어지는 상황이 실제로 신고전주의와 같은 어떤 것이 아닌가? 나는 신고전주의를 부정적 모습으로 여기지 않는다. 다른 예술들에서는 중요한 신고전주의의 시퀀스가 있다. 예를 들어 제1차 세계 대전과

제2차 세계 대전의 사이에 스트라빈스키(Igor Stravinsky)만큼이나 피카소에게 충격을 준 신고전주의의 시퀀스가 있다. 그리고 이 시퀀스가 이전의 커다란 변화에 비추어보아 필요한 스쳐 지나감이었다는 것을 이해할 수 있다. 마찬가지로 미술에서는 다비드(Jacques-Louis David)나 앵그르(Jean-Auguste-Dominique Ingres)의 시대에서 18세기의 기교주의와 들라크루아(Ferdinand-Eugène-Victor Delacroix)와 함께 인상파 화가들에게까지 확장되는 것 사이에서도 이와 비슷한 것이 있다. 기교주의의 뛰어난 솜씨가 어느 정도의 숙련도에 이르면, 우리는 이런 숙달을 확인할 수 있고 표현할 수 있는 틀을 극복할 것을 강요받는다. 그렇지 않으면 내가 관념의 스쳐 지나감이라고 부르는 것이 기교주의의 표면에서 너무나 불안정하고 너무나 산만해지기 때문이다. 이런 의미에서 신고전주의의 시퀀스는 기교주의를 포함한다.

당신에게 꼭 이야기하고 싶은 영화가 있는데, 오늘날의 미국 영화이다.

미국 영화 속에서 형식주의적 기교주의의 힘은 거시 구조의 영역 그 자체의 내부로부터 재발견되어야 한다.

미국 영화(상업 영화, 메이저 영화, 할리우드 영화)에 대해, 당신의 몇몇 개념들의 비전이 작동되는 것을 보고, 우리는 놀랐다. 특히 미국 영화는 불가능한 일들과 체계적으로 싸우는 유일한 영화이고, 이 불가능한 일이라는 것은 당신의 중요한 개념이다. 왜냐하면, 당신은 불가능으로 정치의 토대 그 자체를 만들기 때문이다. 이전에 다뤘던 문제로 다시 돌아가 보자. 미국 영화에서 계획은 불가능한 일을 허구의 시간 동안 스크린에서 항상 해결한다. 이것이 당신이 흥미를 보이는 상황의 한 측면인가?

가장 최근의 예를 하나 들어 주세요.

바베 슈로더(Barbet Schroeder)의 <데스퍼레이트>(Desperate Measures, 1998)를 보자. 한 경찰관이 백혈병에 걸린 자신의 아들을 위해 골수 기증자를 찾아야만 한다. 그런데 가능성 있는 유일한 골수기능자가 정신병에 걸린 범죄자이다. 경찰관은 감옥에서 이 범죄자를 나오게 하는데, 그는 도망친다. 범죄자를 죽이지 말고 꼭 찾아야 한다. 만약 그가 죽는다면 아무런 소용이 없다. 이 영화에서는 한 국가의 긍정과 부정 사이에서, 즉 가족과 범죄자 사이에서 조화가 허구에 의해 창조되는 방법을 볼 수 있다. 그리고 이야기 전개에서 불가능한 상황들과 해결할 수 없는 일이 생긴다. 바로 이 점에서 미국 영화가 대단한 것이고, 그 지점을 통해 미국 영화는 불가능한 일, 즉 정치를 떠맡고, 나아가 허구의 시간에서 유토피아를 가능하게 한다. 또한, 존 포드의 영화들도 이런 식으로 볼 수 있다.

이야기를 들으면서 포드의 영화를 생각했다. 만일 영화의 인프라나 산업과 관련된 이유가 아닌 다른 방법으로 영화의 힘을 설명하려고 한다면, 그 이유는 다음과 같다. 미국 영화는 이론의 여지 없이 20세기의 가장 중요한 예술 창작 가운데 하나이다. 당신이 말한 바는 불가능한 일이라고 이름 붙은 이런 부류의 현실에 대한 허구의 관계에서 미국 영화가 상당히 급진적이라는 것을 의미한다. 반면에 될 수 있는 한 모든 불가능한 일을 경계하는 프랑스 영화의 어떤 경향이 항상 있었다. 그러므로 프랑스 영화는 내면적 형상으로 기울고, 미국 영화가 제시하는 만큼이나 극단적인 긴장에 놓이거나 급진적인 것이 하나도 없다. 이것은 아주 중요한 문제이다. 다시 말해 (리얼리즘의의 의미가 아닌 라캉의 의미에서) 영화는 불가능한 실재의 지점에서 실재와의 관계를 어떻게 구성하는가? 어떤 상황에서 해결할 수 없는 것이 핵심을 구성하는 문제에 항상 해당한다는 주장을 당신이 옹호할 때는 당신의 의견이 맞다. 미국에서는 가능하지만 아마도 프랑스에서는 그렇지 않은 큰 문제는 다음과 같다. 그것은 불가능한 일의 허구적 가시성을 갖기 위해서는 조직적이고 모순된 큰 범주들이 있어야 한다는 것이다. 예를 들어 선과 악의 문제가 강력해야 한다. 그래서 불가능한 것의 가시성은 두 범주를 갖는 하나의 논점에서 뒤얽힘처럼 구성될 수 있다. 이것은 아마도 미국 영화를 강력하게 만드는 미국적 이원론이고, 이런 이원론은 종종 끔찍하기도 하지만 또한 창조성의 원천이기도 하다.

그것은 또한 미국 영화가 재현의 범위를 벗어나는 것을 불가능하게 하는 것이다.

아마도 그 점은 미국 영화가 감당해야 할 부분인 것 같다. 이런 긴장 상태를 재현해서 보여주는 것을 넘어설 수는 없다. 바로 이것으로부터 전형적이고 강력한 게다가 우의적인 극작법이 나온다. 당신은 유토피아에 대해 말했지만, 유토피아는 우의적인 문체론과 어울리고 나아가 기교주의에 아주 잘 어울린다. 왜냐하면, 기교주의는 일반적인 알레고리를 여러 갈래로 나누거나 전파할 수 있기 때문이다. 결국, 불가능한 것은 세분화될 수 있다. 라캉은 "현실, 그것은 씨앗들이다."라고 했다. 아마 불가능한 것도 씨앗들일 수 있다. 기교주의는 전체에 항구적으로 생기를 불어넣는 일련의 범주적 붕괴를 연속적으로 발생하게 할 수 있다. 그러나 재현과 함께 단절을 거기에 수용할 수 있는가? 의심할 여지 없이 이것이 중요한 문제이다. 바로 이 불가능한 일이, 한편으로 프랑스 영화에서는 근본적으로 불가능한 반(半)서사시의 극작법을 언제나 필요로 하지 않는가?

당신의 저서 『사도 바울』에서는 '흔하지 않은 영웅적인 주체'를 다룬다. 미국 영화는 거의 무(無)로부터 드물고 영웅적인 주체들을 창조하는 능력을 갖고 있고, 한편으로 저항의 주제에 사로잡힌 프랑스 영화에서 현재 부족한 것은 바로 이 능력이다.

동감한다. 문제를 다듬기 위해서는 인물들을 창조하는 능력과 재현의 능력을 반드시 구별해야 한다. 특별히 재현적이지 않는 시스템에서 영웅적인 인물들과 저항의 인물들을 포함하는 인물들을 어떻게 창조할 수 있는가? 브레히트가 재현의 시대에 속한다고 그를 비난할 수는 있지만, 브레히트의 작품에는 다음과 같은 종류의 무엇인가가 있다. 특별히 재현적이거나 영웅 서사체가 아닌 배열 속에서, 인물의 창조는 충분히 세분되어있거나 국지적이고 다른 것의 원인이 될 수 있다. 나는 재현의 시스템보다는 쇼트들로 더 많이 구성된 갈릴레오[24]라는 인물을 생각한다.

영화에서 이것과 관련된 예가 있는가?

이번에도 오래된 예를 들겠다. 웰즈의 경우이다. 웰즈의 <미스터 아카딘>은 엄밀하게 재현적인 수단들과는 다른 방법으로 확실하게 인물을 창조하고자 하는 시도이다. 추상은 인물이 직접 보이지는 않지만, 일종의 파편화와 지속적 비위치화로 촬영되어 만들어진다. 그 결과 추상은 어떤 장소와 연관되어 있거나 어떤 장소에서 유형에 따라 분류될 수 없다. 인물의 창조 없이, 영화는 없다. 이런 이유로 미국 영화가 주도권을 갖는 것이다. 미국 영화가 주도권을 갖는 연유는 바로 그것을 관객들이 미국 영화로부터 기대하기 때문이다. 이것이 미국 영화의 내면적이고 심오한 사명이다.

≪카이에 뒤 시네마≫ 특별호, 68혁명의 영화, 1998년 5월.

---

24 [역주] 브레히트의 희곡 『갈릴레이의 생애』(Leben des Galliei, 1939).

19 마누엘 데 올리베이라의 〈신곡〉(A divana comédia, 1991)과 〈수녀원〉(O Convento, 1995)

두 영화를 짝지은 것은 주관적인 취향의 문제가 아니다. 필자는 두 영화를 올리베이라의 작품들에서 세계주의의 예술가에 해당하는 기호 아래 묶고 싶다. 이 세계주의 예술가는 포르투갈의 독특함을 그 누구보다도 잘 포착하고, 그 독특함으로부터 페소아(pessoa)처럼 보편적이고 수수께끼 같은 약속을 끌어낸다.

필자가 보기에, <신곡>과 <수녀원>은 독일 예술이다. 그렇다. 뛰어난 올리베이라 감독의 작품들에는 독일적 예술의 영감이 흐르고, 독일이 200년 전부터 자신의 민족적 불확실함을 매혹에 빠트린 신화와 우화를 통한 포르투갈 가톨릭주의의 구조화가 있다.

비록 시나리오 원안을 아구스티나 베싸 루이즈(Agustina Bessa Luis)가 썼지만, <수녀원>은 은밀한 형식주의와 같은 독일의 내면을 명백하게 드러낸다. 왜냐하면, 영화는 셰익스피어가 스페인 출신 유대인임을 입증하려는 교수와 피에다드(Piedade)라는 이름의 청순한 도서관 사서 사이를 집요하게 순환하는 또한 지식에 광적으로 사로잡힌 신경증 학자에게 천사가 준 선물인 『파우스트』의 번역본이다. 그러나 이것은 카펫

위의 이미지일 뿐인데, 영화의 이야기는 항상 그렇듯이 어렴풋이 그려져 있고, 괴테의 희곡에서 벗어난 여물지 않은 미완성품이기 때문이다. 교수-파우스트는 모호하고 여자다운 성숙함을 드러내는 부인 엘렌과 함께 메피스토펠레스(Mephistopeles)가 있는 적막하고 수상쩍은 수녀원에 도착한다.[1] 영화의 마지막에 관객은 엘렌이 아프로디테(Aphrodite)처럼 바다에서 솟아오르는 것을 보게 된다. 이 수녀원에는 발타르(Baltar)가 우스꽝스럽고 색정적으로 흥분한 두 명의 조수를 거느리고 있다. 메피스토펠레스는 두 번 교수 - 파우스트를 유혹한다. 산 정상에서 발타르는 교수에게 불멸을 약속한다. 그리고 발타르는 교수에게 도서관 사서 마르그리트(Marguerite)를 소개하고, 자기 자신을 위해 금발의 엘렌을 타락시키는 임무를 부여한다. 간계는 실패하는데, 두 여자가 음모를 밝혀내고 계획을 수포로 만들기 때문이다. 바다에서 정화된 엘렌은 남편과 떠나고, 피에다드는 오로지 신의 갈증으로만 그를 자극했다고 고백하면서 메피스토펠레스를 불타는 구렁 속으로 이끈다. 따라서 『파우스트』의 마지막 구절이 선언하듯이 "영원히 여성적인 것이 우리를 천상으로 이끈다."는 것은 진실이다.

<신곡>의 핵심은 그리 명확하지 않다. 그렇지만 필자는 토마스 만의 『마의 산』(Der Zauberberg, 1924)을 떠올리지 않을 수 없다. 만의 작품에서 결핵 요양원과 올리베이라 작품에서 정신병원이라는 폐쇄된 의료 공간은 일종의 쇠락하는 서양의 표본을 그린다. 만은 훨씬 사변적이고, 올

---

1 [역주] 여기서 바디우는 『파우스트』와 <수녀원>의 등장인물을 서로 뒤섞어서 설명하기에 인물들의 설명이 다소 복잡하다. 예컨대, 교수 마이클은(존 말코비치), 부인 엘렌은(카트린느 드뇌브), 메피스토펠레스는 영화에는 안 나오는 인물로 루이즈-미구엘 씬트라가 맡은 역인 발타르(Baltar)에 해당되고, 도서관 사서인 피에다드 역은 마르그리트(레오노르 실베이라)이다.

리베이라는 훨씬 신학적인 이론적 토론 위주로 전체를 구조화한다. 만의 작품에서는 고립, 눈, 엑스레이 촬영, 알아보기 힘든 죽음으로, 올리베이라의 작품에서는 광기의 확인으로 강조된 기묘한 기능 등으로 나타난다. <신곡>에는 『죄와 벌』에서의 라스콜리니코프적인 인물(영화에서, 관객은 도끼로 살인하는 것을 본다.), 니체의 영향을 받은 인물, 미리 짜 둔 관에서 기거하는 남자 등의 인물이 등장한다. 신비주의와 사랑이 뒤섞인 여자들을 쇠약하게 만드는 기능도 마찬가지이다. 피아노를 연주하는 마리오 호앙 피레스(Mario João Pires)로 형상화된 예술의 초월적 기능도 마찬가지이다.

그러나 두 영화에서 독일적인 것은 이야기나 소재를 훨씬 뛰어넘는다. 주목해야 할 점은 알레고리적 구조이고, 또한 그 짜임새를 형식적 장치의 '바깥에 놓은' 비교적 위험이 큰 방식이다. 폰타네(Theodor Fontane)를 확실히 제외하고, 독일 소설의 모든 기교는 괴테의 『빌헬름 마이스터의 수업시대』(Wilhelm Meisters Lehrjahre, 1795년 출간) 이래, 이데아를 향한 교훈주의에 어느 정도 나쁜 영향을 받았다. 여기서 교훈주의는 심리적이거나 서술적인 요소와 상징적인 기능의 강조 간의 간극 속에 위치하는 교육적인 목적이다. 올리베이라가 언제나 가볍기만 한 것은 아니다. 우리는 정신병원의 평범한 사람들이 신앙과 죄악의 고뇌에 사로잡힌 인류라는 것을 첫 장면을 통해 알 수 있다. 첫 장면에서, 두 명의 환자는 마당에서 벌거벗은 채로 사과를 먹으면서 아담과 이브의 역할을 한다. 심지어는 수풀을 기는 뱀까지도 있다. 유머러스한 장면의 의도는 분명하지만 주장을 취소하기에는 충분하지 않다. 마찬가지로 <수녀원>에서 유혹하는 인물 메피스토펠레스와 도서관 사서 마르그리트가 만나는 중요한 장면, 즉 마녀들이 사는 숲의 장면은 이상하게 꼬인 나뭇가지에 가려진 여배우의 얼굴이 삽입되어 정말로 아름답다. 하지만 숨겨져 있는 핵심적 측면에서, 이 장면은 관객들이 오래전부터 이미 알고 있는 것을 펼쳐 보일 뿐이다. 즉 이 장면에서 욕망과 은총은 모호하게 대립하고, 확실한 출구도 없다.

결국, 두 영화의 특징은 간접적이다. 그 특징은 거의 아무 의미도 없는 장면들의 우화에서 뜻하지 않게 모습을 드러내고, 그 기능은 상징적인 해결을 기다리게 하는 것이다. <수녀원>에서 바다, 작은 배, 어부가, <신곡>에서 피아노 연주, 안락의자, 창문들이 이러한 기능을 한다. 선과 악이 그들의 준거와 논거를 펼쳐놓은 장면 옆에서, 마치 영화는 보이는 것의 별것 아닌 잔존물을 포착했기라도 한 것 같다.

≪영화 예술≫, 1998년 봄.

20 장-뤽 고다르의 〈영화의 역사(들)〉(Histoire(s) du cinéma) 고찰

무엇에 관한 이야기인가? 우리가 '영화'라고 부르는 것을 방송 프로그램이라 부르는 고다르는 자신의 작업에 대해 이야기하면서 기록 담당자로서 영화를 편집하고, 푸코(Foucault)를 거론하며, 역사와 사유 사이에 자신의 작업을 위치시킨다. 하지만 그루초 막스(Groucho Marx)의 모습처럼 스탠드를 켜놓고 시가를 물고 있는 위대한 예술가이며 학자인 고다르는 한 층에 다른 층을 겹치는 것처럼 파생되는 무언가를 이야기하지 않는가? 또한, 타자기를 치는 고다르의 모습에서, 놀라운 시각적 충격을 주는 <영화의 역사(들)>가 한 남자의 지적인 자서전처럼 보이지 않은가?

추상적으로 영화를 정의해보자면, 영화는 실재와 운동-이미지 간의 만남이다. 이런 만남으로부터, <영화의 역사(들)>는 탁월한 편집기법, 이중 인화, 시각과 청각 간의 급작스러운 부조화, 마치 모든 진리가 총체적인 배경의 소음에서 힘겹게 뽑아냈어야 하는 것처럼 결코 그치지 않을 격언 형태의 지속적인 중얼거림 등의 기법을 통해 영화를 자신의 소재로 삼는가? 하지만 엄청난 양의 텍스트, 수많은 암시적 문구들, 청순한 여자 해설자의 정지 이미지 등은 들뢰즈라면 주름 접기와 펴기라고 했을 지속적인 엇갈림과 다시 만남이라는 이 생각을 방해한다. 이 생각의 유일한 목적은 이해하기 힘든 이미지의 공정함과 익히 알고 있는 이미지의 부당함을 되풀이하려는 의도를 띠고 있다. 그렇지만 그보다는 <영화의 역사(들)>는 고독에 휩싸인 고다르와 '2차 세계 대전'이라는 20세기의 엄청난 재앙 간의 충돌을 잘 보여준다.

주지하다시피, 고다르의 관심은 영화적 힘에 대한 계보학적 연구이다. 하지만 고다르가 문제 삼은 것은 영화의 무기력함이 아닐까? 고다르는 공장, 성(性), 인종 학살 같은 주제를 영화화 하는 것은 불가능하다고 오래전부터 생각해 왔다. 그 결과, 끊임없이 정정 · 삭제 · 가필되는 <영화의 역사(들)>는 (임의적으로 이미지와 소리를 뒤섞는) 모든 영화적 힘을 중첩시키는 방식으로, 영화의 실재 속에 내재하며 분산되는 무기력함의 지점들을 밝혀내려고 한다. 위의 사실로부터 <영화의 역사(들)>에서 고다르가 책꽂이에서 꺼내 제목과 몇 구절들을 인용하는 책들의 모호한 위치가 비롯된다. 동시에 그것들을 다성성(多聲性) 속에 통합시키고 뒤섞으며 삽입함으로써, 영화적 힘은 집적화된다. 전달방식 덕분에, 책이 수천 명의 독자를 이끈다면 영화는 수백만 명의 관객을 이끌 수 있는 능력이 있다. 이처럼, 영화의 능력은 때론 문학의 영향력보다 우위에 있다. 하지만 앙드레 말로의 소설 『희망』(L'Espoir, 1937)과 영화 <희망>(L'Espoir, 1945)을 비교해 보면, 허구를 영화화했을 때 생기는 현실성의 압도적 무게가 잘 드러난다. 영화 속에 보이는 책들이 단지 겉모양일 뿐이며 별개의 형태로 보이지만, 삽입된 문자의 가용성은 이미지보다 더욱 확실하게 현실을 반영할 수 있다.

영화는 교향악과 같은 다양한 요소로 구성된다. '과거의 총체적인 재구성'[1]은 인용이나 내레이션의 방식이 아니라, 주제의 자유로운 결합이

---

1 [역주] 19세기 프랑스 역사학자 쥘 미슐레(Jules Michelet)는 "역사는 과거의 총체

나(영화가 전쟁, 사랑, 여성미, 혁명, 대량 학살, 신화, 국가 등의 주제를 어떻게 중첩시키는가?) 부분 축약을 통해 모든 해석이 가능한 지점으로 유도하는 것이다. 이러한 구성 방식은 스테판 말라르메의 시(詩) 『주사위 던지기』(Un coup de dés)의 구성기법과 비교해보면 명확하게 드러난다. HISTOIRE DU CINEMA(영화의 역사), FATALE BEAUTE(치명적인 아름다움), VOUS N'AVEZ RIEN VU(당신은 아무것도 보지 못한다), UNE VAGUE NOUVELLE(또 하나의 새로운 물결)처럼, 스크린에 대문자로 제시되는 몇몇 주요한 문구들은 하위 텍스트를 이끄는데, 그 하위 텍스트 자체는 음악의 모티브로 변형되거나 거의 알아들을 수 없는 웅성거림과 함께 한다. 반면 인용된 영화들은 색을 입힌 흑백 영화, 느린 화면, 이중 인화, 되돌려 감기, 자르기, 이질적인 것의 삽입, 반복, 원으로 강조하기[2], 의도적 훼손 등을 통해 무한 변주 가능한 매체처럼 다뤄진다. 또한, 부차적인 구성방식은 주요한 문구의 '하위 텍스트' 개념이 아니라 문구와 나란히 꾸밈없는 강조처럼 작용한다. 특히 영화 제목들이 그러하다. 영화 제목들은 있는 그대로 보여지고, 다른 문구들과 별개로 작용하며 조금씩 삽입된다.

하지만 이러한 복잡한 내적 구성에서 벗어나서, <영화의 역사(들)>를 다시 살펴볼 수 있다. 예컨대, 동시다발적인 다양한 시청각을 표현하는 층(層)은 마치 바다에 떠 있는 배처럼 (스크린의) 표면을 표류하며, 영화의 의미작용뿐만 아니라 무한하게 내재된 총체적인 결합을 보여준다. 언제나 치밀하고 유동적인 이러한 사유방식은 단어와 문구들의 의도적인 결합이나 중요한 언술 행위 차원에서 상징화되고, 최소한의 확언 속

적인 재구성이다"라고 주장한다.

2 [역주] 아이리스(Iris) 기법은 카메라 조리개가 열리고 닫히듯 피사체를 둥근 원에 가두면서 화면이 암전되는 기법으로 고전 영화 시기에 장면 전환 시 주로 사용한다.

에서 드러난다. 예를 들어, 고다르는 NOUVELLE VAGUE(누벨바그)에서 UNE VAGUE NOUVELLE(또 하나의 새로운 물결)로, HIS(TOI)RE (역사)라는 단어에서 뽑아낸 2인칭 주어인 TOI(너), 혹은 흥미로운 형태의 SI JE NE MABUSE(내가 마부즈가 아니라면)[3]처럼 재미있는 형태의 언어유희와 단어의 위치를 바꾸어 다른 의미를 만들어 내기도 한다. 예외적인 경우도 있다. 예컨대, 찰스 로튼(Charles Laughton) 감독의 <사냥꾼의 밤>(The Night of hunter, 1955)에서, 쪽배를 탄 두 아이가 밤에 강가를 따라 흘러내려 가는 정적 속의 공포를 표현하는 장면은 어떠한 변형이나 컷도 없다. <희망>에서, 기관총을 쏘는 신중하게 계산된 장면으로 되돌아가는 장면도 그러하다. 표정을 그대로 드러내며 말하는 순간도 마찬가지이다. 북새통이 벌어지는 장면에 삽입되는 평온한 은총과 같은 음악적 강조도 그러하다. 심지어, 비단 위의 얼룩 한 점처럼 도드라지는 (찰나적으로 삽입되는) 노골적으로 추한 포르노 장면도 마찬가지이다. 그래서 사람들은 <영화의 역사(들)>에서 활용된 탁월한 편집기법을 신(神)이 배열한 다양한 형태의 대화처럼 혹은 르네상스 다성성으로 간주하곤 한다. 또한, 몽타주는 마치 우리가 (최상의 조화를 추구하면서) 거의 인지하기 힘들고 분산된 기호들로 황폐화된 세계를 엿보는 것처럼, 서스펜스를 불러일으킨다.

<영화의 역사(들)>는 또 다른 시각 예술인 회화의 도전을 뒷받침한다. 이 영화에는 흑백의 포토그램 이면에 혹은 시퀀스의 여백에서 르네상스의 색채를 탁월하게 발하는 순간들이 셀 수 없을 만큼 많다. 또한, 동일한 모호함이 인용된 저서들에서도 느껴진다. 이러한 점은 (그간 영화가

---

[3] [역주] 프랑스어 Si je ne m'abuse(내 생각이 틀리지 않다면)이라는 표현과 프리츠 랑 감독의 작품 <마부즈 박사, Dr. Mabuse>를 이용한 동음이의어에 기초한 언어유희.

회화에 충실하게 유형의 밀월관계와 암흑의 역사를 동시에 갈등적으로 결합해왔음을 표명하기에) 언제나 회화에 종속되었던 것처럼 보였던 영화 이미지가 회화의 장엄함을 지향하는 통로를 제시해 주는 것으로 이해할 필요가 있을까? 또 다른 기법이 대단히 애매모호한데, 그것은 영화의 한 장면과 그림 한 점 간의 격렬하고 고통스러운 충돌을 야기한다. 회화를 계승한 영화는 회화에게 잔혹한 형벌과도 같다. '절대적 화폐'[4]라는 앙드레 말로의 표현은 <영화의 역사(들)>을 함축하는 중요한 문구이다. 하지만 영화와 연관 지어, 이 '화폐'가 '절대적' 지위를 획득하지 못한다면, 미켈란젤로(Michelangelo Buonarroti)의 (시스틴 성당의 천지창조 가운데) <아담과 이브>와 필적하기 위해서, 영화는 짧은 영화사 전체에 등장하는 연인들의 세세한 총체적 모습이 필요하다.

<영화의 역사(들)>에는 우울함이 있다. 그 우울함은 이 영화의 핵심 주제일 것이다. 주지하다시피, 고다르의 스타일은 물질적 우울함에 근거한다. 예컨대, 그는 사람들의 병적인 불확실함을 고백하도록 자신을 포함해서 다른 사람을 막다른 곳에 몰아넣어 꼼짝 못 하게 하거나, 행위의 극단적인 몰입의 순간을 포착한다. 즉 라 로슈푸콜(François de La Rochefoucauld)[5]이나 상포르(Sébastien-Roch Nicolas de Chamfort)[6]의 입장에서, 그는 스스로 도약할 수 있는 최소한 믿음에 기반하여 단조로운 풍경이나 초라한 식탁의 은총에 감화된 빈곤함과 단언적인 격언 사이의

---

4 [역주] 말로의 예술사 시리즈인 『예술심리학』(La psychologie de l'art, 1947~1950)에서 세 번째 책 『절대적 화폐, La monnaie de l'absolu, 1949』에서 따 온 표현이다. 3권의 책은 방대한 참고문헌을 이용해 모든 나라와 시대의 예술사를 집대성한 저서이다. 이 저서는 또한 인간이 무의미한 부조리와 인간 조건의 무의미함을 극복할 수 있도록 해주는 예술에 대한 철학적 명상록이다.

5 [역주] 17세기 프랑스 도덕주의자.

6 [역주] 18세기 프랑스 도덕주의자.

비교를 통해 불확실함을 토로하게끔 한다. 그래서 영화 속의 우울함은 매우 복합적이며, "19세기의 예술인 영화는 20세기를 만들었다."고 영화 속에서 언급하는 것처럼, 영화는 표면적으로 그 시대의 예술을 구현하는 특별한 매체이다. 우울함이 언제나 늦게 찾아오듯이, 거의 마지막 장면에 삽입된 '영화가 있었다.'라는 문구처럼 영화는 어쩌면 죽어가고 있다. 그러면서 내레이터가 "우리가 이룩한 역사 이외에 모든 것을 할 수 있다"라고 말한다. 이제 영화의 역사는 불가능하며, 영화를 '만드는' 일은 시효가 다했다고 증언한다. 고다르는 고유한 예술 행위를 스스로 폐기하는 우울한 증인인가? 트뤼포(François Truffaut)의 이미지가 상징적으로 드리워진 '누벨바그'가 일종의 잃어버린 낙원처럼 여겨지며, 이미 영화의 역사를 통해 혹은 랑글로와(Henri Langlois)에 이끌린 젊은이들은 치명적인 아카데미즘의 신화에서 영화를 떼어내어 '밖'(Dehors)의 가능성에 노출시킨다.

하지만 고다르는 이 낙원이 역사가 짓누르는 실재적 고려에 따라 훼손되었다고 말한다. 낙원의 가장자리에는 바로 '잃어버린 환상', 즉 혁명의 고통, 공산주의의 그림자 그리고 궁극적으로 재현할 수 없는 조합인 상호 닮은 폭군인 히틀러와 스탈린이 있기 때문이다(필자가 보기에 고다르는 시대적 흐름에 너무 많이 양보한 것 같다). 그래서 우울함은 방향을 스스로 선회하게 된다. 예컨대, 폐기된 것을 말할 수 있는 힘으로 닫혀있는 완벽한 영화작품들을 다성성으로 열어놓는 방향으로, 실재와 이미지 간의 접힘과 펼침을 (라이프니츠(G. W. Leibniz)식의 영화적 모나드(monade)[7]인 바로크 스타일로) 끊임없이 복합하게 구성하려는 열정으로,

7 [역주] 그리스어 Monas(unité, 단위 또는 통일체)에서 유래한 용어이며, 라이프니츠의 모나드론은 신이 비물질적인 모나드를 먼저 만들고, 그것을 질료에 구현한다. 그의 견해에 따르면, 몸은 없고 모나드만 있는 상태란 그 모나드가 앞으로

모든 속임수로부터 진실을 밝혀내려는 방향으로, 고다르는 설령 그 자신이 인지하지 못했다 할지라도 또 다른 시대를 열어 놓는다. 다소 회고적이며 형언할 수 없는 우울한 음조를 띤 말러 교향곡 역시 인지하지 못한 채 쇤베르크 음악의 혁신을 열어 놓았다. 말러를 연상시키는, 스탠드 조명 아래 고다르의 무표정한 얼굴은 슬프고도 원숙한 고고학자의 얼굴인가? 혹은 스위스의 경건한 청교도의 자세를 취하며, 열의에 찬 한 남자의 얼굴인가? 아니면, 암호화된 말을 스타일과 어조로 바꿔가면서 자신만의 무기로 우울함을 이겨내려는 얼굴인가?

고다르의 <영화의 역사(들)>에는 무정부주의적인 플라톤주의가 내재한다. 놀랍게도 이 영화에서, 모든 이미지는 동시다발적으로 다양한 텍스트를 동반하며, 또 다른 이미지를 떠올리게 한다. 이미지는 결코 어떤 지시대상도 지칭하지 않고, 어떤 것도 모방하지 않는다. 오히려 이미지는 말해지거나 보여지는 것에서 드러나는 전체 이미지와 이미지 그 자체 간의 간극을 잘 보여준다. 그래서 이 영화는 중첩되고 뒤엉킨 간격의 운동이다. 따라서 부여된 영화의 소명은 연관성이 부재한 이미지를 한데 묶어내며, 구체적으로 '간격이라는 방식을 통해' 다성적으로 가깝게 하고, 함께 어울리게 만들며, 엮이게 한다. (<이스라엘과 이스마일> (ISRAEL ET ISMAEL)[8]이라는 제목의 영화에서 보여지는) 유대인과 아랍인 혹은 유대인과 독일인은 단 하나의 이미지를 형성하지만, 그 자체로 간격이 있다. 예컨대, 두 젊은 독일 병사가 포로 한 명의 시체를 끌고 간다. 그러나 이때, 다음과 같은 질문이 제기된다. 만일 그 장면이 어떠

겪을 일들이 계열화되어 있는 상태이다. 즉 모나드는 아직 물질로 구현되어 있지 않지만, 앞으로 겪을 일들이 배열되어 있는 것이다.

8 [역주] 성서 창세기에 따르면 유대인은 아브라함의 아들인 이삭의 후손이고, 아랍인은 또 다른 아들 이스마엘의 후손이다.

한 것도 재현하지 않으면서 (명백하게 보여지는 것으로부터 명확하게 드러나지 않는) 다른 모든 이미지와 전체적으로 동떨어져 있다면, 이미지의 본질은 무엇인가? 사실상, <영화의 역사(들)>의 일련의 구성은 세세함 속에서 탁월하게 빛나는 미묘함이며, 본질로 되돌아가려는 빈틈없는 유동성이다. 그러한 구성 속에서, 어둠 속의 푸른 빛, 천천히 움직이는 여자의 얼굴, 불 꺼진 집 등처럼 일시적으로 정지된 몇몇 장면은 상징적으로 작용한다. 그리고 추상적으로 삽입된 지속적인 문구들은 길라잡이 혹은 요약처럼 작용한다. 이런 길라잡이나 요약은 마치 그토록 많은 궤변 때문에 길을 잃고 헤매는 젊은이들에게 이미지의 본질적 성격에 눈을 뜬 소크라테스가 전할 수도 있었던 것이다.

예술적 관점에서 분명 걸작인 <영화의 역사(들)>는 결정된 격식 없이 다양한 목표를 지향하면서, 완결되고 완벽하지만 약간은 편집광적이며 고독한 작품이다.

반대 의견은? 물론 다소 있다. 영화 속에서 배우인 알랭 큐니(Alain Cuny)가 클로델풍[9]의 어조로 적절하게 지적하듯이 이러한 과장된 말투는 너무나 무겁고, 지나치게 심각하다. 영화는 예술의 숙명과 역사의 책임감으로 법정 앞에 서 있다. 이것은 당연한가? 이런 세속적인 예술인 영화는 외출하는 가족, 청소년, 벽 위의 고양이들이[10] 즐기는 토요일 밤의 오락이다. 영화는 처음부터 카바레의 코미디쇼와 유원지의 웅장한 볼거리 사이를 즉 어릿광대와 자본주의자 사이를 왔다 갔다 했다. 그렇

---

9 [역주] 폴 클로델(Paul Claudel, 1868~1955)은 프랑스의 외교관이자 시인, 카미유 클로델의 동생. 그는 "시의 운율은 사람의 호흡에 따라야 된다"고 주장하며 '클로델적 시형'을 만들었다.

10 [역주] '벽 위의 고양이'라는 표현은 가족, 연인, 친구들끼리 특별한 일 없이 흔히 일상적으로 반복해서 하는 일들을 열거하는 과정에 덧붙인 진부한 이미지를 나타내기 위한 것일 뿐이다.

다면 본질적으로 영화는 순수하다고 인정해야 하지 않을까? 반짝이며 시선을 끄는 다른 모든 것처럼 영화 역시 별 볼품없는 대중적인 선전물이다. 그리고 영화는 더 높은 지향점을 향하며, 별개의 요소들을 내적으로 정화시키는 방식을 통해 재빠르게 능력을 갖추게 된다. 고다르가 항상 그래 왔듯이, <영화의 역사(들)>에서는 국가체제에 맞서는 사랑, 신문의 사회면 단신 기사를 과감히 다루는 책임감, 데카당스한 이미지에 맞서는 원칙적인 텍스트와 같은 구원이란 위험한 문제를 다룬다. 그리고 가벼워진 반 서사적인 이야기에서는 영화에 관하여 그토록 많은 이야기를 해서는 안 된다는 것을 볼 수 있다. 규모나 시대적 연관성과는 별도로, 영화는 모든 것을 총망라하며, 언제나 모든 연령, 나라, 계급의 취향 속에 자리매김하고 있다. 예컨대, 영화는 한 떠돌이가 부자에게 오물을 뿌리고, 엄청나게 큰 배가 가라앉고, 끔찍한 괴물이 땅에서 튀어나오고, 착한 주인공이 모진 고생 끝에 결국 한낮에 악당을 물리치고, 형사나 탐정이 마피아와 도둑을 뒤쫓고, 또한 외국의 낯선 풍습, 평원의 말들, 의리 있는 용사들, 그리고 낭만적인 드라마, 사랑으로 상처받고 아무것도 남지 않은 여인 등 다양한 스펙터클을 보여준다. 영화사에서 가장 뛰어난 예술가인 채플린이나 무르나우는 고다르처럼 하지 못하고, 오히려 이런 통속적인 이야기가 단지 돋보이게 할 뿐이다. 영화가 이념이라면, 이념의 우연한 방문이라면, 그것은 플라톤의 『파르메니데스』(Parmenides)에서 늙은 파르메니데스가 젊은 소크라테스에게 진, 선, 미, 정의와 더불어 비록 적절하지 않을지라도 머리카락, 진흙과 같은 이념도 추상적 이념으로 인정해야 한다고 요구하는 의미에서의 이념과 동일하다.

「장-뤽 고다르의 1세기」, 『아트프레스』(Artpress) 특집호, 1998년 11월.

21 영화의 현 상황에 대한 고찰 그리고 영화가 죽어가거나 혹은 죽었다고 결론짓지 않고 이 상황을 사유하는 방식에 대한 소고

– I –

'영화적 상황'이라는 개념

객관적이거나 '그 자체로' 상황이 설명 가능한 (예술적 방식의 상황은 혹은) 영화의 현 상황은 있을 수 없을 것이다. 영화가 개봉되면, 어떻게 전개될지는 아무도 모른다. 그런 데에는 보편적 이유가 있겠지만, 또한 영화적 방식의 특수성과 연관된 이유들도 존재한다.

1) 보편적 이유

어떤 예술의 현재와 사유의 관계는 단순한 묘사가 아니라 국한된 규정과 연관된다. 모든 것은 주관적으로 어떤 논점을 지향하느냐 결국 판단의 논리에 달려있다. 예컨대 우리가 논지를 펼치는 장소는 ≪영화 예술≫(L'Art du cinéma)로, 이 잡지는 일반 잡지와는 달리, 특별한 탐구의 틀과 지향점을 갖는 사유 집단이라는 구체적인 입장을 내세운다. 기본원칙은 두 가지로, 드니 레비의 연구를 토대로 한다.

㉠ 영화는 주제와 형식의 조화 속에서 영화적 사유를 확인할 수 있다는 구체적인 의미에서 예술이 될 수 있다.

㉡ 이러한 예술은 (할리우드의) 인간중심적이고, 전형적이며, 동일시하는 작업과 이와는 전혀 다른 방식으로 관객을 개입시키는 근대적인 '거리두기' 사이에서 불가항력의 단절을 겪는다. 당연히, 이 단절은 ≪영화 예술≫이 영화의 역사에서 제기하는 시각을 투영하는 복잡한 계보학을 가지고 있다.

이러한 두 가지 원칙을 바탕으로, 우리는 (영화가 만들어지는) 막연한 현실의 상황 이해를 '영화의 현 상황 (혹은 국면)'이라고 부를 수 있다. 영화의 현 상황으로부터 우리는 파생되는 언술(言述) 또는 상황의 언술을 만들어낸다. 이러한 언술은 '객관적'이기보다는 식별 가능한 예술적 자율성을 지닌 주위 부근에 참여함으로써 이 상황과 동일시된다. 이런 언술들이 상황과 동일시되는 것은 주어진 상황 속에서, 의회제도는 정치조직(Organisation politique)[1]의 언술을 바탕으로만 인정될 수 있는 것과 어느 정도 비슷하다.

다음으로, 우리는 영화적 상황을 상세히 규정하거나 (명시적 언급과는 별개로) 부차적인 판단 기준이 되는 키아로스타미(Abbas Kiarostami), 스트로브(Straub), 벤더스, 폴레(Jean-Daniel Pollet), 고다르, 그리고 그밖에 여러 감독의 작품들을 결코 잊어서는 안 된다. 이러한 작품들은 ≪영화 예술≫이 근대성이라고 규정하는 것과는 다른 기준이나 틀 속에서 진보주의를 논의할지라도, 예술의 관점에서 상대적으로 진보주의적인 상황 속에 있다. 왜냐하면, 작품들은 새로운 기준을 제시하기 때문이다. 정확히 말하자면, 그 당시에 작품들은 새로운 것이었다. 새로움은 단순

---

1 [역주] 포스트 마르크스-레닌주의를 주창하며 1895년에 창립된 단체로서, 바디우가 창립 멤버로 활동.

히 옛것과의 관계가 아니라 새로운 옛것이나 이전 장면의 새로움과 변증법적 관계에 놓여있다.

2) 특별한 이유

이 이유는 영화가 본질적으로 순수하지 않다는 논리를 주장하는 ≪영화 예술≫의 명제와 연관된다. 영화에서 이념의 통로는 (연극, 소설, 음악, 회화 등) 타 예술과의 비교나 상호 호응과 같은 복잡한 게임을 전제로 하기에, 그 결과 아방가르드적인 극단적 형식주의 관점을 제외하고 '순수 영화'가 존재하지 않는다는 것이 지금까지의 주된 논지이다. 따라서 우리는 비순수성의 명제를 확장할 필요가 있고, '예술과 비예술 사이에 놓여있는 영화는 내재적으로 구별할 수 없는 장소이다.'라는 원칙을 제기해야만 한다. 엄밀히 말해서, 처음부터 끝까지 예술적 사유로 통제되는 영화는 없다. 영화는 언제나 현실의 이미지, 다른 예술의 파편, 계속해서 변하는 관습 등에 해당하는 전혀 순수하지 않은 조각들을 실어나른다. 영화 속에서 예술적 행동은 '작품에 내재하는 비예술적 특질의 정화과정'으로만 파악할 수 있다. 하지만 이 과정은 결코 이뤄낼 수 없다. 실험영화의 순수함이나 '영화적 글쓰기'에 대한 브레송(Robert Bresson)의 급진적이고 규범적인 몇몇 언술처럼 설령 이 과정이 이뤄진다고 하더라도, 이러한 과정의 완성은 예술적 능력 그 자체뿐만 아니라 더 나아가 예술의 보편적 영향력까지도 소멸시킨다. 이처럼 영화의 예술적 '작용'은 비예술적인 형식을 취하면서 (랭보(Rimbaud)의 '바보 같은 그림'[2]처럼) 불분명한 이미지를 대상으로 하는 완성될 수 없는 정화 작용이다.

---

2 [역주] 랭보의 시집 『지옥에서 보낸 한 철』에서 나오는 시의 구절.

결과적으로, 비예술의 지배적 형식은 예술 그 자체에 내재하며, 형식의 명료한 덕택에 예술의 일부분이 된다. 이런 점에서 현재 영화제작에서 지배적 형식의 경향에 대해 끊임없이 질문을 제기하고, 시청각산업의 순환적 시스템을 파악할 필요성이 있다. 왜냐하면, 바로 그 토대에서 예술적 작용이 간간이 이뤄지기 때문이다.

– II –

네 가지 사례

1) (알아들을 수 없는 문장, 여러 가지가 뒤섞인 음향, 소음과 같은) '정제되지 않은 음향'을 활용하는 고다르의 기법은 당시 영화제작의 지배적 기술을 형식적으로 정화하려는 시도이다. 다시 말해, 포스트 록[3] 형태의 음악 그리고 무기, 폭발, 자동차, 비행기 등의 거친 음향, 또한 명확하게 들리지 않는 대사들이 서로 뒤얽힌 형식적 정화이다. 당시 지배적인 제작 방식 속에서 고다르는 말과 글을 포함한 모든 행위를 동반하면서, 현대 젊은이들의 특징과 무조건적인 요구에 대한 순종 그리고 리듬감 있는 배경음악의 과도한 음향 등을 정교한 웅얼거림으로 변형한다.[4] 이런 과정을 거쳐 고다르는 인위적 장치처럼, 즉 사유적 혼돈의 자발적 원칙처럼 혼돈의 세계를 영화 속에서 구현한다.

---

3 [역주] 포스트 록(Post-Rock)은 록음악의 하위 장르이다. 록을 제외한 다른 장르, 특히 실험적인 장르들에서 음악적 요소를 가져와 뒤섞어서 새로운 음악을 만드는 것이 특징이다.

4 [역주] 예컨대 고다르의 <주말>에서 '음악적 행위'(ACTION MUSICALE) 시퀀스는 경쾌한 모차르트 음악을 토대로 무기력한 등장인물의 모습을 보여주며, 당시 5공화국에 대한 일종의 사회정치적인 비판적 메시지를 전달한다.

2) 키아로스타미나 올리비에라(Manoel de Oliveira) 감독의 영화에서 자동차 장면의 활용은 현대의 이미지를 압도적으로 대변한다. 현대 영화에서 세 편 가운데 두 편은 자동차 장면으로 시작한다. 이러한 점은 어떤 행위를 대화의 장소로 구성하고, 속도의 기호를 느림의 기호로 바꾸며, 외적인 움직임을 내적이고 반성적이며 대화체의 형태로 만들어버린다.

3) 육체를 직접적으로 찍는 성적인 장면은 동시대의 현재 이미지를 대변하는 주된 구성요소 가운데 하나이다. 이러한 성적인 장면은 욕망의 환유와 대립한다. 그 환유는 고전 영화 예술의 중요 특성 가운데 하나이며, 세세한 부분에 성적 의미를 부여함으로써 검열을 피하는 것이 목표였다. 따라서 예술적 문제는 전적으로 의도적인 노출 속에서 성적인 누드를 어떻게 활용하는가에 달려있다.

이런 점을 세련되게 드러내려는 시도는 셀 수 없이 많다. 예컨대, 현대 프랑스 코미디처럼 성적인 요소를 대사로 표현하거나, 안토니오니(Michelangelo Antonioni)의 몇몇 장면처럼 양식화한다거나 혹은 거리를 두고 인용을 한다거나, 이스트우드의 <메디슨 카운티의 다리>(1995)처럼 장르 속에 녹아들게 하여 평범하게 만든다거나, 때때로 고다르처럼 추상적인 방식으로 과도하게 외설적으로 표현하기도 한다.

4) 온갖 종류의 특수 효과, 파괴와 재난으로 점철된 스펙터클, 그리고 잔혹함, 재앙, 살인이 난무하는 일종의 부패와 몰락의 시기에 대한 소비는 현대 영화의 두드러진 구성 요소이다. 이러한 요소들은 이미 검증된 전통 속에 자리매김하고 있지만, 현대 영화에서는 종교적이거나 교훈적인 소명의 우화 속에 요소들을 더 이상 무리하게 끼워 넣으려고 하지 않는다. 결국, 요소들은 이미지의 상대적 희소성과 이미지를 만들어내는 어려움과 연관된 일종의 충격요법이거나 확장시키는 기법에 속한다. 실제로, 가상적이고 합성적인 이미지에 대한 부질없는 수다는 끔찍하거나

두려움을 주는 볼거리와 같은 이미지의 과잉 혹은 편의성에 불과하다. 이 점에 있어서도 정화하려는 시도는 있다. 예컨대 이 분야의 대가인 오우삼(John Woo) 감독은 일반적 폭발장면을 마치 느린 글씨로 써내려 가듯이 혹은 더 과감하게 스타일리쉬하게 표현한다.

– III –

주장과 그 결과

우리는 다음과 같은 원칙을 주장할 수 있다. "정화하려는 시도가 분명하게 드러나지만, 영화가 동시대적이며 모든 관객을 대상으로 하는 영화는 비예술에 속한다고 인정할 수 있다."

따라서 영화는 경험으로가 아니라 내재적으로 '대중' 예술이 된다. 즉, 영화의 내적 지시 대상은 지식계층을 전제로 하는 과거의 예술 형식이 아니라, 거리를 두고 다루며 여과장치 역할을 하는 예술적 작용이 불확실한 현재의 이미지이다. 이런 영화는 식별 가능한 비예술적 재료를 다루며, 그 재료는 그 시기의 이념적 지표이다. 분명히 구분되지 않는 예술과 비예술 간의 경계에서, 그 재료는 간혹 예술적 정화작용을 '거치게 된다'.

바로 여기에서 영화의 현 상황을 사유하려는 작업과 몇 가지 탐구 방향이 비롯된다.

1) 우리는 지배적 흐름인 재현, 동일화, 사실주의와 연관된 모든 것으로부터 시청각적 재료들을 정화하는 것이 현대성이라는 예술적 작용이라고 당연히 생각할 것이다. 하지만 덧붙여 말하자면, 현재의 위협요인은 재료들을 이미지와 사운드의 형식적 소비와 결부된 모든 것으로 다루려는 확장성에 있다. 예컨대, 소비

와 연관되어 오늘날 우선적으로 구성되는 것은 포르노 수준의 누드, 놀라운 특수효과, 남녀의 은밀한 사생활, 사회 멜로드라마, 병적인 잔인함 등이다. 따라서 우리는 이러한 구성이 전적으로 필요하다고 인정하면서 그 구성을 정화할 때에만 실재적 상황과 맞닥뜨릴 수 있고, 또한 새로운 사유적 영화의 출현이나 이행을 맞이할 기회를 가질 수 있다.

2) 우리는 재료들의 실재적 움직임 속에서 재료들을 인식하고 그 재료들을 구성하는 지배적 경향을 인지하는 것이 필요하다.
3) 재료들 간의 구성의 간극과 정화작용을 토대로 전반적인 가설을 세워야 하며 작품으로 접근해야 한다. 그리고 어떤 것을 통해 현대의 사유적 영화가 실제로 주어지고, 보편적인 영향력을 끼치는지를 살펴봐야 한다.

현시점에서 검토의 기본 단위는 영화 전체라기보다는 정화작용이 명료하게 드러나는 일부분의 영화일 것이다. 명료하다는 것은 동시대성을 확증할 수 있는 암시적 재료, 예술적 지표가 되는 정화작용의 틀, 그 틀의 결과로 드러나는 실재와 맞물린 사유의 이행 과정, 이 모두를 동시에 포착한다는 의미이다. 현재의 변화 단계에서, 비예술의 내부적 힘은 압도적이기에 (뒤에서 언급하겠지만 일반적으로 형식주의적 차이만이 비예술과 반대되기 때문에), 전체적으로 실패한 작품까지 포함해서 정화작용을 확인하는 절차가 필요하다. 누구도 상하관계에 얽매이거나 늘상 같은 영화적 재료를 활용하는 감독들이 없기에(모든 이미지를 '손쉽게' 만들 수 있다면 영화로 무엇을 만들 것인가?), 우리는 작가개념에 전적으로 의존하지 않을 것이다. 설령 이런 관계가 문제시된다 할지라도, 우리는 채플린이나 무르나우처럼 위대한 '대중' 감독을 또한 상황에 바탕을 둔 확고한 장르에서 대중감독들을 만날 수 있을 것이다. 그럼에도 (오우삼이나 드 팔마(Brian De Palma) 감독처럼 뛰어난 작가들을 제외한) 새로운 탐정영화에서도, (크레이븐(Wes Craven) 감독의 세밀한 비틀기를 제외한) 고어 영화(gore film)에서도, (약속을 제대로 지키지 못한 베나제라프(Jose Bénazéraf) 감독과 같은) 포르노에서도, (몇몇 영국 감독들의 노력을 제외한) 사회 멜로드라마에도, 우리는 뛰어난 대중 감독을 찾아볼 수 없다.

따라서 (영화 보기의 대중성과 오락적 측면을 어느 정도 공유하는) 소비자로서 영화관에 가는 횟수, 각자의 직관, 일반적인 비평의 해설 등 가능한 상황의 모든 의미를 세세하게 살펴볼 필요가 있다.

– IV –

예외적 경우들

급변하는 정책이나 세계적인 사건으로 인해 할리우드, 인도, 이집트 영화처럼 보편적인 상업영화의 가치가 하락하는 경우 혹은 무슨 일이 벌어진 지역에 대해 근원적인 이해가 가능한 경우는 별도로 검토해야 한다. 예컨대, 적어도 한 장면 정도에서는 해당 나라의 실재적 문제를 드러내는 형식들을 제기하는 직접적인 고민을 영화의 대중적 영역에서도 담아내야 한다. 독일의 경우 좌파주의 옹호의 문제를 다루는 파스빈더, 슈로에터(Werner Schroeter), 벤더스 등의 감독처럼, 포르투갈의 경우 1975년 혁명[5] 이후에 올리베이라, 보텔로(João Botelho) 등의 감독처럼, 이란의 경우 이슬람 혁명[6] 이후에 키아로스타미 등의 감독처럼 고민들

---

5 [역주] 무혈 쿠데타 혁명, 별칭 리스본의 봄.

6 [역주] 이란 이슬람 혁명 또는 이란 혁명은 1979년 이란에서 발생한 혁명으로 입헌 군주제인 팔라비 왕조가 무너지고 이슬람 종교 지도자가 최고 권력을 가지는 정치체제로 변화되는 결과를 낳은 사건.

을 그려내야 한다. 이러한 사례에서 명확히 알 수 있듯이, 영화는 주관적인 차원에서 한 나라에 영향을 끼칠 수 있다.(해당 나라 출신이라는 것은 어떤 의미를 가지는가?) 사건이 이전에 가려져 있던 사실을 드러내는 것처럼, 주관적인 관점에서 사유적 영화가 존재한다. 따라서 영화는 현대적인 동시에 폭넓게 작용한다. 보편적인 영향력을 갖는 해당 나라의 영화는 감독들의 형식적 주장이 인정받게 되면서 하나의 '유파'를 형성하게 된다.

– V –

형식적 배치와 주요한 동기(근원적 소재)

나라별 예외를 제외하고, 우리는 장르에서 어느 정도 관습화되어 있고, 주요한 동기로 실행되는 확실한 작업을 검토할 필요가 있다. 이러한 작업 속에서 어떠한 잠재적 사유가 진행 중인가?

첫 번째는 성적인 노출 또는 보다 일반적으로 성욕을 자극하는 소재인 나체에 대한 사유이다. 문제는 검열이 강요된 과거의 환유로 가능한 한 되돌아가지 않고, 정화된 이 소재가 사랑과 섹스 사이에서 어떻게 구분되지를 아는 것이다. 쾌락적 기능으로 작용하는 현대의 포괄적 사랑에서, 이 소재가 (우선적으로 예외로 인정될 때) 어떻게 예외적일 수 있는가? 사랑에 빠진 육체라고 부를 수 있는 것에, 어느 정도까지 벗는 것을 허용해야 하는가? 포르노에 대한 단순한 비평적 분석은, 예를 들어 고다르의 <할 수 있는 자가 구하라 : 인생>(Sauve qui peux (la vie), 1979)에서 추상적인 외설적 장면처럼, 단지 피상적 단계에 그친다. 이런 관점에서 명확하게 시도된 작업은 여전히 아무것도 없으며, 몇몇 작업만이 눈여겨 볼 만하다.

부수적인 질문으로는 포르노 혹은 등급 외 영화가 하나의 장르가 될 수 있는지 검토하는 것이다. 예술적 시도를 불러일으키는 것을 '장르'라고 지칭하는 것이 적합할 것이다. 그렇지 않다면 특수한 분야라고 말하게 될 것이다. 포르노는 장르가 아니라 필연적으로 특수한 분야인가? 그렇다면 왜 그러한가? 이 질문은 섹스를 적나라하게 보여주는 문제에 직면한 영화의 본질 그 자체에 대한 물음이기에 대단히 흥미롭다.

두 번째는 극단적인 폭력과 잔혹성에 대한 사유이다. 이 영역은 상당히 복잡하다. 예컨대, <세븐>(Seven)처럼 잔인한 연쇄 살인을 주제로 하거나, <할로윈>(Halloween)이나 <스크림>(Scream)처럼 변용된 판타스틱 고어 영화이거나, 폭력적인 탐정영화 혹은 심지어 과도하게 잔인한 장면들이 있는 <카지노>(Casino)처럼 마피아를 다루는 몇몇 영화이거나, 세상의 종말을 다룬 영화 혹은 생존자들이 서로를 죽이는 영화 등이다. 이 문제는 단순히 장르로서의 공포 영화의 변주와는 관계가 없다. 살을 갈기갈기 찢고, 뼈를 짓이기고, 끔찍한 고문 같은 글자 그대로 잔혹한 장면들이 서스펜스와 공포를 압도한다. 이 모든 것은 정말로 타락한 제국을 떠올리게 하는데, 이는 사람을 죽이는 다양한 방법이 주요한 요인으로 작용하기 때문이다.

요점은 이 모든 것이 가능한 한 '비극적으로' 비춰져야 한다는 점을 인식하는 것이다. 피가 낭자한 고통스러운 이미지를 평가하기 전에, 끔찍한 처형의 이야기, 살인자의 진실, 행동의 야수성 등은 가장 정제된 비극의 중요한 구성 요소임을 명심해야 한다. 라신(Jean Racine)의 <페드르>(Phèdre, 1677)에서 이폴리트(Hyppolite)가 죽는 장면을 다시 읽어봐야 한다. 요컨대 중요하고 흔한 비극적 서사를 보여주는 아트레우스(Atreus)[7]와 티에스테스(Thyestes)[8]의 그리스 비극보다 더 비극적인 작품은 거의 없다. 이 비극에서는 아버지가 자신의 자식들을 잡아먹는다. 여기에서 우리는 다음과 같은 아주 단순한 질문을 제기할 수 있다. 오늘날의 고정관념처럼 현대 바로크의 비극적 시도 속에 통합되거나 비극적 모든 구성요소를 예고하는 초창기 작업이 존재하는가?

세 번째는 노동자 이미지에 대한 사유이다. 최근에 영국을 거쳐, 그리고 미국의 다큐멘터리에서도 사회 멜로드라마가 되돌아왔다. 심지어 프랑스에서도 <재개>(Reprise)[9]에서 <마리우스와 자네트>(Marius et Jeannette)[10]에 이르기까지 모든 부류의 시도는 프랑스 공산당이나 1968년 5월 혁명의 틀 속에서 노동자의 특정한 이미지에 대해 입장을 대변한다. 그렇다면 문제는 영화가 노동자 이미지의 자율성에 대해 주관적인 일반화에 기여할 수 있을지를 아는 것이다. 현재로써 영화는 오로지 노동자 각자 이미지의 결말만 다룰 뿐이고, <브래스트 오프>(Brassed off)[11]처럼 향수를 불러일으키는 정도이다.

이러한 질문의 역사는 대단히 복잡하다. 예컨대, 채플린의 <모던 타임즈>(Modern Times, 1936), 프랑스의 어두운 낭만주의를 보여주는 마르셀 카르네(Marcel Carné)의 <새벽>(Le jour se léve, 1939), 소련의 대서사극 영화, 1968년 5월 혁명 장면으로 시작하는 고다르의 <만사형통>(Tout va bien, 1972)과 장-피에르 토르(Jean-Pierre Thorn)의 <과감히 투쟁을>(Oser lutter oser vaincre, 1969) 등의 영화를 동시에 떠올려보는 것으로 충분하다. 오늘날에 이 질문은 다음과 같이 대체될 것이다. 이전의

---

7 [역주] 그리스 신화에 나오는 영웅이자 아르고스의 군주.

8 [역주] 그리스 신화에 나오는 올림피아의 왕이었으며 펠로페이아와 아이기스토스의 아버지.

9 [역주] 에르베 르 루(Hervé Le Roux) 감독의 1996년 영화.

10 [역주] 로베르 게디귀앙(Robert Guédiguian) 감독의 1997년 영화.

11 [역주] 마크 허먼(Mark Herman) 감독의 1996년 영화. 영국정부의 폐광정책으로 위기에 봉착한 광부의 이야기를 다룬 작품.

모든 항수를 자극하는 이미지의 이행과정을 보여주는 또는 그러한 이미지가 정착하는데 기여한 형식적 배치는 무엇인가? 즉, 모든 사회적 객관성에서 벗어난 이미지에 대한 질문이다. 실제로 중요한 것은 정치와 영화의 실재적 만남의 가능성이고, 드니 레비 감독이 <오월의 학교>(L'Ecole de Mai, 1979)에서 대략 보여준 것처럼 노동자의 이미지가 영화에서 명확하게 형상화될 수 없는 현실적 쟁점이다.

네 번째는 구원에 관한 사유이다. 이 주제는 지구의 모든 재앙으로부터 누가 됐건 미국의 영웅이 세계를 구한다는 것이다. 현실적 토대는 세계화, 유일한 초강대국의 헤게모니, 지구촌의 생존과 연관된 생태 이데올로기 등이다. 기본적인 이미지는 재앙과 구원이다. 이러한 '장르'는 <화성 침공>(Mars attacks, 1996)처럼 아이러니한 형식을 취하기도 한다. 요점은 보편적인 위협의 소재가 (통제가 불가능한 자본에 먹이가 된 세계이며, 그로 인해 세상의 진리를 총체적으로 은폐하려고) 작동되는 구성요소임을 파악하는 것이다. 이 경우 문제시되는 것은 대서사극 영화일 경우가 농후한데, 여기에서 주인공은 고난을 받지만, 그 행위는 진실이 이행되는 절차에 대한 신뢰에 기인한다.

다섯 번째는 소시민 코미디에 관한 사유이다. 이 코미디는 매우 높게 평가받는 프랑스 내면주의 전통의 현대적 변형이다. 이 코미디는 정서적, 사회적, 더 나아가 지적 방황의 팽팽한 공허함을 느끼는 히스테릭한 젊은 여인 주위에서 펼쳐진다. 이러한 장르는 마리보(Pierre de Marivaux, 18세기 극작가)와 뮈세(Alfred de Musset, 19세기 시인, 극작가)의 희곡인 『마리안의 변덕』(Les Caprices de Marianne)까지 거슬러 올라가며, 선구자는 에릭 로메르이다. 최근 대부분의 프랑스 '작가 감독'들은 이 작업에 뛰어들었다. 이 장르는 스탠리 카벨(Stanley Cavell)이 '재혼'이라고 부른 코미디[12]와 많은 점에서 유사하지만 1930~40년대 미국 코미디에 비하면 여전히 비주류이다. 왜 마이너로 남아 있을까? 우리는 이 질문에 답할 수 있어야 한다. 예컨대, 줄거리의 중심 목표가 분명하지 않은 점이 이런 부류의 코미디들의 약점이라고 한다. 마리보의 작품에서처럼 미국 영화는 문제의 해결이나 사랑의 고백을 통해 정해진 단계가 불확실하고 애매한 유희적 코미디를 분명하게 그려낸다. 바로 그러한 점이 마리보의 희곡을 대단히 견고한 동시에 영리한 작품이 될 수 있도록 한다. 로메르가 후배 감독들보다 뛰어난 감독인 점도 은총을 베푸는 기독교적 암시 속에서 (앞서 언급한 점과) 동등한 가치를 잘 드러내기 때문이다. <가을 이야기>(Conte d'automne, 1998)의 주된 주제는 분명히 "소박한 마음을 가진 사람은 행복하고, 사랑의 은총은 그들을 위해 존재한다."이다. 아쉽게도 데플레셍(Arnaud Desplechin), 바르보사(Laurence Ferreira Barbosa), 자코(Benoît Jacquot)의 영화에는 이와 같은 명료함이 전혀 없다. 결국, 이 장르는 사랑의 능력 속에서 흔들리지 않는 믿음을 토대로 코미디가 내적 방황을 매듭짓기 위해 필요한 정해진 단계를 갖추었을 때만 예술적 설득력을 드러낸다.

우울한 우디 알렌(Woody Allen)을 포함해서 최근의 감독들이 많이 이용하는 정신분석학적 해석은 길을 잘못 접어든 것인데, 이러한 해석방식은 계열적으로 구분되지 않는 장소이기 때문이다.

우리는 결혼이나 재혼에서 확정된 지점을 더 이상 상징화할 수 없다.

---

12 [역주] 스크류볼 코미디(Screwball Comedy)를 지칭. 이 코미디는 위트 있는 대사와 갈등을 결합시켜 한바탕 소란을 피운 후 해피엔딩으로 끝을 맺는다. 당시 경제 대공황으로 침체되고 암울한 시대상을 반영하고, 부조리하고 불합리한 내용을 비비 꼬아 놓은 스크류볼 코미디는 서로 다른 환경과 문화에서 성장한 전혀 어울릴 것 같지 않은 남녀가 사랑에 빠지거나 혹은 재혼에 골인하는 오늘날 로맨틱 코미디의 전형이 된다. 철학자인 카벨은 이런 점에서 스크류볼 코미디를 '재화합의 장르'라고 일컫는다.

로메르에게서는 분명하게, 테시네(André Téchiné)에게서는 이따금, 우리는 사랑이 또 다른 진실을 이행하는 절차로 기능하는 것을 볼 수 있다. 따라서 주관적으로 중심을 바꾸는 일, 변환, 지각할 수 있는 간격을 형식화해야 한다. 그리고 끝으로, 초창기에 활용된 개념이 히스테릭한 무기력과 나르시시즘이 혼합된 개념이라 할지라도, 지배적 개념의 관점에서 확장을 형식화해야 한다.

– VII –

영화와 다른 예술들

비순수성이라는 개념의 일반화는 무엇보다도 다른 예술과 혼합되어 있다는 의미임을 명심해야 한다. 이 질문의 현대적 형태는 무엇인가?

영화와 음악에 있어서, (영상과 발성을 일치시키는) 기준은 리듬을 바탕으로 이뤄져야 한다. 여기서 '리듬'은 단순히 몽타주의 특성이 아니라, 시퀀스 쇼트를 포함하여 (급작스럽고 불규칙한, 긴박한, 확장된, 느린 등의) 다양한 움직임 전체를 고정하고 확산시키는 시간성을 지칭한다. 리듬은 쇼트와 시퀀스의 구성뿐만이 아니라 영화의 모든 구성요소에 개입한다. 예컨대, 배우의 연기 방식이나 색상의 농도는 쇼트들이 이어지는 속도만큼이나 리듬과 매우 관련이 깊다. 기본적으로 리듬은 영화적으로 변환시키는 일종의 맥박이다. 여기서 음악은 순전히 과잉되고 강조하는, 즉각적인 주석의 일종이다. 바로 리듬이 변화하는 맥박으로 영화를 음악에 연결시켜 준다.

무엇보다도 영화의 세기인 20세기는 기본적으로 세 가지 형식의 음악이 있다. 첫째는 마무리하는 음조의 기교를 유지하는 후기 낭만주의 음악으로, 말러나 차이코프스키(Tchaïkovski)의 우수에 찬 교향곡에서 볼 수 있고, 스트라우스(Johann Strauss)와 라흐마니노프(Sergei Rachmaninov)를 거쳐 오늘날에도 계속해서 주로 영화에서 활용된다. 두 번째는 미국 흑인들의 뛰어난 창조물인 재즈로, 암스트롱(Louis Amstrong)에서 몽크(Thelonious Monk)에 이르기까지 매우 뛰어난 음악가들이 많다. 그렇지만 이 음악에는 '젊음의 음악'이라 부를 수 있는 록에서 테크노까지 모든 분야의 음악 전체를 결부시켜야 한다. 마지막으로 진정한 음악의 창조의 있어서 단절을 통한 연속이 있는데, 쇤베르크에서 브라이언 퍼니호우(Brian Ferneyhough)까지, 음조를 없애고 음렬주의(serialism)[13]와 후기-음렬주의를 만들어낸 시기이다.

(신고전주의 영화가 음악을 다시 고전풍으로 만들기 때문에) 완벽하지 않지만, 우리는 영화에서 후기 낭만주의에서 후기 재즈까지의 거대한 흐름을 감지할 수 있다. 리듬과 연관 지어 말하자면, 이러한 흐름은 (교향악적 도입부처럼 서부극의 시작 장면에서 볼 수 있는) 확장을 강조하는 미학에서 (새로운 음악의 하위 장르인 비디오 클립처럼) 단편화의 미학으로의 이행과정이다.

중요한 요점은 다음과 같은 질문이다. 영화를 교향악주의의 해체된 형태나 새로운 음악의 선동적인 형식과 연결하는 것이 아니라, 예술로서의 실질적인 음악과 연계할 수 있는 리듬을 창조할 수 있는가? 현대의 모든 뛰어난 음악의 창작에 영화는 어째서 관심을 갖지 않았을까? 왜 영화에서는 후기-낭만주의와 후기 재즈 외에 후기-음렬주의는 없을까? 한 세기 동안 '진정한' 음악이 존재했음에도 영화가 태생적으로 대중예술이라는 점으로 인해 음악적 창조를 제한하는 그림자가 드리우진 측면은 없는 것인가? 스트로브(J.-M. Straub)나 올리베이라의 영화에서처럼,

---

13 [역주] 한 곡 안에서 일정한 음 패턴을 계속해서 반복하는 기법.

동시대의 음악을 영화적으로 혹은 리듬적으로 통합시키려는 몇몇 시도로 되돌아갈 필요가 있다. 이러한 시도들은 동시대의 음악을 강화하거나 혹은 제한하는 작동기제들을 식별하는 데 도움이 된다.

영화와 연극의 관계에 대해, ≪영화 예술≫은 수많은 질문을 제기했다. 좀 더 나아가기 위해 어쩌면 "오늘날 영화에서 배우란 무엇인가?"라는 질문에서 시작해야 할 것이다. 왜냐하면, 이 질문은 다른 모든 질문을 관통하기 때문이다. 오늘날 미국 배우를 지배하는 것은 시각적인 성적 매력의 절대적인 요구, 극단적인 폭력과의 대결, 영웅주의의 절대적 신봉이다. 미국 배우는 붕괴되어 가는 세계를 구하는 부동의 집합소이며, 유일하게 그 홀로 남아서 저항한다. 극단적으로 말해 미국 배우는 일종의 불사신이다. 그뿐만 아니라 미국 배우는 왜 거의 대부분 무표정한 근육질의 남자인가? 과거에는 여자들도 이야기의 주요한 주체였었는데, 오늘날의 여자들은 거의 한결같이 부차적인 장식적 역할을 한다. 그리고 새로운 코미디에서 여자들은 '여자들의 문제'에 신경질적으로 사로잡힌 잡지에 등장하는 인물들이다.

따라서 우리는 영화가 연극배우를 얼마나 변화시켰는지 자문해봐야 한다. 영화에서 이미지의 명백함을 연기로 '승화시키고', (이 명백함과는 별개로) 시적으로 표현하는 섬세한 배우들의 재등장은 매우 반가운 소식이다. 그렇다면 이러한 흔적을 찾아봐야만 할 것이다.

따라서 중요한 점은 배우가 이런 방식으로 연기할 수 있도록 영화가 허용해야 한다. 달리 말하자면, 주관적인 주름(pli)인 보임과 보여짐 간의 일정한 간극을 드러내는 것이다. 예컨대, 테시네 감독은 몇몇 장면에서 이러한 간극을 잘 보여준다. 어쨌든 확실한 것은 내구성이 견고한 물건처럼 배우를 과도한 시청각 이미지에 중첩시키거나 배우의 몸짓 연기를 지나치게 극단적으로 활용한다면 섬세한 배우를 만날 수 없다는 점이다.

– VII –

일반적 가설

포괄적으로 우리는 모든 위험을 무릅쓰고, "현재는 신고전주의의 시기이다"라는 가설을 공식화하면서, 특별한 탐구의 틀을 세울 수 있다.

이 가설은 다음의 세 가지 사실을 의미한다.

첫째, 엄밀하게 삭제해야 할 현대의 시퀀스는 너무나 많다. 예컨대, 배우와 이야기 구성을 덜어내고, 텍스트의 우위를 재검토하고, 픽션과 다큐멘터리 간의 구별할 수 없는 상태를 고민해야 한다.

둘째, 어떠한 새로운 유형도 지각되는 현실의 사실을 다루지 않는다.

셋째, 우리가 보는 것은 이미 있는 도식의 지나치게 팽팽하고 과격한 판본이거나, 또는 장르 방식에 지나치게 열광적으로 기대거나 인용하는 등 기존의 도식을 부차적으로 다룬다. 이것을 현대의 '형식주의'라고 부를 수 있다. 아주 일반적으로 이 형식주의의 특징은 카메라의 유동성에 있다. 그 유동성은 쇼트의 개념을 뛰어넘어, 과거에는 한 쌍이 될 수 없거나 어울리지 않는 시각적 형태를 움직임 속에서 일치시키려고 한다.

그런데, (대부분 달콤한 사실주의로 회귀하는 형식주의 영화의 끝이 형식적 움직임의 중지로 드러나는) 실재적 만남이 불확실하고 피상적인 형식주의와 맞선 학문적 반향이 감지되고 있고, 이미 여러 곳에서 시작되고 있다.

우리는 가시적인 학문적 체제와 학문적인 반향의 내적 정화의 노력을 신고전주의라고 부를 것이다. <타이타닉>(Titanic, 1997)이나 심지어 <브래스트 오프>의 최고의 장면에서 이러한 신고전주의의 성향이 벌써 드러난다. 이러한 흐름은 반향적 상황을 수용하는 것이지만 '포화로 인해 삭제해야 할 현대적 시퀀스의 토대에서' 작동한다. 1910년대의 큐비즘의 시기와 1930~40년대에 진정한 비구상의 시기 사이의 피카소의 경우와 어느 정도 유사하다. 피카소는 재현적인 형식으로 일부 되돌아가는 것은 받아들이지만, 그 형식을 큐비즘 그 자체의 관점에서 작업했다.

우리의 마지막 질문은 다음과 같다. 오늘날 이와 같은 노력의 산물인 몇몇 지표는 어떤 가치가 있을까? 그러한 지표는 무엇을 약속할까?

≪영화 예술≫, 1999년 3월.

22 영화에서 섹스의 재현

이 텍스트는 미켈란젤로 안토니오니의 <여자의 증명>(Identificazione di una donna, 1982)에 관한 글이다. 이 텍스트는 글로 쓴 전주곡과 유사하기에, 읽기는 보기와 듣기를 함께한다. 흔히 말해지듯이 '영화를 설명하는 것'은 '텍스트를 설명하는 것'이다. 따라서 이 글의 성격은 비평이 아니라 학술적인 글이다.

덧붙여 언급하자면, 텍스트 읽기가 (혹은 설명이) 비유적 전용(轉用), 접속사 생략, 은유 혹은 제유법[1] 등을 열거하는 것으로 귀결되지 않는 것처럼, 영화에서 줌, 후진 트래블링, 외화면(外畵面) 등을 알아야 한다고도 생각하지 않는다. 영화에 있어 이러한 테크닉은 디아포아루스(Diafoirus)와 토리소탱(Trissotin)[2]과 같은 가짜 형식주의다. 그렇다고 텍스트 읽기가 줄거리를 나열하고, 배우들을 환호하며, 흥미로웠다고 말하며 자리를 뜨는 것 역시 아니다. 저널리즘의 담론은 대학의 학술적 담론에 대한 구제책이 결코 되지 못한다.

---

1 [역주] 부분으로써 전체를, 전체로써 부분을 나타내는 비유법.

2 [역주] 디아포아루스와 토리소탱은 각각 몰리에르의 희곡 『상상병 환자』(Le Malade imaginaire)와 『학자인 척하는 여자』(Les Femmes savantes)에서 등장하는 대중을 속이는 우스꽝스러운 사기꾼 학자의 이름이다.

필자가 항상 그랬듯이 플라톤의 담론을 토대로 검토해 볼 것이다. 그 논의는 이데아의 논의 외에는 다른 것일 수 없고, 이러한 이행과정이 새겨진 하나의 형식이거나 유일한 어떤 것이다.

제목에서 시작하자. <여자의 증명>은 이탈리아어 원제를 글자 그대로 번역한 영화이다. 이를테면 충실한 제목이기보다는 어떤 하나의 진리를 드러내는 제목이다. 어떤 진리일까? 이 진리는 영화가 성(性)이나 성별의 차이(sexuation)에 대해 할 수 있는 것, 심지어는 영화만이 유일하게 할 수 있는 것이다. 일반적으로 성별에 따라 역할을 분담하거나 그 분담의 이미지가 아니라, 그보다는 (비할 데 없이 훨씬 미묘하고 훨씬 근원적인데) 성별에 따라 역할이 다르다는 것이 의미하는 바를 증명하는 과정을 감각적이고 육체적으로 형상화하는 것이다.

한 여자가 한 남자를 사랑한다는 사실은 이 남자가 이 여자의 존재를 증명하는 사람이 된다는 의미이다. 사랑은 욕망인 동시에 의무이다. 왜냐하면, 욕망과 규범은 동일한 하나의 사실이기 때문이다. 한 여자를 사랑하는 행위는 남자에게 그 여인을 인정할 의무가 부여된다. 남자들은 이 욕망과 의무를 유지할 역량이 있는가? 이러한 질문은 주체가 누구인가의 문제이지, 역할이나 형식에 대한 질문이 전혀 아니다.

<여자의 증명>에서 자기 증명에 예속된 두 여주인공 가운데 한 명인, 크리스틴 브와송(Christine Boisson)이 연기하는 이다(Ida)는 그녀의 존재 증명자인 남자인 신뢰할만한 니콜로(Niccolo)에게 "나도 당신과 같은 사람이에요. 다만 우연히 성별이 다를 뿐이에요."라고 말한다. 여기서 필자가 생각하기에, 영화에서 문제가 되는 것은 성별 차이의 측면에서 우연 혹은 우연의 포착 그리고 우연의 모든 결과, 즉 '어떤 성별을 갖느냐'라는 점이다.

이다가 주장하는 것은 차이나 불가사의에 기초한 인류가 아니라, 무엇

보다도 우연히 주어진 성별 이전에 존재하는, 즉 어디에서나 동일하고, 유적(類的)인 동질성이나 유사함에 바탕을 둔 인류이다. 이러한 구성을 특별하게 보여주는 이미지가 영화 속에서 잘 드러난다. 펠리니(Federico Fellini)의 <8과 ½>(Huit et demie, 1963)처럼 남자 주인공이 영화감독인 <여자의 증명>은 아마도 무의식적으로 펠리니의 작품과 일종의 대화를 해나간다. 남자 주인공은 한 여자에 관한 혹은 한 여자로부터 시작하는 영화를 제작할 막연한 아이디어를 가지고, 여자의 얼굴을 찾는다. 그는 벽 위에 부질없는 향수에 불과한 루이즈 브룩스(Louise Brooks)의 사진과 잡지에서 오린 다른 여자들의 사진을 붙여 놓는다. 그가 선호하는 사진은 붉은 여단(Red Brigade) 소속 테러리스트의 여자 얼굴이다. 이 사진은 (붙어있는 사진 가운데) 유일하게 남자와 같이 찍은 사진인데, 그 남자는 남편일 수도 혹은 연인일 수도 있는데, 그 역시 테러리스트이다. 둘 모두 교도소에 수감되어 있다. 남자 주인공 니콜로는 이다에게 "이 둘의 삶은 일관성 있어"라고 말하며, '그들은 세상에 대해 동일한 시각을 가지고, 같은 위험을 선택하며, 그들의 있는 그대로의 모습과 그들이 만들어가는 것을 공유한다고' 덧붙인다. 그래서 우리는 동일하고 공유하는 인류의 대표로서 그들을 꿈꾸거나 그들과 동일시 할 수 있다. 우연히 주어진 성별의 차이는 동일한 인류와 공유한 동일성을 훼손시키지 않는다.

하나의 근원적인 예술이 동일성에 기초한 유적인류에 대한 주제를 뒷받침하면, 다소 폭력적이기는 하지만 인간성의 보편적 형태를 드러내는 주류 예술이 된다. 그 예술은 바로 서사극이며, 자신을 긍정하는 서사시적인 이야기를 그리고 부정(否定)에 대한 영웅적인 부정(否定)을 다룬다. 영화가 서사극 공간, 과묵한 영웅들, 동일성(Mêmeté)의 영광을 위한 동일한 성(性)과의 결투 등을 다룰 때, 영화는 긍정의 인류와 함께 협력한다. 이러한 사례는 그리피스, 에이젠슈타인, 포드에서 여러 번 볼 수 있다. 하지만 안토니오니의 작품에서는 거의 볼 수가 없다. 영화에서 문제시되는 것은 암시적이고 일시적인 유적인 인류의 방향성과 연관된다. 이때 인간성에 대한 고뇌는 성별의 차이가 아니라 동일성에 대한 고민이다. 결국, 안토니오니의 영화에서 그리고 모든 영화에서, 우연히 부가된 성별의 차이는 근원적이고 고통스러운 분리, 일종의 터무니없는 추방, 폭력적인 무지를 불러일으킨다. 특히 우연한 성별은 다른 성과의 구별, 그리고 '이질적'이거나 이성애(異性愛)에 대한 분석의 필요성을 규명하려 한다. 예컨대, 구별이나 이성애 작업의 실제적 장면이나 과정은 단지 사랑이나 사랑을 찾는 행위일 뿐이다. 하지만 그 행위에 있어 영화는 특별한 예술적 증인이 되고자 한다.

이런 점에서, 영화 적어도 어떤 영화, 그 가운데에서도 본질적인 어떤 영화는 사랑에 대한 예술이고, 차이의 증명처럼 사랑에 대한 사유로서의 증인이다. 소설 역시 사랑에 대한 예술이다. 그러나 소설은 사랑을 운명처럼 다룬다. 소설은 이 운명을 상징적인 융합의 잃어버린 환상과 단념의 숭고함 사이의 간격 속에 놓는다. 물론 영화는 잃어버린 환상과 같은 단념에게 또는 소설에게 충실성의 증거를 보인다. 이 지점에서, 영화는 고유의 특별한 자질이 없다고 볼 수도 있다. 보이는 것과 말의, 혹은 빛나는 육체와 애매모호한 기호의 접힘과 펼침 속에서, 영화적 포착은 동일화에 그 목적을 두고 있다. 또한, 영화적 포착은 있는 그대로 우연히 주어진 성별의 차이와 그리고 우연과 우연의 결과로서의 정당성과 관계가 있다.

영화는 육체의 회피와 드러냄을 통해 그리고 기호의 반복 속에서 다음과 같은 질문을 한다. 만약 성(性)이 유적 인류를 구분하고 유적 인류에게 영향을 미치는 우연히 추가된 것이라면, 추가된 것은 유적 특성에 연결되는가? 성적 차이의 인류가 존재하는가? 혹은 성적 차이의 인류는 본질적으로 비인간적인가? 이러한 질문은 독특하고 전형적인 상황 속에서 사랑 자체나 사랑의 가정(假定)으로부터 다른 성에 대한 증명이 어떻게 이루어지는가를 보여줌으로써만 답할 수 있다. 만일 이런 증명이 가능하다면, 어떤 것도 이 증명이 유적 인류에 있어 유사함이나 동일성의 힘과 연결될 수 있다는 점을 가로막지 못한다. 이 증명이 불가능하다면, 성차 구분은 회복 불능 상태가 되며, 인류에 요구되는 최소한의 동일성 속에서 인류의 개념조차도 타격받고 상처를 입는다.

다음과 같은 질문도 가능하다. 사랑은 근본적인 남녀 성차가 이원성을 확인하는 사유의 무대인가? 사랑은 불가능한 증명의 분열된 증인 또는 오로지 수수께끼와 도피 속에서만 사랑으로 존재하는 남녀만의 증인인가?

사랑은 인간적인가 비인간적인가?

이러한 주제는 영화의 핵심적인 질문 가운데 하나가 될 수 있고, 왜 그러한지는 중요한 예인 성적인 장면들을 보면 알 수 있다. 이 장면들은 시각예술인 영화에 있어서 현실적인 시험인 동시에 강박관념으로 보여진다.

영화는 예술 가운데 유일하게 성적인 행위를 재현하고, 명확히 정의하며, 전달 가능하다. 물론 포르노 소설도 있다. 그러나 포르노 소설은 상상력이면 충분하다. 존재하지 않는 것에 이름 붙이는 단어들의 힘은 우리가 원하는 모든 문장을 포르노처럼 묘사할 수 있다. 실제적인 섹스는 전혀 필요 없다. 영화는 갈수록 더욱더 신체, 기괴한 자세, 신음 소리, 땀방울 등을 실제로 표현한다. 영화는 이 요소들을 반복적으로 보여준다. 아주 오래전부터 가장 엄격한 검열 속에서도, 오로지 영화만이 성적인 행위를 재현하고 전달할 수 있다고 보여 주었다. 영화는 발목, 드러난 어깨나 가슴, 검은 스타킹이나 상징적인 것을 보여주는 것으로 충분한

데, 그 결과 관객 각자는 보여지는 모든 것에 관능적으로 짜릿해 하고, 친밀감을 드러낸다. 이런 관점에서 볼 때, 영화는 본질적으로, 그보다는 영화의 본질적 가능성 속에서 포르노적이다.

그렇지만 예술로서의 영화는 상품거래가 아니라 질문을 구성한다. 예컨대, 영화는 자극적인 성을 팔지 않는다. 영화가 던지는 질문은 대단히 명확하다. 다시 말해 성적인 노출이지만 사랑과 연관된 포르노는 인간적인가 비인간적인가? 성차에 대한 증명 과정에서 나타내는 (단순한 누드를 포함한) 성적인 노출은 존재하는가? 모든 성적인 노출은 어떠한 사유도 내포하지 않는 객관적인 비인간성을 지칭하는가?

포르노의 경계에까지 몰고 간 성적인 세 개의 장면을 통해, 안토니오니는 (특히 <여자의 증명>이 제작된 때가 1982년임을 감안하면) 용기 있게 이러한 문제와 맞선다. 주지하다시피, 주된 어려움은 성적 행위의 주체화가 성적인 행위를 인간적으로 만들 수 있는 유일한 기회라는 점이다. 한편 성적 행위의 영화적 재현은 화면 속에서 육체적 흥분이나 사랑을 나눈 후 육체의 휴식을 너무나도 장식적으로 그림처럼 나열한 것과 밀접하게 맞닿아 있는데, 이러한 성적 장면에서 어떻게 주체화의 기호를 발견할 수 있을까? 성을 해방 그 자체로 여기는 몇몇 자유주의자들의 믿음과는 반대로, 성적 행위가 매우 단조롭고, 폐쇄적이고, 제한적이라는 사실로부터의 주체화의 기호를 발견하는 어려움은 더욱 커진다. 최소한의 노출 장면에서 이미 본 듯한 무겁게 짓누르는 감정이 곧바로 생길 때, 영화에서 성차에 대한 증명 과정이라는 결론에 이르는 것은 거의 불가능해 보인다. 그리고 관객들은 (정사 장면에서 거의 특성이 없거나 다른 어떤 사람으로 대체 가능하기에) 배우들의 모습을 제대로 알아보기 힘든 이 침대에서 최대한 빨리 벗어나기를 진심으로 바란다. 오래전부터 섹스 장면에서 대역이 쓰였지만, 배우들을 단순히 대체할 수는 없다.

다음과 같은 질문도 가능하다. 성적인 장면을 어떻게 내재적으로 표현할 수 있을까? 이 장면을 어떻게 사랑을 확인하는 과정으로 예속시킬 수 있을까?

안토니오니는 이 질문에 대해 세 가지 다른 답을 구하려고 한다. 그러나 필자가 보기에, 그의 답은 부정적이다. <여자의 증명>에서 보여주듯이, 반대의 경우를 보여주려는 시도 자체를 통해 섹슈얼리티는 성차가 동일시되는 장소가 될 수 없다는 것이다. 성적 행위는 성차와는 달리 맹목적이고, 여자의 증명에 대해서도 가장 불투명한 장소이다. 어찌 됐건 안토니오니의 세 가지 시도를 살펴보자. 이 세 가지 시도는 전형적인 의미에서 증명하기 어려운 여자에 대한 문제이다. <여자의 증명>에서, 도망가고 사라진 여주인공 마비(Mavi)는 귀족 출신이지만, 그녀를 기억하는 남자의 상상력 속에서 그녀는 어쩌면 동성애자거나 창녀일 수도 있다.

첫 번째 성적인 장면은 일반적인 자세 위주로 펼쳐진다. 남자가 오랫동안 여자를 입으로 애무하고, 여자는 자기 가슴을 쓰다듬는다. 이어서 남자가 삽입하고, 여자는 다리를 들어 올려 남자의 허리를 꽉 조인다. 앞선 장면에서는 여자가 주도권을 쥐고 결정을 내리며, 팬티 차림으로 침대에 서서 남자에게 손을 내민다. 주체화된 영화라는 매체는 일련의 성적인 자세, 표정, 대화와 관계가 없다. 남자와 여자는 다양한 거리조절 속에서 하나의 자리에 머문다. 근접 촬영된 육체는 장면의 숨김없는 객관성, 전체 화면, 진정한 묘사가 있고, 그리고 너무 멀리서 찍은 육체는 역설적으로 포르노적인 클로즈업으로 보인다. 이런 장면의 강렬하고 긴장된 물리적인 폭력은 사랑에 빠진 주체의 맹목적인 접합이고, 진정한 어떤 증명에도 열려있지 않다는 사실을 암시한다.

두 번째 성적 행위는 마비가 배를 깔고 엎드려 자위하는 장면이다.

여자는 남자의 손을 엉덩이 쪽으로 잡아당기고, 다음 장면에서는 (이 역시 클로즈업은 아닌데) 남자가 거칠게 손가락을 여자 속으로 깊이 밀어 넣는다. 이 장면 역시 거리는 너무 짧은 동시에 너무 길다. 반면에 여러 번 여자의 손을 찍은 쇼트들이 삽입되는데, 여자는 침대 시트를 쾌감에 이르는 방법으로 이용한다. 게다가 이 장면은 욕망보다 쾌락을 더 강조한다. 이 장면은 낯선 수영장에서 벌어지는 영화의 다른 장면에서 한 여자가 사랑을 고백하는 장면과 연결해야 한다.

이 젊은 여자는 마비와 잠자리를 했다고 주장하며, 증명의 동성애적 측면을 불러일으킨다. 사라진 마비를 찾아 나선 남자 주인공의 질문에, 이 여자는 세 가지를 이야기한다. 우선, 젊은 여자가 사랑할 수 없기에 순결은 하나의 해결이 될 수 있다. 그리고 자위가 더 나은 해결책이다. 마지막으로 자위는 남자보다 여자가 해 줄 때 훨씬 부드럽다. 위에서 언급된 자위 장면은 이 세 가지 동기를 다른 식으로 표현한 것이다. 왜냐하면, 이 장면은 성행위를 사랑의 가능성에 연결시키고, 자위를 가장 광범위한 몸짓 속에 포함시키며, 그리고 이성애적이기 때문이다. 그렇지만 사실 쾌락은 이 장면에서 폭력과 연결된다. 여자의 자위를 도와주는 남자는 없어도 되고, 다른 여자로 대체될 수 있다. 이처럼 수영장 장면은 그들의 성적인 또 다른 측면을 소급시키는 불행처럼 예견된다.

세 번째 장면은 일반적인 성행위에서 나타나는 모든 표현을 거부한다. 남녀가 나란히 누워 있는 이 장면은 전체 화면으로 보여주는데, 여자가 앞에 있고 여자 등 뒤에 남자가 있다. 그들은 어디에서 불어오는지 알 수 없는 바람으로 펄럭거리는 하얀 침대 시트에 몸을 맡기고, 지평선 위에서 추는 춤처럼 부드럽게 움직인다. 이 장면에서는 처음으로 있는 그대로의 여자의 체모가 보이고, 그리고 심지어는 짧은 순간 축 늘어진 남자의 성기도 보인다. 여기서 작동되는 것은 명백하게 유미주의를 드러낸다는 점이다. 이 설명적인 유미주의에서 예컨대, 벌거벗은 몸은 이미지와 움직임을 위해 활용되고, 몸 전체는 성별의 구분 없이 상상의 시선으로 제공된다. 달리 말해, 이 장면은 성적 행위뿐만이 아니라 내재성도 거부한다. 따라서 이 장면은 숭고의 측면에서 성적인 관계도 없고, 그 결과 행위의 순간에는 어떠한 성차 구분도 결코 없다.

영화적으로 제시된 안토니오니의 문제 제기는 어찌 됐건 간에 섹슈얼리티가 성적인 수수께끼를 결코 해소하지 못한다는 것이다.

문제는 이런 논지가 영화에 대한 것인지를 아니면 실재 세계에 대한 것인지를 깨닫는 것이다. <여자의 증명>의 남자주인공이 자신의 작품의 여주인공을 찾는 감독이라는 점을 다시 떠올려 보자. 일반적으로 영화에서 아무리 세련되게 보여준다 할지라도, 여자의 증명이 성적 행위의 노출을 통해 이뤄지지 못한다고 이해해야만 하는가? 영화가 증명하기에 적합한 것은 성적 행위가 여자의 증명에 아무것도 기여할 수 없다는 사실인가? 안토니오니의 영화는 이 점에 대해서 결정을 유보하는 세심한 배려를 한다. 만일 가시적 세계 속에서 여자의 증명에 대한 내적인 사랑의 과정을 펼쳐 보이는 것이 영화의 전체적인 면을 정의하는 것이라고 인정한다면, 그리고 영화에서 성적 행위가 부족하거나 과도하게 표현된다고 할지라도 그 성적 행위가 증명의 과정을 개입시키지 않는다는 사실이 명확하다면, 안토니오니 영화의 논지는 실재 세계에 대한, 즉 영화를 실재적인 사랑으로 연결 짓는 논지라고 생각할 수도 있을 것이다. 결국, 섹슈얼리티는 증명되어야만 하는 것이지, 증명하는 것이 아니다.

보다 일반적으로 말하자면, 영화가 노출의 예술이라고 해도, 여자를 벌거벗기는 것은 여자의 증명과 관계가 없다고 말할 수 있다.

성적인 장면 이외에도 안토니오니의 영화에는 다른 수많은 영화와 마찬가지로 여인의 벗은 몸이 대단히 자주 등장하고, 특히 벗은 몸과 다시 옷을 입는 장면이 많이 등장한다. 이 경우 두 번째 여인 이다(Ida)와 관련해서는 심지어 대단히 드문 외설적인 장면이 있다. 복도 끝에서 멀리서 촬영된 완전히 벌거벗은 이다는 변기에서 일어나 몸을 닦고 화면 밖으로 사라진다. 이 장면은 무슨 의미가 있는가? <여자의 증명>의 사려 깊은 절제 속에서, 이런 장면들은 본질적인 지점을 최대한 강조하는 구두점으로 작용한다. 그리고 이 구두점이 시사하는 바는 여인의 내밀함이 자신의 증명 속에 조금도 자리 잡지 못한다는 사실이다. 성별의 입장을 증명하는 상상의 장소로서의 내밀함과 내밀주의에 대한 이런 냉정한 비판은 대단히 적절하다. 결국, 수수께끼는 공개적이며, 있는 그대로 다루어져야만 한다.

성적인 측면을 포함해, 모든 내면주의의 가설과 모든 심리주의에서 정화된 성차의 증명을 어떻게 작동할 수 있을까? 그 증명의 표현 방식은 무엇인가?

안토니오니의 영화는 장소, 편집, 색채, 느린 움직임을 통해 우리에게 사유하도록 이끈다. 남자의 입장에서, 사랑에 빠진 여자의 증명 과정은 대개의 경우 그에게 있어 '결정'을 내리는 능력이 결핍되어 있다는 사실과 관계가 있다. 또는 잘 알고 있다고 생각하지만, 여자는 수수께끼이다. 문제는 여자에게 결심하게 하는 것이다.

그 순간부터 영화에서 성의 재현은 가시적 세계 속에서 세 가지 표현 방식을, 즉 결정, 사라짐, 수수께끼의 상호 관계를 다룬다. 표현 방식의 문제는 말하는 것이 아니라 보여주는 것이다. 다시 말해, 사랑의 결심을 불가능하게 만든 것은 (여자의 사라짐으로 인해) 수수께끼 같은 여자 때문이라고 여기는 생각이 잘못됐다고 증명하는 것이다. 왜냐하면, 남자가 결정을 내리지 못했기에 모든 것이 수수께끼가 됐고, 그 결과 여자가 모습을 감추었기 때문이다.

안토니오니의 재능은 남성을 재현하는 이데올로기의 질서 속에 우리를 빠뜨린다는 점이다. 남성의 재현은 수수께끼를 관리하고, 사실상의 결정이 모든 것을 명확하게 했을 것이라고 우리에게 조심스럽게 제시한다.

이런 사실은 안토니오니의 스타일이라고 부를 수 있는 형식적인 주된 영화적 장치에서 잘 드러난다. 우리는 그 스타일을 완만한 (표현 수단이 틀에 박힌) 기교주의나 그 반대의 의미로 장식적인 내레이션이라고 부를 수 있다. <여자의 증명>에서는 결정, 사라짐, 수수께끼, 이 세 가지의 모티브와 확실히 연결되는 세 가지 형식적인 표현 방식을 특히 주목해야 한다. 이 세 가지 모티브는 여자의 증명 과정에 따라 작동하지만, 결국엔 실패한다.

세 가지 중에서 가장 두드러진 것은 멀리서 지켜보는 또는 멀어지는 시선의 수단으로 수수께끼를 보이게 만드는 기법이다. 이 방식은 세계의 한 단면을 화면에 어떻게 프레임하는가에 따라 의미를 바꿀 수 있게 만든다. 이러한 시도는 <욕망>(Blow up, 1967)의 전체 주제이기도 하다. 마찬가지로 <여자의 증명>에서도 녹색 혹은 파란색 차에서 니콜로의 아파트를 감시하는 남자가 있다. 관객은 나무에 반쯤 가려진, 창문에서 부감으로 찍은 그를 볼 수 있다. 또한, 증명해야 할 당사자인 마비의 귀족 친구들이 파티에서 손님을 맞이하는 긴 장면에는 (사람들 사이의) 쑥덕거림, 모호한 시선, 정체를 알 수 없는 무리들이 있다. 이 장면은 비스콘티 식으로 서로가 시선의 대상이 되는 인물들의 의혹과 불안이 커져가는 순간을 거실의 엄숙함 속에서 느리게 풀어낸다. 그리고 특히 거리의 간격으로 인해 창문 앞 소나무 가지의 낯선 물체는 불투명성의 상징이 되는데, 이 물체는 새의 둥지도, 솔방울도, 그렇다고 벌집도 아니며, 관객들은 이 물체가 무엇인지 결코 알지 못한다. 이 물체 때문에 관객은 비

(非)-증명의 진정한 상징을 갖는다.

그러나 중요한 점은 다음과 같다. 거리 간격을 통해 시선에 도입된 결정불가능성은 멈추기 위해 적합한 행동을 결정하지 못하는 남자 주인공의 역량 부족에 전적으로 달려있다. 심지어, 남자 주인공이 집에서 나와 탐정으로 의심되는 사람에게 걸어갈 때조차도, 마비가 주인공에게 가보라고 알려줄 정도이다. 남자 주인공은 나무에 있는 물체가 무엇인지 결코 보러 가지 않으며, 귀족 파티에 온 사람들에게 진지하게 질문을 하면서 왜 자신의 불안이 커져가고 있는지 묻지 않는다. 결국, 남자 주인공에게는 결정의 대리물처럼 수수께끼가 적합하다. 왜 그럴까? 왜냐하면, 수수께끼가 마치 앎의 문제처럼 실재 세계를 대변하며, 그 반면에 실재 세계는 언제나 행위의 질서이기 때문이다. 하지만 남자 주인공은 이 실재적 행위에 관심이 없다. 그 순간부터 증명은 탐정 영화의 문제처럼 제시되는 동시에 확인의 근거가 될 수 있는 행동을 회피하면서, 필연적으로 실패를 확인하면서 끝난다.

두 번째 형식적인 기법은 아무도 살지 않거나 어두운 장소, 혹은 아무도 살지 않는 어두운 장소로 증명의 과정을 분산시키는 것이다. 이러한 장소에서는 모든 것을 뒤집을 수 있고, 심지어 과정의 흔적 자체도 지울 수 있다. 우선 안갯속에서 헤매는 긴 장면이 있다. 니콜로는 처음으로 무언가를 하기로 결심하고, 시골의 외떨어진 집으로 마비를 데리고 간다. 그러나 도로는 안개로 뒤덮여 있고, 이상한 바리케이드 불빛이 차를 멈추게 한다. 그리고 번쩍이는 섬광이 보이고, 길 잃은 오토바이족들이 웅성거리며 말하는 “그들이 총을 쐈어.”, “사람들이 강에서 시체를 발견했어”와 같은 대사가 들린다. 니콜로는 안갯속에서 갈피를 못 잡고 이유 없이 화를 낸다. 일종의 푸른빛이 도는 회색 안개 장막이 모든 곳을 뒤덮는다. 이 모든 어둠 때문에 짜증이 난 마비는 혼자서 걸어가고 이내 안갯속으로 사라진다. 그때 이상한 무기력함이 니콜로를 사로잡고, 다시 그는 우유부단한 태도를 보인다. 자동차로 되돌아온 마비와 니콜로는 오랫동안 텅 비어 있어 낡고 냉랭한 볼품없는 집을 발견한다. 하지만 기뻐할 여력도 없을 정도로, 모든 것은 엉망이다. 그리고 가장 심미적인 마지막 섹스 장면은 결정적으로 마비를 잃게 되는 전주곡이 된다.

또 다른 장면은 이다와 함께 하는 장면이다. 부적절한 장소인 베네치아에서 며칠을 보내기로 확실히 결정하지만, 이내 어려움에 봉착한다. 니콜로가 가자고 한 장소는 열린 간척지로 베니스의 물이 바다와 합류하는 장소이다. 이 공간은 어떤 표시도 없는 뿌연 회색의 장소이고, 이곳에서 니콜로와 이다는 배를 타지만 이다는 불안과 슬픔을 느낀다. 바닷물의 찰랑거림은 이 장소의 유일한 소음으로 침울한 리듬이나 의미 없는 단조로운 노랫가락과 같다. 니콜로는 용서를 구하며, 영화의 영감을 찾기 위한 (빨간 사막에 이어 회색 사막처럼) 사막에 대한 그의 취향 탓을 한다. 이 공간 역시 끝나기 직전의 순간이다. 니콜로와 이다는 베네치아에 도착한 바로 그날 헤어진다.

마지막으로 세 번째 기법은 폐쇄된 혹은 아주 협소한 공간 속에서 아무 행동도 하지 않는 순수한 순간을 결정적 방식으로 늘어놓는다. 어떤 몸짓도 어떤 말도 없는 그 순간, 성차의 증명은 증명의 가능성을 품은 사랑과 함께 결정적으로 좌절된다. 이 증명의 실패를 역-도주의 공식이라 부를 수 있다. 안토니오니의 영화나 또 다른 예술 작품에서, 여자의 본질은 도망을 가거나 사라지는 것인 것처럼 보인다. 예컨대, 귀족 출신인 마비가 어쩌면 감시당하거나, 현 상태를 유지하거나, 동성애자일 수 있는 것처럼, 그녀는 어느 날 갑자기 사라진다. 마비의 또 다른 타자인

이다의 경우도 마찬가지다. 관객은 영화의 마지막에 가서야 이다가 다른 남자의 아이를 가졌다는 사실을 알게 된다. 따라서 이다는 남자 주인공의 시야에서 자기 자신의 본질적인 부분을 감추거나 사라지게 한다. 그렇다. 여자는 달아나고 자취를 감추고, 남자는 여자를 찾아서 방황하는 도식은 많은 영화의 줄거리, 특히 안토니오니 영화들의 주된 뼈대이다.

하지만 좀 더 면밀히 살펴보려고, 그리고 무엇보다도 (필자가 명명한) 행동하지 않는 영화적 순간을 기초로 모든 것을 다시 보려면, 다른 방식으로 사유해야만 한다. 실제로 여자는 자신이 사랑하는 남자에게 결정의 공간을 만들어주기 위해 달아나지만, 정확하게는 남자가 어떤 결정도 내리지 못하기 때문이다. 도피 행위로 인해 여자는 남자가 자신을 사랑하는지 사랑하지 않는지 알 수가 없다. 여자가 사라진다면, 남자는 적어도 여자를 찾을 결심을 해야 한다. 파스칼(Blaise Pascal)의 언급처럼, 남자가 여자를 찾는다면 정말로 여자를 발견하게 될 것이고, 여자를 사랑하는 것이다. 이다의 경우에서처럼 그녀가 숨겼던 사실을 밝힌다면, 즉 자신이 가진 애기의 남자에 대해 밝힌다면, 또는 이다를 사랑한다면 남자주인공은 이다와 함께 그리고 이다를 위해 아버지의 마음과 우정으로 공감하려고까지 결심해야 하지, 단순히 연인이나 섹스 상대로 이다를 대해서는 안 된다.

그런데 주인공인 남자는 어떻게 행동하는가? 주인공은 실제로 마비를 찾지 않는다. 남자의 이런 행동이 남자의 욕망임을 이해한 사람은 이다이고, 마비의 흔적을 발견한 사람도 이다이다. 그러나 행동하지 않는 영화적 순간의 실마리가 되는 중요한 장면은 다음과 같다. 추상적으로 촬영된 나선형의 좁은 계단은 미로를 떠오르게 한다. 그뿐만 아니라 결단력 없는 니콜로-테세우스(Theseus)를, 미노타우로스(Minotauros)에게까지 이끌어 준 사람은 바로 이다-아리아드네(Ariadne)이지 않은가?[3] 니콜로는 마비의 집 바로 밑 계단의 꼭대기 층계참에 서 있다. 먼저 도착해 있던 마비는 곧바로 문을 열지 않고, 니콜로가 왔다고 어렴풋이 느끼며, (그가 떠나는 것을 보고) 담배를 피운다. 결국, 마비는 니콜로에게 한 번 더 결정할 기회를 준다. 그러나 니콜로는 내려가지 않고, 마비가 들어가 문을 잠글 때까지 기다리며, 나선 계단만큼이나 좁게 보이는 어깨를 늘어뜨리고 떠난다. 니콜로가 마비를 봤는지 못 봤는지 알 수 없지만, 낙담한 얼굴의 마비는 꼭대기에서 창문을 통해 멀어져가는 니콜로를 바라본다.

그리고 이다가 두 개의 유리문 사이에서 니콜로에게 자신의 애인, 임신 사실 등 자신의 상황을 이야기할 때, 니콜로는 아무 말도 하지 않는다. 니콜로는 마치 자신의 침묵이 설득력이 있다는 듯이 행동하고, 웅변적인 침묵의 대단히 수컷다운 위선적인 방법을 사용한다. 그리고 이렇게 다시 시작된 현실에서, 그가 했었을 것이나 할 수 있는 것이 무엇인지 보여주지 않고 떠난다.

그렇게 관객들은 배경에 깔린 이미지, 느린 예식(禮式), 바다의 처량한 소리, 여자들의 도피, 남자들의 우유부단함, 고정되어 있는 예술적 대상, 말의 무기력함 등을 배열된 형식적 힘과 파란 안개를 통해 바라본다. 또한, 그들은 영화가 발명된 이래 중요한 모티브인 '여자의 증명'의 성공에 이르지 못하게 하는 것이 무엇인지를 본다.

여자의 증명을 전면에 배치하는 것은 만나서 사랑에 빠지는 우연이고, 이 우연을 통한 분할할 수 없는 남녀의 성차는 차이와 사유의 게임 속에서 작동한다. 만남이라는 우연을 통한 모든 사물의 노골적인 성차는 성

---

3 [역주] 그리스 신화에서 반인반수 미노타우로스를 아테네의 왕자 테세우스가 크레타 섬의 공주인 아리아드네의 도움으로 죽인 이야기.

적인 행위의 논리적 난점을 넘어서, 존재 증명의 미로로 우리를 이끈다.

그러나 적어도 안토니오니에게 있어서 그리고 다른 감독들에게 있어서도 여자의 증명을 실패하게 하는 것은 한마디로 말하면 철학적 모순이다. 남자의 입장에서, 아마도 가장 본질적인 특성은 확인이 이해를 의미한다는 점이다. 그리고 실제로는 알아야 할 것이 아무것도 없기에, 외설적인 누드 그 자체는 여자를 이해하는 데 아무런 도움이 되지 못하고, 오히려 필연적으로 세계를 조금씩 잠식해가는 미스터리만 남을 뿐이다. 여자의 입장에서, 모든 요점은 사랑이 분명하게 결정되거나 오로지 사랑의 고백이어야 한다는 점이다. 이 경우에 문제가 되는 것은 행동이지 앎이 아니다. 너무나도 많은 우유부단함이 너무나 많은 미스터리를 이끌어 들였다면, 도피나 사라짐으로 수수께끼는 심화될 것이고, 그 결과 수수께끼의 의도적 증가는 결정을 내릴 마지막 기회를 부여한다.

안토니오니의 독특한 재능은 이 수수께끼의 변화를 드러내는 데 있고, 성공하지 못한 행동의 관점에서 보면 이 수수께끼의 움직임을 쓰디쓴 매력으로 없애는 데 있다. 이런 연유로 안토니오니는 여자를 증명하는 감독이고, 이런 증명이 남자에게 있어 불가능하다는 점에서 여자의 증명이라는 주제는 오늘날에도 여전히 안토니오니에게 제안될 수 있는 실제로 매우 드문 증명 가운데 하나로 남아 있다.

「성적인 차이를 눈으로 볼 수 있는가?」
자크 오몽(Jacques Aumont)이 파리의 시네마테크에서 주관한
학술강연회에서 발표한 글, 2000년. pp. 127~137.

23 휴고 산티아고(Hugo Santiago)가 영화는 지속될 거라고 전적으로 확신할 때…

<서부 해안의 늑대>(The wolf of the West Coast, 2002)

한 편의 영화란 무엇인가? 불순물 투성인 영화는 오로지 아름다움의 복잡함으로만 정화된다.

(진정한 영화는 관객에게 언제나 선물이자 성스러운 방문이라는 점에서) <서부 해안의 늑대>에서, 휴고 산티아고 감독은 불순물의 원인을 정성들여 쌓아놓는다. 하지만 정교하게 구성된 장면들의 미로는 한층 뛰어난 정화작용으로 관객의 욕구를 만족시킨다.

우선 장르를 살펴보자. 이 영화는 형사물이다. 주인공은 사립 탐정이고, 이야기는 무기, 음모, 미스터리, 밀매, 우연한 만남, 미행 등으로 짜여졌다. 또한, 이 영화는 역사 영화이거나 전쟁 영화이기도 하다. 영화는 베트남 전쟁 동안 사이공(Saigon)에 주둔한 미군과 미군용병의 일상을 통해 영혼이 지속적으로 병들어가는 것이 어떤 것인지를 성찰한다. 게다가 사랑에 대한 영화이기도 하다. 30년 전에 만인의 사랑을 받던 한 여인의 빛나고 다채로운 이미지는 구체적인 동시에 모호한 현재 변호사인 젊은 여인의 이미지와 겹친다. 그리고 포르노이기도 하다. 흑백으로 촬영된 사이공에서 벌어지는 난교 장면은 날 것 그대로를 표현하는 성적인 춤으로부터 숨겨진 시적 감흥을 분출한다. 영화는 수컷의 멜로드라마이기도 하다. 30년 전에 훨씬 강하게 결속되어 있었던 남성들은 세월이 만든 서로 간의 엄청난 변화와 일종의 무거운 침묵 속에서 현재의 복잡한 일로 다시 뒤얽힌다. 이것은 휴고 산티아고 감독 작품의 고유한 특성이고, 남성에 대한 그만의 시각이다. 또한, 영화는 문학적 영화이기도 하다. 겉으로 드러난 영화적 구성 요소들은 (프루스트의 작품과는) 대단히 동떨어져 있음에도, 프루스트를 떠올리게 하는 시간에 대한 소설적인 성찰이 돋보인다. 게다가 영화는 비평적 영화이기도 하다. 영화를 만들고, 이야기를 들려주며, 영화 기술로 서사를 뛰어넘어야 한다는 오늘날의 이 낯선 지상 명령이 무엇인지를 분명하면서도 모호하게 기술한 일종의 보고서와 같은 영화이다. 그리고 영화는 연극 같은 영화이기도 하다. 배우의 연기는 앙투안 비테즈가 강조한 것을(모든 효과의 제거, 단순하고 압도적인 존재감, 갑작스럽고 간결한 생동감 등) 상기시키는 갑작스러운 전환을 통해 모든 사실주의 효과와 거리를 둔다. 그것은 바로 영혼의 결정과 육체의 성찰을 뛰어나게 결합시킨다. 영화는 예언적 영화이기도 하다. 과거가 남겨놓은 흔적, 조금씩 밝혀지는 한 노부인의 이야기, 파리-대서양 연안-미국-사이공 등을 오가는 여정, 복잡하게 뒤얽힌 수사, 모호한 죽음 등, 이 모든 것은 우연히 일어나는 일들을 분명히 이해하려고 또는 살아가려고 하는 노력으로, 달리 말하면 참고 견뎌 내야만 한다는 것을 보여준다.

또한 <서부 해안의 늑대>는 스타일상 불순물 투성을, 즉 세심하게 검토된 가능성이나 방식의 표현과정을 드러내며 궁극적으로 바로크 회화의 음울한 힘을 보여준다. 예컨대, 건물의 조명, 칠흑 같은 밤에 비친 노란 얼룩, 정원 창살의 기이한 불안감, 짙고 푸른 젤리 같은 바다, 센느 강변, 퍼져나가는 빛, 비밀스러운 계단, 고독 등이다. 이러한 장면들은 언제나 같은 장소에서 항상 보아왔던 것과는 다른, 한 번도 본 적이 없는 배경들이다. 무엇인지 모를 낯선 물건으로 가득 찬 거실, 무슨 일이 일어나는지 몸이 느낄 수 있도록 과도하게 가까이에서 찍은 암거래 장면, 자동차, 무기, 계단, 술잔, 침대, 창문 등, 일반적인 영화에서 상투적으로 쓰이는 이 모든 상징은 영화 속에서 시간을 천천히 구성하는 데 활용되고 재구성되며 재검토한다. 바로 이러한 점에 있어, 산티아고의 영화는 보이는 것을 무한히 확장하는 주름(repli)을 순차적으로 만들어낸다. 그의 영화는 축적된 텔레비전 영상, 눈에 피로를 주는 것, 삼가야 하거나 진부한 것 등처럼 있어서는 안 되는 것들을 확실하게 배열한다.

이러한 점들이 이 영화의 탁월한 지점이다. 즉 이 영화는 다른 영화에서는 타락한 이미지일 수 있는 것을 통해 필자가 구원이라고 부르는 고양된 은총과 부합한다.

단순하게, 영화가 내레이션, 연기, 장소, 사운드, 색채를 조합한다고 어설프게 이야기해도 될까? 그리고 이 모든 요소의 몽타주가 이데아에 근접하게 혹은 이데아의 통로라고 불리는 것에 관객들을 인도하는가? 이런 관점에서, 필자는 여러분 모두에게 휴고 산티아고 감독의 <서부 해안의 늑대>를 지체 없이 보러 가기를 권한다. 안내자로서 필자는 다음과 같이 희망한다.

"여러분, 영화가 진부한 예술이라는 이름하에 일종의 파멸의 길을 겪고 있는 오늘날, 모든 점에서 탁월한 한 작품을 소개하게 되어 필자는 굉장히 기쁩니다. 제가 소개하는 영화를 보고, 또 보고, 찾아다니는 기쁨을 실천하는 것은 '영화 관객인 우리가 어떻게 틀에서 벗어날 수 있을까?'라는 대단히 어려운 질문에 응답하는 것입니다."

내레이션 측면에서, 영화는 겉으로 사람들과 범죄에 대한 이야기를 취하지만, 실제론 부패하고 강력한 과거가 불확실한 현재에 끼치는 지속적인 영향력과 시간의 본질을 추적하는 작품이다. 그래서 영화에서 관객에게 전달되는 모든 이야기는 미래완료 시제로 이해되어야만 한다. 예컨대, 사랑, 회귀, 해방, 소멸 등의 것은 부패, 전쟁, 죽음, 비밀 등의 것과 강력하게 연관되고, 결국 후자는 (상황이나 사건이) 진행됨에 따라 분명하게 밝혀진다.

연기적 측면에서, 브레송(Robert Bresson)과 다른 몇몇 감독들의 계보에 속하는 영화는 과도하게 연기를 연습하는 배우에게 결코 연기인 것처럼 보이지 않도록 평상시처럼 자연스럽게 연기하기를 강요한다. 그래야만 배우들은 자기 자신인 채로 머물러 있을 수 있다. 다시 말해, 주어진 역할의 심리 상태에 결코 고정되지 않은 채, 몸짓과 목소리 즉 이미지와 사운드로 구성된 영화적 물질성 상태로 남아 있어야 한다. 이 세계의 단단한 상자 속의 보석처럼, 영화적 힘에 몸을 맡긴 배우들은 모두 뛰어나고, 영화는 그들과 긴밀한 유대관계를 가진다.

장소적 측면에서, 영화는 밤거리, 고요한 건물 입구, 해안의 절벽, 외진 정원, 파리식 배경장식, 빼곡히 들어선 아파트, 속세의 고해실, 이별의 플랫폼 등을 극명한 명암대비로 드러낸다. 이러한 명암대비에서 관객들은 당연히 카라바지오(Caravaggio)[1]를 떠올리겠지만, 바그너가 <파르지팔>(Palsifal)[2]에서 "시간과 공간은 하나"라고 선언했던 것처럼 이 영화는 고정된 깊이감과 유동적인 밝음을 덧칠하며 변형되고 새롭게 빛을 발한다. 이데아는 장소를 통해 드러난다. 달리 말하면, 역사가 우리에게 강요한 유배지에서 길을 잃고 방황하더라도, 그리고 우리 삶 모든 것이 불확실하고 대조적인 명암일 뿐일지라도, 빛을 포기해서는 안 된다는,

---

1 [역주] 혁신적인 명암법과 사실적인 묘사로 바로크 양식에 많은 영향을 끼친 이탈리아 화가.

2 [역주] 바그너의 마지막 오페라.

영화를 만들어야 한다는 이념이다.

사운드와 색채적 측면에서, 요점은 이 두 가지를 자연스럽게 전체적 구성과 일치시키는 것이다. 두 요소는 부차적으로 덧붙여진 장식이 아니라 진실이다. 사운드는 시간으로부터의 자유를 강조하고, 색채는 보이는 것을 유연하게 표현하기에, 우리는 보이는 것의 유연성을 환상과 꿈에 맞춘다. 관객들은 음악과 목소리를 통해 전통적이고, 향수를 불러일으키며, 새로움을 추구하는 전례에서 섬세한 유희작용을 음미하고 즐긴다. 이런 전례를 통해 음악과 대사는 영혼이란 자유의 어려움과 과거의 영향의 수수께끼 가운데 한 수수께끼가 모습을 드러내는 것일 뿐임을 보여준다. 그리고 관객들은 밤의 색깔의 의미를 깨우치게 된다. 예컨대, 노란색은 기다림, 파란색은 확고함, 하얀색은 불확실함, 검은색은 과거, 포도주나 벨벳의 붉은색은 우정을 의미한다.

몽타주 측면에서, 영화는 가장 탁월한 전통 속에 놓여있다. 한편으로는 오손 웰즈의 전통에 속하지만, 과도하거나 격정적이지는 않다. 산티아고 감독이 30년 전에 만든 <침략>(Invasion, 1969)에서처럼, 영화는 필자가 높이 평가하는 믿기 힘든 탐색, 두려운 위험, 급진적 결정 등을 함께 뒤섞으며 놀랄만한 차분함을 보여준다. 다른 한편으로, 영화는 서사시 없는 에이젠슈타인의 전통에 속한다. 영화는 필자가 높게 평가하는 내러티브에 대한 접근성을 잘 보여준다. 영화는 산티아고 감독이 만들고 풀어 가는 비밀이 마치 관객 자신의 비밀이기라도 한 것처럼 관객으로 하여금 내러티브를 공유하게 만든다. 게다가 산티아고 감독은 대단히 엄격하게 장면들의 차이를 유지하고, 큐비즘의 발명을 떠올리게 하는 놀라움을 안겨주는 동시에 매우 뛰어나게 결합된 단편만으로 관객들에게 이야기를 생생하게 전달하는 능력을 보여준다.

"여러분의 마음이 움직였다면, 이 영화를 통해 예술과 사유의 욕망이 지속되기를, 여러분의 즐거움이 유쾌하고 배가되기를, 여러분의 평안함에 도움이 되기를, 진부한 예술에 맞서 투쟁하기를 바랍니다. 자 이제, 안내자인 저를 따라오세요. 모두 함께 <서부 해안의 늑대>를 보러 극장에 갑시다."

2001년 미발표 원고

24 장-뤽 고다르의 〈열정〉

<열정>은 음악으로 두 세계를 잇는 세계를 표현한다. 게다가, 두 세계 사이의 상황은 영화의 반복되는 주제 가운데 하나처럼 되돌아온다. 음악으로 두 세계를 매개하는 세계를 표현한다는 것은 무슨 의미인가? 우선 '음악으로'는 무슨 의미인가? '음악으로'라는 표현은 이 작품을 구성하는 수수께끼인데, <열정>은 전체적으로 주제와 변주로 구성되어 있기 때문이다. 영화는 내레이션의 고유한 질서로 또는 쉽게 이해할 수 있는 상징적 질서로 구성되어 있지 않다. 주제와 변주로 어우러진 <열정>은 음악에서 가져온 도입부의 제시 부분, 주제의 전개 부분 그리고 대단원으로도 이루어졌다. 주의 깊게 살펴본다면, 협주곡의 전통적인 세 악장을 거의 장면마다 구별할 수 있다.

그 결과, 영화는 이중 분절을 보여주고, 이러한 분절은 당연히 여러 차례에 걸쳐 보고 느끼는 것이 필요하다. 첫째는 기본 이미지라 부를 수 있는 분절로, 작품 전개 부분의 원형처럼 순환하는 이미지이다. 두 번째는 서사를 진행시키고 이어주는 분절로, 문제를 해소하는 이미지이다. 필자가 생각하기에, (전자처럼) 반복을 활용하거나 혹은 (후자처럼) 문제 해소 이미지를 탐구하기 위해 반복을 통하는 이러한 이중 분절은 이 영화의 의미를 이해하는 실마리이다.

또한 '음악으로'가 의미하는 바는 엄밀히 말해 음악이 본질적인 역할을 해야 한다는 것이다. 즉, 이미지와 대조를 이루고 짝을 맞추는 음악적 주제를 이어가는 것이다. 예컨대, 진혼곡의 분위기를 물씬 풍기며 주제를 드러내는 라벨(Maurice Ravel), 모차르트, 베토벤, 드보르작, 포레(Gabriel Fauré)의 뛰어난 음악적 요소들을 활용하는 것이다. 영화에서, 모든 등장인물은 자신의 집으로 되돌아갈 때 포레의 진혼곡으로 끝을 맺는다.

따라서 영화의 질문은 '무엇을 위한 진혼곡인가?'이다. 영화는 무엇을 찬양할 것인지 예컨대, 유명인이 죽음을 어떤 방식으로 찬양할건지 혹은 최종 판단을 기념할 것인지에 대해 질문을 던진다.

지금부터는 필자가 관심을 둔 두 번째 주제인 매개체적 세계를 살펴보고자 한다. <열정>은 두 세계 사이의 세계를, 예컨대 무엇인가가 성취된 혹은 거의 성취된 세계를, 그리고 무엇인가를 시작하려고 하지만 정말로 시작되지는 않은 세계를 실질적으로 표현하려고 한다.

여기에는 상세한 부연설명이 필요한데, 우선 <열정>은 1982년 작품이다. 영화는 고다르의 영화작업 여정에서 두 시기 사이에 자리 잡는다. 영화는 고다르의 작품 활동에 큰 흔적을 남긴 극좌의 정치화 시기인 1970년대 이후에 만들어졌다. 이 시기는 대략 1967년에서 1979년까지로, 1967년은 <중국 여인>(La Chinoise)이 개봉된 해로, 필자가 보기에 누벨바그 시기가 끝나가는 무렵이고, 1979년에는 <할 수 있는 자가 구하라 : 인생>이 개봉됐다. 1967~79년 사이에, 고다르는 영화 집단인 지가 베르토프(Dziga Vertov) 그룹과 공동 작업하기 위해 자신의 존재를 희석시키기까지 한다. 이러한 시기를 거친 이후, <열정>은 고다르가 영화는 무엇이고, 이미지는 무엇인지에 대한 회고적인 동시에 미래 전망적인 숙고를 성찰하는 영화 형태를 띠며, 또 다른 중요한 시기 사이에 만들어진다. 이런 관점에서 <영화의 역사(들)>는 이러한 방향 전환의 정점에 이른 작품이다.

<열정>은 <할 수 있는 자가 구하라 : 인생>을 필두로 <너의 오른쪽을 조심해>(Soigne ta droite, 1987)로 끝을 맺는 1980년대 고다르 작품 활동 시기에 제작된 특징적인 작품이다. 이 시기의 중요한 네 작품은 <열정>, <마리아께 경배를>(Je vous salue Marie, 1985), <카르멘>(Prénom Carmen, 1983), <탐정>(Détective, 1985)이다. 이 영화들은 어느 정도 공통점을 내포하고 있지만, 그 가운데 특히 <열정>은 복잡함이나 수수께끼와 같은 의미를 드러내는 영화 제목처럼 중요한 중심 작품이다.

결국 <열정>은 1980년대 초반을 수수께끼 같고, 파악하기 어려운 과도기로서 표현하려고 한다. 영화가 제기하는 일반적인 물음은 1980년대 초에 사유와 삶의 가능성 속에서 우리가 어디쯤 있는가이다. 영화는 가능성에 대한 질문이기에 영화를 이해하기가 쉽지 않다. 영화는 실재적인 단편들이나 현실보다는 추상적인 가능성에 보다 무게를 두고 있기 때문이다. 사유와 삶의 가능성 또는 사유적 삶으로서의 삶의 가능성 속에서 우리는 어디쯤 있는가? 이 질문이 영화의 진짜 주제이다.

고다르에게 있어서 영화는 이러한 질문을 풀어가는 일종의 암시적인 시적 방식이다. 이런 이유로 <열정>은 단편적인 동시에 음악적인 영화이다. 사실, 구체적으로 1980년대 영화들에서 고다르의 방법론은 질문들을 상황으로 변형시킨다. 다시 말해 설명적인 방식으로 문제를 제기하기보다는 다음의 질문과 대등한 영화적 상황을 찾는 것이다. "사유적 삶 그리고 삶과 사유의 관계에서 우리는 어디쯤 있는가?"

<열정>은 상황의 연속이다. 우선 '상황'이 무엇을 의미하는지 설명해야 할 것 같다. 사실, 상황은 이 영화의 주된 동기 요인 중의 하나로, 예컨대 고다르는 영화가 이야기를 바탕으로 만들어져야 한다는 생각을

거부한다. 영화에는 이야기를 요구하는 이탈리아 제작자가 등장한다. 만일 이야기가 없다면, 엄밀히 말해 이야기를 삭제하는 문제이거나 또는 장면들의 무질서한 이어짐으로 이야기를 대체할 수 있는 어떤 것의 문제 역시 아니라는 사실을 이해하는 것이 필요하다. 실제로 고다르가 하고자 하는 점은 전형적이거나 도식적인 상황을 이야기의 개념으로부터 도출하는 것이다. 완전히 식별 가능하고 영화의 역사와 완벽하게 연결되는 이러한 상황들은 더 이상 이야기로써 제공되는 게 아니라, 이야기 속에서 이야기의 뼈대, 핵심, 본체로서 제시된다.

이러한 방법론의 예시로는 두 가지가 있다.

첫째, <열정>은 '오늘날 사랑이란 무엇인가?'라는 고다르의 중요한 질문 가운데 하나를 가로지른다. 보다 구체적으로 성별의 차이와 그 존재로서의 작용에 대해 우리는 어떤 관점을 견지하는가? 결국, 여성의 형상이나 이미지의 재현에 대해 남성은 어떤 입장을 표명하는가? 이러한 점을 드러내기 위해, 고다르는 설명적인 이야기 방식을 선택하기보다는 두 여자와 한 남자라는 매우 평범한 도식을 취한다. 이 영화 속에서, 영화감독 제르지(Jerzy)는 이자벨 위페르(Isabelle Huppert)와 한나 쉬굴라 사이에 있다. 두 여자 사이의 남자라는 도식은 수많은 영화의 레퍼토리이다. 대부분의 영화는 거의 언제나 두 여자 사이의 한 남자의 상황을 통해 우리가 이야기하는 질문을 던진다. 고다르는 진부함으로부터 단지 진부함만을 끄집어내어 손상시키지 않은 채, 이러한 상황을 진부한 방식으로 다룬다. 예컨대, 그는 '두 여자 사이의 한 남자'라는 도식을 어떤 플롯이나 이야기로 전개하지 않으면서, 오로지 이 진부한 도식을 활용한다. 우리는 이것을 상황과 도식에 따른 이야기의 간략화라고 부를 수 있다. 이 도식은 더 이상 이야기와 밀착되어 있지 않고 이야기의 핵심으로 파고들기 때문에, 그 순간부터 이 도식은 다양한 형태를 띨 수 있다.

이 영화에서는 다양한 갈래로 진행되거나 퍼질 수 있다. 예를 들면 두 여자 사이의(호텔 소유주 역의 한나 쉬겔라와 노동자 역의 이자벨 위페르 사이의) 남자는, 즉 부유한 여자와 여성 노동자 사이의 남자이기도 하다. 이런 식으로, 사랑과 남녀의 차이에 대한 최초의 질문에서 1970년대에 고다르가 그토록 열렬히 매달렸던 자본가와 노동자의 관계, 즉 계급의 관계에 대한 질문으로 옮겨간다. 그 결과 영화의 전통적 이야기에서 뽑아낸 단순화된 도식은 또 다른 주제로 방향을 바꾸거나 또 다른 질문을 던질 수 있게 하는 가능성을 열어 놓는다.

이 영화는 본질적으로 진부한 영화적 상황으로 단순화된 작은 모체를 바탕으로 다른 질문을 뒤섞는다.

둘째, 일반적으로 영화는 사회 문제에, 예컨대 노동과 계급 간의 관계, 자본가와 노동자의 관계 등의 문제에 어떻게 접근하는가? 대체적으로 영화는 파업, 투쟁, 봉기, 저항 등의 극적인 순간을 포착하면서 이러한 질문을 다룬다. 그리고 보편적으로 서사적 형태나 이와 유사한 틀 속에서 이 문제에 접근한다. 하지만 고다르는 <열정>에서 전혀 다른 방법으로 접근한다. 고다르 역시 파업, 시위, 투쟁 등의 문제를 다루지만, 이러한 문제를 서사극 형태나 사건의 규모로 다루기보다는 단순화시켜서 일종의 작은 공간으로 변형시킨다. 예컨대, 공장은 두세 대의 기계와 몇 명의 여자 노동자로 축소된다. 사장도 혼자이고, 사장이 도움을 요청한 경찰은 오로지 한 명으로 경찰 모두를 대표한다. 거의 가상에 가까운 노동자들이 말하고, 쓰고, 알리고자 하는 토론의 회의는 함축적으로 정치성을 띤다. 엄밀한 의미에서, 이러한 정치적 행위는 가상의 공장에서 거의 익살스러운 코미디의 추격 장면으로 요약된다. 희화화된 경찰관과 사장[1]이 파업 여성 노동자를 뒤쫓는다. 익살스러운 이런 상황은 마치 노동자의 투쟁 문제를 평범하게 다루는 작은 세계에서 축소된 암시처럼 기능한다. 여기서 필자는 이러한 논점을 마치겠지만, 이 영화를 이해하는 방식에 대해 생각해 봐야 한다. 다시 말해 관객은 이 작품에서 남녀의 차이나 사랑으로 발생하는 상황이나 사회적 투쟁과 노동자/자본가의 상황을 대부분의 영화가 일반적으로 다루는 기준 내에서 이야기하는 것이 아니라 잠재적인 이야기의 모체로서 작동하고 있다는 점을 알아야 한다.

이러한 방법론을 토대로, 관객은 영화가 배열하는 질문의 유형을, 영화가 제기하는 질문의 유형을 고려해야 한다. <열정>에서 드러나는 질문의 유형이 얼마나 복잡한지 보여주기 위해, 필자는 영화가 두 세계를 음악적으로 매개하고 있다는 사실을 강조하면서, 몇 가지 질문의 유형을 제시하고자 한다.

첫째 앞서 살펴보았듯이, <열정>은 "역사적 사실성과 사랑에 있어서 우리는 어디에 서 있는가?"라는 질문을 던진다. 이 영화는 이 질문을 다른 방식으로 다루며, 고다르의 영화들이 대개 그러하듯이 (결론이라고 부를 수 있을지 모르겠지만) 결론을 내린다. 이 문제는 대개 알 수 없는 여성의 표정과 회화적 형식으로 누드로 표현된 추상적인 에로틱함 사이에 놓여 있다. 즉 애매모호한 표정과 추상적 에로틱함 사이에서 질문이 성립된다. 예컨대, <열정>은 여성성이 의미하는 것과 고다르의 에로틱한 응시 사이에 놓여 있다. 전자는 애매하고 신비롭고 궁금증을 자아내는 정말로 순수하게 아름다운 장면인, 한나 쉬겔라와 이자벨 위페르의 표정에서 사유, 질문, 재현처럼 드러난다. 후자는 약간은 기계적이고, 생기 없고, 차가운 에로틱한 몸짓이다. 이 두 가지 측면 사이에서 사랑과 섹스에 대한 질문이 새로운 상황으로 옮겨간다.

둘째 <열정>은 "1980년대 초 정치적 상황에서 노동자, 계급투쟁, 사회

---

[1] 사장 역의 미셸 피콜리(Michel Piccoli)는 이런 부류의 인물을 다수 연기했다.

투쟁, 혹은 노동의 종속(種屬)적 기능은 어떤 가치가 있는가?"라는 질문을 뒤섞는다.

노동에 대한 질문은 이 작품의 핵심 논점이다. 본질적으로 이 질문의 주제는 사랑과 결부된 이미지로서의 노동에 대한 열정이다. 중심 주제는 <열정>에 나오는 "일을 사랑해" 혹은 "사랑하려고 일해"라는 대사로 귀결된다고 할 수 있다. 바로 이것이 결국 사랑과 노동이라는 두 개념 사이에 놓여있는 인간의 운명이다.

물론 노동자/자본가/계급투쟁이라는 질문은 이자벨 위페르, 공장의 상황, 다른 여성 노동자들, 자본가로서의 피콜리, 노동자들의 회의를 통해 제기되고 폭넓게 다뤄질 것이다. 영화가 개봉된 시점이 1982년이라는 점을 충분히 이해할 필요가 있다. 다시 말해 1968년 5월 혁명을 거치고, 1970년대가 막을 내리는 때이다. 또한, 폴란드의 연대 운동처럼 강력한 노동자들이 마지막으로 정치적 경험을 실현한 때이다. 이런 이유로 폴란드는 이 작품에서 중요한 기표로 작용한다.

<열정>을 관통하는 (오늘날에도 여전히 흥미로운) 또 다른 질문은 아마도 다음과 같은 질문이다. "지배층으로부터의 실질적인 사회주의 출구가, 붕괴가 아닌 출구가, 사회주의의 출구 가능성이 있을까?" 당시의 폴란드는 다음과 같은 부류의 희망을 불러일으켰다. 공산당이 정권을 쥐고 있는 사회주의 국가에서 무조건적인 붕괴가 아니라 과정 속에서 상황을 변화시키고, 무정부 상태의 자본주의를 현실적 상황으로 변화시키는 그토록 영향력 있는 노동자의 정치 운동이 있을까? 이처럼, <열정>은 폴란드가 밟고 있는 과정을 포착하려는 영화이고, 결국 현실적인 사회주의 대안은 무자비한 자본주의가 아니라는 점을 노동자의 운동 속에서 그려낸다. 그래서 영화의 마지막에 모든 사람은 몰락한 혹은 몰락하고 있는 현실적인 사회주의와 이제 막 자리 잡기 시작한 야만적인 자본

주의 사이의 끔찍한 선택 외에, 다른 대안이 없는지 확인하기 위해 폴란드로 길을 나선다.

셋째, <열정>은 당연히 "오늘날 예술은 무엇인가?"라는 질문을 다룬다. 사랑, 정치, 예술에 대해 질문을 던지는 이 작품은 타 예술의 기능과 관련지어 불순한 영화적 지위에 대해 우리가 어느 지점까지 와 있는지 자문한다. <열정>은 이 논점에 대해 복잡한 제안을 한다. 우선 <열정>은 영화가 미국식 유혹과 연결되어 있다는 점을 분명히 보여준다. 이 방식은 미국과 폴란드 사이에 걸쳐있는 <열정>을 이해하는 한 방법이다. 마지막에 사람들은 미국으로 떠날까 아니면 폴란드로 떠날까? 일부는 폴란드로, 일부는 미국으로 떠난다. 이것이 바로 이 영화의 불순함이다. 사람들을 끊임없이 괴롭히는 돈의 문제를 다루는 경우도 마찬가지이다. 예컨대, 돈이 넉넉한 때는 결코 없다. <열정>의 가장 뛰어난 성찰은 영화와 회화 간의 관계에 대한 숙고이다. 필자가 생각하기에 분명 실현하기 힘들었을 텐데, 회화사의 걸작을 재구성해 영화의 중심에 위치시킨 것은 놀라운 영화적 창조다.

관객은 영화 속에서 램브란트(Rembrandt Harmenszoon van Rijn)의 <야경>(De Nachtwacht/La Ronde de nuit), 고야(Goya)의 그림 한 점, 들라크루아의 <십자군의 콘스탄티노플 입성>(L'Entrée des croisés à Constantinople) 등을 차례차례 보게 되는데, 기본적으로 이 재현의 실제 의도를 정말로 이해할 수 없으므로 이러한 이미지에 놀란다. 이 재현은 그림을 단순히 보여주는 것도, 그림과 정확하게 대응하는 어떤 것을 지칭하는 것도 아니다. 그보다는 그림 속에서 이미지처럼 이미 존재하는 어떤 것을 생생한 육체로 재구성하는 영화화의 문제이다. 바로 이 지점에서 영화와 회화 간에 다수의 공통 요소가 있다는 질문이 제기된다. 즉, 영화의 본질적인 동기유발 요소인 빛의 문제이다. 빛이 보이는 것을 명확하게 반영할 수 있게끔 어떻게 사용된다는 점에서, 영화의 미래는 회화의 미래와 대등하거나 그보다 뛰어난가? 따라서 관객은 잘 알려진 회화와 대등한 영화적 재현을 통해 스크린의 빛의 움직임을 체험하게 된다. 또한, 회화의 걸작에서 활용되는 빛의 사용과 영화에서의 빛의 활용과의 연관성을 이해하려고 노력한다.

네 번째로, 언어에 대한 질문이다. 두 세계 사이에 놓인 이해하기 힘든 이 세계 속에서, 여전히 언어로 표현할 수 있는 것은 무엇인가? 그것은 '네 말을 해'라는 문장이다. 이 문장이 강요하는 주제는 관객들로 하여금 성적 관계의 문제뿐만 아니라 사회적 관계를 성찰하게끔 한다. 전자의 경우, 남자는 지나치게 난폭하고, 여자는 관객들이 이해하지 못하거나 어려운 '네 말을 해'라고 요구한다. 후자의 경우, 이자벨 위페르는 '말씀해 보세요. 말씀을 해 보세요'라고 아버지를 다그치면서 질문을 한다. 여기에서 이 문장은 '원칙적으로 가난한 사람들이 옳다.'라는 의미이다. 바로 이러한 점들이 영화가 계속해서 질문을 던지거나 이의를 제기하는 방식이다.

이러한 문장의 질문은 성적이거나 정치적 문장으로서 기능한다. 영화 속에서, 질문의 대상이 된 세계에서 쾌락이나 욕망을 의미하거나 가난한 사람과 부자 사이의 정의와 불공평의 관계를 의미하는 문장이 있는가? 마찬가지로, '선언해야만 해'라고 말하고, 이자벨 위페르는 '무슨 말을 하는지 들어 보자'고 대답한다. 보는 것과 말하는 것 사이의 문제는 고다르 영화의 중요한 영화적 장치 가운데 하나이다. 예컨대, 이러한 장치는 단어, 인용, 신문이나 잡지에서 오려낸 기사 등의 형태로 나타나며, 1980년대 상황과 부합한다.

또한 <열정>은 대사를 활용하여 일종의 불안감을 드러낸다. 본질적인 경험 가능성을 열어놓는 대사는 한편으로 사랑의 경험을, 다른 한편으로 계급투쟁의 경험을 이야기한다. 이러한 경험의 중요한 상징은 있는 그대로 이해해야 하는 이자벨 위페르의 말더듬기이다. 노동자 계급이 더 이상 말을 하지 못하는 말 더듬기는 솔직하고 직설적이며 확신에 찬 말을 더 이상 할 수 없다는 의미이다. 노동자 계급은 말 더듬기에 갇혔고, 이것은 결국 정치 상황 자체에 대한 말 더듬기이다. 필자가 생각하기에, 1982년은 좌파가 정권을 잡은 지 일 년이 지난 시점이기에, 말 더듬기는 아마도 좌파의 귀환과 연관된 말 더듬기, 즉 사회주의 정권의 말 더듬기일 수 있다.

물론 <열정>을 구성하는 또 다른 주제도 당연히 존재한다. 간단히 언급만 해보자면, 정말로 중요한 주제 중 하나는 "불안한 상태에 놓인 우리가 어디로 가고 있는가?"이다. 이 경우에도 역시, 독특한 영화적 표현을 통해 고다르는 사람들이 여러 방향으로 뛰어가는 장면처럼 이 문제를 영화의 핵심 주제로 다룬다. 예컨대, 사람들은 소리를 지르면서 자동차를 향해 뛰어가거나, 혹은 제르지(Jerzy)의 비서는 '제르지, 빨리 이쪽으로 오세요'라고 부른다. 이러한 장면들은 진정 갈 곳을 몰라 우왕좌왕하는 공허함에 대한 물음이다. 현대적 경험이 농축된 이러한 요소는 자동차 주위로 눈에 띄는 목적지도 출구도 없는 움직임을 영화적으로 잘 포착한다. 모든 것은 사람들이 이유도 모르고 서로 때리기 시작하는 평범한 싸움처럼 순전히 익살맞은 코미디로 다뤄진다. 분명한 사실 한 가지는 사람들의 불안을 영화에서 다루려면 코미디적 요소가 가장 적절하고 효과적이라는 점이다.

사랑과 노동의 관계처럼 주제 사이를 순회하는 주제들, 즉 그것들을 관통하는 주제들에 대해서도 이야기해야 한다. <열정>은 본질적으로 사랑과 노동이 동일한 몸짓이기에 사랑도 노동도 실제로 영화화할 수 없다는 가설을 내세우며, 사랑과 노동의 관계를 끊임없이 보여준다. 예컨대, 이자벨 위페르는 "노동은 결코 영화로 찍을 수 없어요"라고 말하고, 상대방은 "공장에서 촬영은 금지되어 있어요"라고 현실적으로 응답한다. 이어 이자벨 위페르는 "내가 맞지요. 노동 행위는 사랑의 행위와 어떤 공통점이 있기 때문이죠"라고 덧붙인다. 이러한 점에서, 노동과 사랑을 영화화할 수 없다. 여기에서, 논점은 사랑과 노동 사이에 놓인 인간적 경험의 궁극적인 실재적 현실이 사랑과 노동이라는 공통분모 속에 자리매김하고, 1982년임에도 여전히 영화작업으로 형상화할 수 없는 어떤 것들이라는 것이다.

마지막으로, 다른 모든 주제를 포괄하는 성스러움이라는 주제이다. <열정>은 이 주제로 시작한다. 예컨대, 흰 꼬리를 늘어트리며 하늘을 가로지르는 비행기는 푸른 하늘의 이미지를 불가사의하게 야금야금 지워나간다. 또한 <열정>은 그림의 마지막 이미지를 훑으며 상승하는 중요한 움직임과 함께 성스러움이라는 주제로 끝맺음한다. 마지막 이미지는 내재적인 초월을 향한 상승, 즉 이름 붙여지지 않은 혹은 이름 붙일 수 없는 초월이지만 분명히 이 작품의 핵심적인 요소이다.

이 모든 것은 <열정>이 얼마만큼 두 세계 사이의 이행과정이나 간격을 다루는 영화인지를 보여준다. 왜냐하면, 고다르는 제기된 질문들에 그럴듯하고 정해진 답을 전혀 주지 않기 때문이다. 실제로 영화는 낡고 오래된 정치적 희망이 당시에 가능성의 이미지로만 머물러 있는 순간을 묘사한다. 그 순간은 폴란드의 노동 운동과 프랑스에서 좌파의 집권과 관련 있으며, 특정한 정치적 시기가 어정쩡하게 막을 내리고, 남자/여자와 욕망의 역사 간의 관계에 대한 수수께끼와 같은 시기이다.

그래서 이 작품을 정의하는 다른 방법이 있다. 바로 불확실한 몽타주이다. 그러므로 이해하기에 어렵고 공백이 존재한다. 하지만 필자가 보기에, 불확실한 몽타주는 두 부류의 힘을 보여준다. 몽타주는 불확실하지만, 원인 분석은 완전히 폐쇄적이지 않다. 서로 다른 두 힘은 몽타주 내부에서 상호 작용한다. 우선 분명하게 드러나는 힘에 대해 말하자면, 필자는 이 힘을 고다르의 모든 작품 활동에서 기본적으로 그의 궁극적인 피난처라고 부르고 싶다. 다시 말해, 가시적 세계(visible)를 드러내는 힘이다. 이 힘은 이야기나 삶에서 일어날 수 있는 일을 독립적으로 응시하며, 그러한 응시적 간격이 지속되는 가능성과 같다. 이러한 힘은 영화 속에서 강력하게 드러난다. 필자가 이러한 흔적의 특질로 맨 먼저 하늘의 이미지를 언급했지만, 가장 인상적인 이미지는 한나 쉬겔라가 비디오로 자신의 이미지를 보는 장면이다. 자기 자신에게서 거리를 두거나 지연된 이러한 응시적 행동은 놀라울 정도로 섬세한 방식으로 촬영되었다. 예컨대, 자기 자신의 모습에서 반쯤 얼굴을 돌린 상태로, 그 모습 자체를 일종의 부드러움으로 지속하게 하는 동시에 관객들에게 그 모습 자체에서 약간은 시간적 차이를 느끼게 한다. 그리고 시냇가를 따라 걷는 이자벨 위페르의 모습 역시 가시적 세계에서 비롯된 거의 성스러운 요소를 가지고 있다. 또한, 눈 내리는 마지막 장면에서 사람들이 상징적인 동시에 불확실한 폴란드로 떠나는 장면도 성스러운 요소를 가지고 있다. 따라서 순수하게 영화적인 첫 번째 힘은 가시적 세계를 드러내는 힘의 이행과정을 보여준다.

그 당시, 그 순간에 가설로 남아있던 또 다른 힘이 있다. 그것은 노동을 드러내는 힘이다. 노동은 <열정>에서 불확실한 연속적 형상으로 나타나는 여성 노동자와 여성 인물을 통해 사랑, 예술, 정치를 포괄하는 공통적인 기준과 요소로 작용한다. 그 결과, 부분적으로 형이상학적인 가시적 세계를 드러내는 확실한 힘이 존재했고, 1980년에도 여전히 생생하게 유지되었던 노동의 영역에 대해 물음을 던지는 가설적인 힘이 있었다. 모든 것은 두 힘 사이에서 이루어지고, 몽타주는 당연히 불확실한 몽타주이다.

결론적으로, 필자는 <열정>을 보면 언제나 변함없이 입센(Henrik Ibsen)이 젊었을 때 쓴 줄리앙 아포스타트(Julien the Apostate)의 삶을 다룬 뛰어난 작품인 <황제와 갈릴리인>(Kejser og Galilaeer, 1873)이 떠오른다. 이 로마 황제는 콘스탄티누스(Constantinus) 이후 즉 로마 제국의 기독교 승인 이후, 고대 로마의 신들을 복원시키려고 했다. 어느 한순간 이러한 시도가 허망한 것임을 깨닫고 절망한 줄리앙은 "우리는 예전의 아름다움이 더 이상 아름답지 않고, 새로운 진리도 여전히 진실이 아닌 세계에 살고 있다"라고 말한다. <열정>은 '이전에 있었던 것은 더 이상 없지만, 와야만 하는 어떤 것은 오지 않았다'고 말하는 영화다. 바로 그 지점에 <열정>이 놓여 있다. 이 영화가 뛰어난 점은 가시적 세계를 드러내는 힘을 토대로 주제와 변주라는 하나의 형식으로 변형시켰다는 것이다.

2001년 11월, 낭트(Nante)의 리유 유니크(Lieu unique)에서의 강연.
(이 글은 비디오에서 녹취했다.)

25 사랑이 아니면 고독

폴 토마스 앤더슨(Paul Thomas Anderson)의
<매그놀리아>(Magnolia, 1999>에 관한 대담[1]

동일성과 다양성

엘리자베스 보이에(이후 보이에로 표기) : <매그놀리아>에서 내가 놀란 것은 중요한 축인 인물과 공간의 다양성 그리고 대단히 강렬한 배우들의 연기 다양성이다. 이러한 다양성 측면에서 새로운 지점이 있는데, 내가 보기에 존 세일즈(John Sayles)의 초기 대표작 가운데 한 편인 1991년 작품 <희망의 도시>(City of Hope, 1991)와 다르면서도 상당히 유사하다. 두 영화가 다르면서도 닮은 점은 공간, 인물, 이야기의 다양성이 서로 엮기고 교차하는 것이다. 폴 토마스 앤더슨의 영화에서 몽타주는 장면을 중첩시키는 여전히 기술적이고 복잡한 고전적 몽타주이지만 여전히 상대적으로 평행적인 장면들이다. 세일즈의 영화에서 정말로 다른 점은 동일한 다양성이 있지만, 공간과 장면 내의 몽타주이다. 이러한 몽타주는 분리된 공간에 또는 그 공간의 틈에, 즉 오늘날 세계에 대한 사유이다.

---

1 2002년 6월 5일 엘리자베스 보이에, 다니엘 피쉐르(Daniel Fischer), 슬림 벤 체크(Slim Ben Cheikh), 드니 레비, 아니크 피올레(Annick Fiolet), 엠마뉘엘 드류(Emmanuel Dreux), 아나이스 르 고페이(Anais Le Gaufey)가 진행한 대담.

공간과 세계의 다양성에도 불구하고 일관된 세계관을 사유해야 하는 최근의 필요성과 관련지어서 이러한 몽타주의 일관성을 당신은 어떻게 평가하는가?

알랭 바디우(이후 바디우로 표기) : 내가 보기에 <매그놀리아>에는 통일성에 대한 반대-경향과 다양성의 욕구 간에 일종의 긴장이 있는 것 같다. 다양성은 내레이션, 등장인물, 연기 스타일, 이야기의 뒤얽힘 속에서 매우 인상적인 동시에, 장면 구성에도 좋은 영향을 주는 것 같다. 물론 후자는 기술적 문제이지만 매우 중요하다. 그리고 이러한 다양성은 결국 통일성의 원칙에 종속된 채로 남는다. 통일성의 원칙은 주어진 정보라기보다는 결과, 즉 부분적 결과처럼 언제나 제시된다. 예컨대, 우리가 통일성이 유지된다고 믿는 매 순간, 통일성은 다른 것에 의해 다소 풀어지거나 어긋난다. 가장 뚜렷한 예는 이야기가 서로 겹치고 연결되는 순간에 나타나는데, 내러티브 쇼트로 제시되는 두꺼비가 비처럼 쏟아지는 장면이다. 이 장면은 내러티브의 통일성을 결국 무의미하게 만드는 일종의 요소처럼, 즉 상징적 요소처럼 작용한다.

<매그놀리아>는 모든 것을 책임질 정도로 주관적이고 이데올로기적인 내러티브적 관점의 유지 불가능성, 벌어진 간극, 다양성의 이해 등을 보여주는 오늘날의 영화이다. 그러나 내가 생각하기에, 통일성의 욕구가 상당히 강하게 내포되어 있어서 신고전주의라고 부를 수 있을 정도이다. 두 가지 이유에서 그렇다. 첫째, 사건이나 사물들이 아무리 다양할지라도, 우리는 이것들을 다양성의 의미에서 내러티브적일 뿐만 아니라 상징적 우화로 구성한다는 점이다. 둘째, 어쩌면 보다 더 심층적인 이유는 각각의 이야기가 결국 식별 가능한 주제를 구성한다는 점이다. 어찌 됐건 근본적으로 이 영화는 미국 영화의 절대적이고 기본적인 소재인 아버

지와 아들에 대한 영화이다. 설령 같은 부류 속에 다른 주제가 있다 할지라도, 미국 영화의 전통적 주제는 바로 부자 관계이다. 이 영화는 미국 멜로드라마에서 나타나는 주체 간의 뛰어난 형상을 잘 그려낸다. 인물들 가운데 누구도 일반적 의미에서 영화의 주체를 구성하지 않는데, 바로 이 점이 영화의 문제이다.

다니엘 피쉐르(이후 피쉐르로 표기) : 통일성의 경향은 실제로 부자 관계의 질문뿐만 아니라 <매그놀리아>가 구성하는 통일성에서도 볼 수 있다. 영화에는 명백하게 오페라적인 영역이 있다. 예컨대, 인물들이 같은 노래를 일제히 합창하는 장면은 대단히 미국적이다. 이 영화가 구성하는 공동체는 포드 영화의 구조와 무엇이 다른가?

바디우 : 그 점에 대해서는 앞서 언급했듯이 다음과 같이 말할 수 있을 것이다. 공동체 구성의 영화적 모티브는 (혹은 영화적 시간이 공동체 구성의 시간이라는 모티브조차도) 어느 정도 파편화되고 조각난 상태로 발견되지만 결국 서로 다시 만난다. 간단히 말해, 광의적 의미에서 공동체가 서사적이거나 서술적이지 않기에 모티브는 훨씬 더 추상적이다. 공동체를 구축하는 영화가 보여주는 것이 바로 공동체이다. 그 지점에 고전주의에 투사된 현대성의 요소가 있다. <매그놀리아>는 어떤 순간에도 공동체가 실제로 있다고 관객이 믿게끔 애쓰지 않고, 영화가 그 공동체를 구축하고 있다는 사실을 뚜렷이 보여준다. 그럼에도 모티브는 여전히 고전적이다. 추상화의 수단을 영화 속에서 스스로 활용하는, 감독은 공동체가 인류 자체라고 생각한다. 따라서 공동체는 이야기 속에 펼쳐진 특별한 서사적 공동체가 아니라 인류 전체의 알레고리이고, 그런 이유로 이집트의 재앙처럼[2] 공동체에 충격을 가하는 어떤 것이다.

영화에는 대단히 흥미를 끄는 지점이 있는데, 바로 그 지점 하에서

(다시 말해 가능한 지층처럼 작용하는 지점 속에서) 우리는 미국 영화의 전형적 모티브를 만날 수 있다. 영화는 장식화되어 있지만, 부자 관계 혹은 공동체를 대상으로 하는 작품이다. 바로 그 지점 위에서, 영화를 추상적이고 상징적인 작품으로 만드는 어떤 것이 있을 수 있다. 내가 보기에, 이 영화의 특별한 장점은 정확하게 추상적이지도 상징적이지도 않다는 점이다. <매그놀리아>는 (전적으로 비현실적이고 허구적인 상황을 포함해서 두꺼비나 합창 장면 속에서 또는 실질적인 내러티브가 되기에 너무 인위적이고 황당한 교차된 이야기[3] 속에서) 상징적인 추상으로 이행되는 과정을 다소 강조하는 잠재성과 가능성을 가지고 항해한다는 점이다. 따라서 영화는 추상적일 수 있고, 어떤 장면에서 거장의 솜씨를 보여주기도 하며, 몇몇 장면에서 거의 평범한 멜로드라마의 인용이 될 수 있다.

그럼에도, 영화의 여러 장면 가운데 어떤 한 장면을 떼어 놓고 본다면, 이 영화가 어떤 작품인지 추측할 여지를 많이 주지 않는다. 이런 관점에서, 영화는 본질적으로 몽타주의 작품이다. 정확히 말해 다양성이 장면들에 나쁜 영향을 주지 않기 때문이다. 예컨대 몇 개의 예외적인 경우를 제외하고, 우리는 몇몇 장면이나 쇼트들을 고전 영화처럼 볼 수 있다. 예를 들어, 아들이 아버지의 침대맡에서 우는 장면을 따로 떼어 놓고 보면, 이 장면은 익숙한 멜로드라마라 말할 수도 있다. 이런 부류의 장면은 많다.

---

2 [역주] 성서에서 신이 파라오에게 유대인들을 해방시키도록 하려고 이집트에 내린 열 가지 재앙을 말한다.

3 [역주] 영화에는 여러 명의 주인공이 등장하며, 여러 개의 플롯이 공존한다. 그들 각각의 이야기가 평행을 이루어 진행되며, 가끔 교차되기도 한다.

아버지와 아들

슬림 벤 체크(이후 체크로 표기) : 당신은 아버지와 아들 이야기, 즉 이 장면이 핵심이라고 주장하는 건가?

바디우 : 이 장면은 매우 중요하고 약간은 눈부시기에, 나는 아버지-아들이라는 주제에 대해 강조한다. 그리고 이 주제는 오로지 그 장면에만 해당되는 것이 아니기 때문에 더욱 그렇다. 물론 소년이나 그 밖의 이야기도 있다. 아버지와 아들에 대한 대위법은 매우 중요하다. 그렇다고 해서, 죽음을 앞둔 아버지의 부인 이야기가 단지 부수적이거나 곁길로 새는 이야기가 아닐뿐더러 근친상간의 이야기도 아니라는 점이다. 아버지-아들의 주제는 이러한 이야기들 속에서 균등하게 작동하지 않지만, 지배적이며, 단순히 파생되지 않은 채 균형을 유지한다. 이 아들이[4] 중요하지만, 다른 아들들도 여럿 있다. 아버지-아들의 주제는 미국 영화에서 근본적이고 뚜렷한 의식 속에서 만들어진다. <매그놀리아>는 뛰어난 지성으로 만든 놀라운 성찰적인 작품이다. 앤더슨 감독은 그 점을 잘 알고 있고, 중요하고 조직적인 변화를 작품에 부여하지만, 이 변화는 극단적인 긴장감으로 추상의 언저리에 머문다. 장면들에서가 아니라 전체적인 흐름에서 보면 그렇다. 예컨대, 아들이 남성우월주의적인 설교를 하는 뛰어난 장면만 따로 떼어놓고 본다면, 우리는 아버지-아들의 이야기의 관점에서 그 장면 자체를 이해할 수 없다.

체크 : 대단히 인상적이고, 다양한 층위의 역할을 하는 기자 인터뷰

4 [역주] 여러 이야기가 공존하는 영화 속에서 강조되는 이 아들은 얼과 프랭크 부자 관계 속에 놓인 프랭크(톰 크루즈)를 지칭한다.

장면이 있다. 이 기자는 관객에게 아들과 아버지의 관계로 옮겨갈 수 있게 해주는 동시에 현재 미국에 대해, 저널리즘에 대해, 미디어에 대해 다른 것을 이야기해 준다. 각 장면은 다른 장면들과 연결되고, 그 자체로 존재한다.

바디우: 그 점이 영화의 가장 뛰어난 장점 가운데 하나이고, 그 덕분에 영화는 실제적인 다양성에 자리 잡는다. 대단히 흥미로운 점은 장면들이 각각 적절하게 강렬한 역할을 하고, 장면 자체 속에서 여러 의미를 갖는 것을 포함해 고유한 몫을 위해 기능한다는 것이다. 실제로 그러하다. 다시 말해 이러한 장면들을 따로 떼어 놓고 본다면, 장면들은 탁월한 기교로 만들어진 내러티브 영화의 장면들처럼 보이기 때문이다. 예컨대, 나는 노인의 부인이 약국에 있는 굉장히 충격적인 장면을 떠올린다. 구성의 관점, 시선이 멀어지는 연기, 카메라가 미디엄 샷으로 고정된 방식, 그리고 얼굴을 멀리서 잡은 이 장면은 매우 뛰어나다. 우리는 이 장면에 감탄할 수밖에 없다. 이 장면은 고유한 밀도가 있다. 이 장면이 대상 전체에 연결되어 몽타주 속에서 포착되지 않았다면, 이 장면은 신고전주의의 장면처럼 기능했을 것이다. 다시 말해 굉장히 탁월하고 혁신적이지만 그 자체로 닫힌 어떤 것을 다루면서 고유한 서술적 밀도가 있다.

체크: 전체 연결이라는 문제에 대해, 당신은 프롤로그가 일종의 실마리처럼 작용하거나 그 자체로 가치가 있다고 생각하는가? 프롤로그를 실마리로 여길지라도 그것이 해독 불가능한 채 남아 있다면, 그 실마리는 포착하기 어렵다.

드니 레비(이하 레비로 표기): 프롤로그는 어느 정도 전체의 추상화이다.

바디우 : 프롤로그는 주위를 환기시키며, 영화가 실제 보여주는 장면과 다른 장면들로 연결되어 있음을 일깨워준다. 나는 추상화를 지적한 레비의 의견에 동의하며, 그 점을 강조하고 싶다. 영화는 한편으로 각각의 장면이 구별 가능한 서로 다른 주제를 다루는 멜로드라마의 모자이크임을, 다른 한편으로 (후에 실제로 편집을 해야 하기에) 장면의 조합의 결과인 동시에 장면마다 구축된 공동체가 바로 인류애라는 사실을 이야기한다. 아버지-아들의 주제 자체가 알레고리를 목표로 하지만 단순한 가족 이야기는 아니다.

신고전주의와 바로크 사이

피쉐르 : <매그놀리아>라는 제목에 대한 질문이 있을 수 있다. 작품의 추상적 형식과 목련의 구조 사이에 관계가 있는가?

레비 : 오프닝 크레딧에서 봉오리가 만개한, 예컨대 작품이 펼쳐지는 형태를 알려주는 목련 한 송이를 보게 된다.

바디우 : 이 장면은 복잡한 구조로 만들어졌다는 전체적 구성을 암시한다. 나무로서의 목련은 각각의 꽃잎이 대단히 빛나고, 독립적이다. 목련은 나무로서의 개체적 단일성이 있고, 각각의 꽃잎은 매끈하고 빛나는 측면을 포함해서 그 자체로 닫혀 있다. 감독은 각각의 장면이 정말로 완결되고 대단히 빛나지만, 살아있는 것이 바로 나무라는 점을 이야기한다.

아니크 피올레(이하 피올레로 표기) : 바로 그 점이 영화에서 대단히 눈에 띄는 측면인데, 어떤 사람들은 그것 때문에 어려워한다.

바디우 : 내가 보기에, 영화에는 다소 과장되지만, 전적으로 신중한 일

종의 인위적 측면이 존재한다. 또한, 배우들의 강렬한 연기 속에 체계적인 방식으로 일종의 자극이 구동된다. 배우 연기의 관점에서, 이러한 독특함은 영화의 놀라운 특질이다. 예컨대, 배우 연기에 대한 강렬함의 각 단편이 전체적 단편들이다. 내가 보기에 이 점에 대해, 앤더슨 감독은 겉멋만 모아 놓았다고 자신을 비난할 수 있다는 점을 알았던 것 같고, 그렇게 이야기하는 것도 가능하다고 보았다. 배우들이 실제 상황이라고 생각하며, 그들이 정말로 즐거움을 느낀다고 말할 수 있는 장면들이 있다. 예를 들면 (노인의 부인 역을 맡은) 줄리안 무어가 약국에서 반은 정신이 나간 장면이나, 톰 크루즈가 섹스에 대해 열띤 설교를 하는 장면이다. 오페라에서처럼, 각각의 배우들이 자신들이 할 줄 아는 것을 보여주는 순간이다. 내가 보기에, 이런 장면이 (어찌 됐건 간에 전체 삶에서 되풀이될 수밖에 없지만) 인위적인 측면이고 과도한 강렬함이다. 영화는 그런 식으로 구성되지만, 그렇다고 그런 식으로 희석되지 않는다. 이런 관점에 우리가 갇혀 있다는 것은 사실이다. 다시 말해 영화는 일련의 뚜렷한 이유로 신고전주의적이지만, 다른 층위에서 볼 때 바로크의 '고전적' 의미에서 진정으로 바로크에 대해 이야기하려고 했다고 할 수 있다. 바로크와 고전주의 사이에는 대립이 있지만, 바로크 역시 고전주의의 영역이다. 나는 영화에서 바로크 미학을 감지한다. 다시 말해 전체 구성은 단지 부분들이 전체에 종속됨으로부터 만들어지는 것이 아니라, 부분들의 강화로 만들어진다. 각 부분은 강화되어야 하고, 그리고 오로지 이 강화에서 출발하여 각 부분은 다른 부분과 연결하는 자신의 원칙을 발견하게 된다. 각각의 이야기가 독특하면 할수록, 각각의 이야기는 다른 이야기와 연관될 기회를 더 갖는다. 이것은 각 이야기가 다른 이야기와 연결되기 위해 약화되어야 한다는 의미가 전혀 아니다. 앤더슨 감독은 어려운 그 일을 성공했다. 왜냐하면, 일반적으로 여러 이야기가 뒤얽힌 작품들에서는(한 작품에서 다양한 이야기를 뒤얽는 것은 앤더슨 감독이 발명한 것이 아니다.) 각 구성 요소의 약화를 대가로 이야기들을 하나로 묶기 때문이다. 반대로 이 영화에서는 각 이야기의 강화를 통해 서로를 연결한다. 또 다른 매듭으로 넘어가는 톰 크루즈의 인터뷰를 예로 들면, 장면 전환은 전혀 부드럽지 않고 급격하게 이뤄진다.

고백

바디우: 영화에는 특별한 요소가 있다. 연극에서 비롯됐으며, 형식 속에 멜로드라마를 간직한 어떤 것이 있다. 멜로드라마의 틀은 대체적으로 유진 오닐(Eugene O'Neill)과 테네시 윌리엄스(Tennessee Williams)에서 비롯되고, 그 틀이 핵심이다. 오닐의 희극에서 차용한 표상이 있는데, 그것은 바로 '고백'의 표상이다. 이 표상은 연극적 레퍼런스에 기초한 미국 멜로드라마에서 반복적으로 이용되는 표현이다. 예컨대, 어두운 밤에 일종의 집단적 치료에서 진실을 밝히기 위해 마침내 '말'을 꺼내는 순간이다. 이것은 영화에서 대단히 흔하다. '나 바람피웠어.' 등과 같은 것은 고백의 고통과 해방을 동시에 드러낸다. 영화에서 내가 놀랐던 것은 고백이 화해의 모티브와 분리되어 있지만 언제나 연결된다는 점이다. 그 점이 나는 현대적이라고 생각한다. 다음과 같이 화해는 겉모습일 뿐이다. 예컨대, 아버지와 아들이 다시 이어지고, 노인의 부인이 고백하지만, 너무 뒤늦은 고백이다. 어렸을 때 신동이었던 남자는 자신이 동성애자라고 고백하지만 아무런 소용이 없다. 이런 부류의 영화에서 당연히 전형적인 고백의 관계망이 있지만, 대개 고백은 공동체를 다시 이어준다. 말로 표현할 수 없는 비밀 때문에 공동체는 해체되고 분리되지만, 공동체가 재편성될 기회를 갖기 위해서는 무언가를 말해야만 한다. 그것은 한 커플의 이야기 혹은 부부에 해당될 수도 있다.

<매그놀리아>에서 고백의 장면들은 중요하지만 공동체 내에서 결코 진정으로 이뤄지지 못한다. 그런 이유로 비처럼 쏟아지는 두꺼비가 있다. 다시 말해 모든 것은 인류애의 가능한 길처럼 제시되지만, 이 인류애는 합산할 수 없고 한데 모이지 않는다. 고백의 기능은 평범한 운명으로부터의 단절이다. 연극에서 유래한 것을 포함해서 미국의 전통 멜로드라마의 많은 요소는 영화 속에서 그런 식으로 기능한다. 그 요소들은 바로 거기에 있지만, 평범함보다는 훨씬 더 추상적인 어떤 것을 위해 작용한다. 마지막에 각각의 에피소드들은 고백의 이야기이지만, 고백은 재결합도 화해도 아닌 일종의 추상적 가치나 연민의 가치를 가진다.

보이에 : 정직한 경찰과 마약에 찌든 여자 간의 상당히 히스테릭한 대화에서 나타나는 사랑의 고백이라는 또 다른 표상도 있다. 그들은 각자가 해야 하는 고백을 피하고, 위험한 고백을 하지 않기 위해 '모든 것을 말하자.'라고 선언한다. 그들의 서약은 꽤나 깜짝 놀랄 만한 사랑의 고백인데, 여자는 자신이 마약 복용자이고 남자는 권총을 잃어버렸다고 말한다.

피올레 : 이 선언이 사랑의 과정을 드러낸다고 말할 수 있지만, 동시에 추상적이다. 고백은 고백의 대상을 넘어서서 이 선언 자체와 연결되기 때문이다. 게다가, 이 선언은 다소 별개로 작용하고, 또 다른 장면에서 작동되며 어떤 것을 열어주기 때문이다.

보이에 : 영화는 경찰과 마약에 찌든 여자를 보여주며, 미소 짓는 소녀의 모습으로 끝난다.

인류가 곧 사랑이다.

바디우: 우리는 정말로 오래된 좋은 방식으로, 영화의 주제가 무엇인가라고 질문할 수 있다. 우리는 주체가 아니라 소재로 기능하는 일련의 형상들을 알아보았다. 이 영화는 아버지-아들의 관계, 고백의 불충분함, 선언과 사랑의 조건에 관한 작품이 아니다. 비록 이 모든 것이 있고, 그것으로부터 무엇인가를 이야기할 수 있을지라도.

내가 보기에, 이 영화는 인류가 존재하는지 아닌지를 알고자 하는 질문을 던진다. 영화는 추상적인 기독교 테제가 있는데 (그런 이유로 멜로드라마의 특징을 띤다), 즉 인류는 사랑이라는 것이다. 따라서 나는 영화의 마지막 장면과 그 이후의 미래도 그럴 것이라고 이해한다. 비록 영화가 엄밀히 말해 기독교적이 아니라 할지라도, 나는 인류를 알레고리의적 시간과 성서의 인용을 정당화하는 '추상적 기독교'라고 표현했다. 인류가 존재하는 한, 이것은 답을 내릴 수 없는 질문이긴 하지만, 이 영화 역시 아무것도 해결하지 못한 채 커다란 위험이 있다고 이야기한다. 인류가 존재하는 한, 인류는 오로지 사랑의 진정한 형상일 뿐이라는 것이다. 결국, 소년에게 있어서 주요한 문제는 그의 아버지가 그를 사랑하지 않을 수도 있다는 것에서, 그리고 여인의 고독감은 자신이 실제로 노인을 있는 그대로 사랑하지 않을 수도 있다는 것에서 비롯된다. 반대로, 불가능한 차이를 통해 경찰과 여인은 사랑을 선언할 수 있는 기회를 갖게 된다. 그러나 아버지-아들은 서로 사랑하지 않을 것이고, 텔레비전 사회자는 근친상간으로 자신의 딸의 사랑을 망칠 것이다. 영화는 몽타주, 망설임, 복잡성이라는 영화적 명제를 통해 '(다양성, 분리, 일관성의 질문을 통해) 인류와 같은 어떤 것이 오늘날 존재하는가?'라는 질문뿐만 아니라 '인류는 곧 사랑이다.'라는 가설을 내세운다. 사랑이 없으면 그 결과 인류도 없고 엄격한 의미에서 단절만이 있다. 다시 말해 이야기에 어떤 관련도 없는, 소란스러운 잠재적 혼돈 속에서 해체되는 위험에 빠진 이야기들이 있으며, 그 혼돈 속에서는 퍼포먼스 외에는 기대할 것이 없다.

내가 생각하기에, 배우들의 강렬한 연기에서 나타나는 의미 가운데 하나는 퍼포먼스에 대한 은유적 질문이다. 사람들은 고독할 때, 익숙한 것만을 할 뿐이다. 익숙한 행동들은 영화 속에서 정당화되는데, 예컨대 인류에 대한 질문과 연결된다. 즉 사랑 없이는 모든 사람이 혼자이다. 어떤 인물의 히스테리가 됐건 혹은 근친상간을 범한 아버지의 텔레비전쇼 진행이건, 오로지 퍼포먼스 속에서만 자신의 존재를 확실히 드러낼 수 있다. 텔레비전 퀴즈프로그램 진행자는 딸을 범한 끔찍한 이야기를 통해 묘사되지만, 그의 병은 구체적으로 표현되지 않기에 퍼포먼스 속에 전적으로 갇혀있다. 모든 인물은 고독을 드러내 보인다. 퀴즈 소년은 어릴 때부터 퀴즈를 위해서만 키워진 것처럼 묘사된다. 이것이 보여주는 것은 인류가 퍼포먼스의 수집으로 끝맺을 수도 있다는 치열한 비판 정신이다. 퍼포먼스는 사람의 비인간적 형태로 표현되는데, 퍼포먼스의 대가는 사랑의 부재인 비(非)-사랑이기 때문이다. 이런 의미에서 퀴즈 소년의 이야기는 대단히 예시적이다. 각각의 에피소드는 그 자체로 핵심을 이루는데, 각 이야기가 영화의 중심 주제를 조금씩 다루기 때문이다. 이런 식으로, 이야기 사이에 진정한 균형이 이뤄진다. 각각의 이야기는 만일 인류에게 사랑이 없다면 퍼포먼스에 몸을 맡긴 해체된 또 다른 개념의 인류라는 영화의 주제를 잘 보여준다. 이 점은 등장인물들 속에서 잘 드러난다. 사랑 속에 놓여 있지 않은 정직한 경찰은 퍼포먼스 속에 있다. 경찰은 다른 인물들과 결코 같지 않으며, 경찰로서 일해야 하고 본질적으로 경찰이라는 직업이 완벽하고 철저해야 한다는 것을 재현할 뿐이다. 그래서 권총을 잃어버린 것은 비극이 된다. 남자 간호사는 퍼포먼스로서의 연민이며, 톨스토이적인 절대적 선의이다. 그러나 결국 그 행위는 행위일 뿐이고, 그것으로 고독의 출구를 만들 수 없다. 인물들이 선하거나 악할 수 있지만, 영화는 그것이 중요한 것이 아니라고 말한다. 근친상간의 인물, 연민의 인물, 퀴즈 소년, 히스테릭한 여인, 정직한 경찰, 마약에 찌든 여인 등은 매 순간 이미지의 관점에서 보면 끔찍하고 파렴치한 역할 속에서 그들이 선하거나 선하지 않거나 혹은 정직하거나 정직하지 않다고 말할 수 있지만, 그것은 중요한 것이 아니다.

보이에: 영화 초반부에 경찰에게 수수께끼를 내는 흑인 소년은 랩이라는 장기인 퍼포먼스가 있지만, 정직한 경찰은 그와 동떨어져 있다. 즉 경찰은 친절하지만, 경찰과 흑인 소년은 서로 연결되지 않는다.

바디우: 물론이다. 하지만 만일 우리가 좋은 내적인 선의를 가지거나 끔찍하게 파렴치함을 가진다고, 또는 사회적으로 대단히 주목받는 인물이거나 매우 평범한 인물이건 간에, 영화는 이런 것이 판단 근거가 될 수 없다는 점을 분명히 한다. 이런 관점에서 휴머니스트 영화이다. 규범이나 규칙 등과 같은 도덕성이 없다. '사랑 아니면 고독', 이것이 바로 영화가 본질적으로 이야기하는 바이다.

엠마뉘엘 드류(이하 드류로 표기) : 작동하지 않은 고백의 문제와 연관지어, 다시 말해 고백은 당신이 말한 퍼포먼스의 문제와 멜로드라마의 흔한 화해로 귀결되지 않는다. 고전 멜로드라마에서의 고백은 모든 것이 약간은 억지스럽거나 인위적인 방법으로 해결되는데, 오늘날에는 퍼포먼스로 더 이상 기능하지 못한다.

바디우: 나도 당신의 의견에 충분히 동의한다. 왜냐하면, 고전 멜로드

3라마의 경향 속에서, 고백 그 자체가 치유적 가치의 퍼포먼스로 작동되기 때문이다. <레베카>(Rebecca, 1940)나 <염소자리>(Under Capricorne, 1949)와 같은 히치콕 영화에서, 비밀이 밝혀지면서 사건 전모가 드러나는 탁월한 고백 장면이 있다. 또한 맨키비츠(Joseph L. Mankiewick) 감독의 <지난여름 갑자기>(Suddenly, last summer, 1959)나 휴스턴(John Huston) 감독의 <이구아나의 밤>(The night of the Iguana, 1964)의 뛰어난 고백 장면이 있다. 오닐과 테네시 윌리엄스 희곡에 기반을 두고 있으며, 배우의 고독한 퍼포먼스로 뛰어난 순간을 포착하는 일련의 영화들 역시 존재한다. 예컨대, <레베카>에서 로렌스 올리비에 주위를 도는 뛰어난 카메라 움직임이 있는데, 기술적으로 탁월한 장면에서 배우는 몇 분간 혼자 이야기를 책임져야만 한다. 이 장면은 치유의 가치를 가지는데, 내가 보기에 앤더슨 감독의 명제는 정확히 반대이다. 픽션적 의미에서 퍼포먼스는 진실의 해소가 아니라 가장 커다란 소외의 순간처럼 주어진다. 해소의 순간은 인물이 말을 더듬고, 부끄러워하며, 말이 제한적이고 어려운 순간과 반대이다. 뛰어난 연기의 장면들은 고독의 장면과는 반대이다. 그 장면에서는 강조가 없고, 형식과 내용이 결합되기에 흥미롭다. 즉 비어있는 색인(索引)처럼 배우에 대한 퍼포먼스의 문제이다.

커다란 재앙의 가장자리에 놓인 인류

보이에 : 두꺼비 비와 같은 충격적인 장면은 동일성을 다시 생각하게 끔 한다. 책에 둘러싸여 있는 퀴즈 소년만이 유일하게 두려워하지 않는 인물이다. 우리는 사유하거나 책과 함께 있는 사람이 우월성을 가지고 있다고 느끼는데, 이런 영역은 오늘날 진부하지 않다. 크게 두려워하지 않는 경찰 역시 놀라운 인물이지만 자신의 업무를 묵묵히 수행하며 대단히 현실적으로 도둑을 체포한다. 퀴즈 소년과 두꺼비 비는 일종의 허무

주의 속의 세계에 자리 잡고 참여하는 순순한 지식의 작동에서 벗어나려는 양상을 내보이며, 현실적인 양상을 가지지 못한다. 이러한 작동은 인류에 대한 다소 슬픈 시각이다. 그런 식으로 강화된 작동의 순간에는 동화적인 차원이 있다.

피올레: 이런 분위기는 상당히 경이롭다. 예컨대, 도서관에서의 빛은 다른 모든 나머지와 뚜렷이 구별된다.

보이에: 영화는 경찰과 마약에 찌든 여자 간의 사랑과 차이를 내보이며, 대단히 고전적인 영화처럼 끝맺는다. 이것은 열린 결말이다. 여자의 웃음은 점점 더 이 세계를 사로잡는 것, 예컨대 마약, 타락, 고독, 고통 같은 것을 떠올리게 한다. 퀴즈 소년이 '아버지는 저한테 다정해야 해요.'라고 말하지만, 아버지는 그 말을 듣지 않는다. 소년의 고독은 책을 통해 진정되는데 이것은 이 영화를 밝혀주는 또 다른 모습이다.

바디우: 나도 동의한다. 열린 사랑의 가능성은 열린 사유와 밸런스를 맞출 필요가 있다. 이것은 영화 속에서 암시적이지만, 엄연히 드러나 있다. 텔레비전 퀴즈 프로그램을 위해 훈련된 소년의 장면은 진짜 지식과 거짓 지식이, 즉 진짜 사유와 그 모사물이 있음을 드러내 보인다. 소년은 진정한 사유와 진짜 지식의 영역에 접근하도록 허용되지 않은 사람처럼 묘사된다. 왜냐하면, 소년은 지식과 사유의 이름으로 다른 것을 위해 훈련되었기 때문이다. 소년은 그가 말하는 것에 정말로 관심을 갖고 있는 것처럼 보여지고, 지식의 훈련은 어떤 것을 넘어서려는 행위이다. 그것은 책의, 몽상의, 진정한 사유의 가능성처럼 영화의 마지막에 드러난다.

체크: 열림은 대부분의 인물들에게서 구현된다. 상처받은 사람들은

고독 속에 갇혀있지 않으며, 포기하지도 않는다. 예를 들어 서로 아무런 관계가 없는, 경찰과 마약에 찌든 여자는 서로에게 거의 몸을 던질 정도로 고독에서 벗어나려 한다.

바디우: 바로 이 점에서, 영화는 인류애가 각자에게 가능하다는 가설을 내세운다.

체크: 정말로 긴박한 감정이 자리 잡고 있다. 영화는 우리가 한계점에서 있다고 이야기한다. 나중에는 너무 늦을 수도 있다.

바디우: 영화는 징조와 위급함의 의미를 보여주며, '실수하지 말자. 쟁점이 되는 것은 인류 그 자체에 대한 문제이고, 그 문제는 실제로 위협받고 있다.'고 이야기한다. 그것은 또한 두꺼비 비의 의미 가운데 하나로, 인류는 혹독한 재앙 가장자리에 놓여있다고 경고한다. 이것은 하늘이 내린 죄가 아니라, 우리가 뿌린 만큼 거두는 것이라고 이야기하며, 혹독한 재앙으로 인류가 위협받고 있다는 것을 의미한다. 어떤 의미에서, 나는 <매그놀리아>가 바울적인 작품이라고 본다. 영화는 '사랑의 문제에 주의를 기울이자. 서로 사랑하자. 사랑의 문제는 도덕성에 관련된 질문이 아니라, 인류의 운명과 생존의 문제이다. 저는 여러분에게 현재 이루어지고 있는 분열하는 인류가 괴물 같고 위협받는 인류라는 점을 보여주고자 한다. 그리고 각각의 개인은 다른 것을 할 수 있는 능력이 있다.'고 분명하게 말한다. 그리고 영화는 가능성의 다양한 영역 속에서 여러 측면의 능력을 제시한다. 영화는 판단을 요구하는 작품이 아니다. 영화는 매우 다양한 등장인물을 취하며, 정확하게는 각자가 처한 상황에서 각자를 보여준다. 또한, 이해하거나 그렇지 못하는 능력을 보여주며 열린 결말을 추구한다. 그러나 실제로 위급하고, 이 모든 것들은 좋지

않게 끝날 위험이 농후하고, 어느 정도는 나쁘게 끝난다. 정직한 경찰은 기회를 잡았다고 말할 수 있다. 즉 그는 사랑할 기회를 만났고 선택했다. 앤더슨 감독은 그것이 인류이고, 이런 조건에서만 인류가 있다고 지지한다. 나머지는 단지 잔혹함, 고독, 부조리한 경쟁의 퍼포먼스, 재앙일 뿐이다.

영화는 인류의 존재 조건에 대해 일방적이지만, 어쨌든 간에 이 조건은 우리가 큰 틀에서 동의할 수 있는 것이다. 퍼포먼스와 고독에 대한 영화의 비판적 시각은 사회학적이지도, 이데올로기적이지도 않기에 상당히 심오하다. 비판은 일반적이 아니라 추상적이며, 주체에 기회를 부여한다. 따라서 우리는 상당히 넓게 퍼진 관계망 속에서 독특한 주체들을 만나게 된다. 또한, 우리는 고독한 퍼포먼스를 담아내는 보편적 세계가 어떻게 이러한 독특함을 황폐화시키고, 반대로 어떻게 거기에서 어떤 만남, 상황, 은총이 있을 수 있는지를 볼 수 있다. 여기서 은총은 고백의 역할에 관한 복잡한 변증법으로 활기를 불어넣는다. 고백은 사건 전체가 아니다. 결국, 고전적 기독교가 아니라, 여전히 바울적이다. 뉘우침은 아무것에도 쓸모가 없다. 이것은 대단히 강력하고 엄격한 테제이다. 근친상간을 범한 아버지의 경우나 노인의 부인의 경우, 스피노자가 말했던 것처럼 뉘우침은 미덕이 아니다.

바이에: 근친상간을 범한 아버지는 고백의 순간에 파렴치한데, 그가 파렴치한 고백을 하기 때문이 아니라 단지 고백을 하기 때문이다.

피쉐르: 그는 비장한데, 그가 제시한 최후의 카드가 좋은 것이 아니기 때문이다.

바디우: 사실 그 점이 대단히 인상적이며, 여전히 상당히 바울적이다.

중요한 점은 뉘우침이 아니라 은총을 받아들이고 그것으로 사랑을 이루어야 한다는 점이다. 상호 밀접한 고백과 뉘우침은 인류의 원동력이 아닌 것처럼 주어진다. 이런 점이 전통적인 멜로드라마 비평이다. 왜냐하면, 전통적으로 고백한 이후 혹은 뉘우친 다음에 사람들은 새롭게 출발하기 때문이다.

보이에: 영화 초반부에 여성 문제로 고민하는 남자들에게 강의하는 톰 크루즈의 연기에 대해 이야기해 보자. 이 장면은 대단히 놀라운데, 무엇 때문인지는 설명하기 힘들다. 이 장면은 남성우월주의적인 장면이라고 여길 수도 있지만, 또 다른 점이 있다. 톰 크루즈가 팸플릿을 꺼낼 때, 우리는 성(性) 이외에 다른 점이 있다는 인상을 받는다. 또한, 상황을 서두르지 않고 친절하고 계획적인 다른 누군가와의 연관성을 생각하게끔 한다. 이것은 남성우월주의를 넘어선다.

바디우: 이 장면은 너무 지나치게 남성우월주의적인 장면으로 시작한다. 그것은 명백한 남성우월주의의 연극화이다. 톰 크루즈는 그런 식으로 연기하며, 그가 연기하고 있다는 사실을 보여준다. 게다가 톰 크루즈는 정말로 탁월하다. 천재적인 배우들의 순간이 존재하는데, 바로 이 장면에는 그 자체로 천재적인 요소가 있다. 그 자체로 과장된 연기는 그 연기가 의미하는 것을 당장 드러내지 않는다. 그것은 무엇을 의미하는가? 우리는 그 의미를 차차 알게 되며, 인물에 부여된 남성성의 형상은 종잡을 수 없다. 왜냐하면, 그의 아버지가 그에게 남긴 낙인은 뒤틀리고 일그러졌기 때문이다. 톰 크루즈는 자신을 위해 허구의 자서전을 지어내지만, 나중에 들통이 나고, 우리는 아버지 침대맡에서 우는 그를 본다. 예시적인 방식으로 제시되는 각각의 단편은 장면의 의미를 결코 설명하지 않는 특질인 강렬함 속에서 주어진다. 그 점에서 우리는 톰 크루즈의

설교를 남성우월주의자의 담론이 아니라 사랑과 여자와의 관계의 가능성에 대한 질문에 낙담한 설명으로 보아야 한다. 그것은 냉소적인 뻔뻔스러움처럼 주어지지만 실제로는 그 반대이다.

체크: 동시에 그것은 남자와 여자 사이의 불화이다. 물론 그것이 남성우월적인 담론은 아니지만, 페미니즘의 폐해 이후 남자의 해방을 바라는 담론이다. 불화는 멈추고 사랑은 자신의 목적이 없다. 결국, 당신이 말한 것과 연결시키자면 그것은 절망이다. 톰 크루즈가 연기하는 인물은 부자관계의 모티브의 중심이고, 우리는 할리우드식의 일종의 프로이트주의를 발견한다.

바디우: 그의 남성성은 고전적인 프로이트 방법으로 이루어지지 않았기에, 그 결과 톰 크루즈가 여자들과 맺는 관계의 전적인 실패로 나타난다. 이 결과는 전투적이고, 호전적이며, 냉소적인 재확인처럼 묘사된다. 놀라운 점은 톰 크루즈가 이 두 가지를 모두 연기한다는 사실이다. 과도하고 확신적인 연기는 이면을 보여주고, 나중에 기자가 톰의 이면을 들출 때 우리는 톰이 방향을 튼다는 인상을 받게 된다. 우리가 예상한 이런 도치는 침묵이나 단절 속에서 볼 수 있다.

아나이스 르 고페이(이하 고페이로 표기): 이 장면에서, 우리는 두 인물 간에 권력관계가 있음을 대번에 알아차릴 수 있다. 우선 톰 크루즈는 인터뷰를 이끌고, 이어 여기자의 주장 때문에 약간은 신경이 날카로워진 것처럼 보이는 그의 얼굴을 대단히 아름다운 트래블링으로 보여준다. 표정의 부동성, 말 없음, 카메라의 시선의 집요함은 '쿨레쇼프' 효과를 재창조한다. 톰 크루즈의 굳은 얼굴을 이해할 수 있게 해 주는 이 장면은 기자의 보이스-오버 내레이션과 관객의 상상으로 동시에 구성된다. 이

상상은 도입 장면들의 매우 빠른 리듬으로 긴장감을 형성한다. 트래블링 동안 우리는 서사가 멈춘 듯한 인상을 받는 동시에 일반적으로 영화와 장면을 둘러싼 압축된 폭력을 바라보며 느낀다. 크루즈의 침묵은 점차적으로 여기자에게서 모든 신뢰를 제거하고, 인터뷰는 일종의 관음주의 저널리즘의 거만과 유치함을 드러내 보인다.

피올레 : 우리가 이야기했던 위급함에 비추어 보아 계속해서 이 장면을 언급하자면, 불화의 주제는 위급함과 연결된 것 같다. 우리는 위급한 측면을 통해 남성우월주의의 담론에서 벗어난다. 남자들은 너무나도 절망적인 상황에 이르렀고, 그래서 대단히 확신에 찬 어떤 것이 필요하다. 예컨대, 다시 행동하고, 주도권을 잡으며, 하얀 팸플릿과 파란 팸플릿을 갖으면서, 우리는 거기에 도달할 것이다. 사랑의 관념은 전적으로 성적 질문 밖에서 혹은 성적인 것을 벗어나 이 장면을 관통한다. 결국, 투쟁성은 성적인 것보다 사랑에 보다 가깝다. 바디우 당신은 전체성 속에서의 몽타주를 말했지만, 이 장면에는 톰 크루즈와 청중 간의 몽타주에서 작동하는 다수의 어떤 것이 있다. 그것은 당신이 말했던 이면의 비전을 부여한다. 톰 크루즈에게 청중이, 청중에게 톰 크루즈가 동시에 있다.

바디우 : 여기자와 함께 있는 장면에는 (비록 과잉 연기일지라도) 비호감의 형태로 그려지는 톰 크루즈와 여기자 사이에 미묘한 균형이 있다. 왜 그런가? 고백을 문제 삼고 있는 감독의 테제는 고백을 강요할 수 없기 때문이다. 저널리즘의 질문보다 보편적이고 중요한 것은 고백의 문제이다. 물론 고백이 기능하는데, 사랑을 구성하는 고백이 아니라 오히려 고백을 구성하는 사랑이다. 고백을 강요하는 것은 퍼포먼스 속에 있는 것으로, 그것은 가치가 없다. 비판은 강요하는 고백의 관념에서 이뤄진다. 이것은 보편적 가치를 지니며, 이슈가 되는 저널리즘을 비판할 뿐만

아니라 영화 전체를 가로지른다. <매그놀리아>는 주제들이 믿을 수 없을 정도로 많고, 미디어에 대한 모든 화제를 다룬다.

체크: 퍼포먼스란 관념은 대개 미디어의 관념과 연결된다. 흑인 여기자를 설정했다는 사실은 부수적이고 사소하게 엮은 것일 뿐이다.

피올레: 흑인 여기자는 긍정적이고 공격할 수 없는 인물의 상징이다.

바디우: 그것이 정치적으로 올바른 행위를 비판하는 이 작품의 전체적인 측면이다. 여자이기에 혹은 흑인이기에 옳은 것은 아니라는 점이다.

피올레: 영화의 톤에는 일종의 섞임이 있다. <매그놀리아>는 멜로드라마를 완벽하게 취하지 않으며 코미디로 대체한다. 여기서, 코미디는 가장 멜로드라마적인 장면들에서 폭발적인 순간들이다. 톰 크루즈가 아버지의 침대맡으로 갈 때 멜로드라마에 흠집을 내는 개들이 있는 코믹한 장면으로 연결된다. 비극적인 톤은 심지어 두꺼비 비 장면에서조차도 코미디의 순간들과 상반된다.

바디우: 그렇다. 그것은 코믹하면서 상징적이며 또한 어느 정도는 고어(gore) 영화와 같다. 다양성에 끼어드는 숙고된 톤의 망설임이 있다.

체크: 심지어 명백한 고통의 순간도 있는데, 경찰이 권총을 잃어버렸을 때와 범죄자들이 위협적인 그림자처럼 묘사될 때는 스릴러물이다. 나는 이 작품의 현대성에 대해 이야기했으면 하는데, 바디우 당신은 앞에서 이 작품의 현대성을 퍼포먼스의 관념과 연결된 사랑이라고 언급했다.

바디우: 나는 그렇게 생각하고, 그리고 사실상 그것이 전적으로 현대성이다. 사랑은 당연히 부분적이지만 힘이 있는 명제, 즉 오늘날의 세계에 대한 명제이다. 그것은 '진정한 삶은 사랑이 없는 한 부재하다'고 말하는 명제이다. 이 명제의 현대성은 인류가 퍼포먼스의 형상 속에서 진정으로 존재할 수 없다는 사실을 영화적으로 보여주는 것이다. 또한, 심지어 배우들의 연기 내부에서조차 보여주는 것으로, 그것은 놀랄만한 점이다.

<매그놀리아>는 반-개인주의 영화로 '오늘날의 개인은 퍼포먼스에 몸을 맡긴 개인의 형상에 내맡겨졌고, 개인은 겉으로 꾸며진 가운데 있고, 이 겉으로만 꾸며진 모습을 평가하는 유일한 방법은 사랑'이라고 이야기한다. 이것이 영화의 명제이지만 도덕주의는 아니다. 사랑은 만남이고, 다른 방법으로 세계를 보는 것이며, 정치적으로 옳음이 아니라 차이 등을 인정하는 것이다. 흑인 기자는 형사가 결코 아닌데 그녀 역시 퍼포먼스에 갇혀 있고, 그리고 이 관계는 인류를 다시 일으켜 세울 수 있는 어떤 것도 구성하지 않는다. 따라서 두꺼비 비만 있을 뿐이다.

아버지 문제에 대한 앤더슨 감독의 표현은 일종의 불확실함이 있다. 아버지 문제는 고전 멜로드라마에서 구성된 근본적인 질문이다. 이런저런 방법으로 아들은 아버지를 인정해야 하고, 거꾸로 이 인정의 극단적인 드라마의 있을지도 모를 돌발적인 사건이 무엇이든 간에 아버지도 아들을 인정해야 한다. 그 점에서 현대 정신분석학자에게는 널리 알려진 명제에 적합한 이 작품은 아버지와 아들의 이야기를 완결 지으며, 더 이상 그 이야기에 관심을 가질 필요가 없다고 말하는 것은 아닌지 자문해 볼 수 있다. 세 명의 아버지를 살펴보면 그들은 비참하다. 어쨌든 이것은 아버지들에 대한 가혹한 비난이고, 바로 그 점에서 나는 이 작품을 바울적 영화로 본다. 즉 우리는 더 이상 아버지의 규범이 지배하는 세계

에 살지 않고, 세계는 더 이상 그렇게 유지되지 않는다. 다른 것을 발견해야 한다. 우연한 만남에 몸을 맡기고, 기독교가 정확히 지적한 것처럼 '이제는 아들의 세계지, 더 이상 아버지의 세계가 아니다.' 아버지-아들의 문제는 근본적이지만 어쨌든 매우 독특하다. 이 작품의 주제를 보충하고 싶다면 다음과 같이 말할 수 있다. '아버지의 규범을 더 이상 존중하지 않는 것처럼 보이는데, 무엇이 세계로서의 인류를 지탱하게 하는가? 세계는 더 이상 아버지의 세계가 아니지만 우연한 사랑이 있고, 우리는 사랑으로 환원된다. 다른 것은 없고, 사랑은 규범의 부재와 위험을 내포한다.'

레비 : 내가 보기에 <매그놀리아>는 당신이 발표했던 것처럼[5] 긍정주의의 절대적인 필요성에 응답하는 것 같다.

바디우 : 그렇다. 그 관점에서 보면 <매그놀리아>의 결정적 요소는 관념과 구성 사이의 관계이다. 확언하자면, 있는 그대로의 세계 속에서 유적 인류의 의미의 입장을 취하는 어떤 것이 오늘날 일어나기를 바란다면, 심지어 전통적인 소재를 이용한다 할지라도 가야 할 길은 해체가 아니라 구성의 길이다. 나는 <매그놀리아>가 이런 생각에 충실하다고 본다. 중심 요점은 다음과 같다. 세계의 의미를 드러내기 위해서 이미 만들어진 형상을 해체하고, 비판하고, 드러내는 길을 가야 하는가? <매그놀리아>는 이런 요소 속에 놓여있지 않는다. 영화는 인용, 예기치 않은 변화, 전통적인 소재의 우회 과정을 부분적으로 실행한다. 우리는 어

---

5 <긍정주의의 첫 번째 선언을 위한 소묘>, 유토피아 3, 새로운 밀레니움(21세기)에 예술에 대한 질문 (베네치아의 파리 8대학 국제 학술회의 발표문, 치로 지오르다노 브루노(Ciro Giordano Bruno) 출판사), GERMS 2002.

떤 한 요소로 균형을 잃은 멜로드라마의 장면을 볼 수 있지만, 요소 전체는 만들어진 형상을 아이러니하게 해체하지 않는 전체적으로 하나의 구성이다. 복잡성, 연기, 너무나 강렬한 배우들의 특질 등은 부분적으로 바로크적이지만 하나의 구성을 이룬다. 따라서 나는 긍정주의 속에 이 작품을 분류하고자 한다.

영화는 우리가 생각하는 것보다 훨씬 강력한 분석 도구이다. 즉 해체주의 형상은 영화에 자리 잡는 데 많은 어려움을 겪었고, 결국 영화에 거의 자리 잡지 못했다. 해체주의 형상은 일종의 아방가르드 속에 머물러 있다. 긍정적으로 인정된 모든 것이 좋다는 사실을 의미하는 것은 아니며, 저속한 예술은 기념할만한 확장의 영역을 거기에서 발견할 수 있다. 저속한 예술의 이면, 즉 포스트모던의 해체주의처럼 내가 말하고자 한 것은 영화가 우월적인 증인이 아니라는 사실이다. 아방가르드가 지속적으로 유지되고, 심지어 조형 예술 속에서 부분적으로 커다란 주도권을 가지고 있을지라도, 영화에서는 그렇지 않다. 영화의 고유한 특성은 아방가르드보다 훨씬 저속하다.

≪영화 예술≫, 2002~2003년 겨울호.

26 우화의 변증법

<매트릭스>(Matrix), 철학 기계(machine)[1]

모피우스(Morpheus) : 기억하라, 내가 말하는 모든 것이 오로지 진실임을…

– I –

확실한 것의 겉으로 드러난 형상인 눈에 보이는 것은(도마(St. Thomas) 성인처럼 믿기 위해서는 눈으로 보아야만 한다.) 실제로는 실재의 특별히 임의적인 기호일 뿐이라는 사실을 경험주의에 맞서 그리고 플라톤주의로 언제나 확인할 것.

따라서 영화에서도, 영화라는 이 수단은 '감각적인 것의 체제 변형을' 부여할 때에만 철학을 어느 정도 진지하게 시험해볼 수 있을 뿐이라는 사실을 확인할 것. 또한 영화는 보이는 것의 확실함을 겉보기에 불확실한 것으로 만드는 힘이 있기에 개념을 이용할 능력이 있다는 점을 확인할 것. 그리고 또한 이미지는 (사물의) 겉모습일 뿐이고, 더 나아가 이미지의 겉모습일 뿐이라는 사실을 상상할 것.

---

1 이 글은 파리 8대학 D.E.A.의 '영화와 철학' 학술대회에서 2000년 3월에 발표한 강연이다.

– II –

이 글은 하나로 수렴되는 논평을 '확인'하는 작업이다.

논평은 1999년 프랑스에서 개봉된 빈센조 나탈리(Vincenzo Natali) 감독의 캐나다 영화 <큐브>(Cube), 워쇼스키 형제(Andy and Larry Wachowski)의 <매트릭스>(Matrix), 데이빗 크로넨버그(David Cronenberg) 감독의 <엑스텐즈>(eXistenZ) 세 편의 영화를 대상으로 한다.

필자가 분석에 이용한 철학적 방법론은 시네필이 아니라 일반 관객의 입장에서의 방법론이다. 이것이 의미하는 바는 첫째, (이 세 작품이 영화가 '예술'에 속한다기보다는 가까운 극장에서 개봉했기 때문에) 다른 사람들과 마찬가지로 필자가 본 영화들에 대해 지지하기 위함이다. 둘째, 필자는 이 세 작품에서 특별한 것을 파악하려고 하지 않았다. 셋째, 필자는 이 작품들에 대한 기억을 바탕으로 글을 썼지, 예를 들어 비디오로 다시 보는 분석적 작업을 한 것이 아니다. 넷째, 필자는 사회생활에 있어 우화, 서사와 같은 근원적인 실행에 일종의 우위를 부여하는데, 이 경우에는 한 편의 영화에 대해 언급할 것이다.

– III –

세 작품에서, 우화는 설명적 방식으로 기존의 철학적 질문들과 연결되어 있다. 프랑스 사람은 이 질문들을 논문의 주제라고 말할 것이다. 예를 들면 실재적 모습과 겉모습에 관한 논문을 생각할 수도 있다. 매혹적인 가시성의 체제와 어떻게 하면 단절할 수 있을까? 실재적 모습에 대한 수학적 법칙의 지식, 예컨대 계산적인 합리성과 신비스런 직관, 자유와 가치 등과 같은 것은 효율적인 실행의 조건인가?

어려움은 이런 관계가 영화의 고유한 영역에 속하지 않는다는 점에 있다. 실제로 어려움은 현대 영화의 모든 활동 영역을 아우르는 장르적 특질이지만, 그 근원은 과학 소설과 그 파생 분야로 다분히 문학적이다. 과학 소설은 세계를 구성할 수밖에 없고, 이런 사실 자체로부터 우리가 알고 있는 세계와의 비교를 이끌어낸다. 이런 상대적인 구축은 (플라톤의 『국가/공화국』(Politeia/De Republica)의 마지막 장인 에르(Er)의 신화나 혹은 『티마에우스』(Timaeus)의 우주관의 경우에서 보이는 것처럼) 이미지로 이루어진 일종의 개념론의 서사시와 언제나 결부된다. 이 구축은 만물을 창조하는 데미우르고스(Demiurgos)[2] 방식이며, 존재할 수도 있거나 존재했던 것을 바탕으로 어떤 것을 판단하는 규범이다. 과학 소설은 은유적인 글과 유사한데, 그 이유는 전체적으로 허구를 기반으로 하는 어떤 판단에 교훈을 주기 때문이다. 여기서 허구는 우리가 신뢰하거나 상상의 나래를 펴는 자유를 선택하는 현실과 세상의 구조 간의 관계에 대한 어려운 질문을 경험케 한다.

– IV –

과학 소설에 관한 탁월한 이론적 연구는 1988년 악트 쉬드(Actes Sud) 출판사에서 출간된 기 라르드로(Guy Lardreau)의 『철학적 픽션과 과학 소설』(Fictions philosophiques et science-fiction)이다. 라르드로는 뛰어난 소설의 두 경향을 대표하는 아시모프(Asimov)의 『토대』(Fondation)와 허버트(Herbert)의 『모래 언덕』(Dune)을 검토한다. 저자는 또 다른 세계들이 가능하다는 명제를 다루는 두 경향을 지탱하고 있는 잠재적 명제를

2 '제작자'라는 뜻으로, 플라톤의 우주 생성론에서 우주의 창조신을 이르는 말이다.

매우 흥미롭게 제시한다. 여기서 그는 이러한 잠재적 명제가 라이프니츠의 철학 중에 가장 실험적인 영역, 즉 신적인 지성 속에서 동시적으로 나타나는 분명한 우주라는 영역이 어떻게 개념으로 전개되는지 보여준다. 특히, 저자는 철학적 혹은 소설적 경험들이 어떻게 문제 제기 되는지를 검토한다. 이러한 경험들은 삼라만상(Tout)과 제안된 변형된 세계를 우리에게 친숙하고 익숙한 자연의 섭리로 즉각적으로 믿게 만드는데 일조한다.

결국, 라르드로에게 있어, 주어진 세계의 조건에서 상상 가능한 모든 변형된 세계는 대개 불확실한 철학적 가정(postulat)의 시도이다. 이러한 가정의 결과에서 비롯된 논리의 일관성도 다양한 사실의 검증이나 오류 증명을 마찬가지로 거쳐야 한다.

소설에서 내레이션은 가정을 설명하는 작용인 동시에 갑작스러운 사건의 전개를 통해 가정의 결과로서 드러나게 한다. 이런 점에서, 과학소설에서 픽션화된 철학적 요인과 관련된 기본적인 표식들은 우리가 동의하는 가정들, 즉 실재적 세계로 믿도록 혹은 가정들을 수용하도록 만든다. 또한, 표식들은 내용 전개의 논리적 엄격함을 취하며 작품성을 고양시킨다. 즉 어떤 논리의 형태가 일상 세계의 시공간적 연속성과 연관되어 유지하는는지 우리로 하여금 검토하도록 한다.

– V –

이러한 방법을 앞서 언급한 세 편의 영화에 적용할 수 있다. 그리고 세 작품에서, 우리는 갑작스러운 사건 전개의 논리와 내레이션의 가정을 쉽게 구별할 수 있다. 서사의 가설은 '겉으로 드러난 것과 그 자체로 존재하는 것에 대한 어떤 근본적인 경험의 조건들'을 표현한다. 결국, 이 서사적 가설은 존재와 존재로부터 비롯된 것 사이의 결정적인 존재론적 구별에 관한 원칙이고, 본질적인 경험 속에서 주어진다. 급작스러운 상황 전개는, 존재하는 것과 가시적인 것 간의 관계를 지탱하는 서사의 가설이 작동하는 세계 속에서 (효율적이고, 정확하고, 좋은 등) '규범적인 행동 기준'(conduite normée)에 근거한다.

– VI –

세 작품 서사의 가설은 다르고, 다른 세계를 그리고 있다.

<큐브>에서, 가설은 자명한 사실로 즉시 제시된다. 영화가 시작되면서, 한 무리의 사람들은 덫이 장치되어 있거나 없는 또는 이동하기 쉽지 않지만 서로 연결되어 통로가 있는 회전하는 탑의 형태로 만든 거대한 큐브로 구성된 인공의 구조물에서 잠에서 깨어난다. 이 세계는 그 사람들이 있었던 '본래의' 세계와 어떠한 연관도 없고, 이 본래의 세계에서 '납치되어' 큐브에 옮겨진 이유는 전혀 설명되지 않는다. 그렇게 운반된 사람들은 일종의 새로운 경험에 직면하지만 실험자는 이 경험에서 완전히 부재한다. 이처럼, 이야기는 카프카적인 요소가 다분하다. 예컨대, 가설의 합리성은 서사 이전에 주어진다. 그리고 만약 합리성이 의미가 있다면, 그것은 예상할 수 없는 사건과 명확하게 공통의 외연을 갖는다. 그래서 본래의 세계는 아무런 이유 없이 허구의 전체성을 위해 무조건적으로 '소멸'되고, 본래 세계의 존재 이유와 법칙은 모든 것으로부터 전적으로 무시된다고 말할 수 있다.

<매트릭스>에서 가설은 서서히 드러난다. 여기서 가설은 사건의 형태를 띠고 있으며, 세 가지 소재로 이뤄져 있다. 상상의 미래 세계에서 권력을 쥐고 있는 기계는 (약물에 취해 잠이 들어 전선으로 연결된 작은

발전기처럼) 유충의 형태로 축소된 인간의 생체 에너지를 이용한다. 하지만 기계의 발전기로 쓰이는 이미지에 대한 설명은 거의 없다. 왜냐하면 <매트릭스>의 감독들이 관심을 갖는 것은 본질적으로 나머지 두 구성 요소이기 때문이다. 기계들은 이미 파괴된 세계의 모습과 모든 점에서 유사한 허구적인 '가상의' 디지털 세계를 인간-유충의 뇌 속에 심어놓는다. 그리고 소수의 '살아있는' 저항군들은 노예가 된 인간의 몸을 에너지로 사용하는 기계가 지배하는 '실재' 세계와 인간들의 인공적인 위안물인 '매트릭스'라는 '가상의' 세계 사이를 오간다. 이 경우, 본래의 세계는 모든 감각이 제거되고 기계가 지배하는 세계를 위해 완전히 파괴되었지만, 실제로는 '외관상 변형된' 있는 그대로의 본래의 세계이다. 여기서 가설은 가시적 구조 위에서 디지털 기계의 흉계를 세심하게 지탱하고 있다. 예컨대, 관객이 스크린에서 보는 사람들이 살고 있는 눈에 보이는 평범한 세계의 모습은 실상 초록색 숫자일 뿐이다. 이러한 가설이 플라톤의 동굴의 우화와 유사하다는 사실은 매우 놀라울 뿐이다. 플라톤 역시 그림자가 만들어내는 가짜 세계를 그리고 이런 허구에 예속된 인간을 보여준다. 플라톤 역시 현실에 저항하는 사람들이 허상의 동굴과 실재 세계 사이를 오갈 수 있다고 본다. 또한, 플라톤은 (영화에서 많은 복잡한 과정을 거치는 것처럼) 가시적 세계를 정교하게 다듬는데 모든 주의를 기울인다.

<엑스텐즈>에서, 가설은 대단히 현실적이다. 사실 또 다른 세계 속에 던져지는 것은 아주 단순한 사건만 일어나면 되는데, 잠이 들면 사람들은 신경 체계에 연결된 다양한 회로를 통해 게임의 허구 세계로 들어간다. 결국, 이것은 꿈의 신경망 구조를 이용한 유희의 리얼리즘에 해당한다. 게다가 이 영화의 허구 세계는 <큐브>에서처럼 본래의 세계와 전혀 다르지도 않고, <매트릭스>에서처럼 전적으로 동일한 세계도 아니다.

단지 몇 가지 차이점이 있을 뿐이다. 말하자면 실험은 부분적이고, '다른 세계'는 잡종이다. 이런 점은 크로넨버그 감독의 재능과 딱 들어맞는다. 그는 모든 재료로 전체적인 하나의 세계를 만들어내기보다는 기계와 생명체처럼 이질적인 요소들을 언제나 함께 엮으려고 한다. 미장아빔(mise en abyme)[3]의 고전적 도식에 따라, 이 영화는 등장인물들이 게임을 통해 구체적으로 게임의 허구 세계로 들어간다. 다시 말해, 게임의 세계 그 자체는 어쩌면 메타-게임의 가설의 결과일 수도 있다. 이런 점에서, 영화의 결말은 모호하다. 실제로 영화는 살인자들, 순수한 현재의 무리들, (광신적인 반-들뢰즈주의자들과 같은) 모든 가상 세계의 적, 그리고 (게임 속의 게임을 통해 영화에서 전개되는) 새로운 게임에 참여하는 사람들과 프로그래머라고 추측되는 사람들의 살육 등을 보여주지만, 이러한 살인이 메타-게임의 한 장면일수도 있다는 것을 배제할 수는 없다. 그 결과, 본래의 세계는 <큐브>에서처럼 당연히 소멸되지 않고, <매트릭스>에서처럼 역사적으로 파괴되지 않으며, 일시적으로 중단된 세계이다. 게임의 가상 세계와 (현실 세계의) 전체적인 차이가 있다고 입증할 수 있는 것은 아무것도 없다. 영화의 제목처럼, '존재'는 명백한 사실이 아니라 현실, 게임, 게임 속의 게임 그리고 메타-게임 사이를 떠다니는 술어일 뿐이다.

3 [역주] 미장아빔은 '심연으로 밀어 넣기'라는 의미를 가진 것으로 문학이나 예술 분야에서 사용되는 기법이다. 예컨대, 중첩되는 심상을 이용해 인식의 혼동을 불러일으킨다. 즉 이미지 안에 또 다른 이미지가 존재하고 그것들이 연관성을 가지게 된다.

– VII –

지금까지 우리가 살펴본 서로 다른 세 가지 가설의 변주는 허구의 전체성을 위한 본래 세계의 소멸, 가상 세계를 위한 세계의 예정된 파괴, 허구적인 위계질서를 위한 세계의 일시적인 중단이다.

이 세 가지 가설은 세 가지 철학적 질문을 던진다.

<큐브>는 본래 세계의 전체성에서 추출된 주체란 무엇인가라는 질문을 다룬다. 이 질문은 경험의 최소한의 조건들을 완전히 바꾼다면 어떤 일이 일어나고, 어떤 구성적 구조가 남을까라는 칸트의 초월적인 질문이라고 할 수 있다. 영화의 결론 역시 완전히 칸트적이라는 사실에 주목하자. 한편으로는 소수(素數) 이론인 순수 수학이며, 다른 한편으로는 조건 자체가 초월적이거나 대단히 단순한 순수 직관이다.

<매트릭스>는 생물학적 노예 상태로 (주관적으로) 전락한 허구 세계의 노예 상태에서 벗어나려고 싸우는 주체는 무엇인가라는 질문을 다룬다. 이 문제 제기는 명백히 플라톤적이다. 어떻게 동굴에서 빠져나올까? <매트릭스> 1편에서 그 해답은 아직 제시되지 않았지만, 아마도 신-플라톤주의의 해석으로 진행되어야 할 것이다. 선택받은 '네오'는 허구에 맞선 실재라는 이원론의(manicheen) 투쟁을 이끌도록 예정되어 있고, 허구는 플라톤 신학에서는 일관되게 비-존재인 악의 존재의 다른 이름일 뿐이다.

<엑스텐즈>는 자신을 둘러싼 세상에 대해 객관적 존재라는 명백한 조항에서 확인할 수 없는 주체는 무엇인가라는 질문을 다룬다. 결국, 재현하는 의식의 유일한 흐름을 위한 존재의 판단 중지의, 또는 초월적인 판단 보류(époché)[4]의 주체는 무엇인가? 이것은 분명 후설의 현상학적 질문이다. 크로넨버그 감독의 답이 확실하지 않기에, 이런 망설임은 이

영화의 약점 중 하나이다. 아마도 그가 찾은 답은 무의식의 주체, 즉 객관성의 유희적 삭제를 통해 밝혀진 '자아'의 성적이고 폭력적이며 기괴한 투영 쪽으로 향하는 것 같다.

– VIII –

세 영화의 형식과 지배적 장르는 예기치 못한 사건 전개의 논리를 통해 결정되며, 그 결과 철학적 탐구를 통해 소멸되고, 파괴되며, 유예된 세계에 대한 가설의 결과로 나타난다.

<큐브>는 재난 영화에서 이야기의 틀을 빌려온다. 예외적 상황에 전혀 준비되어있지 않은 한 무리의 다양하고 평범한 사람들은 불타는 건물, 추락하는 비행기, 불이 난 지하철, 강풍으로 허공에 매달린 케이블카의 경우처럼 '한계' 상황에서 시련과 맞닥뜨린다. 게다가 서스펜스와 공포 효과의 목표는 세계를 바꾼다는 명제 하에 각자가 무엇을 할 수 있는지를 잘 보여준다. 빈센조 나탈리의 <큐브>에서 인공 세계 내부의 재난은 큐브의 함정이다. 생존자들의 공포에 질린 눈앞에서, 큐브에서 탈출하기 위해 옆 큐브로 건너가는 성급한 사람들은 써레로 몸이 여러 조각이 나거나 레이저로 산 채로 태워진다. 이 무리가 겪는 모든 시련은 어떤 큐브에 함정이 있고 어떤 것에 없는지에 대한 법칙을 찾아가면서 큐브를 통과하는 것이다.

전쟁 영화와 서부극에서 많은 부분을 차용한 <매트릭스>는 '패트롤(순찰)' 영화에 보다 가깝다. 한 무리의 저항 세력이나 우연히 영웅이

---

4 [역주] 에포케(épochè)는 고대 그리스 철학에서 판단 중지(判斷中止), 판단 보류를 의미한다.

된 인물은 이념적 지도자, 신비한 협력자, 매혹적인 여인, 배반자 그리고 전투에 뛰어난 능력을 지닌 사람들과 함께 어떤 일이 일어나더라도 자신보다 엄청나게 강한 적을 쳐부순다. 영화에서 순찰은 전투를 준비하기 위해 기계가 지배하는 '실재' 세계를 돌아다니는 비행선을 사용하지만, 그것으로부터 허구의 세계로 변형된 '가상' 세계로 들어갈 수 있다. 영화는 카리스마 넘치는 지도자, 신비로운 주인공('선택된 자'), 매혹적인 여인, 배반자, 쿵푸와 오우삼 감독의 무술에서 차용한 놀라운 전투 장면 등 모든 요소가 있다.

마지막으로 훨씬 느슨한 형식의 <엑스텐즈>는 추적 영화와 유사하다. 이런 장르 영화에 필수적인 주인공인 커플은 반은 괴물인 존재들이 살고 있으며 또한 미장아빔 효과로 구성된 허구의 세계에서 위험하고 기이한 일을 겪는다.

– IX –

칸트적인 우화는 평범한 의식의 한계와 능력의 탐색을 전제로 하고, 플라톤적인 우화는 허구의 세계에서 사람들을 거칠게 다른 곳으로 이끄는 전환의 영웅주의를 전제로 하며, 후설적인 우화는 해석에 복종하거나 (최선의 경우 동반자인 이 본질적인 타자에 대한 동의를 따르는) 대상의 불확실한 이상주의를 전제한다고 말할 수 있다.

– X –

그럼에도 세 작품에 공통적인 문제는 근본적으로 앎의 문제이다. 인간의 내적인 인지 능력에서 앎의 문제가 바로 실재라는 사실을 무엇이 증명하는가?

<엑스텐즈>와 <매트릭스>에서는 게임이나 매트릭스처럼 보이는 것의 체제 내부로부터 실재와 실재의 허상에 불과한 것 사이를 구별하는 방법을 알아채는 것이 문제다.

필자가 보기에, 크로넨버그의 영화는 게임의 패러다임 때문에 이 질문이 다소 미약하게 작용한다. 실재 세계에서 결정할 수 없는 경쟁자로서의 유희적인 잠재성을 제기하는 것은 사실 부정확한 진부함 때문이다. 대단히 현실적으로 재현된 모든 게임은 다른 것으로 환원할 수 없는 게임-의식 속에서 행해진다.

반면에 <매트릭스>에서는 급진적인 방식으로 질문을 제기한다. 그것은 망설이며 행동하는 것이 아니라 '허상에 맞서 실재의 시련을 지지하는' 것이다. 선택된 자는 '동굴의 비유에서' 그림자가 그림자일 뿐이라는 것을 깨닫는 사람과 마찬가지로 허상의 내부에서 허상을 알아보는 사람이다.

칸트적인 가설에 따르는 <큐브>에서의 문제는 인간의 오성[5]에 있어 겉으로 드러나 보이는 것의 존재를 정의하는 한계, 불가능성의 한계, 앎의 한계의 문제이다. 큐브의 덫에서 벗어나기 위해서는 인공 세계의 규칙을 그리고 어떤 큐브가 위험한지 혹은 안전한지 구별하는 것을 사물의 표면에서 발견해야만 한다. 신중하고 실용적인 요령만으로는 충분하지 않다. 예컨대, 영리한 한 남자는 어떤 일이 벌어질지를 알기 위해 옆 큐브에 신발을 던져 본다. 이 남자는 한동안 위험한 큐브를 피하는 데 성공한다. 하지만 함정이 시선을 탐지할 때에만 작동하는 것임을 알게 된다. 신발을 던질 필요는 없어졌지만, 결국 이 남자의 얼굴은 레이저로 엉망

5 [역주] 지성이나 사고의 능력. 칸트 철학에서는 대상을 구성하는 개념 작용의 능력을 말한다.

이 된다. 단순한 훈련 역시 충분하지 않다. 예컨대, 권위적이고 조직적인 지도자는 별 쓸모가 없거나 혹은 큐브 탑의 첩자인 배반자로 드러난다. 문제의 열쇠는 포스트-갈릴레이 물리학에서처럼 수학이다. 각 큐브는 동판 위에 숫자가 적혀 있고, 그리고 큐브를 구별하기 위해서는 어떤 것이 이 숫자의 소인수 분해인지를 아는 것이다. 젊은 여자 수학자의 지식이 한동안 사람들을 구한다. 하지만 합리적 지식 역시 충분하지 않은데, 계산하는 방법으로 답을 찾는 것은 굉장히 큰 숫자일 때는 너무 많은 시간이 걸리기 때문이다. <큐브>는 고등 수학을 일종의 신비주의라고 주장한다. 즉, 도스토옙스키적인 순진한 사람들은 계산하지 않고 숫자들이 무슨 의미인지를 즉각적으로 알아채고, 무리의 생존자들을 순수한 빛으로 이끈다. 생존자들은 그들의 여정이 헛수고였다고 점을 깨닫는다. 다시 말해 그들은 출발점으로 되돌아오고, 이 큐브는 출구를 향해 저절로 회전한다. 이런 경우, 베르크손의 관점에서 신비주의는 실재의 움직임과 동시에 일어나는 일일 뿐이라는 사실로 이해해야만 하는가?

– XI –

필자에게 있어서, 가장 뛰어난 영화적 힘은 <매트릭스>에 있다. 이 영화는 현상학적인 <엑스텐즈>에서 보이는 약간은 불완전한 결정 불가능성을, 또는 (추상적이고 간결한 방식으로 성취한 놀랍고도 파워풀한 작품인) <큐브>의 상징적인 폭력의 수단을 자제하고 있기 때문이다. 필자가 선호하는 가장 견실한 영화적 탐구는 플라톤적이다.

– XII –

그렇다면 어떤 점에서 영화적 탐구가 견실할까? 이미지를 바탕으로 이미지에 대해 묻는 질문은 이미지의 근본 너머를 향한 영화 자체에 대한 질문이기 때문이다. <매트릭스>에는 놀라운 장면이 하나 있다. (플라톤의 『향연』의 디오티마(Diotima)[6]에서 영감을 얻은 듯한) 예언자에게 교육을 받은 어린아이는 숟가락이 구부러질 때까지 한동안 뚫어지게 보는데, 이 장면에서 숟가락은 실재 세계의 단단한 물건이 아니라 변하기 쉬운 잠재적이고 인공적인 물건임을 보여준다. 따라서 세계 내부에서 변증법적 영향력으로 무장한 비판적 변증법을 통해 플라톤식으로, 이 숟가락은 실재 숟가락이 아니라고 말할 수 있다. 실재 숟가락은 볼 수 없고, 단지 사유할 수 있을 뿐이다. 영화 예술의 모든 원칙은 오로지 영화만이, 영화 이미지가 '분명하게' 이미지인 한에서만 실재에 있어 증거가 됨을 섬세하게 보여준다. 우리가 이데아(Idée)에 접근할 기회를 갖는 것은 겉모습에서 벗어나거나 잠재성을 미화함으로써가 아니다. 그보다는 겉모습을 보이는 대로 사유하고, 그 결과 존재로부터 모습을 드러낸 외관을 통해 환멸적인 보는 행위를 사유하는 것이다. <매트릭스>의 가장 뛰어난 점은 이러한 기여와 환멸을 동시에 갖추고 있다는 점이다. 따라서 이 작품은 모든 이데아의 원칙을 갖추고 있다.

– XIII –

만일 파스칼이 <매트릭스>를 봤다면, '영화는 플라톤을 위해 준비된 것'이라고 말했을 것이다.

『매트릭스, 철학 기계』(Matrix, machine philosophique),
파리, 엘립스(Ellipses) 출판사, 2003, pp.120~129.

---

6 [역주] Diotima : 플라톤의 『향연』에 나오는 무녀.

27 철학적 실험으로서의 영화

영화는 철학과 매우 특별한 관계를 유지한다. 다시 말해 영화는 철학적 경험이라고 말할 수 있다. 이것은 두 가지 문제를 제기한다. 첫째 철학은 영화를 어떻게 바라보는가?, 둘째 영화는 철학을 어떻게 변형시키는가? 이다. 상호관계는 단지 지식과 연관된 관계가 아니다. 철학을 통해 영화를 알 수는 없다. 영화와 철학은 생생하고 구체적이며 변형적인 관계이다. 영화는 철학을, 심지어 개념 자체를 변화시킨다. 결국, 영화는 개념이 무엇인가라는 것에 대해 새로운 개념들을 창조한다. 달리 말해 영화는 철학적 상황이다. 추상적으로 철학적 상황은 일반적으로 관계가 없는 용어 간의 관계이며, 낯선 용어 간의 만남이다.

영화는 철학적 상황이다.

세 가지 예를 제시하면 다음과 같다. 첫 번째 예는 플라톤의 『고르기아스』(Gorgias)의 대화편에서 발췌한 부분이다. 대화편 속에 칼리클레스(Calliclès)가 불쑥 끼어드는데, 소크라테스와 칼리클레스의 관계는 일종의 철학적 연극처럼 철학적 상황이다. 왜 그럴까? 소크라테스의 생각과 칼리클레스의 생각에는 공통적인 기준이 없고, 각기 생각이 다르기 때문이다. 칼리클레스와 소크라테스의 논쟁은 공통의 기준이 없는 두 가지 사유, 즉 서로 낯선 용어들 간의 관계만을 보여준다. 칼리클레스는 권리가 힘이고, 다른 사람들 위에 군림하는 폭군을 행복한 사람이라고 지지하지만, 소크라테스는 진실하고 정의로운 사람을 지지한다. 폭력으로서의 정의와 사유로서의 정의 사이에서, 우리는 어떠한 상관관계도 찾아볼 수 없다. 논쟁은 단순한 토론이 아니라 서로 다른 생각의 대결이다. 대화편을 읽어보면, 한 사람이 상대방을 설득하는 것이 아니라 승자와 패자가 있을 것이라고 이해한다. 결국, 칼리클레스는 플라톤의 대화편에서 패자이다. 게다가 아마도 칼리클레스가 제시한 의견이 유일하게 패배한 무대 공간이다. 이런 점이 연극적 즐거움이다.

여기에는 철학적 상황이 있다. 이 상황에서 철학은 무엇일까? 철학은 두 가지 형태의 사유 가운데 하나를 선택해야만 한다는 사실을 보여준다. 우리 모두에게는 결정권이 있다. 우리는 소크라테스 편을 혹은 칼리클레스 편을 들지 결정해야 한다. 바로 이 지점에서 철학은 선택으로서 그리고 결정으로서의 사유이다. 철학은 이 선택을 명확하게 만들고 분명히 한다. 그 결과 '철학적 상황은 선택을 명확하게 하는 순간이다'라고 말할 수 있다. 즉 존재의 혹은 사유의 선택이다. 바로 이것이 철학적 상황에 대한 첫 번째 정의이다.

두 번째 예는 위대한 수학자 아르키메데스(Archimedes)의 죽음에 대한 이야기이다. 시칠리아 출신의 그리스인 아르키메데스는 로마의 침략과 지배에 맞서 싸웠으나, 결국 로마의 승리로 끝난다. 주지하다시피, 아르키메데스는 인류 역사상 가장 뛰어난 인물 가운데 한 명이다. 오늘날에도 여전히 그의 수학적 논증은 대단히 놀라울 정도다. 그 당시 그는 이미 무한에 대해 생각했고, 실제로 뉴턴보다 수 세기 전에 미적분을 고안했을 정도로, 비교할 수 없는 천재이다. 로마 점령 초기, 아르키메데스는 모래에 기하학적 도형을 그리며, 연구에 전념한다. 그가 도형을 그리던 어느 날 로마 병사 한 명이 와서, 로마 장군이 만나자고 한다고 전한다. 당시 지적인 생명체에 관심을 갖고 있는 로마인들은 그리스 학자들에 대해 큰 호기심을 가졌다. 그래서 마르셀루스(Marcellus) 장군은 아르키메데스를 만나고 싶어 했다. 필자가 보기에, 마르셀루스가 수학에 대해 정말로 알고 있다고 생각하지 않지만, 어쨌든 그는 국제적으로 명성이 자자한 아르키메데스를 만나기 원한다. 하지만 아르키메데스는 만나러 가지 않았다. 병사가 한 번 더 "마르셀루스 장군이 너를 보고 싶어 하신다."고 재촉한다. 아르키메데스는 여전히 대답하지 않는다. 수학에 무지했을 로마 병사는 세 번째로 같은 말을 반복한다. 아르키메데스는 고개를 약간 들어 "논증을 끝내게 내버려 두게."라고 그에게 말한다. 그러자 병사는 또다시 같은 말을 반복한다. "하지만 장군이 널 보고 싶어 한다고! 네 논증이 어쨌다고?" 아르키메데스는 대답하지 않고 계산에 몰두한다. 잠시 후, 화가 날 대로 난 병사가 그를 죽인다. 아르키메데스는 기하학적 도형 위에 쓰러져 죽는다.

왜 이것이 철학적 상황이 될까? 이 철학적 상황은 국가의 권리와 창조적 사유 사이에 공통점이나 진정한 논쟁이 없다는 사실을 보여주기 때문이다. 본질적으로, 권력은 폭력이다. 그리고 창조적 사유는 자신의 고유한 규칙일 뿐이다. 아르키메데스는 자신의 고유한 사유 속에 있었으며, 결국 그런 이유로 폭력이 행해지게 된 것이다. 한쪽의 권력과 다른 한쪽의 진리 사이에는 공통의 기준이 없다. 그래서 권력과 진리 사이에는 거리가 있다. 마르셀루스와 아르키메데스 간의 거리는 무엇일까? 철학은 이 거리를 명확히 밝혀야 하며, 사유하고 숙고해야 한다.

세 번째 예는 일본의 미조구치 겐지 감독의 경탄할만한 작품인 <치카마츠 이야기>(近松物語, The Crucified Lovers, 1954>이다. 영화는 아마도 지금까지 만들어진 사랑 이야기 중 가장 아름다운 한 편일 것이다.

줄거리는 아주 단순하다.[1] 한 여인이 경제적 이유 때문에 작은 표구방의 선량한 주인과 결혼하지만, 그녀는 그를 사랑하지도 육체적으로 갈망하지도 않는다. 한 청년이 등장하고 그녀는 사랑에 빠진다. 얼마나 평범한 이야기인가! 배경은 간통이 사형에 처해지는 중세 일본이다. 정을 통한 연인들은 처형된다. 그 둘은 결국 시골로 도망친다. 그들은 일종의 시정(詩情)이 넘치는 자연 속으로 달아난다. 그러는 동안, 남편은 그들을 보호하려고 애쓴다. 왜냐하면, 그는 폭력을 원치 않았고, 또한 그가 그들을 고발하지 않으면 그 자신도 죄인이 되기 때문이다. 그래서 시간을 벌기 위해 그는 사람들에게 부인이 지방에 갔다고 둘러댄다. 정말로 선량한 남편이다. 결국, 그 연인들은 체포되고 형장(刑場)으로 끌려간다. 영화의 마지막 장면에서, 그 둘은 등을 맞대어 묶인 채 노새 위에 앉아 있다. 이 장면은 두 여인의 이미지에 고정되어 있고, 잔혹한 죽음을 맞게 될 이 연인은 모호한 미소를 띠고 있다. 이 미소는 정말로 특별하다. 이 장면은 사랑과 죽음의 융합 같은 낭만적 개념이 아니다. 그들은 결코 죽기를 바라지 않는다. 아주 단순히 들뢰즈와 말로가 예술작품에 대해 지적했듯이, 사랑은 죽음에 맞서는 것이다. 실제로, 죽음에 맞서는 것은 분명 진정한 사랑과 예술 작품 사이의 공통점이다.

이 연인의 미소는 철학적 상황이다. 그 미소는 사랑의 사건과 삶의 평범한 규범, 마을의 규범, 결혼 규범 사이에 공통의 기준이 없다는 사실을 보여주기 때문이다. 이 경우 철학은 무엇을 말해주는가? 철학은 '사건을 사유해야만' 한다고, 즉 예외를 고려해야 한다는 점을 알려준다.

---

1 [역주] 17세기의 교토, 오상은 부유하지만 선량한 표구사 이슌과 정략 결혼한다. 오상이 곤란에 처하자 남편의 하인 모헤이가 도움의 손길을 보내고, 둘은 불륜이라는 오해를 얻게 된다. 오해를 피해 둘은 도피를 하게 되고, 그 과정에서 오상은 자신을 향한 모헤이의 진실한 사랑을 깨닫는다.

따라서 우리는 일상적이지 않은 것에 대해 논의할 줄 알아야 하고, 삶의 변화를 생각해야 한다.

상황에 따른 철학의 과제를 요약해보면, 첫째, 사유의 본질적인 선택을 명확히 하는 것이다. 그리고 이 선택은 언제나 관심과 무관심 사이에 놓여 있다. 둘째, 국가와 진리 사이의 거리, 권력과 사유 사이의 거리를 명확히 하는 것이다. 그것은 거리를 측정하며, 그 거리의 경계를 넘을 것인지 말 것인지를 아는 것이다. 셋째, 예외, 사건, 단절의 가치를 명확히 하는 것이다. 그것은 삶의 연속성과 사회의 보수주의에 맞서는 행위이다. 이렇게 철학의 세 가지 과제가 있고, 철학이 삶의 한 부분을 차지하게 되는 순간부터 철학은 제도의 규율을 벗어난다. 철학은 선택, 거리, 예외적 사건 이 세 가지의 연결이다. 바로 그 지점에서, 철학은 무엇을 만들어 내는가라는 들뢰즈 식의 철학적 개념이 자리 잡는다. 구체적으로 살펴본다면, 결정의, 거리의, 간격의, 예외적 사건의 문제를 만들고 해결하는 연결 혹은 매듭이 있다. 가장 심오한 철학의 개념은 언제나 다음과 같은 사항을 말해준다. 여러분의 삶에 의미가 있으려면 예외적 사건을 수용해야 하고, 권력과 거리를 유지해야 하며, 결정에 단호해야 한다. 이런 점에서 철학은 존재를 변화시키는 데 도움이 된다. 랭보는 "진정한 삶은 부재한다"고 말한다. 요컨대 철학은 진정한 삶이 드러나도록 해야 한다. 진정한 삶은 선택, 거리 예외적 사건 속에서 드러나기 때문이다.

칼리클레스와 소크라테스, 로마 병사와 아르키메데스, 연인과 사회 간의 세 가지 예는 이질적인 용어 사이의 관계를 보여준다. 사람들은 관계에 대해 이야기하지만, 이 관계는 관계가 아니라 관계의 부정(不定)이다. 그 결과 우리가 듣는 것은 단절이다. 단절을 이야기하기 위해서는 관계를 이야기해야 한다. 따라서 우리는 단절을 만들어내야 한다. 다시 말해 여러분이 소크라테스의 편이라면 칼리클레스 편을 들 수 없다. 여러분이 아르키메데스 편이라면 마르셀루스 편을 들 수 없다. 그리고 여러분이 연인들과 끝까지 함께한다면 사회 규범의 편일 수 없다. 이처럼 철학은 관계가 아닌 관계들에 관심을 갖는다고 말할 수 있다. 들뢰즈는 이것을 "이접(離接)의 종합"이라고 부른다. 이런 형태의 관계를 사유하기 바라는 매 순간 철학이 존재한다. 결국, 철학은 단절의 논리이다. 이런 논리는 플라톤이 "철학은 잠에서 깨어남이고, 그 깨어남은 졸음과 함께하는 단절"이라고 설명하면서 이미 말했다. 이런 의미에서 철학은 사유 속에서 심사숙고된 단절의 순간이다. 역설적인 관계가 존재하는 매 순간 철학이 있을 수 있다. 필자는 '사유할만한 어떤 것이 있기에 철학이 존재하는 것이 아니다.'라는 논점을 강조하고자 한다. 필자는 "철학은 모든 것에 대한 성찰이 결코 아니다"라는 들뢰즈의 의견에 동의한다. 역설적인 관계, 단절, 결정, 거리, 예외적 사건이 있을 때만 오로지 철학이 존재할 수 있다.

철학은 단순한 관계가 아닌 관계나 단절에 대한 사유이다. 그러나 그것을 다음과 같이 달리 말할 수 있다. 철학은 종합(synthèse)을 만들어내고, 종합이 주어지지 않았을 때 종합을 만들어내는 것이다. 철학은 단절이 있는 곳에서 종합을 창조한다. 철학은 차이에 대한 이의제기가 아니라 새로운 종합의 창조이고, 이 새로운 종합은 차이가 있는 곳에서 만들어진다. 미조구치 감독의 <치카마츠 이야기>의 예를 다시 들어보면, 형장에 선 연인들의 이미지에는 종합이 있다. 당연히 이 연인은 사회 규범과 대립하지만, 그들의 미소에는 또 다른 사회성의 가능성을 보여준다. 그것은 단순히 사회 규범과의 분리가 아니고, 사회 규범이 바뀔 수 있다는 생각이다. 사랑을 배제하기보다는 통합시킬 수도 있는 사회 규범이 가능하다. 이 연인의 사랑은 보편적인데, 왜냐하면 그들의 예외와 공통 규범 사이에 종합이 있기 때문이다. 우리는 모든 예외와 사건이 모든 사람과의 약속임을 알고 있다. 만일 모든 예외와 사건이 모든 사람과의 약속이 아니었다면, 예외에 대한 이러한 예술 효과는 아무런 의미가 없었을 것이다.

따라서 철학이 단절, 선택, 거리, 예외, 사건을 사유할 때, 철학은 틀림없이 우리에게 선택해야만 하는 새로운 종합을 만들어 낸다고 말할 수 있다. 하지만 우리의 선택에는 또 다른 가능성이 존재한다. 물론 우리는 그 가능성과 거리를 유지하고 있다. 진리는 권력과 전적으로 다르다. 하지만 진리의 힘이 있다. 예컨대, 우리가 당연히 예외적 사건 속에 있지만 동시에 거기에는 보편적 약속이 있다. 바로 그 약속이 필자가 철학의 새로운 종합이라 부르는 것이다. "단절 속의 보편성은 무엇인가?"라는 질문은 중요한 철학의 질문이다. 단절에 대한 질문은 본질적이지만, 철학이 발견하려고 하는 것은 본질의 보편적 가치이다. 이 보편적 가치는 항상 새로운 종합을 요구하고, 플라톤은 이것을 종합적 순간의 중요성이라고 설명한다. 정의로운 사람이 행복한가를 왜 입증해야만 할까? 정의로운 사람, 궤변론자, 범죄자 등이 있다고 말하는 것으로 왜 충분하지 않을까? 사실 플라톤이 "행복한 사람은 정의로운 사람이다."라고 했을 때, 그가 말하고자 하는 바는 "정의는 모든 사람에게 가능하다."이기 때문이다. 우리는 정의로울 수 있다. 필자에게 있어서, 바로 이 점이 영화와 철학의 관계에서 매우 중요해 보인다. 현실적으로 철학이 단절 속에서 새로운 종합을 만들어 낸다면, 영화는 종합의 가능성을 바꿀 수 있으므로 대단히 중요하다.

따라서 영화에 대한 정의는 역설적이고, 그런 연유로 영화는 철학을 위한 상황이다. 영화는 완벽한 인공과 현실 사이에서 매우 독특한 관계를 가진다. 실제로 영화는 현실 복제의 가능성이면서 이 복제의 완전히 인공적인 차원이다. 이처럼 영화는 '존재'와 '외관' 사이의 관계에 대한 질문 주위를 맴도는 역설이다. 따라서 영화는 존재론적 예술이다. 많은 비평가가 오래전부터 위와 같이 주장했고, 특히 앙드레 바쟁은 일찍이 영화에 대한 질문이 실제로 존재의 문제라고 지적한다. 문제는 우리가 무엇인가를 제시할 때 드러나는 것이다. 이런 연유로, 영화의 문제나 영화에 대한 질문이 있다.

대중 예술이란 무엇인가?[2]

매우 단순한 방식의 논쟁에서 출발하여 이 질문에 답해보자. 이 논쟁은 영화가 '대중 예술'이라는 점이다. 예술이 '대중적이다'라는 것은 이론의 여지가 없는 뛰어난 예술 작품의 걸작들이 그 작품이 만들어진 그 순간에 수많은 사람이 보았고 좋아했다는 것을 말한다. '그 작품이 만들어진 바로 그 순간에'라는 표현을 덧붙이는 것이 중요한데, 과거의 효과를 피하기 위함이다. 수백만의 사람들이 박물관에 가는 이유는 그들이 과거의 유물을 좋아하고 관광 역시 과거의 유물에 대한 관광이기 때문이다. 하지만 필자는 그런 것에 대해 말하는 것이 아니다. 필자는 한 창작품에 있어 그것이 만들어진 바로 그 순간의 사랑에 대해, 또는 수많은 사람이 하나의 걸작이 모습을 드러낸 순간을 좋아하는 것에 대해 말하고자 한다. 예컨대, 찰리 채플린의 뛰어난 작품들처럼 잘 알려지고 흥미를 끄는 이론의 여지가 없는 영화들이 있다. 채플린의 작품들은 에스키모를 비롯해 전 세계 사람들이 그의 영화를 보았다. 그리고 즉각적으로, 모든 사람은 영화들이 결정적이고 심오한 방식으로 인류에 대해 이야기한다

---

2 [역주] 이 부분과 다음 부분인 영화를 사유하는 다섯 가지 방법은 다음 장인 다음 장인 '민주주의 상징으로서의 영화'와 (분량의 차이는 있지만) 내용상 상당히 유사한 부분이 많음.

는 것을 이해한다. 필자는 이것을 '유적 인류'이라고 부르고자 한다. 다시 말해 차이를 뛰어넘는 인류이다. 완벽하게 설정된 샤를로(Charlot)[3]라는 인물은 아프리카 사람, 일본 사람 혹은 에스키모에게 있어 유적 인류를 대표한다. 이러한 놀라운 예는 영화의 모든 장르에 걸쳐 존재한다. 예를 들어 오늘날에도 여전히 가장 뛰어난 시적 영화 가운데 한 편으로 남아 있는 (탁월하게 응축되고 대단히 새로운) 무르나우의 <일출>(Sunrise : A Song of Two Humans, 1927)은 <타이타닉> (Titanic, 1997)의 성공과 비견할만하다. 또한, 모든 장르에 걸쳐, 많은 사람은 프리츠 랑, 알프레드 히치콕, 존 포드, 라울 월시(Raoul Walsh) 그리고 그밖에 다른 많은 감독의 뛰어난 영화를 좋아한다.

영화가 다른 예술과 비교할 수 없는 대중 예술이 될 능력이 있다는 것은 분명 이론의 여지가 없다. 19세기에는 대중 소설가나 대중 시인이 있었다. 예를 들면 프랑스에는 빅토르 위고가 있었다. 오늘날 누가 여전히 대중 작가일까? 어떤 대중 작가도 영화의 수준에 결코 도달하지 못할 것이다. 영화는 넘을 수 없는 대중 예술로 남아 있다. 하지만 대중 예술은 명백한 관계가 아니라 역설적 관계이다. 왜냐하면 '대중'은 정치적으로 적극적인 범주이고, 예술은 귀족의 범주이기 때문이다. 이것은 판단의 문제가 아니다. 간단하게 말해서 '예술'은 창작의 개념을 포함하여, 창작을 이해하는 방법을 요구한다. 또한, 예술은 해당 예술사와 긴밀하게 연관되기에 특별한 교육이 필요하다. 이런 모든 조건은 '예술'이 귀족의 범주로 남아 있게 한다. 한편 '대중'은 전형적으로 민주주의의 범주이다. 따라서 우리는 '대중 예술'에서 역사적인 귀족의 요소와 순수한 민주주의적 요소 사이의 역설적 관계를 이해해야만 한다.

---

3 [역주] 채플린의 대부분 작품에서 그가 연기한 극 중 주인공의 이름.

모든 예술은 아방가르드(전위(前衛) 예술이었다. 회화도 미술관에 들어가기 전까지는 전위 예술이었다. 우리는 피카소의 작품을 과거의 유물처럼 관람할 수 있다. 음악도 전위 예술이었고, 오늘날에도 여전히 그렇다. 시(詩)도 전위 예술이었다. 20세기는 전위 예술 시대라고 말할 수 있다. 그러나 20세기는 또한 대중 예술의 시대라고도 말할 수 있다. 이 전위 예술의 시대에, 첫 번째 대중 예술인 영화가 모습을 드러내고 발전한다. 따라서 영화에는 역설적인 관계가 있다. 예술과 대중, 귀족과 민주주의, 발명과 재인식, 새로운 것과 일반적인 취향과 같은 서로 이질적인 요소의 관계가 존재한다. 이런 연유로, 철학은 영화에 관심을 갖는다. 바로 여기에서, 선택, 거리, 예외적 사건을 찾으려고 애써야 한다.

영화를 사유하는 다섯 가지 방법

철학에서 영화를 사유한다는 가능성은 무엇일까? 영화에 대한 질문 속으로 또한 역설적 관계의 질문 속으로 어떻게 들어갈 수 있을까? 다시 말해, 대중 예술의 역량을 가진 영화를 어떻게 사유할 수 있을까? 영화는 언제나 대중 예술만은 아니다. 영화사에 대한 지식을 전제로 하는 아방가르드 영화, 귀족 영화, 이해하기 어려운 영화도 있다. 하지만 영화는 항상 대중 예술의 가능성을 갖추고 있다. 그리고 철학은 질문 속으로, 즉 역설적 관계의 질문 속으로 들어가야 한다. 인간의 역사에서 단절과 같은 영화는 무엇인가? 인간은 영화를 발명하면서 무엇과 단절했는가? 영화를 가진 인간은 영화가 없는 인간과 다른가? 영화의 출현과 사유의 새로운 형태의 가능성 사이의 밀접한 관계는 무엇인가?

필자가 보기에, 영화를 사유하려는 다섯 가지의 커다란 시도가 있었다. 달리 말하면 문제에 접근하는 다섯 가지의 다른 방법이 있었다. 이미지에 대한 질문에서 출발하여, 영화들을 검토하고, 역설적 관계를 생각해보자. 예컨대 초창기 영화들이며, 영화를 존재론적 예술로서 사유해보자. 우리는 시간에 대한 질문을 바탕으로, 위와 똑같은 사유를 할 수 있다. 또한, 영화와 다른 예술의 비교를 통해 예술의 발전 과정과 일련의 예술 작품을 바탕으로 위와 동일한 생각을 할 수 있다. 그리고 마지막으로 인간 존재의 위대한 형상과 함께 영화의 관계에 대한, 도덕에 대한, 윤리에 대한 질문을 통해 같은 작업을 할 수 있다. 이러한 각각의 시도에 대해 간단히 논의해보자.

첫째, 이미지에 대한 질문이다. 영화가 왜 대중 예술인가를 설명할 때, (이미지에 대해 질문한다는 것을 잊으면 안 된다.) 영화는 모든 사람을 매혹시키는 이미지의 예술이라 말한다. 이 경우, 우리는 실재와 유사한 혹은 복제하는 영화적 환영 속에 놓이기 때문이다. 우리는 이미지의 매혹을 토대로 영화적 매혹을 이해한다. 다른 식으로 표현하면, 영화는 동일시 효과의 완벽한 예술이라고 말할 수 있다. 다른 어떤 예술도 동일시 효과와 같은 힘을 보여주지 못한다. 바로 이런 점이 첫 번째 설명이다.

두 번째로, 들뢰즈뿐만 아니라 다른 많은 영화 전문가에게 시간에 대한 질문은 본질적이다. 기본적으로 영화는 시간을 지각으로 변형시키기에, 대중 예술이라고 말할 수 있다. 영화는 시간을 시각적으로 보여준다. 요컨대 영화는 우리가 볼 수 있는 시간과 같다. 영화는 시간의 감정을 만들어 내는데, 이것은 시간 속에서 '실제 체험'과는 다른 것이다. 당연히 우리 모두는 시간 속에서 즉각적으로 체험하지만, 영화는 삶의 체험을 재현으로 변형시킨다. 이처럼 영화는 시간을 드러낸다. 이런 해석은 영화를 음악과 비교 가능하다. 음악 역시 시간의 경험이며, 시간을 드러내는 방식이기 때문이다. 음악은 시간이 들리게 한다고 말할 수 있고, 반면 영화는 시간을 보게 해 준다고 말할 수 있을 것이다. 또한, 음악이 영화에 삽입되어 있기에, 영화는 시간을 들을 수 있게 할 수 있다. 그럼에도 영화의 고유한 힘은 시간을 볼 수 있게 만들어 준다는 점이다. 이미지와 시간은 대중 예술로서의 영화에 대한 질문으로 들어가게 하는 두 가지의 철학적 방법이다. 그러나 이 두 방법만이 유일하지는 않다.

세 번째 방법은 영화와 다른 예술을 비교하는 것이다. 영화는 다른 예술이 지닌 모든 대중적 측면을 수용한다는 점이다. 제 7예술인 영화는 다른 여섯 예술 속에서 가장 보편적이고 '유적 인류'를 지향하는 것처럼 보이는 것들을 수용한다. 영화는 회화에서 무엇을 받아들일까? 그것은 감각적인 세계의 아름다움이다. 영화는 회화의 지적인 기법이나 재현의 복잡한 양식이 아니라 외부 세계와 일치하는 감각적인 관계를 받아들인다. 이런 의미에서 영화는 회화 없는 회화이고, 회화 없이 그린 세계이다. 그렇다면 음악에서는 무엇을 받아들일까? 영화는 음악 구성의 복잡함이나 주제나 전개의 중요한 원칙이 아니라, 소리로 세계와 함께할 수 있는 가능성을 받아들인다. 예컨대 보이는 것과 들리는 것의 변증법과 소리의 매력을 수용한다. 이런 점에서 영화에는 음악 없는 음악, 음악적 기교 없는 음악, 차용된 음악처럼 일종의 드라마를 동반하는 주관적인 상황과 연관된 음악적 감정이 존재한다. 소설에서는 무엇을 가져오는가? 그것은 복잡한 심리가 아니라 서술 체계의(récit) 형태이다. 예컨대, 위대한 이야기나 인류 전체에 대한 이야기를 가져온다. 또한, 영화는 연극에서 무엇을 가져오는가? 배우들의 형상과 매력을 스타로 바꾸는 아우라이다. 영화는 배우를 스타로 탈바꿈시킨다고 말할 수 있다. 이처럼 영화는 다른 모든 예술에서 무언가를 가져오지만, 실제로는 그중에서도 일반적으로 가장 접근 가능한 것을 가져온다. 단언컨대, 영화는 모든 예술에 '열려'있고, 타 예술들의 귀족적 가치를 걷어내며, 타 예술들에 존재의 이미지를 부여한다. 회화 없는 회화, 음악 없는 음악, 심리학 없는 소설, 배우들의 매력이 넘치는 연극으로서의 영화는 모든 예술의 공통된 대중화의 특질을 가지고 있다. 그렇기에 영화에는 보편적 소명이 있다. 즉 영화는 다른 여섯 예술을 민주적으로 이끌어가야 하는 제 7의 예술이다.

네 번째로, 영화 속에서 예술과 비예술 사이의 관계를 검토해보자. 영화가 항상 비예술의 가장자리에 있기에, 영화는 다른 비예술과 맞닿아 있는 예술이고, 통속적인 형태를 띤 예술이며, 어떤 측면에서는 예술의 '옆'이나 '하위'에 있는 예술이다. 영화는 시대마다 예술과 비예술 사이의 경계를 탐색한다. '영화는 항상 그 지점에 서 있다.' 영화는 예술적 형식이건 아니건 간에 존재의 새로운 형식을 (물론 그 선택이 결코 완벽하지는 않지만) 자기의 것으로 만들어낸다. 그래서 어떤 작품이건, 심지어 걸작에서도 우리는 식상한 이미지, 통속적인 소재, 전형화, 이미 본 이미지, 진부한 표현 등을 볼 수 있다. 당연히 이런 요소들 때문에 영화가 걸작이 되지 못하는 것은 아니지만, 이런 요소들은 보편적 이해를 용이하게 해준다. 관객 각자는 예술이 아닌 것에서 영화 예술로 진입할 수 있다. 반면 다른 예술은 정반대이다. 예컨대, 우리가 해당 예술을 이해하기 위해서는 그 예술의 위대한 중요성에서 출발해야만 한다. 그와 반대로 강렬하고 정제된 지점에 이르기 위해서, 영화는 가장 일상적인 감정에서 모든 것이 시작된다. 귀족 예술에서, 우리는 항상 수준이 부족할까 봐 겁낸다. 하지만 우리가 토요일 저녁 기분전환을 위해 극장에 가는 것처럼, 영화는 일종의 위대한 예술적 휴식이다. 별 볼 일 없는 그림은 수준 낮은 그림일 뿐이다. 다시 말해, 이런 그림은 수준 높은 그림으로 바뀔 희망은 거의 없으며, 권위를 상실한 귀족과 같다. 반면 영화에서 우리는 언제나 절대에 도달하기를 바라는 민주주의자이다. 바로 이런 점이 영화가 귀족주의와 민주주의와 맺고 있는 역설적 관계이고, 그 관계는 결국 예술과 비예술 사이에 있는 영화에 내재해있다. 또한, 이 관계는 영화의 정치적 중요성을 만들어낸다. 다시 말해 역설적 관계는 평범한 의견과 사유 작업 사이의 교차점이며, 우리가 다른 예술에서 동일한 형태를 볼 수 없는 관계이다. 영화는 언제나 타 예술의 가장자리에 위치한다.

영화를 사유하는 데 있어서 마지막 가설은 윤리적 중요성이다. 영화는 구상예술이다. 단지 공간의 형상이나 외부 세계의 형상이 아니라 행동하는 인간의 위대한 형상이다. 영화는 행위의 보편적 무대와 같다. 그 무대는 순간적으로 위대한 가치를 구현하는 견고한 형식이다. 영화는 특별한 부류의 영웅주의를 보여주며, 영웅들의 마지막 은신처 역할을 한다. 우리의 세계는 그리 영웅적이지 않지만, 영화는 영웅적 형상을 계속해서 보여준다. 위대한 도덕적 인물이 없는 영화, 혹은 악에 맞선 선의 투쟁이 없는 영화는 상상할 수 없다. 당연히 영웅주의는 미국적 측면이고, 서부극 이데올로기의 정치적 투영이며, 가끔은 참담하다. 그러나 이 영웅적 능력에는 찬탄할만한 점도 있다. 그리스 비극처럼, 영웅적 이야기는 인간 삶의 주요한 갈등의 전형적인 인물을 대중에게 제시한다. 영화는 용기, 정의, 열정, 배반을 이야기한다. 멜로드라마나 서부극과 같이 가장 관습화된 장르인 탁월한 영화 장르들은 명확히 윤리적 장르, 즉 도덕적 신화를 제시하기 위해 인간성에 호소하는 장르이다. 이런 점에서 영화는 연극이 시민들을 위한 연극이었을 순간에 연극의 일부 기능을 이어 받는다.

시간에 대한 질문에서 형이상학에 대한 질문까지 : 사랑을 통한 왕복

영화에 대한 철학적 사유의 다섯 가지 방법을 보여주는 사례를 살펴보자. 종합에 대한 가장 중요한 질문인 시간에 대한 질문부터 검토해보자. 우리는 이와 연관된 칸트의 유명한 논의를 알고 있지만, 전적으로 단순하게 접근해보자. 시간은 경험의 종합이기에, 우리의 경험은 시간 속에서 종합된다. 그런데 영화는 시간을 조작하며, 특별히 다른 방식으로 시간을 제시한다. 예컨대, 구축으로서의 시간, 다양한 덩어리(bloc)들의 능동적인 종합으로서 시간이 있다. 이것은 끼워 맞추기로 만든 시간이라 말할 수 있으며, 그 시간은 몽타주 예술이라는 영화와 긴밀하게 연관된다. 영화는 시간의 몽타주를 볼 수 있게 해주는데, 그 예는 무수히 많다. 가장 고전적인 사례 가운데 하나는 에이젠슈타인의 <전함 포템킨>(1925)이다. 이 영화는 몽타주를 통해 봉기, 탄압 같은 사건의 시간적 구성을 보여준다. 이것은 동시성을 대체하기에 시간의 구축이다. 바로 여기에서 매우 특별한 시간의 형태를, 즉 구축되고 끼워 맞춰진 시간을 볼 수 있다. 심지어 우리는 이 영화와 대립된 전혀 다른 시간의 구축을 볼 수 있다. 마치 공간이 고정되어 있기라도 한 것처럼, 확장된 시간은 시간 속에서 확장한 공간 그 자체이다. 시간 속에서 늘어난 공간은 긴 장면에서 주로 나타나는 경우인데, 이런 장면에서 카메라는 고정되어 있거나, 마치 카메라가 시간의 꾸러미를 펼쳐놓기라도 한 것처럼 공간 속에서 돌아간다.

알프레드 히치콕의 <레베카>(Rebecca, 1940)는 탁월한 사례이다. <레베카>는 수수께끼 위에 구성되어 있고, 그 수수께끼는 고백으로 해결된다. 로렌스 올리비에가 연기한 주인공은 자신이 저지른 범죄를 고백한다. 히치콕은 고백에 대한 특별한 취향이 있다. 히치콕은 누군가가 범죄를 자백하는 순간을 대단히 즐긴다. 히치콕은 범죄자를 선호하고, 우리 모두가 죄인이라고 말하는 것을 특히 좋아한다. 히치콕에게 있어 가장 정제된 요소는 결백한 인물이 죄인보다 더 죄인이라는 사실이다. <레베카>의 경우가 그러한데, 범죄는 고백으로 정당화되기 때문이다. 그 결과, 죄인은 결백하다. 여기서 우리가 관심을 끄는 것은 고백 자체의 장면이다. 이 장면은 상당히 긴 시퀀스나 이야기와 연관되며, 카메라는 이야기 주위를 맴돈다. 이야기의 시간은 길게 늘어트린 대가(大家) 특유의 긴 장면의 일종으로 몽타주도, 분절도 없는 지속의 순수한 흐름과 대단히 유사하다. 여기서 우리는 시간에 대한 다른 개념, 즉 다른 사유를 만난다. 기본적으로 영화가 시간에 대해 두 가지 사유를 제시한다고 생각할 수 있다. 다시 말해, 몽타주와 구축으로서의 시간, 그리고 움직이지 않는 확장된 시간이다. 여기서 우리는 외적이고 구축된 시간을 본질적인 방식으로 비교하는 베르크손의 구분을 참조해야 한다. 외적이고 구축된 시간은 결국 행위와 과학의 시간이고, 그리고 질적으로 더 이상 나눌 수 없는 순수한 지속적인 의식의 시간이다. 한편에 <전함 포템킨>이, 다른 한편에 <레베카>가 있다.

레베카의 고백에 대해 여담을 해보면, 정말로 매혹적인 것은 히치콕의 또 다른 작품인 <염소자리>(Under Capricorn, 1949)에서 대칭을 이루는 장면으로, 긴 고백의 장면을 들 수 있다. 이 장면의 시간성도 <레베카>의 장면과 상당히 유사하다. 단 하나의 차이는 남자가 아니라 여자가 고백한다는 점이다. 주의 깊게 두 장면을 살펴보면, 히치콕이 여성의 지속과 남성의 지속을 다르게 찍었다고 까지 말할 수 있을 것이다.

영화의 위대한 중요성은 구축된 시간과 순수한 지속 사이의 베르크손의 구분을 재생산하는 것이 아니라, 종합이 가능하다는 점을 보여주는 것이다. 영화가 명확히 제시하는 것은 이 두 가지 형태의 시간을 결합시킬 수 있는 능력이다. 무르나우의 <일출>처럼, 뛰어난 영화들은 순수한 지속의 순간이 시간을 재조립하는 구성 속에서 어떻게 자리 잡는지를 절대적으로 보여준다. <일출>에는 정말로 특별한 장면이 있는데, 전차가 언덕을 따라 내려오는 장면이다. 전차 안에서 촬영된 이 순수한 운동은 시적이면서도 유려하며 절대적으로 강렬한 지속의 감정이다. 다른 한편 이 영화는 구성도, 몽타주도 탁월하다. 결국, (필자가 생각하기에 영화만이 유일하게) 영화가 보여주는 것은 시간의 구축 속에서 순수한 지속을 드러낼 수 있는 가능성이다. 이 지속의 가능성을 현실적으로 새로운 종합이라고 부를 수 있다.

일반적으로 우리는 이분법에 따라 대립되는 범주의 사용을 통해, 즉 유한과 무한, 물질과 우발적인 사건, 영혼과 육체, 감각과 지성 등과 같이 중요한 대립을 통해 형이상학을 정의한다. 과학과 행위로서의 외적인 시간과 의식의 순수한 지속 간의 베르크손의 대립은 이러한 주요 대립 가운데 하나이고, 바로 그것이 베르크손을 형이상학자로 만드는 것이다. 영화는 하이데거(Martin Heidegger)에게 적합했을 수도 있는 예술이다. 필자가 생각하기에, 하이데거는 영화를 테크닉의 예술로서 이해했고, 그 결과 형이상학의 예술로 본다. 하지만 실제로 영화의 새로운 종합은 형이상학적 종합이 아니다. 그와 반대로 이 새로운 종합은 형이상학적 이분법과 마주친다. 예를 들어보자. 영화에서 감각과 지성 사이의 차이점은 무엇인가? 실제로 차이점은 없다. 영화에서 지성은 감성적인 색깔이나 빛의, 감각적인 강조일 뿐이다. 또한, 이런 이유로 영화가 기적의 예술인 것과 마찬가지로 신성한 예술이 될 수 있다. 로셀리니나 브레송의 영화를 떠올려보자. 로셀리니나 브레송이 감각으로부터 지성이나 신성을 분리했을까? 그렇지 않다. 영화는 순수한 감각으로서 신성과 지성을 드러나게 하는 가능성을 보여주기 때문이다. 로셀리니의 <이탈리아 여행>(Viaggio in Italia, 1953)의 마지막 장면을 보자. 이 작품 역시 사랑에 대한 영화이다. 사랑 없이 영화가 무엇을 할 수 있을지 그리고 우리 자신도 사랑 없이 무엇을 할 수 있을지 스스로 자문해보자. 주지하다시피, <이탈리아 여행>은 이제는 사이가 틀어진 부부의 이야기이다. 그들은 관계를 수습하려는 막연한 희망을 갖고 이탈리아 여행을 떠나지만, 사실 아무것도 정리되지 않는다. 남자는 다른 여자들의 유혹에 빠진다. 한편

여자는 나폴리 시내와 베수비우스산(Vesuvius)[4] 근방의 자연에서 고립과 고독을 되찾는다. 영화는 그들의 사랑을 재구축하는 것으로 끝나고, 실제로 일종의 기적을 명백하게 보여준다. 로셀리니가 말하고자 하는 바는 사랑이 의지보다 훨씬 강하다는 점이다. 우리가 사랑의 관계를 되살리기 위해 노력할 때 우리는 추상 속에 놓이며, 그리고 실제로 커플의 사랑은 저절로 복구된다. 사랑은 부정(否定)의 대상이 아니라 마치 새로운 주체와 같다. 다소 과격하게 제안해보자면, 사랑은 계약이 아니라 사건이다. 사랑이 회복될 수 있다면 그것은 사건을 통해서일 것이다. 로셀리니는 마지막 장면에서 기적을 담아낸다. 영화는 기적을 찍을 수 있고, 아마도 영화는 기적이 될 수 있는 유일한 예술이다. 기적을 그린다는 것이 어렵고, 기적을 이야기한다는 것이 쉽지 않지만, 기적을 찍는 것은 가능하다. 왜 가능할까? 우리는 단지 감각의 가치를 가볍게 변형시켜서 감각 내부의 기적을 찍을 수 있기 때문이다. 그리고 특히 빛의 사용을 통해 기적을 찍을 수 있다. 영화는 보이는 것 내부의 빛을 드러내 보여줄 수 있다. 바로 이 순간 보이는 것 자체는 사건이 된다. 바로 이것이 영화의 가능한 위대한 종합 가운데 하나이고, 결국 감각과 지성의 종합이다.

영화와 사랑 사이에는 밀접한 관계가 있다. 첫째 사랑은 영화처럼 존재 속에서 기적이 갑작스럽게 나타나기 때문이다. 모든 문제는 이 기적이 지속 가능한지 아는 것이다. "기적은 지속 가능하지 않아."라고 말하는 순간부터, 우리는 사랑의 상대적이고 냉소적인 개념에 빠지고, 반면에 사랑의 긍정적인 개념을 갖는다면 기적이 영속적일 수 있다고 여길 수 있다. 사랑스런 만남은 삶 속에서 비연속의 상징이고, 반대로 결혼은 연속의 상징이다. 영화적이고 철학적인 질문이 제기하는 것은 '단절 속

---

4 [역주] 이탈리아반도 중부 나폴리 근처의 산 이름.

에서 종합을 이룰 수 있을까'이다. 사랑은 아마도 프랑스 혁명이나 영화와 더불어, 이 문제의 대표적인 사례이다. 두 번째로 영화는 대사의 예술이 아니므로 사랑과 유사하다. 정확히 이해해보자면, 물론 영화에서 인물들은 말을 하고, 대사는 중요하다. 하지만 상기해보자면 아무런 소리가 나지 않는 무성영화 시기가 있었다. 따라서 대사는 영화에서 대단히 중요하지만 본질적이지 않다. 그래서 영화는 침묵의 예술이며, 감성적인 예술이다. 사랑 역시 마찬가지이다. 필자는 "사랑은 사랑 고백 다음에 오는 침묵이다."라는 사랑의 정의를 제안하고자 한다. "널 사랑해"라고 말하고, 침묵하기만 하면 된다. 어찌 됐건 간에 사랑의 고백은 상황을 만들기 때문이다. 이러한 침묵과 육체의 표현, 이 모든 것은 영화에 적합하다. 또한, 영화는 성적인 육체의 예술, 즉 벌거벗음의 예술이다. 벌거벗음의 예술은 영화와 사랑 간의 내적인 관계를 만들어낸다.

필자가 보기에, 영화의 움직임은 사랑에서 정치로 향한다. 반면 연극의 움직임은 정치에서 사랑으로 향한다. 이 두 여정은 최종적으로 문제가 같다고 해도 반대되는 여정이다. 집단적인 상황에서 주관적 강렬함은 무엇일까? 이 질문에 명확히 답하는 사례를 살펴보자. 예컨대, 제2차 세계대전과 연관된 사례 그리고 전쟁 상황과 사랑의 상황 간의 관계를 보여주는 사례이다. 이와 연관된 (서로 굉장히 다른) 두 편의 영화가 있다. 한 편은 더글라스 서크(Douglas Sirk)의 멜로드라마인 고전 영화 <사랑할 때와 죽을 때>(A time to love and a time to die, 1958)이고, 다른 한 편은 알랭 레네(Alain Resnais)와 마르그리트 뒤라스의 현대 영화인 <히로시마 내 사랑>(Hiroshima mon amour, 1959)이다. 이 두 작품의 특징은 두 영화 모두 전쟁의 주요한 문제를 다룬다는 점이다. <사랑할 때와 죽을 때>에는 베를린의 폐허, 러시아 전선, 전쟁과 관련된 매우 강렬한 장면들이 있고, <히로시마 내 사랑>에는 히로시마에 투하된 원자 폭탄과 독일인의 프랑스 점령에 대한 질문이 있다. 역사적이고 정치적인 상황은 대단히 특별하다. 이 두 영화에서, 우리는 사랑의 대사를, 육체의 만남을, 친밀한 강렬함을 통해 인물들 속으로 들어간다. 바로 이런 점이 영화의 진정한 움직임이다. 연극은 랑가주 속에서 일반적인 상황을 설정해야하므로 연극의 움직임은 달랐을 것이다. 바로 이 지점으로부터 독특함이 구축된다.

사랑에서 정치로 혹은 사랑에서 역사로 향할 때, 테크닉화된 이미지는 이중적이다. 한편으로, 필연적으로 아주 가까이에서 꽉 짜인 프레임화된 친숙한 이미지이다. 다른 한편, 웅장하고 열려있는 위대한 역사의 이미지이다. 영화의 움직임은 이미지를 열려있게 하고, 친숙한 이미지 속에서 위대한 이미지가 어떻게 가능한지 제시한다. 이러한 열림의 여정이 바로 영화의 특성이다. 영화의 탁월한 점은 열림에 있다. 연극의 문제가 집중과 연관된다면, 영화의 문제는 랑가주의 열림에 있다.

영화와 새로운 종합의 발명

새로운 종합을 제시하는 영화의 다양성 문제를 검토해보자. 우리가 멀티미디어를 이야기하기 전에도, 영화는 그 자체로 멀티미디어였다. 예컨대, 조형적 가치와 음악적 가치 사이에는 관계의 문제가 언제나 있었고, 이 문제는 예술사 전체에 걸친 문제였다. 그렇다면 조형적 가치와 음악적 가치의 종합을 어떻게 제시할 수 있을까? 전적으로 장르로서의 오페라의 문제이다. 반대로 영화는 다음과 같은 종합을 제시한다. 예를 들면 슬랩스틱의 뛰어난 능력이다. <오페라에서의 하룻밤>(A night at the opera, 1935)에서 막스 브라더스(Max Brothers)를 주의 깊게 봐라. 또는 비스콘티의 <베니스에서의 죽음>(Morte a Venezia, 1971)에서 특히 주인공이 베니스에 도착하는 시작 부분을 봐라. 우리는 주인공에 대해 거의 모르고, 그가 짐을 들고 도착해서 곤돌라를 타고 베니스의 운하를 지나가는 것을 볼 뿐이다. 여기서 우리는 자연스럽게 베니스와 관련된 비스콘티의 미학적 관계와 연관된 강렬한 조형적 가치를 느낀다. 이 첫 장면은 단순히 베니스의 아름다운 이미지가 아니라, 일종의 죽음의 시 혹은 우수에 젖은 웅장한 횡단이다. 그리고 비스콘티는 이 작품의 음악적 모티브인 구스타브 말러의 5번 교향곡의 아다지오(Adagio)를 이 장면에 통합시킨다. 여기서 특별한 것은 바로 음악이 단 한 순간도 단순한 장식이 아니라는 점이다. 우리는 곤돌라에 앉아 움직이지 않는 주인공과 진짜로 같이 있고, 그의 얼굴을 본다. 그리고 우리는 베니스, 운하, 건물들 그리고 말러의 5번 교향곡을 통해 종합적인 융합을 느낀다. 이러한 종합은 다른 어떤 예술에도 속하지 않는 독특한 효과를 만들어 낸다. 이 효과는 고립된 음악적, 단지 풍경의, 심리적이고 문학적 인상이 아니라, 진정한 영화적 개념, 즉 개념의 종합이다. 이런 연유로, 필자는 '영화는 새로운 종합을 만든다.'고 말한다. 영화는 언제나 단절에서, 회화와 음악 간의 분리에서 새로운 종합을 만든다. <베니스에서의 죽음>의 이 장면은 음악과 회화 간의 차이를 지우는 것이 아니라(만약 그랬다면 아무 의미가 없었을 텐데), 차이를 드러내면서 종합한다. 차이 속의 종합은 진정하고 순수한 영화적 창조이다.

예술과 비예술의 관계에 대한 질문을 고찰하면서, 우리는 새로운 영화적 종합과 마주한다. 특히 위대한 대중 장르인 영화의 활용과 예술적 재료로의 변형을 거쳐서 영화적 종합과 마주한다. 예를 들어 서커스에 대해 이야기해 보자. 서커스는 면밀하게 검토할 만한 가치가 있는 진정한 영화적 변형을 야기한다. 채플린의 <서커스>(The circus, 1928), 브라우닝(Tod Browning)의 <낯선 사람>(The unknown, 1927), 펠리니의 <광대>(I clowns, 1970), 타티의 <퍼레이드>(Parade, 1974) 등, 실제로 수많은 영화처럼, 서커스는 대중 장르로 취급되는 동시에 새로운 예술적 종합으로 통합된다. 이 영화들은 서커스에 대한 르포르타주나 복제가 아니라 영화적인 또 다른 요소 속에서 서커스 과정의 종합적 통합을 제시한다. 카바레의 쇼나 다채로운 버라이어티 쇼에서의 공연들은 제7 예술의 초기 형태를 띤다. 막스 브라더스는 이러한 공연들과 연관된다. 만일 막스 브라더스가 카바레 공연 한 가지만을 보여줬다면, 아마도 우리는 그들에 대한 어떤 추억도 없었을 것이다. 영화에는 특별한 작동이 존재하는데, 그 작동은 카바레에 보편적인 무대를 제공하며, 그 무대를 새로운 종합 속으로 통합한다. 영화에서 걸작들을 가능하게 했던 예술적 재료인 탐정 소설, 범죄 스릴러 소설, 심지어 연애 소설에서도 마찬가지이다. 영화는 대중성의 질문에 열린 특성을 제시할 수 있다. 분명한 예는 오손 웰즈의 <상하이에서 온 여인>(The lady from Shanghai, 1947)이다. 이 영화는 여인의 어두운 면, 부정적인 고정 관념뿐만 아니라 자신의 반영을 보여준다. 결국, 영화는 형이상학을 보여줄 수 있고 형이상학의 해체를 보여줄 수도 있다. 웰즈의 모든 작품은 독특한 영화적 움직임 속에서 형이상학의 신화를 보여주고, 이 신화의 폐허를 보여주는 이중의, 열린, 시적인 설명에 정통하다. 이를 위해, 웰즈는 몽타주의 모든 방법과 고정된 쇼트의 모든 기술을 동시에 사용하며, 몽타주와 시퀀스 쇼트[5] 모두를 탁월하게 다룬다. 웰즈가 뛰어난 감독인 것은 이러한 형식적인 이유도 있겠지만, 그보다는 신화와 신화 내부의 폐허를 동시에 보여주기 때문이

5 [역주] 시퀀스 쇼트(Plan-sequence)는 하나의 쇼트가 하나의 시퀀스 역할을 한다는 의미이다. 따라서 원쇼트 원씬(one-shot one-scene), 원쇼트 원시퀀스(one-shot one-sequence), 컨티뉴어티 쇼트(continuous shot) 등으로 불리기도 한다. 커트와 커트 사이의 길이가 일반적인 쇼트의 길이보다 훨씬 길어 공간 내의 미장센을 강조함으로써, 하나의 쇼트가 그 상위개념인 씬이나 시퀀스의 역할을 담당한다.

다. 바로 이런 점에서, 필자가 생각하기에 동시대의 철학에게 절대적으로 혁신적인 어떤 것이 요구된다.

마지막으로, 영화의 도덕적 기능을 검토해보자. 영화에는 윤리적인 주요한 갈등을 영화화하는 데 있어서 명백한 두 가지 가능성이 있다. 우선, '뛰어난 수평적 형식'이라고 부를 수 있는 도덕적 갈등은 일종의 서사극, 서부극, 전쟁영화, 대작 영화 속에 위치한다. 이런 형식에서 갈등은 확대된다. 예컨대, 스탠리 큐브릭의 형이상학적 서부극인 <2001 : 스페이스 오디세이>(2001 : A Space Odyssey, 1968)에서 자연이나 우주 같은 배경은 서부극의 주인공들이 지평선 위에서 윤곽이 뚜렷하게 드러나는 것처럼 우주의 광활함에서 그것의 가치들을 볼 수 있게 해준다. 이런 영화적 가능성은 갈등을 증폭시킨다. 이것은 매우 오래된 질문으로 그리스 비극에서부터 볼 수 있다. 고대 그리스인들은 민주주의 제도에서 살았는데, 그리스 비극에는 왜 왕과 왕비가 등장할까? 분명히 시적인 측면에서, 왕과 왕비는 확장기능의 상징이고, 중요한 어떤 것을 상징적으로 대변하기 때문이다. 즉 기능을 통한 확장이다. 우리는 영화에서 지평선을 통해 확장을 본다. 등장인물들은 평범하지만 특별한 공간에 배치되어, 갈등은 평범함을 넘어선다.

반대로 또 다른 가능성은 봉쇄된 공간이나 소그룹과 같은 '닫힘'이다. 소우주의 경우 각자는 하나의 가치나 입장을 표명한다. 영화는 질식할 것 같은 공간에서 작동하고, 어떤 영화적 기법은 공간을 짓누를 수도 있다. 웰즈는 모든 인물이 공간 속에서 짓눌리게, 지평선을 없애려고 매우 바닥 가까이에서 촬영하는 이런 부류의 기법을 많이 사용한다. 그는 감금을 통해 갈등을 강렬하게 드러낸다. 바로 그 지점에서 영화는 여전히 종합이 가능하다. 즉, 영화는 확대에서 감금으로, 무한한 지평선에서 폐쇄적인 짓누름으로 옮겨갈 수 있다. 우리는 몇몇 뛰어난 고전 서부극에서 이런 조합을 볼 수 있다. 안소니 만의 <운명의 박차>(The naked spur, 1953)를 예로 들어 보자. 이 작품은 고전 서부극이고, 다음과 같은 상징적 이야기로 구성되어 있다. 한 장소에서 다른 장소로 떠나야 하는 작은 무리가 있는데, 그들 내부에는 공공연한 적이 두 명 있다. 영화는 폭포, 급류, 산과 같은 미국 서부의 웅장한 자연을 향해 열린 공간과 여행 그리고 소우주 한가운데의 결투, 폭력, 긴장의 격화로 야기되는 작은 무리 속의 감금이 공존한다. 이것은 놀라운 종합으로, 도덕적 갈등을 검토하는 데 있어 확대와 축소의 방법을 동시에 사용하는 것이 가능하며, 심지어 바람직하다는 점을 보여준다. 우리는 그리스 비극과 사르트르적인 폐쇄 공간에 동시에 있을 수 있고, 우리는 왕과 왕비들 그리고 지하실의 두 인물을 동시에 볼 수 있다. 이처럼 두 경우를 통해 우리는 주요한 갈등을 검토한다. 영화의 탁월한 점은 두 경우 사이를 오갈 수 있다는 것이다.

따라서 '영화는 종합을 창조하는 데 있어 놀라운 발명이라고' 결론 내릴 수 있다. 이러한 발명이 철학을 변화시킬까? 실제로 철학이 새로운 종합의 발명과 연관되어 있다 할지라도, (필자가 보기에) 아직도 철학은 영화를 완전히 이해하지 못하고 있다. 이제 시작단계이며 진행 중이다. 우선, 철학과 영화의 관계는 '영화는 예술인가?'라는 미학적 관계에 있다. 영화가 예술이라면 왜 그리고 어떻게 예술일까? 이처럼 첫 번째 중요한 논쟁은 미학적 논쟁이며, 첫 번째 전투이다. 여기서 중요한 것은 질문의 중요성이 아니라 영화가 새롭게 무엇을 가져왔는가를 아는 것이 중요하다. 필자가 보기에, 영화는 일종의 전복(顚覆)을 가져왔다. 전복의 중심에는 시간의 종합, 예술 간의 종합, 비예술의 종합, 도덕적 재현작용의 종합과 같은 새로운 종합의 창조가 있다. 영화적 개념과 철학적 개념 간의 이행과정은 언제나 종합의 질문을 제기한다. 영화로부터 철학적 개념을 세울 수 있다면, 그것은 철학의 오래된 종합을 영화의 새로운 종합과 접목시켜 변형 가능하다.

이러한 작용의 예를 살펴보자. 영화는 순수한 지속시간과 편집된 시간 사이에서 진정한 대립이 없다는 점을 보여준다. 진정한 대립이 없다는 점을 보여주기 어렵지만, 무르나우, 오즈(Ozu Yasujiro), 웰즈 등처럼 뛰어난 감독들이 언제나 그러했듯이, 탁월한 그들은 순수한 지속시간을 편집된 시간 속에 혹은 그와 반대로 자리 잡게 할 수 있다. 오로지 가장 뛰어난 영화의 시인들만이 그렇게 할 수 있다. 이러한 질문은 시간 속에서 단절의 개념을 제기하기에, 대단히 중요하다. 만일 철학적 질문이 단절에 대한 질문이라면, 본질적인 질문은 단절이 시간과 맺는 관계이다. 이것은 또한 정치적 질문이기도 하다. 예를 들면 프랑스혁명에 대한 질문이다. 프랑스혁명은 시간적 단절 한가운데에서 새로운 종합처럼 시간 속에서 단절의 이름 그 자체였다. 그 단절은 철학적 개념 특히 새로운 삶과 존재의 개념이다. 그런데 영화는 시간의 새로운 종합이 있다고 말한다. 예를 들면, 순수한 지속시간과 구축된 시간 사이에 또한 연속과 불연속 사이에 완전한 대립은 없다고 말한다. 그래서 연속 속에서 불연속을 또는 초월적이 아닌 내재적인 방식으로 사건을 사유할 수 있다고 말한다. 본래 영화는 그 모든 것을 사유하지 않고 보여주며, 심지어 더 낫게 만들어낸다. 이런 행위는 철학이 아니라 예술적 실천 혹은 사유이다. 영화에는 연속과 불연속의 이론이 없지만, 이 두 사이에서 새로운 관계를 창조한다.

필자가 생각하기에 아마도 중요한 요점은 영화가 예술이고, 그 속에서 연속과 불연속이 이뤄진다는 사실이다. 평범한 영화들에서는 연속도 불연속도 없고 단순히 이미지의 나열뿐이다. 그러나 뛰어난 영화들에는 연속과 불연속 사이에 결정할 수 없는 무엇인가가 있다. 연속은 불연속과 함께 만들어진다. 아마도 영화는 동등한 가치가 부여되지 않는 약속이라고 말할 수 있다. 예컨대, 우리는 불연속 속에서 살아갈 수 있다. 바로 이런 점이 절대적으로 새로운 이미지를 만들고, 그 이미지는 이미지를 통한 시(詩)의 연속이다. 영화는 바로 이런 이유를 위해 혹은 때문에 존재한다. 수많은 예를 들 수 있는데, 위대한 영화들은 본질적으로 연속성을 띠지만 갑작스런 솟아오름, 완벽한 놀라움, 번개 같은 급격함과 같은 것에 자리를 마련해준다. 한 노인의 이야기인 오즈의 <도쿄 이야기>(東京物語, 1953)를 살펴보자. <베니스의 죽음>이나 (베리만(Ingmar Bergman) 감독의) <산딸기>(Smultronstället, 1957)처럼 노인에 대한 이야기는 영화의 주요한 주제이며, 노인들은 영화에서 단골 소재이다. <도쿄 이야기>에서 연속된 리듬은 유난히 느린데, 늘어져 있는 동시에 은근히 바쁜 노인의 시간성을 보여준다. 오즈는 이 시간성을 경탄할 만한 솜씨로 담아낸다. 예컨대, 하늘의 일부분, 철로길, 전봇대와 전선과 같은 몇 개의 고정된 장면이다. 거의 아무것도 아닌 것 같지만, 이런 장면들은 새로운 것의 솟아오름이며, 이것은 연속과 불연속 사이의 대단히 단순하고도 정확한 종합의 상징이다. 솟아오름은 언제나 가능하고, 영화는 바로 이 기적이 현실적으로 가능하다는 것을 말해준다. 그리고 이 기적은 관객에 대한 영화의 약속이다. 영화는 영속적인 기적 혹은 단절처럼 가시성의 기적이다. 이 기적은 영화에서 가장 강력하며, 철학은 자신의 고유한 수단으로 가시성의 기적을 규명해야 한다.

따라서 영화는 두 가지 이유에서 철학적 상황이다. 첫째 존재론적 측면에서, 영화는 외관과 현실 간의, 사물과 그 복제 간의, 잠재성과 실제성 간의 새로운 관계를 형성한다. 그 결과 <매트릭스>와 같은 피타고라스적인 영화가 만들어진다. 아마도 피타고라스(Pythagoras)가 이 영화를 보았다면 만족했을 것이며, '봐라. 감각적 세계는 숫자에 불과하다'라고 말했을 것이다. <매트릭스>는 어떻게 현실의 외관이 디지털인지를 보여주는 작품이다. 다시 말해, 영화는 오래된 개념에 대한 보복이다. 최신 예술인 영화는 아주 오래된 꿈과 상응한다. 영화와 철학 간의 관계에 있어 두 번째 이유는 정치적이다. 영화는 '대중 예술'이고, 민주주의와 귀족주의 간의 새로운 관계를 제공한다.

심판자의 형상과 연관된 영화의 윤리적 사유에 대해 검토해보자. 이러한 사유는 영화의 본질적 주제이다. 심판자는 서부극의 주인공이나 늙은 형사 또는 불의에 홀로 맞서는 시민이 될 수 있는데, 그들은 끝없는 원천이다. 이 모든 주인공을 함께 모아 놓는다면, 그들은 고독한 한 무리의 군중이다. 그러나 그들은 본질적인 등장인물이다. 왜 그럴까? 영화는 법에 대한 질문과 특별한 관계를, 특히 미국은 '법'이라는 주제와 매우 밀접한 관계를 맺기 때문이다. 미국적 색채를 띤 영화는 완벽하게 법과 근본적으로 연관된다. 이 본질적 관계는 법과 보복 간의 관계에서 비롯된다. 미국적 개념은 법이 중요한데, 너무 무기력하다는 것이다. 특히 법은 정당한 보복을 허락하지 않는다. 고독한 심판자는 불법을 바로 잡는 사람이다. 그는 더 이상 법이 없는 곳, 법이 부재한 곳, 법이 제 역할을 못 하는 곳에서 등장하는 주인공이다. 영화는 불법이 판치는 세계 속에 놓인 고독한 주인공을 뒤따라간다. 만일 이미지들이 강렬하다면, 그 이유는 역할에 걸맞은 특별한 주인공이 등장하거나 탁월한 방식으로 일종의 황폐하고 폭력적인 세계의 이미지를 보여주기 때문이다. 여기서, 우리는 고독하고 주관적인 심판자와 일반적인 형상인 거대한 세계 간의 (영화에 내재한 고유한) 관계를 발견할 수 있다. 그래서 고독한 심판자의 모티브는 정말로 영화에 적합하다. 상징적인 이 형상은 범죄를 바로잡는 것이 어렵기에, 범죄자보다 더 많은 사람을 죽이는 일이 흔하다. 심판자는 악당을 처리하기 위해 수십 명의 다른 사람을 죽인다. 이것은 법과 보복 사이에서 균형을 잡기가 미묘하기 때문에 발생되는 독특한 문화현상이다. 법과 보복 사이의 관계에 대한 이 문제는 연극의 가장 오래된 질문이고, 바로 아이스킬로스의 위대한 비극인 『오레스테이아』(Oresteia)의 주제이다. 아이스킬로스는 이 작품에서 공공 법정의 창설을 통해 법의 보복을 어떻게 대체해야 하는지를 이야기한다. 연극은 법이 보복을 대체해야 한다는 생각으로 거의 대부분 시작한다. 그에 비해 영화는, 적어도 몇몇 미국 영화는 보복이 고독한 심판자의 형상을 거쳐 어떻게 법을 대체할 수 있는지를 이야기한다. 결국, 심판자의 영화는 연극 이전에, 즉 연극에서 정의가 법과 맺는 관계가 만들어지기 이전에 위치한다고 말할 수 있다. 법과 맺고 있는 관계는 연극과 영화에 있어서 동일한 속성을 갖지 않는다.

철학적으로 영화를 사유하는 마지막 방법은 '영화는 타자(他者)에 대한 사유인가?'라는 질문을 제기하는 것이다. 이 질문은 매우 중요한데, 그 이유는 영화가 타자에 대한 새로운 사유이며, 타자를 존재케 하는 새로운 방식이기 때문이다. 간단히 말해, 논쟁은 영화가 어떻게 타자를 인식하는지 아는 것이다. 오늘날 우리는 오직 영화를 통해서만 알 수 있는 전체적인 상황이 있다. 이란을 예로 들어보자. 키아로스타미 감독을 제외하고, 이란에 대해 아는 것이 무엇인가? 마찬가지로 아시아 영화에서도, 오즈, 구로자와(Kurosawa Akira), 미조구치(Mizoguchi Kenji), 왕자웨이(王家衛, Wong Kar-Wai), 허우 샤오시엔(侯孝賢, Hsiao-hsien Hou) 등이 없이, 일본, 홍콩, 대만은 우리에게 무엇인가? 이것은 대단히 중요하다. 다시 말해 우리는 영화를 통해 다른 세계의 타자를 만난다. 타자는 그 자신의 내적인 일상, 공간, 세계와 맺는 관계 등을 통해 우리에게 소개된다. 이런 식으로, 영화는 타자를 사유하는 가능성을 엄청나게 확장한다. 플라톤이 언급했듯이, 만일 철학이 타자에 대한 사유라면, 철학과 영화 사이에는 본질적인 관계가 있다.

들뢰즈에 대한 헌사

들뢰즈가 『운동-이미지』(L'Image-mouvement) 앞부분에서 '영화에 대한 사유를 통해 아마도 개념을 만들 수 있다.'라고 언급한 문구에서 출발해보자. 이 간결한 표현은 난해하다. 들뢰즈가 '영화에 대한 사유'라고 이름 붙인 영화적 창조의 내용은 철학과 아무런 관계가 없으며, 또한 들뢰즈가 '개념'이라고 부르는 철학적 창조의 내용은 영화와 아무런 관련이 없기 때문이다. 영화에 대한 사유로 어떻게 철학적 개념을 만들 수 있을까? 이것은 복잡한 질문이다. 『운동-이미지』, 『시간-이미지』(L'Image-temps)라는 영화에 대한 뛰어난 저서에서, 이 문제에 대한 부분적인 해결책을 찾아보자. 시간과 운동에 관련해서 들뢰즈가 제안하는 새로운 개념들은 영화 분석을 통해 드러나기 때문이다. 그렇지만 이 새로운 개념들은 단순히 분석에서 기인하는 것이 아니라, 실제로 베르크손의 몇몇 논의에서 비롯된다. 그 결과 들뢰즈의 저서는 상황적으로 복합적이다. 저서는 탁월한 솜씨로 분석된 영화-사유를, (의식(儀式)도 포함하여) 주로 시간과 운동에 대한 철학적 개념을, 영화-사유와 개념 간의 이행과정에 대한 사유를 담고 있다.

들뢰즈는 영화와 이미지의 관계가 무엇인지 자문한다. '이미지'라는 용어를 명확하게 정의하고 시작할 필요가 있다. 첫 번째로, '이미지'는 인지 심리학의 용어이다. 어떤 것에 대한 이미지를 가진다는 것은 정신적 복제이다. 이미지는 인식이 현실과 맺는 관계이다. 결국, 이미지는 의식과 외부 세계 간의 분리를 나타낸다. 만일 우리가 '이미지'에 대한 이런 정의에 동의한다면, 우리는 심리학적 영역에서 영화에 대해 질문을 제기할 수 있다. '이미지와 의식 간의 관계는 무엇인가' 또는 '이미지들에 대해 어떤 이미지를 갖고 있는가?' 영화 관객은 이미지들에 대한 이미지를 갖고 있는 사람이다. 이 점은 어떤 영화에 대해 이야기하는 경험과 연결된다. 어느 날 저녁에 만나서 어떤 영화에 대해 "그래, 그 영화 좋았어. 나쁘지 않았어."라고, 우리는 영화에 대해 이야기를 나눈다. 여기서 우리가 깨닫는 것은 각자가 영화의 이미지를 갖고 있지만 동일한 이미지는 아니라는 사실이다. 심지어 가끔은 동일한 영화에 대해 이야기하고 있는지 확신하기 어려울 때도 있다. 이 모든 것은 각자가 '이미지들에 대한 이미지만을' 갖고 있기 때문이다. 이미지들에 대한 이미지는 영화가 아니라 영화와 맺는 관계를 이야기한다. 결국, 영화와 맺는 관계는 이미지 사이의 관계이다. 필자가 생각하기에, 영화에 대해 실질적으로 이야기하기 위해서는 '이미지'라는 단어의 사용방식을 바꿔야만 하고, 이미지의 심리학을 잊어야 한다. 바로 이 점이 들뢰즈가 근본적으로 기여한 것 중 하나이다. 들뢰즈는 심리학과 별개로 이미지를 정의하려고 애썼으며, '이미지'를 의식이 아니라 현실이란 단어로 대체한다.

그러기 위해 들뢰즈는 베르크손에서 출발한다. 베르크손의 위대한 발견은 무엇인가? 들뢰즈를 인용해 보자. 들뢰즈는 "외부 세계에서 물리적 현실로서의 운동과 의식의 심리적 현실로서의 이미지를 대립시킬 수는 없다."라고 표현한다. 정말로 중요한 요점이다. 또한, 들뢰즈는 "영화를 사유하기 위해서는 외부의 운동과 이미지의 내적 현실 간의 대립을 포기해야 한다"고 말한다. 결과적으로, 베르크손이 발견한 것은 운동과 이미지는 하나이고 동일하다는 사실이다. 베르크손에 견해에 따라, 들뢰즈는 '운동-이미지'와 '시간-이미지'라는 핵심 개념을 종합한다. '이미지와 운동 간에 단절이 존재한다'라는 철학의 일반적인 종합과 정의를 넘어서서, 베르크손에 이어 들뢰즈는 새로운 종합을 만들어낸다. 이 점은 대단히 본질적인데, 왜냐하면 영화는 재현이 아니라 현실을 만들어내기 때문이다. 만일 이미지와 운동이 동일한 것이라면, 이미지는 운동의 재현이 아니다. 그래서 이미지는 '운동-이미지'이고, 따라서 영화는 더 이상 재현이 아니라 창조가 될 수 있다.

이런 의미에서, 영화는 이미지들로 구성되지만, 이미지는 재현이 아니다. 사유는 언제나 창조이기에, 이미지는 영화가 사유하는 어떤 것이다. 들뢰즈는 "뛰어난 영화감독은 운동-이미지와 시간-이미지로 사유하지, 개념으로 사유하지 않는다"고 말한다. 이것은 매우 명료한 생각으로, 다음의 몇 가지 제안으로 요약하고자 한다. 영화는 이미지이다. 이 이미지들은 재현이나 복제가 아니라, 운동이나 시간과 같은 것이다. 운동-이미지나 시간-이미지를 창조할 때, 우리는 영화의 사유를 창조한다. 여기서 이 사유는 철학이 아니다. 철학은 개념으로 사유하기 때문이다. 따라서 사유로서의 영화는 운동-이미지와 시간-이미지의 산물이다.

영화에 대한 철학적 사유란 무엇인가? 영화는 이미지로 사유하는 반면 철학은 개념으로 사유한다. 그 결과 단절이 생긴다. 다른 두 사유의 양식 사이에 어떤 종합이 가능한가? 들뢰즈는 다음과 같은 방향을 제시한다. 『시간-이미지』에서, 들뢰즈는 "이 저서는 일종의 분류학, 즉 이미지와 기호를 분류하려는 시도이다."라고 언급한다. 따라서 철학이 할 수 있는 작업은 이미지를 분류하는 것이고, 바로 그 작업은 개념을 필요로 한다. 영화는 이미지를 만들어내지 분류하는 것이 아니므로 영화는 그 작업을 할 수 없다. 들뢰즈 작업의 목표는 명확하다. 즉 이 작업의 목표는 영화 덕분에 이미지와 기호의 분류를 만들어내면서 영화에 부족한 것을 채우는 것이다. 그런 이유로 베르크손에 이어 미국 철학자 퍼스(Charles P. Peirce)가 중요한 두 번째 저자가 된다. 베르크손은 이미지의 논리를, 퍼스는 기호의 논리를 제시한다. 영화를 바탕으로 이미지와 기호를 분류한다면, 철학에서는 당연히 베르크손과 퍼스를 따라야 한다. 요컨대 영화에 대한 들뢰즈의 저서는 이미지와 기호 이론의 종합을 제시하고, 그리고 이 종합은 분류이다. 세 종류의 운동-이미지가 있다. 첫째

'지각-이미지'이다. 들뢰즈는 장 그레미용(Jean Greillon), 장 비고, 지가 베르토프 등의 감독을 예로 든다. 두 번째로 '감정-이미지'이다. 그리피스, 스텐베르크(Josef von Stenberg), 드레이어, 브레송의 영화들이다. 세 번째로 '행동-이미지'이다. 행동-이미지의 커다란 형식으로 서사 영화를, 작은 형식으로는 슬랩스틱 영화를 예로 든다. 각각의 카테고리는 몇몇 감독들을 통해 설명되며, 그 결과 작품과 감독들은 분류의 예가 된다. 물론 분류 그 자체는 철학적 개념에 해당된다.

들뢰즈에게 있어 중요한 철학적 개념은 바로 시간, 운동, 이미지, 기호의 개념이다. 이러한 개념과 상응하는 것은 시간-이미지와 운동-이미지로 만들어진 영화들이다. 여기에는 두 이미지 간의 종합, 즉 이중적 용법의 분류가 있다. 우선, 영화사에는 몇몇 부류의 영화그룹이 있다. 예컨대, 감정-이미지나 지각-이미지 더 나아가서 행동-이미지를 형성한 영화 운동이 있다. 이런 흐름 덕분에, 들뢰즈는 국가적 범주로서가 아니라 이미지 그 자체의 범주로서 러시아, 프랑스, 독일 영화에 대해 자유롭게 이야기한다. 예를 들어 들뢰즈는 소련의 뛰어난 서사 영화들을 행동-이미지의 형식과 연관 지어 설명한다. 이것이 분류의 첫 번째 용법이다. 들뢰즈는 그가 고안한 개념적 질서인 영화의 분류를 통해 세계의 거의 모든 감독에 대해 이야기할 수 있는 특별한 기술을 매우 정교한 분석으로 실행한다.

또한, 분류의 두 번째 용법이 있는데, 그것은 순전히 철학적 용법이다. 자연스럽게 이 분류방식은 이미지에 대한 우리의 사유를 변형시키기 때문이다. 영화 덕분에 우리는 훨씬 더 세밀한 구분을 할 수 있다. 다시 말해, 단지 운동-이미지뿐만이 아니라 다양한 종류의 운동-이미지도 구분할 수 있다. 만일 영화가 없었다면 아마도 다양한 종류의 이미지들을 결코 사유할 수 없었을 것이다. 영화에 대한 고유의 분류이지만, 이 분류는 철학적 개념들을 변형시킬 수 있게 해준다. 그 결과, 들뢰즈의 분류 시도는 그 자체로 이중적이다. 한편으로, 시간-이미지와 운동-이미지의 개념적 분류로 영화를 집대성한다. 이런 범위 내에서, 들뢰즈의 상세한 분석은 탁월하다. 다른 한편으로, 이미지의 새로운 이론인 철학적 창조가 있다. 이 창조는 실제로 종합에 해당한다. 들뢰즈는 강연에서 "감독은 사유하기 위해 철학이 필요하지 않다."라고 했다. 당연히 감독은 개념으로 사유하지 않는다. 그러나 들뢰즈는 철학이 (이미지를 사유하려는) 영화에 도움이 될 수 있다고 한다. 또한, 단절에서 출발한 종합을 가질 수 있으며, 철학 그 자체를 변형시킬 수도 있다고 한다. 시간의 개념이라는 매우 본질적인 논점을 검토해보자. 들뢰즈에게 시간은 그 자체로 존재이다. 따라서 영화는 존재론적 결과를 가진다. 영화는 존재에 대한 사유의 변형과 철학의 근본적인 변형을 가능케 한다.

들뢰즈의 핵심 가설은 '영화는 이미지로 사유한다'이다. '이미지'는 시간의 현존을 의미한다. 하지만 실제로 영화가 이미지의 카테고리를 토대로 사유해야 하는가? 이것이 바로 필자가 제기하고자 하는 문제의식이다. 들뢰즈를 비판하기 위해서가 아니라, 철학에 자유와 창조를 끌어들이는 영화에 관한 그의 저서가 본질적이기 때문이다. '들뢰즈를 비판하기 위해서가 아니라'고 한 것은 시간에 대한 사유의 변형으로서 이미지의 가능성보다 훨씬 폭넓은 가능성인 또 다른 철학적 방법이 영화에 있지 않은지, 필자 자신에게 자문해 보기 위해서이다.

필자는 영화적 창조 속에서 '이미지'의 개념을 명확하게 검토해 보고, 영화 이미지의 생산 조건들에 관심을 갖고자 한다.

절대적으로 순수하지 않은 예술인 영화

시(詩)를 쓰려면 종이와 연필이 필요하다. 아마 전 세계의 모든 시의 역사가 필요할 수도 있다. 이 역사의 존재는 물질적 현존이 아니라, 잠재적이다. 그림을 그리려면 역시 표면이나 부재(不在)에서 시작한다. 근원적인 잠재성으로서의 조형 예술 전체의 역사가 필요할 수도 있다. 하지만 영화를 시작하는데 있어서는 완전히 다르다. 운동-이미지나 시간-이미지를 만드는 조건은 전적으로 독특한 물질적 구성이다. 기술적 수단뿐만 아니라 매우 복잡하고 이질적인 재료들이 필요하다. 예를 들면 인공적이든 자연적이든 장소가 필요하고, 공간도 요구된다. 텍스트, 시나리오, 대사, 추상적인 생각, 그리고 배우들, 스태프들도 필요하다. 화학적 공정이나 편집기기도 필요하다. 그 결과 모든 물질적 구성이나 집합적인 모든 설비를 활용하고, 그것들을 이미지 속에 기입하는 방식을 통해 어느 정도 통제해야만 한다. 이런 논점은 매우 평범하지만, 필자가 보기에 대단히 중요하다. 이러한 물질적 조건들을 요구하는 시스템은 순수하지 않은 물질적 시스템이기 때문에, 영화는 영화적 개념이 형성되는 초기부터 절대적으로 순수하지 않은 예술이다.

영화의 순수하지 않음은 잘 알려진 사실이다. 예컨대, 영화는 많은 자본이 필요하다. 자본은 배우들의 출연료부터 무대 작업, 기술적 장비에서 편집실, 배급에서 광고와 같은 완전히 이질적인 수많은 것을 엮어준다. 결국, 자본에 의한 이러한 통합은 구체적으로 영화가 순수하지 못하다는 점이다. 앙드레 말로는 영화에 대한 유명한 글에서[6] 이미지의 본질을 제시하고, 찰리 채플린의 영화들이 왜 아프리카에서도 상영되었는지

[6] [역주] 「영화 심리학에 대한 소묘」(Esquisse d'une psychologie du cinéma, Verve, vol II, no. 8, 1940, p.33. 참조.

를 설명하며, 마지막으로 영화를 다른 예술들과 비교하는데, 결국 이 글의 마지막 문장은 '그럼에도 영화는 산업이다'라고 밝힌다. 정말로 '그럼에도'인가? 실제로 영화는 무엇보다도 산업이다. 영화 예술가인 뛰어난 감독들에게 있어서도 산업이다. 그들 가운데 대부분은 영화산업 시스템 내에서 작업했다. 그래서 자본이나 산업이 단순히 영화의 사회적 조건만이 아니라, 영화 자체에 대해 무엇인가를 언급할 수 있다. 이 점이 의미하는 바는, 영화는 순수하지 않은 무한성으로 시작한다는 것이다. 예술 작업은 (근본적으로 순수하지 않음에 달라붙어 있는) 순수한 몇몇 조각을 순수하지 않음으로부터 끄집어내는 것이다. 따라서 영화는 정화(淨化), 다시 말해 정화작업이다. 과장해서 말하자면, 영화를 쓰레기 처리와 비교할 수 있다. 처음에는 혼잡한 일종의 산업 재료인 서로 다른 무더기로부터 출발했다. 예술가들은 이것들 중에 재료들을 골라서 작업한다. 즉, 예술가들은 그것을 압축하고, 제거하고, 다시 모으고, 순수의 순간을 만들어 내려는 희망을 갖고 서로 다른 것들을 함께 배열한다. 이것은 대단히 중요한 논점이다. 음악이나 회화 같은 다른 예술에서 심지어 춤이나 문학에서도 순수함에서 출발한다. 말라르메가 "당신은 백지의 순수함에서 출발한다"라고 표현했던 것처럼. 이러한 예술의 목적은 예술작품 자체에 순수함을, 말 속의 침묵을, 글쓰기 속에 여백을, 가시성 속에 비가시성을, 소리 속에 침묵을 간직하는 것이다. 예술의 가장 중요한 문제는 태초의 순수함에 충실한 것이다.

영화는 반대의 방향으로 작동한다. 감독들은 무질서, 축적, 순수하지 않음에서 시작해 순수함을 만들고자 한다. 이것은 대단히 어렵다. 다른 예술에서 작가들은 한정된 사물을 가지고, 무(無), 부재(不在), 공백에서 창조해야 한다. 하지만 영화에는 절대적으로 너무 많은 것들이 있다. 심지어 병 한 개를 찍고자 할 때조차도, 이 병에는 내용물, 상표, 배경, 병의 재질 등 너무 많은 것들이 관계한다. 이 모든 것은 범위를 벗어난다. 즉, 상표도, 병뚜껑 색깔도, 병의 형태도 너무 많다. 무엇을 찍을 수 있을까? 하나의 병에서 시작해 병의 개념을 어떻게 만들어 낼 수 있을까? 중요한 논점은 정제하고 단순화하는 것이다. 다시 말해 영화는 부정(否定)의 예술인데, 너무 많은 것에서 일종의 재구성된 단순함으로 나아가기 때문이다. 오늘날에는 과도한 기술적 수단의 증가로 인해, 단순화 작업은 더욱 어려워졌다.

영화 초창기에, 감독 혹은 카메라맨은 잘 구성된 세트 촬영장에 있었으며, 소리도, 색채도 없었다. 영화는 여전히 원시 예술에 매우 가까웠고, 감독에게는 행운이었다. 감독들은 가시적인 것들을 훨씬 잘 통제할 수 있었고, 무대는 무한한 자연이 아니라 인공 세트였다. 그래서 감독들은 자신의 예술을 구축하는데 훨씬 용이했다. 이후, 음향, 색깔, 야외 촬영, 디지털이 등장했다. 이제부터는 이미지와 카메라로 무엇이든 할 수 있는데, 이것은 영화예술에 있어 끔찍한 재앙이다. 이러한 감각적인 무한성을 어떻게 지배하고, 통제할 수 있는가?

필자의 입장은 '감각적인 무한성을 지배하는 것은 불가능하다'라는 점이다. 불가능성은 무한성과의 투쟁 혹은 무한성의 정화를 위한 투쟁을 하는 영화적 실재이다. 영화는 가시성의, 감각의, 다른 예술의, 음악의, 사용 가능한 모든 텍스트의 무한성과 본질적으로 같이 부대끼는 것이다. 영화는 단순화의 예술이고, 다른 모든 예술은 복잡화의 예술이다. 영화는 이상적으로 복잡함을 바탕으로 무(無)를 창조하는 것이다. 왜냐하면, 영화의 이데아는 결국 가시성의 순수함, 투명한 가시성, 본질적 육체로서의 인간의 신체, 순수한 지평선, 하나의 본보기가 되는 이야기이기 때문이다. 이 이데아에 도달하기 위해 영화는 순수하지 않은 재료를 (정화 작용을 통해) 거쳐야 하고, 있는 모든 것을 활용해야 하며, 무엇보다도 단순화의 길을 발견해야만 한다.

몇 가지 예를 들어 보자. 첫째 음향의 문제이다. 현대는 자신의 주요한 특질 중의 하나인 음향이 뒤섞인 혼돈의 시기이다. 예컨대 끔찍한 소음, 더 이상 들을 수 없는 다양한 음악들, 모터의 소음, 도처에서 들리는 대화들, 확성기 등이다. 영화는 혼돈스러운 음향과 어떤 관계를 맺고 있는가? 영화는 혼돈스러운 음향을 재생산하지만, 그런 것은 창작이 아니다. 영화는 소리의 새로운 단순함을 만들어내고, 재발견하기 위해 혼돈스러운 음향을 가로질러야만 한다. 그래야 종합이 이뤄진다. 이러한 개념은 혼돈스러운 음향을 부정하는 것이 아니라(만일 우리가 이 혼돈을 부정한다면, 우리는 있는 그대로의 세상에 대해 이야기하는 것을 거부하는 것이기에), 혼돈스러운 음향을, 오늘날 끔찍한 음악을, 본질적으로 시끄러운 이런 종류의 리듬을 토대로 순수한 소리를 재창조하는 것이다. 이런 음향 작업의 최고의 예는 고다르이다. 고다르의 어떤 작품에서건, 우리는 혼돈스러운 음향을 만나게 된다. 예컨대, 여러 명이 동시에 말하기에, 우리는 대화를 뚜렷하게 들을 수 없다. 또한, 음악의 일부분을 듣지만, 지나가는 자동차 소음도 듣는다. 고다르에게 소음의 위계가 존재하기라도 했던 것처럼, 이 혼돈은 점차 유기적 형태를 갖는다. 고다르는 세상의 소음이 만들어낸 일종의 새로운 침묵처럼, 혼돈스러운 음향을 속삭임으로 변형시킨다. 이 속삭임은 마치 우리가 세상의 비밀을 엿듣기라도 했던 것처럼, 혼돈스러운 음향에 대한 현대적 침묵의 발명이다.

두 번째 예는 자동차의 활용이다. 자동차의 활용은 영화에서 매우 흔한 것으로, 심지어 텔레비전에서도 흔하게 볼 수 있다. 필자가 보기에, 세 편 가운데 두 편의 영화나 다섯 편의 텔레비전 프로그램 가운데 네 편은 자동차가 출발하거나 도착하는 장면으로 시작한다. 대단히 진부한 이미지이다. 그래서 뛰어난 감독은 자동차가 나오는 모든 장면을 사용하지 않을 것이라고 생각할 수 있을 것이다. 그러나 혼돈스러운 음향과 마찬가지로 자동차의 바보 같은 이미지들을 제거한다면, 우리는 현대 세계로 나아가는 종합을 스스로 포기하는 것이다. 그래서 동시대의 뛰어난 감독들은 자동차의 또 다른 사용법을 발명한다. 두 가지 예를 들어보자. 키아로스타미의 영화에서 자동차는 대화의 장소가 된다. 갱스터나 형사의 차처럼 행동의 이미지가 되는 대신에, 자동차는 세상에 대해 대화를 나누는 닫힌 장소이며, 주체의 운명적 장소이다. 자동차 이미지의 순수하지 못함은 키아로스타미의 영화에서 새로운 순수함으로 만들어지고, 결국 동시대의 대화의 순수함이 된다. 자동차라는 부조리한 세계 내부에서, 우리는 서로에게 무슨 말을 할 수 있는가? 마누엘 데 올리베이라의 작품에서도 유사한 작용을 한다. 마찬가지로 자동차는 기원(起源)을 향한 일종의 움직임처럼 자기 자신을 탐구하는 장소가 된다. 자동차의 진부함을 제거하지 않고, 오히려 정화하는 것처럼 나타낸다.

세 번째 예는 성적인 행위이다. 성적인 이미지는 영화에서 기본적인 이미지이다. 다시 말해 자동차와 마찬가지로 벌거벗은 몸, 포옹, 심지어 성기조차도 거의 흥미를 끌지 못하고, 스크린에서는 진부한 것이 되었다. 성적인 이미지는 처음부터 대중이 보기를 원했던 것이지만, 애초부터 그리고 오늘날에도 여전히 대중은 아무것도 제대로 보지 못한다. 실망스러운 것만 난무하기 때문이다. 이런 실망을 '포르노'라고 부를 수 있다. 이런 포르노 이미지는 소음, 자동차, 총소리처럼 기본적인 진부함이다. 성적인 이미지로 무엇을 만들 수 있는가? 뛰어난 감독은 정숙해야 하는가? 그는 육체를 삭제해야만 하는가? 성(性)을 삭제해야만 하는가? 육체를 제거하는 것이 당연히 진정한 방법이 아니다. 오히려 문제는 포르노 이미지를 받아들이고, 이 이미지를 내부로부터 변형시키는 것에 있다. 필자가 생각하기에, 포르노 이미지를 변형시키는 방식에는 세 가지가 있다. 첫째는 사랑의 빛이 성적 형상의 내부에 머물 때, 포르노 이미지를 사랑의 이미지로 바꾸는 것이다. 두 번째 방법은 성적인 형상화를 삭제하지 않고 일종의 이상적 아름다움으로 육체를 변형시키는 양식화와 추상화에 있다. 이런 방향에서 주목할 만한 장면으로 인용할 수 있는 영화는 미켈란젤로 안토니오니의 작품들이다. 세 번째 방법은 포르노보다 더 포르노가 되는 것이다. 즉, 이것을 '과잉 포르노'라고 부를 수도 있을 텐데, 일종의 메타-포르노이다. 이런 장면은 고다르 영화의 몇몇 장면에서, 예를 들면 <구할 수 있는 자가 구하라 : 인생>(Sauve qui peut la vie)에서, 중요한 일련의 성적 장면들이다. 고다르는 이미지의 순수하지 못함에서 또한 이미지의 평범하고 음란한 특성에서 출발하여, 내부로부터의 새로운 단순함의 방향으로 나아간다.

마지막 네 번째 예는 교전(交戰), 권총 소리, '총격전'이다. 여기에서도 역시 이것보다 더 평범하고 진부한 예를 찾기 어렵다. 즉, 영화에서 들리는 권총 소리는 정말 엄청나다. 만일 외계인이 지구인의 영화를 봤다면 사람들의 활동은 주로 권총의 사용으로 요약된다고 생각할 수 있을 것이다. 그렇다면 뛰어난 감독은 권총을 거부해야 하는가? 당연히 아니다. 정말 뛰어난 영화에도 총싸움 장면이 있다. 하지만 감독들은 다른 방식으로 작업한다. 오손 웰즈의 <상하이에서 온 여인>의 총격은 폭발하는 이미지이고, 오우삼이나 다케시 기타노(Takeshi Kitano)의 작품에서 총격전은 일종의 무용이나 조형적인 안무로 변형된다. 그들 역시 갱스터 영화의 관습을 받아들이며 그 진부함에서 재료를 취하지만, 특별한 양식화로 갱스터 영화를 변형시킨다.

필자가 생각하기에, 영화의 가장 중요한 특성은 정확히 말해서 동시대 이미지의 재료들을 수용하고, 이 이미지에 변형을 가하는 것이다. 자동차, 포르노, 갱스터, 총격전, 도시의 신화, 음악, 소음, 폭발, 화재, 부패,

결국 이 모든 것은 현대 사회 이미지의 총체를 구성한다. 영화는 이러한 무한한 복잡함을 수용하고 기록함으로써, 순수함을 만들어낸다. 그 결과, 영화는 동시대의 쓰레기에 변형을 가하는 작업이다. 다시 말해, 영화는 절대적으로 순수하지 못한 예술이고 또한 자본의 예술이다. 하지만 영화의 예술적 노력은 순수하지 못함을 가로질러 운동-이미지나 시간-이미지를 만들기 위해 이 쓰레기 재료들을 내부로부터 변형시키는 것이다.

이러한 변형은 종종 영화에서 폭력의 위상과 연관된다. 영화는 매우 폭력적이고 외설적인데, 이것은 영화의 분명한 특성 가운데 하나이다. 심지어 대단히 뛰어난 감독들의 영화에서도, 우리는 종종 견디기 힘든 폭력, 적나라한 외설스러운 장면을 볼 수 있다. 예컨대, 데이비드 린치(David Lynch)와 같은 감독들이 흥미를 끈다. 정확히 말해서 그들은 현대 세계에서 최악의 재료들을 통해 위대한 순수함의 예술적 종합을 만들어 내려 한다. 이런 감독들은 순수하지 못한 재료에 맞선 지속적인 투쟁을 보여준다. 기타노의 갱스터 영화에서, 우리는 그 관계들의 폭력성으로 인해, 또한 이야기의 끔찍하고 어두운 특성으로 인해 참기 힘든 이미지들과 종종 마주한다. 그렇지만 그 속에서 어떤 눈부신 것들이 자체적으로 발생하고, 그것들은 재료에 대한 부정(否定)이 아니라 굉장히 신기하게도 연금술의 의미로서의 변환이다. 마치 끔찍하고 무서운 어떤 것이 미지의 순수한 단순함으로 변형이라도 됐기라도 했던 것처럼.

만일 우리가 이제까지 언급된 (전체적으로 필자가 제기한 '감각적인 무한성을 지배하는 것은 불가능하다'라는) 가설들을 수용한다면, 영화가 왜 대중 예술인지 이해할 수 있다. 여기서 우리는 영화가 사회 이미지의 총체를 공유하기에 대중 예술이라는 본래의 종합을 되찾을 수 있다. 영화의 출발점은 영화의 이야기가 아니라, 영화적 재료의 순수하지 못함이다. 그래서 영화는 공유의 예술이다. 예컨대, 모든 사람은 동시대의 이미지를 영화 속에서 인식할 수 있다. 이미지의 재료는 모든 영화에 공통적이기에, 모든 사람은 그것을 보러 가며, 그것을 통해 자신을 인지할 수 있다. 영화는 세상의 소음을 재생산하면서, 새로운 침묵을 만들어 낼 수도 있다. 영화는 마음의 요동을 재생산하면서, 새로운 고정의 형태를 만들어 낼 수도 있다. 영화는 말의 취약함을 수용하면서, 새로운 대화 방식을 만들 수도 있다. 출발 선상에서, 재료는 동일하다. 영화에서의 수많은 사람은 한 편의 뛰어난 영화를 동시대적인 그들 고유한 삶으로 판단할 수 있는데, 그 반면에 다른 예술에서의 사람들은 오로지 오랜 교육을 받은 후에만 그런 판단을 내릴 수 있다.

만일 영화가 왜 대중 예술인지를 안다면, 우리가 어떤 대가(代價)를 지불했는지를 자문해 보아야 한다. 분명 어떤 대가를 지불했기 때문이다. 순수하지 못함, 무한한 재료들, 중요한 돈의 문제 등은 영화가 다른 예술과 동등한 정도의 순수함에 다다르는 못하게 하는 요소들이다. 우리는 언제나 남아있는 순수하지 못함의 흔적들을 본다. 어떤 영화가 됐건, 우리는 진부함, 필요 없는 이미지들, 의미 없는 대사들, 과도한 색채, 형편없는 배우들, 무분별한 포르노 등과 같은 것들을 볼 수 있다. 결국, 영화를 볼 때 우리는 '재료의 순수하지 못함과 맞서는 투쟁'을 본다. 우리는 단지 결과만을, 시간-이미지나 운동-이미지만을 보는 것뿐만 아니라 순수하지 못함에 맞서는 예술의 전투를 본다. 영화는 전투에서 때로는 이기기도, 혹은 지기도 한다. 심지어 한 영화 속에서도 마찬가지이다. 탁월한 영화는 패보다는 승이 많은 작품이다. 그래서 뛰어난 작품은 어떤 영웅적 요소를 품고 있다. 그런 이유로, 영화에서 이런 요소는 심사숙고의 관계가 아니라 참여, 연대, 감탄, 질투, 역정, 증오의 관계로 표출된다. 영화에서 '맞섬'은 우리에게 깊은 인상을 준다. 우리는 이 전투에 참여하고, 승리와 패배를 판단하며, 순수한 몇몇 순간의 창조에 감탄한다. 이 승리의 순간은 얼마나 특별한지 영화의 감정적인 힘으로 나타난다. 전투에는 감동이 있다. 다시 말해 이미지의 순수함과 전투의 결과가 갑자기 우리를 사로잡는다. 그래서 영화는 우리가 눈물짓는 예술이다. 예컨대, 기쁨, 사랑, 두려움, 분노로 눈물을 흘리고, 승리로 때론 패배로 눈물짓는다. 영화가 세상의 최악의 재료들로부터 순수함의 작은 조각을 끄집어내는 데 성공했을 때, 거의 불가능한 어떤 것이 솟아오른다.

그 결과, 우리는 이제 영화와 철학 간의 관계에 대한 질문으로 되돌아갈 수 있다. 영화와 철학은 공통적으로 동시대의 실재에서 출발한다. 영화와 철학 덕분에, 이 실재는 사유의 대상이 된다. 다른 예술은 자신들 고유한 역사의 순수함에서 출발한다. 그리고 학문은 자신의 고유한 공리(公理)에서 또는 고유한 수학적 명백함에서 출발한다. 하지만 영화와 철학은 견해, 이미지, 실천, 특이성, 인간적 경험과 같은 순수하지 못한 것에서 출발한다. 이처럼 영화와 철학은 동시대의 재료를 토대로 개념을 창조할 수 있다고 주장한다. 물론 그 개념은 언제나 개념 그 자체에서 비롯되는 것이 아니라, 반대적으로 존재의 단절로부터 올 수도 있다. 또한, 이미지는 무한한 순수하지 못함으로 혹은 세계 이미지의 총체로 이뤄진다. 영화와 철학의 이러한 작업은 공유를 위한 이중의 투쟁이다. 철학의 작업은 단절이 있는 곳에서 개념의 종합을 만드는 것이고, 영화는 세계의 가장 진부한 갈등에서 순수함을 만드는 것이다. 이것이 바로 영화와 철학 간의 진정한 암묵적 동의이고, 영화와 철학이 상호 공유하는 지점이다.

영화는 정화와 종합의 힘 그리고 최악의 순간마저도 어떤 일이 일어날 것이라는 가능성을 보여주기 때문에, 철학자들에 영화는 기회이다. 영화는 철학에 희망을 주는 교훈이다. 영화는 폭력, 배반, 외설과 같은 저속함을 다루기 때문에, 철학자들에게 '아무것도 잃을 게 없다고' 말한다. 영화는 그 저속함 속에서 사유의 기능을 상실하는 것이 아니므로 그 저속한 요소 그 자체 속에서 승리를 거둘 수 있다. 사유가 언제나 어느 곳에서나 승리를 거둘 수 없지만, 그 승리가 존재한다고 말한다.

오늘날, 승리가 가능하다는 생각은 매우 중요하다. 오랫동안 프랑스 혁명 이후, 위대한 승리가 가능하다는 희망이 있었다. 그 승리는 결정적이며, 번복할 수 없는 승리이다. 하지만 곧이어 프랑스 혁명의 이념은 사라졌다. 이제 우리는 프랑스 혁명 이념의 고아이다. 그렇기에 우리는 승리가 더 이상 가능하지 않다고 생각하고, 세계에 실망하며, 포기한다. 이와 반대로, 영화는 자신의 방식으로 '최악의 세계에도 승리가 있다'고 말한다. 모든 것에 대한 '유일무이한' 승리는 아마도 없겠지만, '개별적인' 승리가 있다. 이 특별한 승리에 충실한 것은 바로 수많은 사유적 과정이다. 그래서 영화들을 철학적으로 바라봐야 한다. 영화들이 이미지의 새로운 형상을 만들어낼 뿐만 아니라, 세계에 대해 무엇인가를 말해주기 때문이다. 영화들이 말하는 바는 매우 간단하다. 즉, '최악의 세계는 절망을 만들어내서는 안 된다'는 것이다. 절망해서는 안 된다. 바로 이 점이 영화가 우리에게 이야기하는 것이다. 그런 이유로 우리는 영화를 좋아해야만 한다. 우리가 순수하지 못한 세상에 맞선 전투처럼, 또는 소중한 승리의 수집품처럼 영화를 바라볼 줄 안다면, 우리는 영화 덕분에 절망과 거리를 둘 수 있을 것이다.

미발표 텍스트

「영화를 사유하기」, 2003년 9월 24~25일 부에노스 아이레스(Buenos Aires)의 알리앙스 프랑세즈(Alliance Française)에서 열린 세미나 녹취.

28 민주주의 상징으로서의 영화

연결되지 않거나 연결되어서는 안 되는 관계, 즉 역설적인 관계 속에서 철학은 존재한다. 모든 연결이 그 자체로 정당하면, 철학은 불가능하거나 쓸모가 없다.

철학은 불가능한 연결에 대해 사유가 빚어낸 폭력이다.

오늘날, '들뢰즈 이후에'라고 말할 수 있는데, 영화가 철학을 혹은 철학이 영화를 불러내는 경우가 확실히 있다. 그 결과 영화는 확실히 전혀 있음 직하지 않은 연결, 역설적인 관계를 제시한다.

그렇다면 어떤 관계, 어떤 연결을 제시하는가?

철학적으로 답은 정해져 있다. 영화는 결국 현실 전체와 인공물 전체 사이에서 유지할 수 없는 관계이다. 영화는 현실의 복제 가능성과 이 복제의 완전한 인공적 차원을 동시에 제시한다. 동시대의 기술로 영화는 실재의 가짜 복제로부터 복제의 실질적인 인공물이나 거짓 실재로부터 가짜 복사물을 만들어내는 데 적합하다. 그리고 또 다른 변형이 있다. 예컨대, (기본적으로, 곳곳에서 드러나는 실재와 잠재 간의) 존재하는 것과 보이는 것 간의 관계인 오래된 패러독스에 대한 기술적이나 즉각적인 형태가 있다. 그래서 영화는 존재론적 예술이라고 불린다. 많은 비평가, 특히 앙드레 바쟁은 오래전부터 그렇게 표현한다.

필자는 보다 간단하고, 경험적이며, 철학적으로 미리 결정된 답과 거리를 둔 방식으로 이 문제에 접근하고자 한다. 영화가 '대중 예술'이라는 명확한 사실로부터 출발해보자.

우선, '대중 예술'이라는 표현을 기본적으로 정의해보자. 교양 있거나 지배적인 문화가 이론의 여지가 없다고 선언한 걸작, 그리고 예술 작품이 만들어진 바로 그 순간에 사회의 모든 계층의 수많은 사람이 보고 좋아한다면, 그 예술은 '대중적'이다.

'그 예술 작품이 창작된 바로 그 순간에'라는 표현을 덧붙이는 것이 대단히 중요한데, 왜냐하면 우리는 곧잘 과거의 향수에 빠지고, 그 결과 과거의 순수한 효과에 놓이기 때문이다. 모든 사회 계층의 수많은 사람은(당연히 극빈층은 제외하고) 박물관에 갈 수 있는데, 이들은 유물로서 과거의 아이콘을 좋아하기 때문이고, 관광의 현대적 열정은 일종의 유물 관광에까지 확대되어 있기 때문이다. 필자가 말하려는 것은 관광이 아니라 어떤 예외적 작품이 모습을 드러낸 바로 그 순간에 그 작품을 좋아하는 수많은 사람이 있다는 점이다. 영화는 짧은 역사에도 불구하고, 그리스의 위대한 비극의 엄청난 대중적 성공과 견줄만한 사랑의 사례가 있다. 찰리 채플린의 뛰어난 작품을 예로 들어 보자. 채플린의 영화는 에스키모나 사막의 천막 등을 포함해서 전 세계에서 상영되었다. 이 영화들을 통해, 모든 사람은 차이나 차별이 배제된 (필자가 사뮈엘 베케트의 산문에서 명명한) '인류의 공통적 속성'을 결정적이고 심오한 방식으로 즉시 이해했다. 인식 가능한 맥락 속에 완벽하게 위치하고, 가까이에서 혹은 정면에서 촬영된 샤를로(Charlot)[1]라는 인물은 아프리카 사람, 일본 사람 혹은 에스키모 등 공통의 특징을 갖는 '대중적' 인류를 대표하기에

[1] [역주] 채플린의 대부분의 작품에서 그가 연기한 극 중 주인공의 이름.

부족하지 않다.

이런 형태의 예는 코미디나 슬랩스틱 장르에 제한되지 않는다. 이 장르는 언제나 대중의 활기찬 에너지 그리고 사회적 생존의 교활함과 힘을 포착한다. 대단히 놀라운 형식적 발명으로 응축된 영화이며, 현존하는 시적 영화 중 한 편인 무르나우의 <일출>(Sunrise : A Song of Two Humans, 1927)을 또한 예로 들 수 있다. 이 순수한 걸작은 미국에서 사회현상이라 할 만한 성공을 거두었고, 모든 산업적 조화가 잘 유지된 오늘날의 <타이타닉>과 비교할 만하다.

영화가 규모에 있어 다른 어떤 예술과 비교할 수 없는 대중예술이 될 능력이 있다는 점은 의심의 여지가 전혀 없다. 물론 19세기에는 대중 소설가, 대중 시인들이 있었다. 예를 들면 프랑스에는 빅토르 위고가 러시아에는 알렉산드르 푸시킨(Aleksandr Pushkin)이 있었다. 그들은 당시에도 그리고 오늘날에도 많은 독자를 거느리고 있다. 그렇지만 그들의 작품이 창작된 바로 그 순간의 규모는 영화의 엄청난 성공과는 비교되지 못한다.

요점은 다음과 같다. '대중 예술'은 역설적인 관계를 규정짓는다. 왜 그런가? '대중'은 정치적 범주에, 정확하게 공산주의나 적극적인 민주주의의 범주에 속하기 때문이다. 러시아 혁명가들은 '대중이 역사의 무대에 오르는' 시대의 행동으로서 그들의 행위를 정의한다. 흔히 대중 민주주의는 대의 민주주의와 제도적 민주주의와 대립된다. '대중적'이라는 것은 정치적 본질의 범주이다. 마오쩌둥은 "대중, 오로지 대중만이 보편적 역사의 창조자"라고 말한다.

그렇지만 '대중 예술'이라는 단어에서 나머지 절반인 '예술'이라는 단어는 오로지 귀족의 범주일 뿐이다.

'예술'이 귀족의 범주라고 하는 것은 판단이 아니다. '예술'은 형식적인 창작의 개념과 형식의 역사에서 가시적인 새로움의 개념을 감싼다. 그 결과 창작을 그 자체로서 이해하는 수단을 그리고 특별한 교육, 해당 예술사와 그 예술의 원리의 변천 과정에 대한 최소한의 지식을 요구한다. 이를 위해서는 긴 시간의 혹은 대개는 힘겨운 훈련과 정신의 기술적 유연성이 필요하다. 그래야 기쁨, 즉 복잡하고 구축되고 획득된 기쁨이 뒤따른다.

'대중 예술'에는 (현상적 사건의 에너지와 분출의 측면인) 순수한 민주적 요소와 (독특한 취향 기준과 개인적 교육의 측면인) 귀족적 요소 간의 역설적 관계가 있다.

20세기에는 모든 예술이 전위예술이었다. 회화도, 황혼 무렵 미술관에 들어가는 순간도 전위예술이었다. 쇤베르크에서 오늘날까지(대중음악의 그르렁거리는 소리 또한 '음악'이라고 부른다면 그것은 제외하고) 음악도 전위예술이었다. 오늘날 시는 오로지 전위예술로만 존재한다. 따라서 20세기는 전위의 시대라고 할 수 있다. 그러나 20세기는 그때까지 결코 존재한 적이 없었던 가장 위대한 대중 예술의 시대라고도 할 수 있다.

역설적 관계에는 기본적인 형태가 있다. 전위의 시대에는 '그 본질상' 대중적인 첫 번째 위대한 예술이 모습을 드러냈고 발전했다. 파생된 형식인 영화는 귀족주의와 민주주의, 발명과 재인식, 새로운 것과 일반적 취향 사이의 실현 불가능한 관계를 한데 묶는다.

이와 같은 이유로 철학은 영화에 관심을 갖는다. 영화는 역설적 관계들의 애매모호하고 방대한 복합체를 강제하기 때문이다.

'영화를 사유하기'는 실재적인 영화들의 구속하에 확립된 관계의 규칙들을 바꾸면서, 관계를 강요하고 개념을 배치한다.

이러한 변화과정에는 다섯 가지 중요한 시도, 예컨대 '영화를 대중 예술로서 사유하기'라는 문제로 들어가는 다섯 가지 다른 방법이 있다. 첫 번째 방법은 이미지의 역설이다. 이것은 고전적인 접근으로, 필자가 앞에서 존재론적 예술이라 명명했던 방법이다. 두 번째는 시간의 영화적 가시성, 즉 시간의 역설이다. 세 번째는 조형 예술의 확립된 시스템과 영화가 맺는 낯선 관계를 검토하는 영화적 차이, 즉 제7 예술의 역설이다. 네 번째는 예술과 비예술의 경계에 영화를 설정하는 영화적 역설, 즉 순수하지 못한 예술적 역설이다. 다섯 번째는 윤리적 역설이다. 영화는 의식의 형상들의 저장고로서, 선택해야만 하는 모든 상황의 대중적인 현상학으로서 존재한다. 다섯 가지 시도를 하나씩 살펴보자.

1) 이미지에 대해

영화를 '대중 예술'이라고 말하는 것은 영화가 이전부터 존속한 이미지 예술의 정점이기 때문이다. 즉 아주 오래된 인간의 역사에서 이미지는 인정사정없이 인간을 매혹하기 때문이다. 영화는 현실복제로서 시각적 제안의 정점이다. 또한, 자기복제에 기초한 동일화 작용처럼, 영화는 자기 동일화의 형이상학의 가장 정점에 있다. 자기 동일화의 그물망 속에서 대중은 극장, 식당, 방, 심지어 거리를 보고도 몹시 놀랐고, 그때부터 현실복제의 기술은 종교적 우화를 진부하게 혹은 일상의 자잘한 기적을 모두에게 만들어준다. 결국, 영화의 대중은 본질적으로 독실한 대중이다. 이것이 첫 번째 설명이다.

2) 시간

이 접근법은 들뢰즈와 그 밖에 많은 비평가에게 있어 근본적이다. '영화가 시간을 지각으로 변형시키기 때문에' 대중 예술이라고 생각한다. 우리는 영화에서 시간의 가장 강력하고 명백한 생성(devenir)을 본다. 영화는 실제로 경험된 시간과 구별되는 시간의 감정을 창조한다. 좀 더 명확하게 영화는 '시간의 내적 의미를' 재현으로 변형시킨다. 이 재현의 간격 덕분에 영화의 대중은 운명과 거리를 두기 위해 공간 속에서 시간을 유예하기를 바란다. 이 가설은 가장 대중적인 형식이며 생산물인 음악에 영화를 접근시킨다. (당연히 대중음악보다는 위대한 음악에서 더더욱) 음악은 시간과 거리를 둔 구성체이다. 아주 간단히 말해 음악은 시간을 듣게 하고, 반면에 영화는 시간을 보게 한다. 또한, 영화는 시간을 듣게도 하지만, 음악이 영화에 삽입되기도 한다. 그렇지만 오랫동안 무성이었던 영화의 고유성은 시간을 보게 하는 것이다. 영화는 모든 사람을 매혹한다. 이것이 두 번째 설명이다.

3) 일련의 예술들

영화는 다른 예술에서 대중적인 모든 측면을 수용한다. 예컨대, 귀족적 요구로부터 일단 분리되고, 걸러지고, 고립된 대중을 대상으로 할 수 있는 모든 것을 받아들인다. 제7 예술인 영화는 다른 여섯 예술로부터 가장 명백하게 유적 인류에게 운명 지어진 것들을 가져온다.

영화는 회화에서 무엇을 가져오는가? 그것은 감각적 세계의 아름다움을 재생산 가능한 이미지로 바꾸는 순수한 가능성이다. 영화는 회화의 지적인 기술도, 형식화와 재현의 복잡한 양식도 가져오지 않는다. 단지 영화는 외부 세계와 일치하는 감각적 관계를 가져온다. 이런 점에서 영화는 그림 없는 회화이며, 그림 없이 그려진 세계이다.

영화는 음악에서 무엇을 가져오는가? 그것은 음악 구성의 특별한 어려움도, 주제의 수평이나 하모니의 수직 배열의 섬세함도, 심지어 음색의 화학 작용도 아니다. 영화에서 중요한 것은 음악의 보이지 않는 리듬이 가시적인 내용 전개로 드러난다는 점이다. (오늘날 가장 일상적인 생활에 이르기까지) 영화가 모든 곳에서 강제하는 것은 시각과 청각에 대한 일종의 변증법이다. 음악적 구성에서 재현 가능한 모든 존재를 채우는 것이 바로 영화의 주된 작업이다. 음악과 존재의 낯선 조합, 주관적인 연주, 드라마의 선율이 아름다운 반주, 극적인 전환의 순간의 오케스트라 구두점 등은 대중적 감정을 불러일으킨다. 이 모든 것은 음악 없는 음악, 음악적 문제에서 자유로운 음악, 내러티브나 주관적인 소재에서 차용하고 복원된 음악으로 드러난다.

영화는 소설에서 무엇을 가져오는가? 그것은 주관적인 형식의 복잡성도, 문학적 구성의 무한한 수단도, 어떤 시대의 '정서적 풍미'를 참신하고 완만하게 재구성하는 것도 아니다. 영화가 편집광적으로 탐욕스럽게 필요로 하며, 필요의 명목으로 영화가 끊임없이 요구하는 것은 우화나 이야기로, 즉 시나리오이다. 영화가 예술과 상업을 분리할 수 없는 대중예술이기에, 영화는 반드시 위대한 이야기를 누구나 이해할 수 있게 이야기해야 한다.

영화는 연극에서는 무엇을 가져오는가? 배우들의 매력과 아우라를 가져온다. 연극이 기본적으로 필요로 하는 문학 텍스트의 힘으로부터 이 아우라를 분리하면서, 영화는 배우를 스타로 변형시킨다. 영화는 배우를 스타로 변형시키는 장치라는 또 다른 정의가 가능하다.

영화가 다른 모든 예술에서 무엇인가를 수용하는 것은 절대적으로 사실이다. 그러나 이러한 수용과정은 다소 복잡하다. 왜냐하면, 이 과정은 정교한 각각의 예술적 조건들로부터 공통되고 접근 가능한 요소를 분리하기 때문이다. 영화는 모든 예술에 열려 있고, 각 예술의 귀족적이고, 복잡하며, 복합적인 면을 완화시킨다. 그리고 영화는 이러한 열림을 공통된 존재의 이미지에게 전달한다. 회화 없는 회화, 음악 없는 음악, 주체 없는 소설, 배우들의 매력에 이끌린 연극으로서의 영화는 이 모든 예술의 ‘대중화’를 확실히 이끈다. 그런 이유로 영화는 보편적 사명을 가진다. 따라서 세 번째 가설은 제7 예술이 다른 여섯 예술의 민주적 행위로서의 대중 예술이라는 점이다.

4) 순수하지 않음

영화에서 예술과 비예술의 관계를 검토해보자. 영화는 언제나 비예술의 경계에 있었기에, 대중 예술이라고 단언할 수 있다. 영화는 비예술의 요소가 ‘많은’ 예술이며, 진부한 형식으로 가득 찬 예술이다. 이러한 요소 때문에, 영화는 언제나 예술 ‘아래에’ 놓여 있다. 심지어 영화의 가장 뚜렷한 예술적 성취조차도 비예술의 명백한 파편과 요소들의 내재적 무한성을 포함하고 있다. 짧은 영화사의 시대별 영화는 예술과 비예술 간의 경계를 탐색했다고 할 수 있다. 영화는 이 경계에 놓여있다. 영화는 예술이건 아니건 존재의 새로운 형태를 통합시키며 일종의 선택을 하는데, 그 선택은 결코 완전하지 않다. 그래서 어떤 작품에서건, 심지어 순수한 걸작에서도 전형적인 형태, 이미 다른 곳에서 많이 본 이미지들, 어떠한 흥미도 끌지 못하는 사건들, 통속적인 소재, 평범한 이야기를 수없이 발견할 수 있다.

로베르 브레송은 예술적 비존재의 저항에 대해 유독 비판적이었다. 그는 순수한 예술을 바랬고, 이 순수함을 ‘영화적 글쓰기’라고 부른다. 하지만 그것으로도 부족하다. 브레송의 작품에서도 역시, 매우 진부한 시각적 표현 그리고 감각적으로 통속적이며 이해할 수 없는 개입을 볼 수 있다. 본질적으로 무의지적인 불순물(不純物)에도 불구하고, 브레송의 많은 작품은 예술적 걸작이다. 하지만 이런 순수하지 못함은 영화가 대중적이 될 수 있다는 점을 명확히 해준다. 왜냐하면, 우리는 영화에서 언제나 풍부하게 제시되는 ‘비예술’을 토대로 영화 예술에 들어가야 하기 때문이다. 다른 예술에 있어서는 그 반대이다. 우리는 예술의 위대함을 바탕으로 그 예술의 결점이나 비예술 부분 속으로 들어가야만 한다. 그래야만 영화에서 '우리는 높은 곳으로(예술 속으로) 올라갈 가능성이 있다'고 말할 수 있다. 우리는 가장 보편적인 재현에서, 가장 저속한 감성에서, 통속함에서, 심지어 비겁함에서 출발할 수 있다. 우리는 정말로 평범한 관객이 될 수 있다. 우리는 영화를 접하는 데 있어 다소 잘못된 취향을 가질 수 있다. 하지만 이런 것들이 우리가 높은 곳으로 올라갈 수 있는 가능성을 막지 못한다. 우리는 아마도 정제되고 강력한 지점에 도달할 것이다. 영화는 우리에게 반대의 접근 방법을 요구하지 않는다. 반면 귀족적 예술에 있어서, 우리는 높은 곳에서 낮은 곳으로 내려올까봐 언제나 두려워한다. 영화 예술의 가장 커다란 민주적 장점은 토요일 저녁에 쉬기 위해 그리고 예기치 않은 놀라움을 선사 받기 위해 극장에 갈 수 있다는 것이다. 아리스토텔레스는 선(善)을 행하면 '그 과정에서' 기쁨이 우리를 찾아올 거라고 말한다. 한 편의 영화를 볼 때, 흔히 그 반대와 마주친다. 우리는 대개 (어디서나 나타나는 비예술 때문에) 의심스럽지만, 즉각적인 기쁨을 느낀다. 예술의 선(善)은 그 과정에서 생긴다.

영화에서 우리는 순수하지 않음을 통해 순수로 나아간다. 다른 예술의 경우는 그렇지 않다. 형편없는 그림을 일부러 보러 갈 수 있는가? 형편없는 그림은 잘 그리지 못한 그림일 뿐이고, 이 그림이 탁월한 그림으로 바뀔 희망은 거의 없다. 여기서 우리는 높은 곳으로 올라가지 못하며, 잘 그리지 못한 그림 속에서 길을 잃는다. 또한, 거기 있다는 사실로 인해 우리는 이미 낮은 곳으로 떨어지고 추락한 귀족이다. 반면 영화에서 우리는 언제나 높은 곳으로 올라갈 수 있는 민주주의자이다. 바로 이것이 역설적 관계이다. 민주주의와 귀족주의의 역설적 관계는 결국 예술과 비예술 간의 내적 관계이다. 그 관계는 영화의 정치적으로 중요한 의미를 만들어낸다. 다시 말해 영화는 사유적 작업과 일상적 견해가 만나는 결과를 가져온다. 다른 예술에서는 이러한 민감한 만남을 동일한 형식으로 발견하지 못한다.

이것이 네 번째 가설이다. 영화적 움직임이 민주적이기에, 영화는 대중 예술이다. 그리고 그 움직임을 통해 영화는 경계를 만들고, 순수하지 않음 그 자체를 만들면서 비예술에서 빠져나온다.

5) 윤리적 형상

영화는 형상의 예술이다. 단지 활동적인 장소와 가시적인 공간에 대한 형상이 아니다. 영화는 무엇보다도 활동적인 인류를 대변하는 위대한 형상 예술이다. 영화는 공통의 가치에 맞서고 행동의 보편적 무대를 보여준다. 기본적으로 영화는 영웅들이 거주하는 장소이다. 우리의 세계는 너무 상업적이고, 가족 중심적이며, 거의 영웅적이지 않다. 오늘날에도 여전히, 위대한 도덕적 형상을 그려내지 않는 예컨대 악에 맞서는 미국적 선(善)의 위대한 투쟁 없는 영화를 상상할 수 없다. 심지어 갱스터 영화에도 오로지 악에 대한 내부적 제거, 속죄의 결정, 양심의 문제만이 있다. 가장 비열하고 잔인한 행위는 교훈적인 교화를 위한 이성의 교활한 속임수이다. 경찰들에 있어서도 마찬가지이다. 오늘날, 공명심이 분명한 천사 같은 경찰 서장은 대개의 경우 여자인데 경찰들 가운데 깨어 있다. 조롱적인 우화, 단정적이고 순수하지 않은 이야기, 더러운 위선 같은 이야기에는 감탄할만한 어떤 것이 있다. 고대의 원형 경기장에서 공연된 셀 수 없이 많은 평범한 작품이 우리에게 전해지지는 않았기에, 비록 그리스 비극에 대한 우리의 생각이 가장 고귀하고 아마도 가장 부정확할지라도 고대의 영화인 그리스 비극이 놀라웠던 것처럼 위의 이야기에도 놀라운 어떤 것이 있다. 영화사의 걸작은 무르나우의 세 작품,

프리츠 랑의 한 작품, 에이젠슈타인의 두 작품, 그리피스의 네 작품, 채플린의 여섯 작품처럼 십여 편에 불과하다. 그 결과 우리는 이런 걸작들의 압도적인 평범함과 순수하지 못함을 더 이상 보지 못한다. 하지만 우리는 인간적 삶의 주요한 갈등에 대한 극단적이고 전형적인 형상을 수많은 대중에게 제시하는 그리스 비극의 궁극적인 목적을 되새겨 볼 수 있다. 그리스 비극은 평범한 소재를 사용해 미친 왕들이나 독살하는 여자, 늙은 범죄자의 믿을 수 없는 이야기로 전쟁, 열정, 정의와 불의, 진리에 대해 말한다. 영화 또한 용기, 정의, 열정, 배반에 대해 이야기한다. 멜로드라마, 서부극, '스페이스 오페라'와 같이 가장 규범화된 위대한 영화 장르는 윤리적 장르들, 다시 말해 인류에게 도덕적 신화를 제시하기 위해 말을 건네는 장르들이다.

철학은 비극, 연극, 시각 예술과 행위 예술의 순수하지 않음에 대한 방대한 논의에서 시작됐다. 공적인 무대로 확장된 수사학적 가시성 속에서, 플라톤의 주된 대화 상대자는 토론문화에 대단한 성과를 올린 소피스트(sophist)이거나 민주적 대중이다. 오늘날 철학이 자신의 활동을 확장하면서, 영화에 대해 폭넓게 논의한다는 것은 놀랍지 않다. (텔레비전을 포함하여) 영화와 그 파생물은 비극과 종교 이후 (예외도 제한도 없이 모두에게 접근 가능한 가시적인 정신의 예속화에 대한) 세 번째 역사적 시도를 인간적 규모로 그려낸다. 민주주의 정치꾼들과 '커뮤니케이션 조언자'라고 명명된 소피스트 역시 이러한 시도에 포함된다. 이제 영화의 스크린은 그들에게 최후의 시험무대이다. 여기서, 질문은 단지 목표만을 변경한다. "만일 현실의 외관을 재현하는 최고의 기술이 있다면, 그 기술은 영화이며, 대중 예술로 만들 수 있다. 그렇다면 영화는 '진리'라는 이름하에 철학이 지지하는 어떤 비틀림이나 변형을 강제하는가?

플라톤은 초월적인 미메시스(mimesis)[2] 측면에서 답을 찾는다. 플라톤은 모습을 드러내지 않는 이데아를 드러내는 모든 것의 참여를 형상적인 외관과 대립시킨다. 이런 태도는 유한하고 완벽한 수학, 유한수, 형상처럼 그 자체로 외관으로부터 벗어난 지지대를 요구한다. 하지만 오히려 우리는 내재적이기보다는 영원하고 무한한 현실복제와 연관 지어서, 가시적 세계 속에서 과잉된 가시성을 추구한다. 이 경우엔 세트, 위상(位相) 기하학, 묶음과 같은 무한하고 완벽한 수학이 필요하다. 플라톤은 불멸의 '신화들'을 통해 진리 대신에 이미지를 이해한 것처럼, 알레고리를 통해 현실의 외관을 파악한다. 마찬가지로 우리도 영화가 영화 그 자체를 통해 극복하기를 바랄 뿐이다. 이미 '영화로서'의 철학이 존재하기에, 향후 영화적 철학이 도래해야 한다. 결과적으로 철학은 대중 철학이 될 수 있다.

≪크리틱크≫(Critique) 특별호,
영화-철학(Cinéphilosophie), 2005년 1-2월호.

2 [역주] 그리스어로 모방인 미메시스는 복제라기보다는 재현에 더 가까운 의미이다.

29 시작의 끝

장-뤽 고다르와 장-피에르 고랭(Jean-Pierre Gorin)의
<만사형통>(Tout va bien, 1972)에 대한 고찰[1]

필자가 제안하고자 하는 공식은 <만사형통>이 거의 막바지에 다다른 좌파주의의 알레고리라는 점이다. 영화는 1968년과 1972년 사이에 일어난 상황을 담아내고 있지만, 결국 어떻게 끝났는지 암시적인 (혹은 무의식적) 가정 하에 종합적인 방식으로 그려내고 있다.

구체적으로 말하자면, 어떤 시작의 끝이다. 시작의 끝은 진정한 시작을, 아니면 시작 이전에 있었던 또 다른 시작을 여는가? 불확실한 시작은 이 영화를 마치 붉은색과 푸른색이 뒤섞인 빛깔처럼 새벽인 동시에 석양으로 물들게 한다.

<만사형통>은 잠재적으로 정치적 결산이다.

부차적으로, 영화는 1968년 혁명[2] 이후 고다르가 활동가로서 이미지 집단 창작에 전적으로 전념하던 오랜 실험 시기를 거친 후 영화로 되돌

---

1 ‘우리가 인생의 주인이다.’라는 협회의 초청으로 ‘장-뤽 고다르 : 정치적 시기’라는 제목의 회고전에서, 2003년 1월 14일 낭트(Nantes)의 한 강연에서 발표한 텍스트.

2 [역주] 프랑스에서 1968년에 일어난 기존의 가치와 질서에 대한 저항운동과 총파업투쟁. 68혁명 또는 68년 5월 혁명 등으로 불린다.

아온 것이다.[3] 영화로 되돌아왔다는 의미는 이 영화가 이브 몽탕(Yves Montand)과 제인 폰다(Jane Fonda)라는 스타를 전면으로 내세우며 사건과 이야기 전개 등을 통해 '진짜 영화'를 구현하기 때문이다. 그리고 어쩌면 힘든 시기였던 적군파 시대의(annee rouge)[4] 동지인 고랭에게 '진짜' 영화를 경험할 기회였을 것이다.

하지만 영화는 프랑스의 불안정한 상황과 사건의 현재성 때문에 영화로 만들기 어려웠으며 상당히 많은 제약이 뒤따랐다. 프랑스 영화라고 보기에 거의 불가능한 작품인 <만사형통>은 프랑스의 현실에 바탕을 두면 둘수록 훨씬 비현실적이다. 이처럼 영화의 스펙트럼은 프랑스의 실재 극좌주의 사람들이 생각하는 것만큼 극좌주의가 아니라는 것을 (퐁피두와 그 밖의 다양한 사람들로 대표하는) 프랑스 현실의 두터운 다양함을 통해 볼 수 있게 한다.

극좌주의, 막바지에 다다른 상황, 알레고리라는 이 세 가지 공식을 하나씩 살펴보자.

– I –

극좌주의

'극좌주의'를 혁명적인 정치의식의 한 형태라고 부르는 것이 적합한데, 극좌주의는 한편으로 마르크스주의의 중요한 개념을 승계하고 다시 활성화시키지만, 다른 한편으로 공식적인 조직인 프랑스 공산당과 그

3 [역주] 고다르는 지가 베트토프 집단(Group Dziga Vertov)을 만들어 혁명 영화의 생산과 제작, 배급을 선언하며 자본에 대항하는 급진적 영화 만들기를 모색한다.

4 [역주] 극좌주의의 한 분파.

산하 노동총연맹(CGT : Confédération générale du travail)[5]과 같은 기관에서 사용하는 개념의 해석에 대해서는 격렬하게 대립한다.

<만사형통>은 한 장면을 통해 위에서 정의한 두 가지 견해를 보여준다.

우선, 이 장면은 계급투쟁의 전형적인 에피소드에 해당된다. 영화의 중심 줄거리는 식품공장에서 사장을 감금하고 공장을 점거하는 파업을 양식화한다. 이 에피소드는 올리다(Olida)표[6] 햄을 만들었던 파리 근교의 공장에서 극좌파들이 벌였던 파업에서 영감을 얻었다. 영화의 마지막에서, 마오주의 운동가 그룹은 지방의 한 슈퍼에서 고객들이 돈을 내지 않고 계산대를 지나가도록 이끄는 (혹은 강요하는) 거친 행동을 보여준다. 특히 이 장면은 1971년에 필자가 속했던 또 다른 마오주의 그룹인 프랑스 마르크스-레닌주의 공산주의 연맹(UCFML-L'Union des communistes de France marxiste-léniniste)[7]이 BHV[8]에서 실시한 격렬한 시위를 떠오르게 한다. 중산 계급 출신의 '증인'인 영화감독 이브 몽탕과 기자 제인 폰다는 우연히 이 사건에 휩쓸린다.

<만사형통>은 노동자 계급의 이야기를 중심에 놓는다. 영화는 젊은이와 나이 든 사람, 백인과 흑인, 파업참가자와 파업을 걱정하는 사람, 마오주의자에게 교육받은 사람과 그렇지 않은 사람, 노조원과 반-노조원 등과 같은 모든 형태의 노동자를 보여 준다. 영화는 파업의 어려움과 소수의 행동을 충실히 표현한다. 파업의 정점에서, 시위자들은 사장에게 "네가 이런 식으로 계속한다면 노동자 계급이 네 엉덩이를 걷어찰 거

---

5 [역주] 프랑스 노동조합 중 규모가 가장 큰 조직.

6 [역주] 1855년 에르네스트 올리다(Ernest Olida)가 세운 식품업체.

7 [역주] 1969~1985년까지 활동했던 프랑스 마오주의 그룹.

8 [역주] 파리 중심가에 자리 잡은 고급 상점.

야.”라고 합창한다.

영화는 군중이 분노하는 폭력의 정당성을 보여 준다. 공장에서와 마찬가지로 슈퍼에서도 조합의 임원과 회사의 간부들이 싸우는 장면이 많다. 노동자들은 사장을 화장실에 가지 못하게 막고, 그래서 사장은 야유를 들으며 복도를 뛰어다닌다. 한 젊은 여성 노동자는 투쟁 찬가를 낭독한다.

이 모든 장면은 역사적 운동의 의미 속에서 통합된다. 사실 허구는 현실 이야기를 일종의 르포르타주로 재구성하며 보완한다. 당시 가장 과격한 마오주의 조직이었던 프롤레타리아 좌파가 1969년 펠랭(Felins)[9]의 르노(Renault) 공장에서 주도한 시위가 있었는데, 이에 대한 공화국 보안 기동대(CRS : Compagnies Républicaines de Sécurité)[10]의 공개적인 진압은 특히 허구가 현실을 보여주고 보충한다는 점을 잘 보여준다. 이 시위에서 젊은 활동가인 질 토탱(Gilles Tautin)이 죽는다.

바로 이런 점들이 마르크스주의의 충실성에서 기인한다. 프랑스 공산당과 노동총연맹(CGT)과의 힘겨운 갈등인 두 번째 논점은 (공장 사무실 건물 계단에서의 싸움을 별개로 두더라도) 노동조합 대표의 대단히 긴 연설이 사장의 연설과 정확히 대칭을 이루고 있으며, 실제로 둘 다 경제적 객관성이라는 동일한 지시대상에서 출발한다는 사실이다. 활기 없는 동시에 위협적으로 힘겹게 내뱉는 느린 연설은 형식적으로 당시 마오주의 운동 전체에 있어서 노동조합을 대표하는 형상을 양식화한 것이다. 통계 자료, 숙고되고 신중한 행동, 투표참여 독려, ‘선동자’의 고발 등, 이 모든 것은 근본적으로 (프랑스 공산당의 용어인) 극좌주의와 대립한

---

9 [역주] 파리 근교의 도시.

10 [역주] 1945년 창설된 프랑스 시위 진압부대.

다. 왜냐하면, 극좌주의는 모든 현실적 대결에서 그 순간의 주관적인 힘, 혁신과 단절에 대한 부분적 의지, 창조적 유보에 우선권을 부여하기 때문이다. 여기서 극좌주의는 객관적인 대중을 절차에 따라 전술상 조정하는 지배에 맞서는 주관적인 가능성과 자기 자신을 위한 가치에 방점을 둔 지배처럼 그려진다.

극좌주의자의 입장에서, 이런 대립은 다소 고립되고 부분적인 투쟁일지라도 가치 있는 본보기가 된다. 이런 점에서, 상황을 미화하지 않는 <만사형통>은 일종의 고독한 사례적 힘을 보여주는 동시에 고통을 수반한다.

이러한 특질들은 (아무런 구별 없이 '마오주의자'라고 통용되고) 명칭이 부여되지 않은 채로 있는 정치조직인 프롤레타리아 극좌주의라는 사실 때문에 더욱 과장되었다고 말할 수 있다. 그 당시에 자체적으로 해체되기 직전의 프롤레타리아 극좌주의는 특별한 수사학적 방식으로 폭력, 본보기, 현재에 대한 예찬, 내재적인 혁명적 주제 등을 지나치게 강조했다. 이런 점은 전반적인 상황에 대한 지나치게 긴장된 시각, 즉 표현되고 발표된 것과 프랑스의 총체적인 상황 사이의 엄청난 거리감의 결과이다. 이러한 괴리감 때문에 훗날 무모한 일부 프롤레타리아 극좌주의의 많은 간부가 변절해서 의회 '민주주의'에 가담하는 원인이 된다.

고다르가 구현하는 '도덕적'이고 예술적인 목적은 극좌주의가 결국 과장된 정치적 맥락에서 사용되었음을 우리에게 보여주는 것이다. 실제로 고다르는 이 정치적 맥락을 '의식의 전환'을 위한 근원적 에너지로 활용한다.

말하자면, <만사형통>은 GP(Gauche prolétarienne)[11], 프랑스 마르크스

---

[11] [역주] 이 단체는 1968년 9월에 창설된 조직으로서 마오주의를 주창한다.

-레닌주의 공산주의 연맹(UCFML), 혁명 만세(VLR : Vive la Révolution)와 같은 모든 마오주의 조직이 제도적이거나 관습적인 방법을 통해서가 아니라 적극적인 방식으로 공장에 개입했던 역할과 동일한 역할을 한다. 예컨대, 노동조합에 대해 솔직한 적대감을 드러내는 마오주의 조직들은 상황의 전개 속에서 정치적 증인으로서의 노동자 집단의 자발적인 조직을 노동조합과 대립시킨다. 실제로, 노동자 집단은 이름 없는 대다수가 관련된 실질적인 선봉대이고, 파업, 점거, 감금과 같은 실재적 에피소드를 통해 여과된 노동자들이다.

– II –

막바지에 다다른 상황

<만사형통>은 애매모호한 제목이다. 이 제목은 1972년 프랑스의 상황뿐만 아니라 현재 상황에서 영화가 무엇을 보여줄지에 대한 일종의 과다하고 의도적인 선언인 것 같다. 지식인들은 이런 방식이 중국 혁명가들의 형식임을 알고 있다. 이것은 기본적으로 1966~1968년 문화혁명의 '어려운' 시기 동안, 그리고 최종적으로 1966~1976년까지 '4인방'(장칭, 야오원위안, 왕훙원, 장춘차오)[12]의 영향력이 지속됐던 전 기간 동안 지속된 형식이다. 습관적으로 우리는 위험이 쌓이고 정치적 문제가 얽혀서 풀 수 없게 될 때, '상황은 뛰어나다(excellente)'라는 긴 제목의 기사를 쓰곤

12 [역주] 문화혁명 기간 동안 무소불위의 권력을 휘둘렀던 4명의 중국공산당 지도부를 지칭하며, 마오쩌둥의 부인이었던 장칭을 비롯하여 정치국 위원이었던 야오원위안, 중국공산당 중앙위원회 부주석 왕훙원, 정치국 상임위원 겸 국무원 부총리 장춘차오를 가리킨다. 1976년 9월 마오쩌둥이 사망한 지 한 달 만에 이들 사인방이 체포되면서, 문화대혁명은 막을 내린다.

했다. 이것은 "사회적인 혼란은 뛰어난 일"이라는 마오쩌둥의 언급에서 알 수 있다. 따라서 4인방이 아니라 실제로 5인방이었다는 증거이다.

고다르와 고랭이 영화로 '모든 일은 잘되고 있어.'라고 고급스러운 유머로 선언했을 때, 그들은 어찌 됐건 간에 이런 문화의 일부분에 속한다. 그렇다고 마오쩌둥의 선언의 유머도 미흡한 것은 아니다.

사실 1972년이라는 연도가 갖는 중요한 위상을 기억해야만 한다. 그 해는 아무런 의심의 여지 없이 대중들의 저항의 물결이 굽이치는 시기였고, '68년 5월 혁명'이라는 구문은 이 굽이치는 물결의 기준이 되었다. 그리고 68 혁명의 정치적 독창성은 1967년과 1971년 사이에 정점에 이르렀다. 이러한 사실은 고등학생, 대학생, 지식인, 시민 등이 상호 결합되어 나타난다. 왜냐하면, 노동자 입장에서 새로운 정치 운동은 훨씬 더 나중에 나타나기 때문이다. 노동자들이 새로운 정치적 운동을 자각한 것은 아마도 1976년과 1979년 사이에 있었던 소나코트라(Sonacotra)[13] 노동자 기숙사에 대한 커다란 파업까지 기다려야 할 것이다. 하지만 젊은 운동가 집단에서 1972년 초부터 심각한 '피로감'을 호소했다는 점은 이론의 여지가 없다. 프랑스 전체를 놓고 명확한 사실을 보자면, 본질적인 것은 아무것도 흔들리지 않았고, '권력 장악'이라는 가설은 그것이 어떤 형태가 됐건 비현실적이었으며, 다수의 그룹들은 자체적으로 해체하거나 와해되기 시작했다. 그러면서 5년 동안 열성적인 활동으로 나이가 찬 젊은이들의 대다수는 종종걸음으로 집이나 학교로 되돌아갔다. 무대 뒤에서는 공산주의와 사회주의가 공동으로 프로그램을 준비하고, 사회당에서는 권력을 향한 미테랑의 대장정이 시작됐다. 1980년대 초에는, 기성 체제에 비판적인 대다수의 젊은이들과 1968~1972 시기의 마오

---

[13] [역주] 계절 노동자나 이동이 잦은 노동자를 위해 전국 각지에 지은 기숙사.

주의자들은(대개의 경우 그들은 하찮은 권력을 탐하는 애 늙은이가 된다.) 공식적인 좌파로 한데 모였다. 그리고 그들 가운데 상당수가 1976~1977년부터 '신철학'이라는 낯선 이름으로 불리는 반-혁명, 반-마오주의의 행렬 속으로 빠져들었다.

이런 부류의 과거로의 회귀가 자리 잡는 데에는 물론 많은 시간이 걸렸다. 대다수의 운동가들이 주관적으로 보기에, 이런 회귀는 1972년에 시작된 것이 확실하다.

바로 그 해, 비앙쿠르(Billancourt)의 르노(Renault) 공장 앞에서 젊은 마오주의자인 피에르 오베르니(Pierre Overney)가 트라모니(Tramoni)라는 경비원에 의해 살해됐다. 모든 성향의 극좌주의가 결집한 슬픔에 잠긴 항의시위는 전례 없는 가장 커다란 규모의 거리 시위를 펼쳤다. 그러나 대개 그렇듯이 이 시위는 이런 규모의 마지막 시위가 됐는데, 왜냐하면 그 시위의 중요성 자체가 시위 군중의 정치적 미숙함을 드러냈기 때문이다. 예컨대, 다양한 시도들, 제한적인 행동, 소수의 생각, 모든 미디어의 여론조작으로 인해 와해되는 조직, 반대적 경향 등으로 나타난다. 간단히 말해 일반적인 피로감으로 인해 모든 것은 되돌아간다. 가장 참을성이 많은 사람들, 혹은 다른 의견을 지속적으로 실험하는 가운데 생각을 바꿀 줄 아는 사람들만이 이 시련의 승자가 될 것이다. 하지만 그런 사람은 많지 않았다.

고다르와 고랭의 작품이 이 모든 것을 기대했다고 말할 수 있을까? <만사형통>이 이와 같은 예상을 명백하게 통합했다고 주장하는 것은 과장일 것이다. 하지만 영화의 우울한 어조는 영화의 목적인 시작의 끝이라는 질문을 잘 구성하고 있다. 다음과 같은 세 가지 지표가 있다. 첫째, 이 영화의 일반적인 도식은 정치적 갈등이나 저항의 의미로 결정되지 않는다. 사실 작품을 이끄는 요소는 (이브 몽탕이 연기한 영화감독인)

한 프랑스 남자와 (제인 폰다가 연기한 기자인) 한 미국 여자가 이루는 커플의 운명적인 미래이다. 따라서 이것은 간접적 방법인 집단적 실천의 주관적 효과의 문제이지, 이 실천을 직접적으로 평가한 미래의 문제가 아니다. 진짜 질문은 다음과 같다. 모든 사람이 자신을 위해 심리적으로 시작할 수 있게 허용하고, 아마도 완결된, 역사적인 이 시작은 무엇인가? 둘째, 영화는 세세한 부분을 보여준다. 세부 사항은 (이브 몽탕과 제인 폰다가 그와 같은 경험이 전혀 없는) 가령 그 특징들이 교육적인 효과를 띠고 있다고 하더라도, 공장의 상황이 제한적이고, 불안정하고, 소수이고, 고립되었다는 것을 증명한다. 셋째, 저항하고 투쟁하는 장면들의 가치는 어떤 정치적 '구성'과 관계가 없지만, 이데올로기와는 연관된다. 일반적으로, 미친 듯이 날뛰는 이데올로기주의는 그 시대의 특성이었고, 부분적으로는 프롤레타리아 극좌주의의 특성이었다. <만사형통>은 이 모든 것의 근본적인 역사성, 있었던 모든 것의 분열, 그 결과 이 모든 경험, 특히 이 커플의 구체적인 경험의 가능성에서 수단으로 결말짓는다. 그러나 영화는 기존 체제의 저항에 대한 정치적 미래에 대해서는 어떤 언급도 하지 않는다. 그런 이유로 영화는 시작의 영화이면서 끝의 영화이다. 부연하자면, 영화는 집단적인 끝에 대해 개인적으로 다시 시작할 수 있는 가능성을 결합한다고 말할 수 있다. 그래서 고다르 또는 고랭은 언제나 그랬듯이 실존주의자이다.

– III –

알레고리

<만사형통>의 형식적 구성은 대단히 추상적이다. 이 형식적 구성은 정치적으로 여과된 현실의 지표를 바탕으로 전적으로 인위적으로 짜여

졌고, 그리고 현실의 지표는 마오주의화한 극좌주의를 규범적 형식으로 삼는다. 다시 말해, 그 규범적 형식은 점거와 감금이 있는 파업, '정치 특공대' 형식의 개입, 시민들이 드러내는 불만, 경영진과 노조 간의 적대적인 두 세력을 과도하게 희화화하는 모습으로 나타난다.

필자가 놀란 점은 <만사형통>이 브레히트 연극의 영향을 많이 받았다는 것이다. 영화는 공들여 손질되고, '거리 두기'의 변증법 작용의 연속에 관한 문제이다. 7가지 예를 들어보자.

1) 공장은 일종의 수직 단면도로, 슈퍼마켓은 수평 단면도로 축소했고, 그곳에서의 다양한 행위는 폭(공장 단면에서는 여러 사무실이나 계단이 동시에 보인다.)과 깊이(슈퍼마켓에서는 전면에 계산대가 그리고 배경으로는 마오주의자들과 경비원들의 싸우는 모습이 보인다.)로 동시에 포착된다. 마치 연극에서처럼 영화 세트 안에서, 몇 명의 배우들과 단역들로 심지어는 한 무리나 '군중'으로 표현된다. 이 형식을 형상적인 최소주의라 부를 수 있다.

2) 결과적으로 집단적 상황의 분절된 형태는 모이고, 뛰어다니고, 싸우고, 기다리고, 대화하는 전형적인 몇 가지 행동으로 나타난다. 이처럼 형식화된 제스처는 브레히트의 작품에서처럼 대개는 슬랩스틱 코미디의 효과를 연상시킨다.

3) <만사형통>은 카메라를 정면으로 응시하며 긴 독백을 하는 장면들로 강조된다. '말하는 사람'은 자기 이야기에 몰입해 거의 고정돼 있고, 그 말은 되도록 침묵 속에서 느리게 그리고 다른 장면들과 교차한다. 그의 초기 영화들에서부터 고다르가 활용하는 (어떤 점에서는 그가 고안한) 이러한 인위성[14]은 청교도적 기독교인인 고다르에게 있어 의식을 시

---

14 [역주] 브레히트의 '거리두기' 효과에 영향을 받은 '낯설게 하기 기법'을 지칭한

험하고 성찰하는 중요성을 양식화하는 것이다. <만사형통>에서, 인위성은 자연스럽게 이브 몽탕과 제인 폰다의 대사 속에 이러한 기능이 잘 내포되어 있다. 예술적 야심이 다소 있는 몽탕은 극좌파가 파견한 프랑스 공산당의 동지이고, 감독이라는 직업을 가진 미디어 스타일의 중산층 역할로 등장하는데, 그 역할은 대단히 흥미롭다. 고다르는 이러한 인위성을 통해 영화 스타 시스템 전체를 전복하고 조롱한다. 이러한 인위성의 활용은 다음과 같은 저항하는 장면의 알레고리적 형상의 방향으로 확장된다. 예컨대, 사장, 노조 임원, 폭력적인 젊은 여성 노동자, 파업에 가담한 늙은 노동자, 프롤레타리아 극좌주의의 강령에 따라 자신이 누구인지 밝히지 않고 '대중 속에 파고드는' (정치적 이유로 공장에 일하러 온 지식인인) 확고한 마오주의자, 이 모든 것들은 알레고리적 형상이다. 탁월한 고다르와 고랭은 이 마오주의자를 다른 노동자들과 유사한 옷을 입히지 않고 이상한 스웨터를 입혀 눈에 띄게 만든다.

4) 팰랭(Felins)에서 치러진 질 토탱(Gilles Tautin)의 죽음을 애도하는 추모 행사, 공화국 보안 기동대(CRS)와의 다양한 충돌 장면, 텔레비전 프로그램 등 같은 실재나 재구성된 다큐멘터리의 자료화면 단편들은 역사의 복잡한 중요성과 당파성이 드러난 양식화 간의 변증법이 작용하도록 영화 속에 삽입된다.

5) 영화 속 장면에서 보이는 그토록 많은 '지시 패널'처럼 외적인 알레고리는 안개 낀 장엄한 풍경, 벽돌로 만들어진 공장 벽을 훑어가는 장면과 같은 전체 상황에서 명료하지 않은 것들을 분명히 한다.

6) 이미 앞에서 언급한 것처럼[15], 필자는 저항의 빨간색, 옛 세계의 푸

다. 우리에게 친숙하고 익숙한 것을 낯설게 보이게 함으로써 또 다른 사유와 행동을 유발한다.

15 [역주] 24장 휴고 산티아고의 작품을 색채적 측면에서 접근한 내용.

른색, 불확실함의 하얀색과 같은 색깔의 상징에 대해 이야기했다. 이 세 색깔은 프랑스 국기의 색깔이다. 프랑스는 영화의 첫 장면에서부터 '농부는 농사를 짓고, 노동자는 노동을 하는' 사람들로 채워진 나라라고 설명된다. 바로 그 나라에서 '모든 일이 잘될 거야'라는 문구는 두 가지 의미로 표현된다. 반동주의 자에게, 모든 것은 평온하고, 결국에 '발전된 자본주의'의 연장 선상에 있다. 체제에 비판적인 사람들에게 '모든 일이 잘될 거야'는 깨어지기 쉬운 새로움일지라도 시도해볼 만하다는 복잡한 의미를 가진다.

7) 모든 것의 바탕은 상반되고 변증법이기에, <만사형통>은 체계적으로 파업과 노동, 사장 사무실과 감금, 공장과 딤(Dim)표 스타킹 광고의 영화이미지와 같은 많은 대칭을 활용한다. 고다르와 고랭에게 있어 가장 생생하고, 가장 실제적 모순은 영화작가의 운명과 영화의 미래에 대한 모순이다. 예컨대, 영화에서 딤표 스타킹을 신고 치마를 걷어 올린 파랗고 빨간 복장의 모델들이 몸을 흔드는 것으로 상업적으로 잘 팔릴 것인지, 혹은 파업을 표현하는 방법으로 대중에게 봉사할 것인지 사이의 모순이다. '혹은 … 또는 …'과 같은 선택의 문제를 나타내는 이러한 표현은 <만사형통>에서 여전히 거칠게 사용되고, 이 표현의 정점은 <열정>에 잘 나타난다. 필자가 생각하기에, 고다르는 영화를 영화 그 자체로 그리고 영화를 이미지의 무기력함과 권력에 대한 성찰로 점진적으로 되돌리면서, 이런 선택의 상황에서 벗어난다.

이 모든 방법은 과격한 이데올로기적 맹신과 느린 시간 사이에서, 장면의 불연속과 문제의 지속 사이에서, 일종의 풍요로운 두 영역 중간에서 영화를 지탱하게 하는 데 사용된다. 그렇게 되면 영화의 변증법은 다음과 같은 메시지를 전달할 수 있을지도 모른다. '우리는 저항할 이유가 있고, 그것이 모든 창작의 원칙이다. 그렇다고 해서 간교한 의식을

언제나 조정하는 엄격한 세계가 단순히 사라질 것이라고 믿지는 말자.'

– IV –

어떤 조건에서 새로운 것인가?

<만사형통>의 줄거리는 (농부들과 폭넓은 노동자들과의 정치적 연계를 통한 지식인들의 재교육이라는 측면에서) 재교육에 관한 것이고, 모티브 역시 마오주의에서 가져왔다. 영화는 중산층 출신의 예술가(고다르 자신?)와 한 젊은 여자의 재교육이다. 여자는 남자보다 훨씬 빨리 저항이 가져다준 기회를 곧바로 포착한다. 영화에서, 재교육의 직접적인 투쟁 형식은 받아들이지 않으며, 그들은 아무도 '마오주의자'가 되지 않는다. 단지 다음과 같은 간접적인 형식만을 수용한다. 예컨대, 영화와 탐사저널리즘 같은 창조적 삶, 그리고 연인, 연인의 일상, 개인 생활과 세상에 대한 행동 간의 변증법 같은 정서적 삶은 어쩌면 대중적 투쟁이 강요한 경험으로 변화된다.

여기에서 새로운 것을 주체에게 강요하는 것은 조직이 아니라 상황이라고 말할 수 있다. 상황은 '말한다'가 진짜로 무엇을 의미하는지 알려준다. 중요한 논점을 그리고 두려워하지 않고 말하는 것이다. 프랑스 마르크스-레닌주의 공산주의 연맹(UCFML) 마오주의자가 호소하고, 정치 조직(Organisation politique)의[16] 운동가들이 여전히 요청하는 것은 '선언'이다. 정치는 선언으로 시작하고, 이 선언의 결과로 계속된다. 제인 폰다는 <만사형통>의 주인공이다. 그런 이유는 공장 점거 때 노동자들의 행

---

16 [역주] 바디우가 다른 몇몇과 만든 활동가 조직으로 1985년부터 2007년까지 다양한 정치, 사회 문제에 적극적으로 참여했다.

동을 이해한 사람이 이브 몽탕이 아니라 바로 그녀이기 때문이다. 또한, 그녀는 '노동자 자신들에게 있어' 정말로 새로운 사람이기 때문이다. 바로 그 점에서 제인 폰다는 새로운 것이 사랑에서도 가능하다는 선언적 결론을 이끌어낸다.

근원적인 질문은 분명히 새로운 영화에 관한 질문이다. 이 질문은 1968~1972년 사이에 고다르가 몸 바쳤던 투쟁적 영화의 새로운 활용이 아니라, 보다 더 광범위한 대중을 대상으로 하고 <만사형통>의 오프닝 크레딧이 비꼬듯이 영화를 만드는 데 필요한 요소들을 재고하고 혹은 뒤엎는 새로운 영화에 대한 것이다. <만사형통>의 오프닝 크레딧은 요란스럽게 서명을 하는 수표를 바탕화면으로 성공의 필수적 요소를 열거한다. 예컨대, 스타들, 모든 부분의 기술자, 장비, 이야기, 사랑 이야기, 한 남자, 한 여자 등이다.

이런 점이 시작과 끝의 교차점이다. 1972년이 저물기 시작하는 시기의 정치적 저항의 조건에서 무엇이 영화에서 새롭게 시작되고 끝나는가? 영화로부터, 필연적으로 영화에 투자되는 자본으로부터, 영화가 만들어 내는 과거의 상징으로부터, (앙드레 말로가 전혀 반대 의미로 "한편으로 보면, 영화는 산업이다."라고 말했던 것처럼) '한편으로 보면' 어떤 새로운 것을 만들 수 있을까? 만약 새로운 것을 만들 수 있다면 모든 일은 잘될 것이다. 그렇지 못해도 모든 일은 또한 잘 될 것이다. 그러나 다른 의미로.

<만사형통>은 '모든 일이 잘될 거야'라는 다중적 의미에 대한 논의를 촉발시킨다. 물론 이러한 토론은 결론을 맺지 못한다. 만족스런 '민주주의'에서 정말로 '모든 일이 잘되어 가는가?' 그리고 영화에서는 모든 일이 잘 풀려 가는가? 만사형통이라면 좋은 일이다. 여러분이 이와 같은 것을 선언할 수 있고, 그 결과를 명확하게 인정할 수 있다 할지라도, 명

백히 그때는 아무것도 입증하지 못한다.

고다르의 <만사형통>은 시간을 초월한 낯선 아름다움으로 이러한 논의들을 선언한다. '모든 일이 잘될 거야'는 하나의 진술이고, 이 진술의 창조적 힘은 현실에서 실패로 돌아간 것처럼 보이는 모든 것에 맞선다. 또한 '모든 일이 잘될 거야'는 그들 자신에게만 답하는 정신이 아니라, 자유롭게 조직된 사람들의 정신이다.

≪영화 예술≫, 2005년 봄호.

30 예술의 차원

우디 알로니(Udi Aloni)의 <용서>(Forgiveness, 2006)

<용서>는 다른 모든 영화처럼 대사, 음악, 소음이 어우러진 음향과 두 개의 영역으로 이뤄진 이미지를 토대로, 영화를 구성한다.

하지만 필자가 보기에, 이 영화는 네 개의 영역으로 이루어진 세계이다. 우리가 보고 듣는 감각적인 대상으로서의 이 영화는 두 개의 시각적 영역과 하나의 청각적 영역으로 이루어진 세 개의 영역이 있다. 그러나 이 영화가 구성하는 예술적 관점은 관객을 변화시키고, 우리의 생각을 바꿀 수 있기에, 실제로 네 개의 영역을 가지고 있다.

필자는 네 개의 영역을 역사, 서술, 정신분석, 문화의 영역이라고 명명하고자 한다. 예술적 행위로서의 이 영화의 목적은 네 개의 영역을 포괄적으로 유지하려 한다. 따라서 다섯 번째 영역으로서의 예술적 차원은 다른 네 개의 영역이 잘 어우러졌을 때 실현된다.

이제부터 네 개의 영역을 하나씩 검토해보자.

<용서>의 역사적 영역은 명백히 이스라엘과 팔레스타인에 관한 성찰이다. 우디 알로니 감독은 '팔레스타인'이라는 존재 자체 때문에 이스라엘이 유대인의 보편성을 세계에서 구체화할 수 없다고 생각한다. 또한, 그는 팔레스타인 역시 '이스라엘'을 별개의 증오하는 존재나 이유 없는 폭력을 행사하는 대상으로 여기기 때문에 아랍의 보편성을 세계에서 구

체화할 수 없다고 생각한다. 우디 알로니는 자신의 영화들을 이스라엘인과 팔레스타인인 사이의 갈등이나 분열을 추상적이고 미리 정해놓은 시각에 짜 맞추지 않는다. 영토의 공유나 전쟁의 문제는 그에게 중요한 관심사가 아니다. 필자의 친구인 우디 알로니는 팔레스타인 국민이 이스라엘 본질 그 자체의 일부분이라고 생각하기 때문이다. 이러한 견해를 강렬하게 보여주는 이미지는 1948년 제1차 중동 전쟁[1]때 초토화한 팔레스타인 마을에 세워진 정신병원의 지하실을 채우고 있는 팔레스타인의 시체, 그들의 소지품이나 파편이다. 처음부터 고정관념처럼 이스라엘을 혼란스럽게 하고 영향을 끼친 것은 팔레스타인인에게 가한 절대적으로 잘못된 모습을 이스라엘의 존재와 분리할 수 없다는 사실이다. 따라서 이스라엘과 팔레스타인의 미래를 분리, 방어 진지, 두텁고 높은 성벽의 형태로 생각해서는 안 된다. <용서>에서, 이스라엘이 유대인-존재 속에 묶인 정신적 질병을 치유하는 마지막 장면은 지하실로 내려가는 장면, 애초에 무엇이 잘못되었는지를 고백하는 정화의 장면, 즉 또 다른 이야기가 시작될 수 있는 장면이다. 왜냐하면, 이 장면은 정확하게 아무것도 분리와 전쟁을 강요하지 않기 때문이다. 애초부터 이 땅은 공유할 수 있고, 공유되어야만 한다고 이야기하고 강조한다. 그렇게 되면 팔레스타인과 이스라엘을 이어줄 수 있는 일상적 생활의 매듭이 끊임없이 논쟁의 대상이 되어야 할 타당한 이유가 되지 않을 것이다.

필자는 다음과 같은 점을 강조하고 싶다. <용서>의 고유한 관점이 우리에게 전달하는 바는 일반적 의미로서의 정치적 주장이 결코 아니다. 영화에서, 진리는 예술로 승화되며, 예술적 효과이다. 이 작품은 현재의

---

1 [역주] 제1차 중동 전쟁(1948) : 아랍-이스라엘 전쟁 혹은 이스라엘 독립전쟁은 이스라엘의 건국을 둘러싼 이스라엘과 주변 아랍국들 간에 벌어진 전쟁으로, 현대 중동 분쟁의 시발점이다.

모습, 과거의 그랬을 수도 있는 모습, 그리고 그렇게 되어야만 하는 미래의 모습을 동일한 쇼트들을 통해 보여준다. 현재의 모습은 분리, 전쟁, 장애물, 폭력이다. 과거의 모습은 강력하고 새로운 보편성을 토대로 장소를 공유하는 사랑이 독창적인 음악 속에서 서로 다른 요소와 결합한다. 예컨대, 알로니의 영화들 속에서 음악과 춤은 현재의 모습 내부에서 그랬을 수도 있는 과거의 모습을 보여주는 것들을 표현한다. 마지막으로 희망하는 미래의 모습은 영화제목에서 알 수 있듯이, 다시 시작하는 것을 가능케 하는 새로운 선언이다. 현재 모습의 움직임 속에서 지난 예전의 실수는 역사적 영향력을 상실한다. 거짓이 만든 분리를 더 이상 반복할 이유가 없다. 분리할 수 없는 땅에 대한 상호 엇갈리는 유대인과 아랍인의 보편성은 이 세계에서 모택동이 '영적인 원자폭탄'이라 부른 창조적이고 진정시키는 효과를 가질 것이다.

서술적 영역을 살펴보자. <용서>는 진실된 이야기를 들려준다. 독일계 유대인의 아들인 젊은 유대인의 이야기를 그린 영화 속에서, 젊은 청년은 미국에 살고 있고, 아버지의 무기력한 침묵에 반항해 역사의 유령이 아니라 현실의 적과 마침내 맞서기 위해 이스라엘 군대에 입대한다. 하지만 그는 자신이 사랑하는 여인의 아이를 죽이게 된다. 또한, 그는 자신이 사랑하는 또 다른 여인의 아이를 죽이는 상황이 다시 반복될 수 있다는 생각에 미치고, 잠재적으로 범죄를 저지를 수 있거나 자살할 가능성이 농후한 혼돈의 상태에 빠진다. 여자들은 언제나 또 다른 현실 세계인 아랍 세계에서 나타난다. <용서>는 지금까지 논의되지 않았던 이 끔찍한 반복의 논리를 까발린다. 영화는 필자가 앞서 언급한 과거의 기원을 인정하는 정화 과정에 참여함으로써 이 논리를 반박한다. 이야기의 내러티브는 항거, 폭력, 전쟁, 사랑, 범죄, 광기, 자살 시도 그리고 최종적으로 구원 같은 일반적인 순서 속에서 일상적인 소재를 활용한다.

이런 점에서, 영화는 멜로드라마에 필요한 모든 요소를 갖추고 있으며, 그 결과 실제로 멜로드라마이다. 그렇지만 서술적 영역의 멜로드라마는 첫 번째 역사적 영역을 함께 짊어진다. 왜냐하면, 각각의 영역은 변화된 역사적 문제 속에 젊은 청년이라는 화두를 던짐으로써 영역을 공유하기 때문이다. 이런 방식으로, 알로니는 성장소설의 오래된 전통과 조우한다. 그리고 이런 형태의 소설에서 언제나 그렇듯이, 개인의 결정은 정치적이고 역사적 선택을 상징한다. 그렇게 영화는 두 가지 가능한 결말을 탁월하게 제시한다. 우선, 이스라엘의 상징인 이 청년이 살인자라는 사실을 잊지 말아야 하고 그러면 평화로운 화해가 가능하다고 결말짓는다. 또 다른 한편, 청년이 침묵과 망각 속에 스스로 갇혀 자살을 하는 것은 현재의 정책을 유지하는 이스라엘에 있어 진짜 위험한 죽음인 역사적 자살을 의미한다고 결론짓는다.

세 번째 정신분석의 영역은 은유적 측면에서 앞의 두 영역과 연결된다. 유대인의 정신적 질병의 역사적 실체는 핍박받은 팔레스타인과 마찬가지이다. 아들의 광기는 아버지의 어두운 과거 속에서 자신의 비밀을 찾을 수 있다. <용서>의 주된 주제 가운데 하나는 현재의 문제에 대해 아버지가 아들을 인정하는 것이 아니라, 아들이 아버지를 인정하는 것이다.

이런 관점에서 중요한 장면은 아마도 주인공과 두 아버지와의 만남이다. 그들의 문신에서 알 수 있듯이, 두 아버지는 홀로코스트의 학살과 집단 수용소에서 살아남은 사람들이다. 한쪽에는 미국에 살면서 유대인들의 역사적 운명을 잊고 싶어 하는 독일계 유대인 음악가인 실제 아버지가 있다. 다른 한쪽에는 이 역사적 공간의 본질을 잊지 않는 노인 요양소의 늙은 광인인 정신적인 아버지가 있다. 후자인 예언자적 마르크스주의자는 "잘 파, 늙은 두더지야!"라고 말한다. 그는 팔레스타인인의 죽음을 부정하는 것이 강제수용소와 학살을 생생하게 하는 모든 기억을 금지하는 것임을 잘 알고 있다. 어느 한쪽을 따르기로 선택한 순간 이 유대인 청년은 근본적인 결정에 직면하고, 그 결정은 다음과 같은 점을 의미한다. 분리, 전쟁, 팔레스타인인에게 가한 잘못된 길 등을 계속해서 가는 것은 (그들에게 헌정하는 기념물이 무엇이 됐건 간에) 수백만의 유대인 희생자가 실제로 무의미하게 죽었다는 것을 불가항력적으로 확인하는 것과 같다. 이러한 희생자들에게 헌정할 수 있는 것은 팔레스타인과의 화해라는 살아있는 기념물밖에 없다.

우디 알로니는 복잡한 암시 속에서 결코 물러서지 않는데, 이것이 그의 영화들의 미묘한 매력이다. <용서>에는 자신의 운명을 따라 아버지를 죽여야만 하는 오이디푸스와 "아버지는 내가 불에 타는 게 안 보여요?"라고 아들이 아버지에게 말할 때, 아들이 하고자 하는 말이 무엇인지를 정말로 이해하지 못하는 무능력한 아버지의 눈앞에서 불에 타는 아들에 대한 유명한 꿈을 분석한 프로이트가 동시에 있다. 오늘날 세계 곳곳에서 우리의 아들들이 도무지 이해할 수 없는 상황 속에서 우리가 지켜보는 가운데 죽어가고 있지 않은가? <용서>에서는 현대판 콜로누스의 오이디푸스를 보여준다.[2] 새로운 안티고네인 어린 팔레스타인 소녀의 죽음은 오이디푸스의 범죄의 구현처럼 현대판 오이디푸스를 사로잡는 동시에 최후의 정화를 향해 천천히 그녀를 이끈다. 또한 <용서>는 객관적인 주장과 화학적인 약물치료로 인한 망각에 맞서는 주관적인 정신분석의 작동을 위해 전적으로 동시대를 옹호한다. 예컨대, 팔레스타인의 뛰어난 배우가 놀랍도록 자연스럽게 연기하는 늙은 유대인 의사는 최선

2 [역주] 소포클레스의 고대 그리스 비극 『오이디푸스 콜로누스Œdipus Colonos』에서 늙은 오이디푸스는 딸 안티고네의 보살핌을 받으며 콜로누스에서 말년을 맞는다.

을 다해 환자를 이해하고 젊은 병사를 치료하지만, 모든 것을 잊게 하는 혈청 주사를 강요하는 내부 규정을 거부한다. 힘이 없기에, 결국 그는 권력과의 공모(共謀)에 굴복한다. 이 장면에서 권력과의 공모는 이스라엘 여군과의 평범한 섹스 장면으로 상징화된다. 이 장면은 역사적 영역과도 긴밀하게 연결된다. 즉, 피로 물든 이 땅에 대해 예전의 잘못을 잊는 것은 망각시키려고 화학 약물을 사용한다는 것과 같다. 그것은 결국 분리를 조장하는 폭력의 무한한 반복을 준비하는 것이다. 구원의 의미에서 운명을 거스르는 것은 아들에 대해 아버지가 되찾는 애정도, 의사의 연약한 연민도 아니다. 그것은 역사적이고 개인적인 무의식의 목소리, 즉 광인이나 예언자의 목소리 그 자체이다. 광인이나 예언자는 분리의 치명적인 운명을 멈추기 위해서 병원 아래의 땅 깊은 곳으로 가야만 하고, 사랑의 기회를 다시 세워야만 한다는 것을 안다.

필자가 '문화적'이라 부르는 네 번째 영역은 즉각적이며 훨씬 다성적이다. 이 영역의 내레이션은 적어도 서로 다른 네 곳에서 온 문화나 예술의 이식으로 채워져 있다. 그 결과 구원의 길은 서로 다른 문화적 충격에 의한 투사들의 왁자지껄한 소란스러움이 아니라, 세계와 장소의 형상처럼 다원성 자체를 거치는 것이다. 이것은 다른 것에 대한 존중이나 관용이라는 원칙의 문제가 아니다. 그보다는 동시대의 보편성은 앞으로 특별한 유산에 전혀 속하지 않는다는 사실을 직접적으로 강조하는 것이다. 그 보편성은 오히려 어느 정도는 꽉 조여진 매듭에 묶인 장식끈 같은 것이다. 이스라엘이나 팔레스타인은 그 매듭의 본보기가 되기에, 서로 다른 유산 전체는 상호작용할 수 있으며, 바로 그 지점에서 전체적으로 새롭고 보편적인 공동체가 생길 수 있고 생겨야만 한다.

알로니 감독의 작품에서 인용된 네 가지 부류의 문화는 유럽의 오래된 예술적 창조성, 아랍의 섬세하고 시간을 초월하는 예절과 삶에 대한 사랑, 미국의 현대성, 유대인의 대체할 수 없는 영성의 세계이다. 몇몇 탁월한 장면은 이스라엘과 팔레스타인의 분쟁 속으로 급속하게 빨려 들어가는 이러한 세계들의 융합, 충돌, 어려움을 동시에 보여준다. 예를 들면, 이스라엘 나이트클럽에서 춤추는 사람들의 눈길을 사로잡는 팔레스타인 여인이 노래하는 장면, 유대인 예배당에서 마치 대지 전체를 향한 과격한 사랑에 취하기라도 한 것처럼 이스라엘 군인들이 춤추는 장면 등이 있다. 그리고 필자의 눈길을 끈 장면은 주인공이 피아노를 치고, 사랑으로 용서해야 한다는 주제의 슈만의 가곡을 부르며, 눈물이 얼굴을 적시는 장면이다. 왜냐하면, 바로 이 장면은 아버지, 독일, 유대인 학살, 이스라엘, 팔레스타인, 사랑의 어려움, 예술의 보편성 같은 <용서>의 본질적인 질문이 무기력한 주인공이 미쳐서 자살에 이를 정도로 그토록 복잡한 것들을 하나의 전체로 통합하기 때문이다.

이상 살펴본 바와 같이, 우디 알로니 감독의 <용서>는 다양한 갈래로 퍼져 있으며, 각각의 구성 요소가 다른 요소들과 긴밀하게 연결된다. 그 결과 영화의 내러티브는 예술적 알레고리, 정신분석적 질문, 역사적 성찰, 영적인 제안을 담고 있다. 따라서 감정적 요소들은 자유롭게 흐르고, 관객 스스로는 (필자가 이 영화의 구성 요소를 구분했던 것처럼) 따로 분리하여 생각하는 것이 아니라, 마음을 사로잡는 멜로드라마를 통해 구체적으로 보여주는 충격적인 상황을 받아들이게 된다. 결국, 관객 각자는 명백한 사실을 구분하지 않는 동시에 공유해야 하는 것으로 이해한다.

결론적으로, <용서>는 본질적으로 낙관주의적이다. 상황이 그토록 반복적이고 절망적일지라도, 그 상황 자체에는 상황의 고유한 뒤얽힘 속에서 어렴풋한 희망의 가능성이 있다. 바로 이런 신념이 <용서>를 만들어 나간다. 이런 점에서 영화는 가능하다면 미래 예술의 슬로건을 만들기 위한 (필자가 생각하기에) 긍정주의에 기초한다. 예술을 통해 구현된 이런 신념의 주장은 세계에 대한 판단을 내릴 수 있다. 그리고 그 판단은 신념에 찬 세계가 어떤 지점에서부터 변할 수 있는가를 보여줄 때만 가능하다. 그래서 알로니 감독이 제시한 팔레스타인과 이스라엘의 영화적 형상들은 긍정주의이다.

영화적 형상들은 분리가 극복될 수 있는 지점을 가리키며, 재난 자체에 내재하는 변화로서 팔레스타인과 이스라엘의 결합된 힘을 예고한다.

2006년 미발표 원고.

31 있음직하지 않지만 가능한 세계의 완벽함

클린트 이스트우드, <퍼펙트 월드>(A perfect World, 1993)

'퍼펙트 월드?' 우리는 영화 제목이 아이러니하다는 것을 곧바로 알아챌 수 있다. 아니, 알지 못한다. 이스트우드가 우리에게 제시한 세계는 소음과 분노로 가득 차고, 마음이 서늘해지는 부당한 죽음으로 끝맺는다. 또한, 그 세계는 창조주가 예상한 완벽한 이미지가 분명 아니다. 그렇지만 제목에서 우리가 갈피를 잡지 못하게 예고된 것처럼, 그리고 완벽함의 모티브가 반어적으로 쓰였기에, 영화의 숨겨진 교훈은 틀림없이 이 세계에서 완벽해야만 하는 무엇인가이다.

기본적으로 중심 이야기는 매우 단순하고, '로드 무비'에 적합한 형식적 틀을 가지고 있다. 한 남자가 탈옥한다. 쫓기는 그는 한 아이를 인질로 잡는다. 이 작품의 소재는 추적의 돌발 상황이다. 도망자(케빈 코스트너)는 연약한 동시에 끔찍한 폭력을 저지를 수도 있다. 캠핑카에서 우왕좌왕하는 경찰은 서로 다른 사람이 뒤얽힌 집단이다. 시골의 한 나무 아래에서 결국 탈옥수를 죽이는 전형적인 형사는 자신이 쫓는 범인을 미묘하게 이해하게 되면서 조금씩 깨닫게 되는 경직되고 사려 깊고 감성적인 형사 이스트우드와 대조된다. 그리고 능력 있고 똑똑한 동시에 순진한 여자 심리학자는 인질이 된 아이의 운명 때문에 상황 속에서 필요한 인물이다.

이러한 사건에서 세계의 불완전함은 무엇인가? 우선, 각각의 판단은 진리가 작동되지 않은 채 남아 있도록 보다 본질적인 판단을 점진적으로 은폐한다. 그렇게 모든 사람은 도망자를, 한 아이를 살해할 수도 있는 도살자처럼 여긴다. 아무 이유 없이 그런 것이 아니라, 영화에서 그가 살인자일 수도 있다는 사실을 공공연히 드러내기 때문이다. 그러나 사람들이 생각하는 것과는 달리, 그는 아이의 생명을 구했을 뿐만이 아니라 피치 못할 동행이 계속되면서, 시간이 흐름에 따라 어떤 점에서 아이의 양아버지가 된다. 그리고 그는 아이를 무시하고 함부로 대하는 사람에 대해서는 누가 됐건 간에 분노한다.(이 도망자 역시 업신여김을 당하고 학대당한 아이였기 때문이다.) 경찰들의 포위망에 결국 예정된 도망자의 죽음은 사회적으로 요구되는 견고한 안정성 때문에 필요하다. 평화로운 가운데 루이(St. Louis)가[1] 재판했던 나무를 떠올리게 하는 한 나무 근처에서, 이 장면은 진짜 끔찍한 살인처럼 멀리서 촬영되었다. 이 세계는 그 끔찍한 살인에 대해 최소한의 정당성도 제시할 수 없을 것이고, 그런 식으로 모든 완벽함을 회피한다.

하지만 각각의 차이로 인해 분리되고 갈라진 사람들은 마침내 완벽함으로 되돌려진 세계를 가능케 하는 구성 요소이다. 이런 점에서, 강요되고 '불법을 저지른' 탈옥수와 납치된 아이, 그리고 갓 대학을 졸업한 젊은 심리학자와 섬세하면서도 의심이 많은 관료적인 늙은 형사, 이 두 쌍 사이에는 일종의 대칭이 있다. 우연히 만난 이 쌍은 겉으로 드러난 모습과는 정반대로 지금까지 없었던 새로운 사랑을 쌓아가고, 이 사랑은 (이스트우드에 따르면, 그리고 실제로 그의 모든 영화에서) 세상에서 진

---

1 [역주] 13세기 프랑스 왕인 루이 9세. 엄청나게 큰 떡갈나무 아래에서 공정하게 재판을 했다는 전설이 전해진다.

리를 만날 수 있는 유일한 행위이다. 있는 그대로의 세계에 대한 근본적인 불완전함은 은밀한 방법으로, 필요하다면 폭력으로 이런 진정한 사랑이 공적으로 진리가 되지 못하게 한다.

평온한 시골에서 펼쳐지는 단순하지만 뒤틀린 이야기 속에서, 영화는 만약 이 세계가 완벽했다면 "서로 닮지 않은 점이 놀랍도록 썩 잘 어울린다."라는 격언을 이야기한다. 불완전한 세계는 서로 다른 만남을 떼어 놓는 세계이지만 그럼에도 이 만남의 진리는 빛을 발한다. 모든 사람이 구하려는 아이는, 훤히 트인 들판에서 경찰들이 죽이는 위험한 도망자에게서 자기를 구해줄 수 있는 사람의 모습을 정확하게 바라본다. 늙은 형사의 실용주의와 심리학자의 '정치적으로 올바른' 복잡함 간에 서로 어울리지 않는 기질은 (오히려 그 덕분에) 아이를 구한다는 의미가 '정말로' 무엇인지에 대해 근본적으로 동감하게 만든다.

이 모든 것은 이미 이스트우드의 영화들에서 잘 드러난다. 예를 들면, <밀리언 달러 베이비>(Millon Dollar Baby, 2004)에서 노인과 소녀의 '불가능한' 사랑은 인생이 완벽하기를 바라는 것이고, <미드나잇 가든>(Midnight in the garden of Good and Evil, 1997)에서 여장 흑인과 미국 남부 귀족 사이에 얽힌 관계는 사바나시(市)의 잠재적인 완벽함이 계속해서 유지되기를 바라는 것이다. <추악한 사냥꾼>(White Hunter Black Heart, 1990)에서 모든 것에 관심이 없고 속내를 드러내지 않는 감독과 코끼리를 좋아하는 흑인 가이드가 아프리카에서 느끼는 현실적인 충격은 아프리카 대륙이 식민지 외에 다른 것이기를 정당화 하려 한다. <메디슨 카운티의 다리>(The bridges of Madison County, 1995)에서 메디슨 다리 위에서의 믿기 힘든 불륜은 평범한 삶에 있어 완벽한 비밀이고, <우리가 꿈꾸는 기적 : 인빅터스>(Invictus, 2009)에서 럭비를 통해 흑인과 백인의 거리감을 극복하려는 만델라의 굳은 의지는 흑과 백의 서로 다른 완벽함 속에서 남아프리카 공화국이 공존하기를 바라는 것이다. 하지만 세계의 불완전함은 언제나 되돌아온다.

만일 경찰의 살해 장면이 그토록 끔찍했다면, 그리고 정해진 숙명과 범죄 행위를 부드럽게 다루는 장면을 정말로 참을 수 없다면, 그것은 이 살인과 더불어 돌이킬 수 없는 어떤 일이 이 세계에서 일어났기 때문이다. 다시 말해 도망자와 아이 사이의 유대관계를 구성하는 모든 우여곡절은 불투명한 질서의 이면처럼 그리고 추격자들과 그들의 합법적인 동업자들이 구체화시키는 절망 속으로, 완벽함의 부분적 가능성을 없애는 행위를 전면에 놓인다.

실제로, 이스트우드의 영화는 일종의 신고전주의의 빛 속에서 현대 세계의 문제를 명확히 비춘다. 예컨대, 그는 예전에 상실한 그러나 영원히 잃어버리지는 않은 끈질긴 투쟁이 불완전한 세계의 질서가 갈라놓은 사람들을 넘치는 진정한 사랑으로 마침내 연결되기를 희망한다. 그렇다. 언제나 그렇듯이, 콘래드의 지적처럼, 예술은 "세계에 최소한의 정의를 끼워 넣는" 목적만이 있을 뿐이다.

바로 이런 점이 이스트우드가 제시한 일종의 완벽함이다. 이런 부류의 올바름은 불확실한 형식을 창조하는 것을 조금도 허용하지 않고, 차분하고 일관성 있게 사용할 수 있는 영화의 구성 요소를 활용한다. 다시 말해 이 세계에서는 구원이 되는 만남이 생기고, 그리고 이 만남은 언제나 역설적으로 위협받지만, 유일한 의무는 되도록이면 이 만남의 생성과정을 보호하는 것이다. 그러면 적어도 우리는 '하나의 완벽한 세계'가 어떠해야 하는지 알 수 있기 때문이다.

≪영화 예술≫, 2010년 봄-여름호.

❙ 역자 후기 ❙

철학을 통해 영화 보기 혹은 영화를 통해 철학하기

최근의 영화이론에서 영화와 철학 간의 상호 지적인 교류는 새로운 것이 아니다. 주지하다시피, 플라톤 이후의 거의 모든 철학자는 기존의 랑가주(langage)를 통하여 그들의 사유를 표명하고 있으며, 이러한 흐름은 지금도 변하지 않고 있다. 하지만 질 들뢰즈, 자크 랑시에, 폴 리쾨르 등과 같은 오늘날 현대의 몇몇 철학자들은 이미지를 매개로 전통적 사유 방식의 전복을 꾀하고 있다. 그들은 영화 관련 책들을 저술하며, 영화에 대한 지대한 관심을 보인다. 특히 질 들뢰즈는『차이와 반복』서문에서, 철학적 사유가 향후 연극이나 영화가 대체할 것이라고 언급하며, 영화가 철학처럼 새로운 개념을 창출하지는 못하지만 새로운 사유의 공간을 확장하고 공유할 수 있다고 천명한다. 마찬가지로, 알랭 바디우의 사유도 '단절과 종합'이라는 개념을 토대로 영화의 사유 가능성을 제시하며, 대중예술로서의 영화가 나아가야 길을 분명하게 그려내고 있다.

영화와 철학 간의 사유의 문제를 다룬 이 책은 바디우의 자유로운 예술적 사상가적인 기질을 잘 드러낸 저서이다. 1950년대부터 최근에 이르기까지의 글 모음집인 이 책은 철학이 발견하려고 노력하는 본질의 보편적 가치가 영화 속에서 어떻게 종합되는지 잘 보여주며, 순수하지 못한 예술인 영화의 사유방식을 제안한다. 특히 바디우는 "철학의 작업은 단절이 있는 곳에서 개념의 종합을 만드는 것이고, 영화는 세계의 가장 진부한 갈등에서 순수함을 만드는 것이며, 이것이 바로 영화와 철학 간의 진정한 암묵적 동의이고, 영화와 철학이 상호 공유하는 지점이다"라고 단언한다. 또한, 영화에서의 철학적 상황을 제시하면서, 저자는 영화의 대중예술로서의 가치 그리고 민주주의와 귀족주의 간의 새로운 관계를 제공한다. 특히 27장 '철학적 실험으로서의 영화'는 영화를 정치적 상황으로 바라보는 태도, 대중예술이란 개념의 정립, 영화를 사유하는 방법, 특히 '절대적으로 순수하지 않은 예술인 영화'라는 그의 주장 등, 시네필인 바디우가 진정으로 영화를 고민한 위대한 예술적 사상가라는 점을 엿볼 수 있는 지점이다.

알랭 바디우는 책 서두에서부터 "영화는 나에게 많은 영감을 주었다."라고 언급하고, 자신의 삶과 사상 속에서 영화의 지대한 역할을 인정하며, 스스로를 시네필이라고 고백한다. 이제는 기력이 쇠한 철학자가 바라본 영화란 무엇이고, 영화가 어떤 점에서 고뇌에 찬 철학자를 감동시켰을까? 바로 그 해답은 오랫동안 써 온 영화에 대한 사유로 점철된 이 책에서 찾을 수 있다. 물론 단평들은 다소 일관성이 부족하고 흐름의 끈이 끊기지만, 그럼에도 축적된 바디우의 예술적인 지적 흐름을 한눈에 볼 수 있는 중요한 글모음집이다. 특히, 방법론적 관점에서의 철학적 접근은 영화의 본질적인 보편적 가치를 더욱 드러내게 해주는 길라잡이가 될 것이다. 또한, 영화이론을 체계적으로 연구하고, 영화를 인문학적 사고 속에서 하나의 학문으로 발전시키지 못하고 있는 현실 속에서, 본 역서는 다양한 사유의 종합적 틀을 제공하는 계기가 될 것이다.

역자들의 능력 부족이겠지만 대학원 수업에서의 지속적인 질문과 토론 등을 통해 번역하는데 꽤 오랜 시간이 걸렸다. 하나의 언어를 다른 언어로 바꾸던 지난 세월의 작업은 종종 매우 어렵고 때론 힘들면서도 동시에 새로운 길을 발견하는 즐거운 작업이었다. 마지막으로 번역본을

꼼꼼히 읽어보고 보완·수정하는데 큰 도움을 주신 장태순 선생에게 진심 어린 감사를 드린다. 그리고 흔쾌히 출판을 맡아준 한국문화사의 김형원, 강인애 선생에게도 감사의 마음을 전한다.

역자 공동 배상

인명 색인

ㅅ

ㅇ

ㅈ

ㅎ

알랭 바디우의 영화

1판1쇄 발행 2015년 6월 30일
1판2쇄 발행 2018년 6월 20일

원 제 CINEMA
지 은 이 ALAIN BADIOU
옮 긴 이 김길훈, 김 건, 진영민, 이상훈
편 집 강 인 애
펴 낸 이 김 진 수
펴 낸 곳 **한국문화사**
등 록 1991년 11월 9일 제2-1276호
주 소 서울특별시 성동구 광나루로 130 서울숲 IT캐슬 1310호
전 화 (02)464-7708 / 3409-4488
전 송 (02)499-0846
이 메 일 hkm7708@hanmail.net
홈페이지 www.hankookmunhwasa.co.kr

책값은 뒤표지에 있습니다.

ISBN 978-89-6817-237-3 93680

이 도서의 국립중앙도서관 출판예정도서목록(CIP)은 서지정보유통지원시스템 홈페이지(http://seoji.nl.go.kr)와 국가자료공동목록시스템(http://www.nl.go.kr/kolisnet)에서 이용하실 수 있습니다.(CIP제어번호: 2015016245)

본 역서는 2013년도 전북대학교 저술장려연구비 지원에 의함